「牛鬼蛇神を一掃せよ」と文化大革命

制度・文化・宗教・知識人

編著・監訳 石 剛

「牛鬼蛇神を一掃せよ」と文化大革命──制度・文化・宗教・知識人　　【目次】

中国研究への新しいアプローチ──まえがきに代えて............7

　　　　　　　　　　　　　　　　　　成蹊大学教授　石　剛

「牛鬼蛇神を一掃せよ」が「文革」の綱領となる過程及び
その文化的根源....................................11

　　"横扫牛鬼蛇神"成为"文革"纲领的发展过程及其文化根源

　　　　　　　　　　　中国社会科学院研究員　王　毅　（訳：浜田ゆみ）

紅衛兵「破四旧」の文化と政治........................55

　　红卫兵"破四旧"的文化与政治

　　　　　　　　　　　　　　北京大学教授　印　紅　標　（訳：光田剛）

文革期における集団的暴力行為の制度的要因............97

　　　　　　　　　　　シンガポール国立大学東亜研究所　楊　麗　君

チベット問題に対する文化的検証......................113

　　西藏问题的文化反思

　　　　　　　　　　　　　　作家　王　力　雄　（訳：渡辺祐子）

チベット仏教の社会的機能とその崩壊..................149

　　藏传佛教的社会功能及其毁坏

　　　　　　　　　　　　　　作家　王　力　雄　（訳：渡辺祐子）

中国現代「党化教育」制度化の過程....................195

　　中国现代"党化教育"的制度化过程

　　　　　　　　　　中国社会科学院元研究員　張　博　樹　（訳：藤井久美子）

思想改造運動の起源及び中国知識人への影響 225
思想改造运动的起源及对中国知识分子的影响

アモイ大学教授　謝 泳　（訳：浜田ゆみ）

ユートピアの実験──毛沢東の「新人と新世界」 279
乌托邦实验：毛泽东的"新人新世界"

中国映画芸術研究センター研究員　呉 廸　（訳：浜田ゆみ）

1973年の梁漱溟と馮友蘭 319
1973年的梁漱溟和冯友兰

中国人民大学教授　干 春 松　（訳：光田剛）

1949年以後の朱光潜──自由主義からマルクス主義へ 353
1949年后的朱光潜：从自由主义到马克思主义

上海交通大学教授　単 世 聯　（訳：桑島久美子）

内なる視点のために 401

成蹊大学教授　石 剛

あとがき（石剛） 420

編／著者・監／訳者紹介 422

中国研究への新しいアプローチ
まえがきに代えて

石 剛

　この論文集は、複数の研究者による共同作業の成果である。著者のほとんどは中国国内の大学・研究機関などの研究者か作家である。この研究プロジェクトの立ち上げから第一段階の終了まではおよそ４年間である。その間、度重なる研究会と会合などを通して議論が深まってきた。その後プロジェクト成果の一部は香港社会科学出版社から中国語の形で世に送ったという経緯もあったが、今回は状況変化に応じて新たに論文集の構成と内容の調整を加え、その上に日本語に翻訳して成蹊大学文学部学会から研究成果出版助成を受けて出版費用の一部に充てたことにより上梓できたものである。文学部学会会長と関係者各位に感謝を申し上げる。

　ここでとくに長い間辛抱強く原稿を待ってくださり、また適切な助言をしてくださった三元社の石田社長に心から感謝をしなければならない。さらに編者としては執筆者と翻訳者各位に謝らなければならないのが、出版は予定より大幅に遅れてしまったということである。これはもっぱら編者の怠惰によるものであった。ただし、それでも確実に言えることは、各論文で取り上げられたテーマもさることながら、それぞれの論文で行われた探究の独自性と堅実性、観点の新鮮さは少しも色あせていないものだと信じている。

　本研究ではいくつかの側面から近代中国、とりわけ解放後の指導部と毛沢東による指導的理念の生成、近代文化とイデオロギーの誕生に伴う伝統文化

との葛藤の諸相、文革を通してみた社会システムと制度の特質、宗教意識の変容、その文化的な意味及び宗教政策の実態、特に知識人のおかれていた環境と知識人自身のそれへの対応の仕方などに光を当て、現代中国への理解を深めようとした。中国の伝統思想と極めて関係が深かった毛沢東の哲学思想、歴史観およびその政治手法を分析することと、文化政策の担い手でもあり受容側でもある知識人のとった行動と意識を中心に、時代の荒波に翻弄されながら如何にその志を貫いたかあるいは挫折していくのかをクローズアップして、実証的に検討するということも、本研究の重要な関心事であった。

「文化大革命」は周知の通り、新中国成立後におけるもっとも激しい政治運動であった。それをめぐって社会文化史的、政治・思想史的に考察し、それに対して多面的に、特に制度的に追究することは、近代中国にとっての文革の持つ本質的な意味を理解するのにきわめて重要である。また、宗教と民族関係、その裏に隠された文化的・観念的撞着と少数民族問題をめぐって検討した場合、チベット問題を取り上げることも象徴的な意味があると考えている。文化大革命、宗教、知識人、文化・言語政策、これらは近代中国の制度と文化を理解・解明するキーワードと考えるのである。この一連の事象を文化史的に解析することと、実証的に究明・検討することが、まさに研究の目標であった。

ここで特に強調したのが、このたびの研究計画もそうであったが、なるべく現地の実情と心情に近づきながら、内なる視点を生かして、実証的かつ歴史的に問題の核心に迫るという研究姿勢と方法のことである。研究者各位もほとんど文革の経験者であり、いうまでもなく同時代史の記述とし、まずその個人的体験から一歩抜け出す必要もあり、なるべく客観的に見つめる必要もあるが、一方において切迫感と臨場感を持って、より研究対象に鋭く肉薄しやすいという利点も十分に生かされたかと思われる。

今までこうしたアプローチが不十分であるというのが実情のようであり、本研究によっては少しでも新しい視点を提供できればと考えている。複数の研究者の共同作業ではあるが、協力者同士の緊密な交流と切磋琢磨などにより、各研究の関連性を有機的に保ちながら共通した目標を目指すことができ

た。研究目標の達成のために各分担者・訳者の注いだ心血に、編集者として心から感謝したいものである。さまざまな条件の制約もあり、研究が充分に展開されたとは言えないが、今後さらに研究が深まっていく際の一つの踏み台になれればと願っている。

「牛鬼蛇神を一掃せよ」が「文革」の綱領となる過程及びその文化的根源

王 毅

　10年の長きにわたった「文化大革命」は、1966年6月1日に発表された『人民日報』の社説から全面的に、公に展開されることになった。この社説の題目が「全ての牛鬼蛇神を一掃せよ」だった。人類史上、「ファシスト」という言葉を除いて、恐らく上記の短い表現以上に人を戦慄させるものはないであろう。なぜならその字句が中国にもたらしたものは、何千何万という罪のない者の虐殺と、億万もの国民の頭上に降りかかった果てしない苦難だったからである。あのような多大な犠牲が払われた後、我々はこの表現の根源を真剣に理解すべきではないだろうか。フォイエルバッハのことばを借りると、こうである。「亡霊は過去の投影であり、亡霊は必ずや我々を次の問題に引き戻すであろう。その亡霊がまだ血も肉もある存在だった時、それはかつて何だったのか」[1]。

1.　「牛鬼蛇神を一掃せよ」――「文革」で終始貫かれていた綱領

　「文革」を発動する綱領的なスローガンとして、「牛鬼蛇神（訳者注：妖怪変化のこと）を一掃せよ」という文句は大々的に宣伝され、「文革」が始まった時期の全ての刊行物に満ちあふれ、国中の放送や標語、壁新聞で流布された。中でも最もかなめとなったのは、当然ながら毛沢東が自ら指示して作成

したいくつかの著名な文献と、これらの文献にちりばめられた毛沢東本人のことばである。例えば1966年5月16日の中国共産党中央委員会の「通知」（即ち「五・一六通知」）において、毛沢東ははっきりと「牛鬼蛇神」の氾濫を、「文革」発動の理由としたのである。

> 彼ら（著者注：「党内の資本主義の道を歩む実権派」を指す）は全ての牛鬼蛇神を逆に野放しにしてしまい、何年もの間我々の新聞、放送、刊行物、書籍、教科書、講演、文芸作品、映画、演劇、語りや歌、美術、音楽、舞踊などが閉塞感に充ちていた。……

このような局面に対し、「通知」は毛沢東の1957年3月12日「中国共産党宣伝工作会議での講話」における警句を引用した。

> ……誤った思想、毒草、牛鬼蛇神はすべて批判されなければならず、決してそれらを自由に氾濫させてはならない。

この警句は後に「文革」の数限りない暴行の中で厳かに読まれた前口上となったばかりか、専ら無数の「牛鬼蛇神」に対処するために用いる神聖な呪文となったのである。更に例えば中国共産党中央委員会の「プロレタリア文化大革命に関する決定」（「文革」中は慣習的に「十六条」と呼ばれた）は次のように繰り返し呼びかけた。

> 壁新聞、大弁論を提唱し、大衆が全ての牛鬼蛇神を暴き出すのを奨励する。……正確な観点を明らかにし、誤った意見を批判し、全ての牛鬼蛇神を暴くように、人民大衆によって、壁新聞や大弁論という形式が充分に活用され、大いに意見が表明されなければならない。

「十六条」公布の10日後、1966年8月18日に、北京天安門広場で「プロレタリア文化大革命を祝う大衆大会」（即ち毛沢東の初めての紅衛兵接見大会）

がひらかれ、林彪は中共中央を代表し、毛沢東にかわって、再び呼びかけた。

　　　我々は資本主義の道を歩む実権派を打倒しなければならない。ブルジョア階級の反動的権威を打倒しなければならない。全てのブルジョア階級保守派を打倒しなければならない。革命を抑圧する様々な行為に反対しなければならないし、全ての牛鬼蛇神を打倒しなければならないのだ！[2)]

同様の呼びかけは更に無数にあった[3)]。明らかに、「文革」の発動者や指導者は現実や想像の中のあらゆる敵を全て「牛鬼蛇神」と呼んだのである。

　上述の呼びかけの下、「牛鬼蛇神」を暴き出し打倒することは当然ながら「文革」の主要な目的となった。例えば清華大学附属中学紅衛兵による有名な「造反論」という文章はこのような類いの誓いのことばをつなげて作ったのである。

　　　我々の指導者は党中央と毛主席である！
　　　我々の武器は無敵で偉大な毛沢東思想である！
　　　我々の組織は徹底的に革命をする紅衛兵である！
　　　我々の「野心」は全ての牛鬼蛇神を一掃することである！[4)]

「牛鬼蛇神を一掃する」という目的の確立によって、当時なされた暴力行為のほとんどが「牛鬼蛇神」と結びつけられた。例えば「鬼頭にする（頭髪を半分剃る）」、「黒牌を掛ける（反動的であることを示す札を首から掛ける）」などの人身の侮辱、そして「文革」中に慣用された「黒幇（反動組織）」、「黒線（反動組織とのつながり）」、「牛棚（拘禁小屋）」、「黒手（黒幕）」、「魔爪（魔手）」などの最も流行した語彙で、被害者を「鬼」と見なさないものはなかった。それ以外にも、当時流行した様々な鬼退治の方法、例えば1966年6月18日、北京大学で60余名の「黒幇分子」批判闘争大会が行なわれた時には、「闘鬼台」、「斬妖台」が設置された[5)]。「牛鬼蛇神を一掃する」という基本目的

が「文革」の全展開過程でずっと貫かれていたのである。10年後の1976年には、清明節前後に民衆が天安門広場で自発的に周恩来を追悼し、「四人組」に反対するという大規模集会活動を「四人組」が鎮圧した後も、姚文元は4月8日の日記の中で詞で祝いの気持ちを表わしている。その詞は、以下のものである。

〔水調歌頭・天安門広場〕：……忽見群魔乱舞、陰火嚎風四起、悪鬼逞狂凶。工兵斉奮起、鉄拳鎮爬虫。霹靂震、怒激涌、掃黒風。誓除陰暗醜類、旌旗耀碧空……（群魔の乱舞する様がにわかに見え、鬼火や妖しい風があちこちに現われ、悪鬼が狂暴をほしいままにする。労働者や解放軍は一斉に奮い立ち、鉄拳は爬虫らを鎮める。激しい雷鳴が轟き、怒りは激しく涌き、黒風を一掃する。陰暗の悪党を排除することを誓い、旗は碧空に耀く……)[6]

詞の中には「群魔」、「陰火」、「悪鬼」、「黒風」、「醜類」などの「牛鬼蛇神」たちへの呪いの言葉が満ちみちている。5月18日、『人民日報』の第一面に姚文元が自ら手直しし、梁效と署名した文章、「党内には確かにブルジョア階級がいる——天安門広場反革命事件の分析」が掲載され、文中では集会参加者を「牛鬼蛇神」とするきめつけと呪いの言葉を再び繰り返している。「天安門広場で騒動を起こしたあれらの牛鬼蛇神、群魔百醜は、皆鄧小平の笛の音に踊らされていたのだ」。同じようなきめつけや呪いの言葉は、当時の中国の政治文化に満ちていた。例えば当時の「大批判」の中心であった清華大学のある作者は次のように書いている。「鄧小平や党内のブルジョア階級の悪者どもに吠えさせ、泣かせておけばよい！　歴史は彼らに答えるだろう。全ての毒蛇猛獣を排除し、真っ赤な太陽が地球全体をくまなく照らすことで」[7]。

更に注目すべきことは、「牛鬼蛇神」、「群魔百醜」、「毒蛇豺狼」などは、「文革」の発動者や指導者が自分たちの敵に下した定義であっただけでなく、逆にかつての億万もの「文革」の被害者や反対者が、「四人組」などの

「文革」を指導した者たちに下した文化的、人格的定義でもあった。例えば1976年の「天安門事件」において、数多くの詩歌はほとんど一つの例外もなくこのような表現を使って国家と人民に災いをもたらした江青などを呪った。例えば次のようなものである。

　　　欲哭聞鬼叫、我哭豺狼笑。(泣きたいところ鬼の叫びが聞こえ、私は泣くのに狼は笑う。)
　　　継志自有後来人、神兵八億斬妖魔。……積年魔妖何日平、……打殺人間白骨精。(志を継ぐため自ずから後継者がおり、八億の神兵が妖魔を斬る。……いつの日か積年の魔物が退治され、……人間の世にある白骨精を打ち殺すのだ。)
　　　含涙凝視総理像、更恨妖魔掀狂瀾。……一從盤古開天地、便有鬼怪悪魔王。(涙を浮かべて周恩来総理の遺影を凝視し、妖魔が怒涛を巻き起こす様を更に恨む。……盤古の天地開闢の時から、鬼や魔王は存在したのだ。)
　　　妖魔悪怪休得意、自有挙旗打鬼人。(妖怪や化け物は得意になるな、旗を掲げ鬼を退治する人が当然いるのだ。)[8]

　1976年10月、江青などが逮捕されて後は、彼らを鬼や妖怪、山犬や狼や毒蛇と見なすこのような表現は、10年前の「牛鬼蛇神」退治と同様、数え切れない程であった。上述の状況は時間的に見ても、また空間的な範囲から見てもわかるように、「牛鬼蛇神を一掃する」ことや「妖怪や鬼を退治する」ことは、「文革」中には根本的意義のある政治綱領や文化意識だったのであり、「文革」の10年間に、人々の観念、行動様式などに極めて大きな変化が起こったにも関わらず、上述の綱領や意識は逆に「文革」で終始貫かれていたのである。そこで当然ながらこのように問うべきであろう。なぜ「牛鬼蛇神を一掃する」ことがこのような根本的意義のある綱領や意識となり、長期間にわたって社会全体の各階層や社会、文化の各方面を覆い尽くしたのであろうか。この疑問に答えるために、以下では直接の政治文化的原因と、より根本的な歴史文化的原因という二つの側面からそれぞれ述べていく。

2. 毛沢東の「鬼退治の戦略」及びその形成過程

　「牛鬼蛇神を一掃せよ」という表現は決して「文革」の内包するものを単純に形容し、文学化した比喩にとどまらず、更に深い意義のある政治的、文化的戦略でもある。もし前節の中で、それぞれの「文革」の文献の引用に対してこの点の説明が不十分であるとしても、本節で述べる50年代末から「文革」の条件が熟して事が成就する時期に至るまでに、毛沢東が自ら作り上げ、繰り返し表明した「鬼退治の戦略」によって、そのことを更に確実で疑いのない証明を提示することができるだろう。

　一般的に言えば、人類の文明は原始時代から進化してきたものである以上、後の世代には多かれ少なかれ、あの遥か遠い時代の観念やその文化的現象がどうしても残ることになる。よって現代社会の人々が、依然として一部の鬼や妖怪に関する言語風俗や文芸素材などを受け入れているのは、本来最もありふれた事である。しかしまた人々はまさに現代社会において、このような受容は非常に限られた範囲内（例えば神話に関する題材の文芸作品）に限定されていて、社会や文化の形態全体を包括するわけでは決してない。マックス・ウェーバーがかつて現代社会の核心的定義の一つとして指摘したのは、「魔力（magic）を世界から排除する」、「世界を理性化し、救済手段にまで達した魔力を排除する」ということである[9]。だが現代文明のこの「巫女や妖怪を排除する」という進歩的趨勢とは全く相反して、50年代末から、「牛鬼蛇神」の影が次第に中国大陸全体を覆ってしまったのである。

　近現代中国では、「牛鬼蛇神」は元来広く普及した伝統的な小説や演劇の内容を主に指したが、それが強烈な政治的色彩を帯び、社会や文化全体の方向性に関わる概念に変化したのは、50年代後期からの毛沢東の一連の講話や著作によってである。例えば1957年3月8日の「文芸界との談話」の中で、毛沢東は文芸界の責任者や著名な俳優と「鬼戯（亡霊や冥界を描いた芝居——訳者注）」の問題を繰り返し話している。彼は次のように述べている。

　　　　私は牛鬼蛇神を賛成しない。上演されたらそれを批判すべきだ。

（中略）何らかの牛鬼蛇神の芝居は見てもよい。我々が見る『封神演義』は牛鬼蛇神ではないのか。社会には牛鬼蛇神がいるのだから、脚本の中にいても怪しくはない。……社会には牛鬼蛇神はとても多いのだ。中国人は鬼をよく信じているとは限らないから、演じても何も怖いことはないのだ。[10]

注目すべきことは、毛沢東が鬼戯について語ったこの時に、すでに社会には牛鬼蛇神が存在し、しかも数が多いということを何度も指摘していることである。4日後、毛沢東は『中国共産党全国宣伝工作会議での講話』の中で、牛鬼蛇神の芝居が少しはあってもいいという観点を重ねて言明する一方で[11]、同時に誤った思想や毒草（訳者注：反党、反社会主義的な言論や文学作品を指す）、牛鬼蛇神の問題を批判することを再度厳粛に提示した。これが我々が前節で引用したくだりで、「五・一六通知」によって「文革」の指針となったのである。

数ヶ月後、「大鳴大放（自由に意見を述べ、大いに議論し合うこと——訳者注）」への奨励が残酷な「反右派闘争」へと急激に転換したが、この転換の背景には、毛沢東の「牛鬼蛇神」に対する判断に重大な転換があったからである。彼が自ら執筆した『人民日報』1957年7月1日の「『文匯報』のブルジョア階級への方向は批判されなければならない」という有名な「反右」の綱領的性格を持つ社説において、毛沢東は「呼風喚雨、推涛作浪（風を吹かせ雨を降らせ、波を更に大きくする）」、「黒雲乱翻（黒雲が乱れ動く）」などの、人々が通常妖怪や鬼を形容するのに用いる語を用い、それによって「ブルジョア階級反動右派」の悪辣さを非難した。続いて、更に最も厳しい調子で彼らを極悪非道で許すことができない悪鬼であると宣告し、「これらの悪党どもを殲滅せよ」と民衆に呼びかけた。

　　本紙及び全ての党の機関紙は……その目的は魑魅魍魎や牛鬼蛇神に「大いにものを言わせ」、毒草を大きく成長させて、人々に見せ、何と世界にはまだこんな奴等がいたのかと大いに驚かせながら、これら悪

党どもの殲滅に着手させることである。……牛鬼蛇神はその現れるのを待ってこそ、滅ぼしやすいし、毒草は土から出て来るのを待ってこそ、取り除きやすいのだ。[12]

　この号令の下で、「右派」に対する批判や討伐は、多くの場合、彼らを極めて凶悪で悪賢い野獣や鬼ときめつけることになった。当時の『人民日報』などの新聞や雑誌で発表された有名な批判の文章の題目だけを例に挙げると、以下のものがあった。

　　「張伯鈞——保護色を持つ一匹の毒蛇」[13]
　　「張伯鈞の演劇界への魔手を断ち切れ」[14]
　　「右翼はオオカミであり、善良なる人間ではない」[15]
　　「ついに狐のしっぽが出た」[16]
　　「江蘇省で狼の巣が見つかった」[17]
　　「真理の烈火は牛鬼蛇神を焼き尽くす」[18]
　　「福建省民主同盟はまたこの凶悪な毒蛇を突き刺した」[19]
　　「エンジニア領域の牛鬼蛇神を一掃せよ」[20]
　　「一匹の毒蛇——右翼の伍俊卿」[21]

　これと補い合う形で、新聞や雑誌では漫画で「右派」を様々な醜悪で凶暴な妖魔や野獣として描くことも流行していた（図1、図2を参照）。明らかに、このような類いのつるしあげはすでに理性的批判の範囲をはるかに超えてしまっており、また「巫女や物の怪」の息吹に満ちている様は、ヨーロッパ中世の宗教裁判での異端異教に対する審判や呪いに近いものがあった。
　1959年春以後、毛沢東の「鬼退治戦略」には重要な進展がみられる[22]。1959年4月15日の第16回最高国務会議において、毛沢東は、前年の8月からの二つの出来事を指摘した。一つは台湾問題であり、もう一つはチベット問題であった。これによって生じた国際的局面に対応するため、次のように強調した。「私は奮闘し続けなければならないと考える。どんな脅威も

図 1 「狼の理論」(『新観察』1957 年第 11 期 5 頁より)における文と絵では、「右派」を「人の血をすする狼」として描いている。

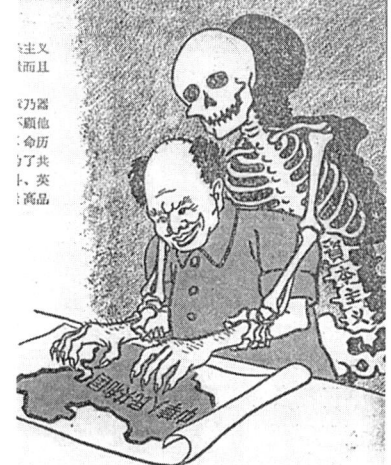

図 2 「"死者は生者を捕える"——章乃器を評す」(『新観察』1957 年第 14 期 7 頁より)では、「右派」がまさに「資本主義」などの凶悪な妖魔と協力して中国を強奪していると述べている。

我々は恐れない」。ここで毛沢東は中国の怪奇小説である『聊斎志異』の中の一つの故事を引用し、次のように締めくくった。「『聊斎志異』の作者は我々に、鬼を恐れてはならない、鬼を恐れれば恐れるほど生きらなくなる。鬼はやって来て人を食ってしまうのだと告げている。我々は鬼を恐れてはならないことを承知しているから、金門、馬祖を砲撃したのだ」。これは毛沢東が重要な会議で初めて国外の敵を鬼と称した発言である。続いて、同年5月6日、11カ国の訪中代表団と中国駐在使節との接見の時には、更に明確なことばで述べた。「今日世界には鬼が多い。西側の世界には鬼の大群、つまり帝国主義が存在し、アジア、アフリカ、ラテンアメリカにも鬼の大群、つまりは帝国主義の走狗や反動派が存在するのだ」。さらに毛沢東は「中国の小説には鬼を恐れない物語がいくつかあり、……私は鬼を恐れない物語や小説を一冊の小冊子に編集したい」と述べた。4日後の5月10日、毛沢東はドイツ民主共和国人民議院訪中団と会見した時、また次のように述べた。

  マルクス・レーニン主義は我々に鬼を恐れるなと教えている。資本主義という鬼は確かに存在しているが、恐れてはいけない。ヒトラーは大きい鬼であり、蒋介石という鬼も小さくなかった。彼以前にも袁世凱、清朝皇帝などの鬼がいた。……ニューヨークやロンドンにも鬼はいるのだ。

 毛沢東のこれらの講話には以下のようないくつかの重要な意味がある。1. 資本主義は鬼である。2. 全ての敵は鬼である。3. 鬼は世界の隅々に広く分布している。4.「鬼を恐れない」ということがマルクス・レーニン主義の重要な原則であると考えている。更に注意すべきことは、ここで毛沢東は、国外の敵を鬼と見なしただけでなく、国内のかつての敵をも鬼と見なしている点である。ここで我々は、このように内外の敵を同類と見なす思想が「文革」には重要な意味を持つことがわかる。
 これとほぼ同時期に、毛沢東は『鬼を恐れない物語』という本の編纂作業を始めさせた。彼はある中央書記処の書記に、この任務を専門に実行す

るよう指示した。そして、中国科学院哲学社会科学部文学所（現在の中国社会科学院文学研究所の前身）所長の何其芳が具体的に責任を負ったのである[23]。1959年夏には、本はすでにほぼでき上がっていた。その内容は中国歴代小説の中から選び出され、人々が如何に鬼を恐れず、鬼や妖怪をいかにして退治したかを描いた様々な物語であった。何其芳はすぐにこの本の初稿を毛沢東に贈り、毛沢東は目を通した後に、その中の一部分を抜粋・印刷し、第一回中共中央工作全会において出席者に配布した。

　ほどなく、1959年夏の「廬山会議」において、毛沢東はいわゆる「彭（徳懐）、黄（克誠）、張（聞天）、周（小舟）反党集団」の闘争を発動したため、『鬼を恐れない物語』の最終稿の作業がこれにより一度中断した。だが同時に、中断期間中に毛沢東は「廬山会議」以後の情勢を考慮に入れることができ、その「鬼退治戦略」の中に最もかぎとなる内容を盛り込むことができたのである。

　1960年、毛沢東は『鬼を恐れない物語』の初稿を更に精選し、充実させ、また（原文は比較的古めかしくて難解な文語であるため）詳しい注釈を加えるようにと、何其芳に指示した。本全体の最終稿が仕上がった後、何其芳は毛沢東に自ら序言を執筆し、この本を編集、出版した深い意味を説明することを請うた。毛沢東は、まず何が序言を起草して、それを審査すると答えた。その後何其芳は何回か原稿を書き直し、一万字近い序言を書き、毛沢東に送った。毛沢東は目を通した後、1961年1月4日に何其芳を呼んで会見し、鬼退治は「大局的見地からそれらを恐れずに見下すべきで、各々の鬼に対しては、具体的に分析し、戦術に気をつけ、慎重に行動しなければならない」と語った。そして何其芳に、彼のこの考えを序言に書き加えるよう特に言いつけた。話が終わる前に、毛沢東はまた何其芳に、最近修正主義を批判した詩を何首か書いたと伝えた。その中の一首にはこのような表現があった。

　反蘇憶昔鬧群蛙、今日欣看大反華。悪煞腐心興鼓吹、凶神張口吐煙霞。神州豈止千重悪、赤県原蔵万種邪……（昔の反ソ連の時も蛙の群れが鳴き騒いでいたような情景があったが、今日では反中国の動きもしかり。腹黒く鼓吹するばかりで、

凶神が口を開けて煙を吐き出すようだ。中国には千重の悪もあれば、万種の邪悪も隠れているのだ。)

　この詩の中には、少なくとも二つの注目すべき重要な思想がある。第一に、自分が「千重」、「万種」もの凶神悪鬼に包囲されていると考えている。第二に、1957年に「右派」を「魑魅魍魎、牛鬼蛇神」と見なし、1959年初めには主として国外の敵や西側諸国を妖鬼と見なしていたことと比較すると、この時、毛沢東の眼中の「悪煞」、「凶神」などの妖魔は、国内外両方の敵を完全に含んでしまうばかりか、それらはすでに緊密な関係を結んでいたというのである。

　毛沢東の直接の指示に基づき、何其芳は帰宅後に「序言」の手直しを行なった。1月16日、彼は手直しした「序言」を毛沢東に送り、また手紙を添えて、自分が加筆した部分で「人をはっとさせる程の表現が足りない部分は、……ご閲読審査後に修正して頂くほかありません」[24]と述べた。毛沢東は修正稿を受け取った時、ちょうど北京で中共八期九中全会を取り仕切っていた。すでに1月8日の会議での講話でも、毛はこの本に言及し、「私もとっくに60歳をすぎたが、鬼を断じて恐れない。我々はもうすぐ一冊の本を出版する」と述べた。

　毛沢東は「序言」の修正稿を閲読審査後、更にその末尾に長文の綱領的性格を持つ文章を自ら執筆して書き加えた。それは以下のものである。

　　本書は1959年春に全世界の帝国主義、各国の反動派、修正主義が反中国の大合唱を組織した時から、中国科学院文学研究所が編集に着手し、この年の夏にはすでにほぼ完成したものである。当時はまさに国内に修正主義が起こり国際的な修正主義と呼応し、党の指導者に対して凶暴な攻撃を行なった時期であり、我々は本書の初稿を更に精選させ充実させることにした。……1960年末、国際情勢は大きく変化し、81の共産党や労働党がモスクワで代表会議を開き、反帝国主義、反反動派、反修正主義の声明を発表した。この「鬼を恐れない」声明は

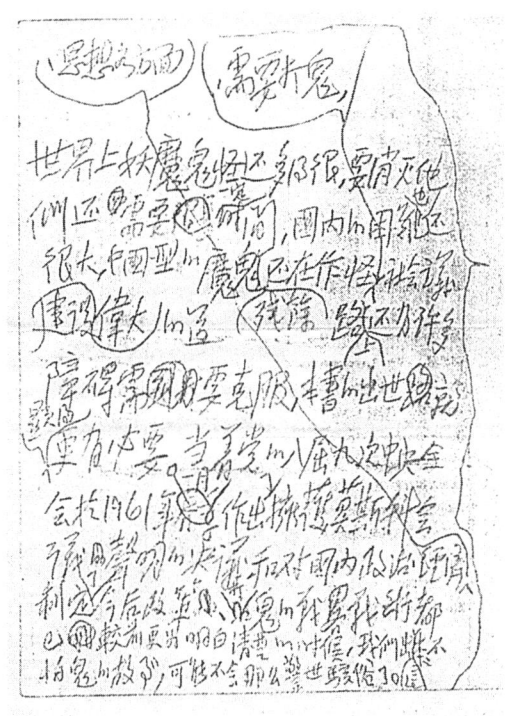

図3 毛沢東が『鬼を恐れない物語』の「序言」を修正した時に自ら長文を書き加えた自筆原稿

　全世界の革命的人民の勢いを大いに奮起させ、妖魔や鬼は気勢を失い、反中国の大合唱はほぼ打ち砕かれた。しかし読者は理解しなければならない。世界には妖魔や鬼がまだとても多いのだ。それらを滅ぼすにはまだある程度の時間がかかるし、国内の困難もまだ大きい。中国型の鬼の残余はまだ害を及ぼしているので、鬼退治をしなければならない。社会主義の偉大なる建設の道はまだ多くの克服すべき障害がある。それゆえ本書が世に出る必要があることは明らかである。党の八期九中全会が1961年1月にモスクワ会議の声明を擁護する決議を出し、国内の政治、経済、思想の各方面に対して今後の政策を立て、鬼退治の戦略・戦術がすでに以前よりも更に明確になった時に、我々がこの『鬼を恐れない物語』を出版して世間に警告を発しても、それほど人々を驚かすことにはならないであろう。（**図3**）

明らかに、毛沢東は「中国型の鬼の残余はまだ害を及ぼしているので、鬼退治をしなければならない」という社会的情勢に対する基本的な判断を、戦略的な綱領として提起したのである。また彼がここで全体構想を考えた上で宣言した「鬼退治の戦略・戦術がすでに以前よりも更に明確になった」という箇所が、すさまじい「鬼退治運動」がまもなく到来することを見まがうことのない明確さで示している。

　1月23日、毛沢東は再度何其芳と会見した。彼は何其芳に次のように言った。「君が書いた序文に私は一段落加え、現在の情勢と結びつけたのだ」。その場で上述の文章を何及び同席者に読んで聞かせ、自筆原稿を皆に回覧させた。その後、何其芳に「君のこの文章はもともと政治的性質のとても強いものだが、私が更にいくらか強化しておいた。私は鬼を恐れない話を政治闘争と思想闘争の道具とする」と述べた。更に加筆して、「半人半鬼」の問題を説明するようにと、具体的に次のように指示した。「半人半鬼」は、人になるか、鬼になるかのどちらかだ。鬼になっても、改造によって、また人になることができる。何其芳が出て行く間際に、毛沢東は原稿を清書後、再度提出して見せるようにと言った。何其芳はその夜すぐに毛沢東の指示に従って「序言」を書き改め、1月24日朝、以下の手紙を添えて、毛沢東へ届けさせた。「主席：『鬼を恐れない物語』の序言は、お直しになって頂いた原稿に基づいて修正・清書してから、印刷されます。ただ一、二箇所だけは昨日（胡）喬木同志（著者注：胡喬木は当時中国共産党宣伝部常務副部長だった）の意見に従って少し文章を改め、'半人半鬼'の人間についても取り上げましたが、表現は適切でしょうか。お送りしますのでどうかご覧下さい」。ここで、特に注目すべきは以下のことである。何其芳が述べている、文章を改めたということが決して些細なことではなく、自筆原稿と後に正式出版された何其芳の署名のある「序」とを比較すると、毛沢東が強調した「鬼退治をしなければならない」、「鬼退治の戦略・戦術は以前よりも更に明確になっている」という二つの表現が削除されていることである。これは恐らく胡喬木らが当時の情勢下では、このように直接的で激しいことばで「鬼退治の戦略」を発表することはまだ適切ではなく、その上、「序」の作者として署名する何其

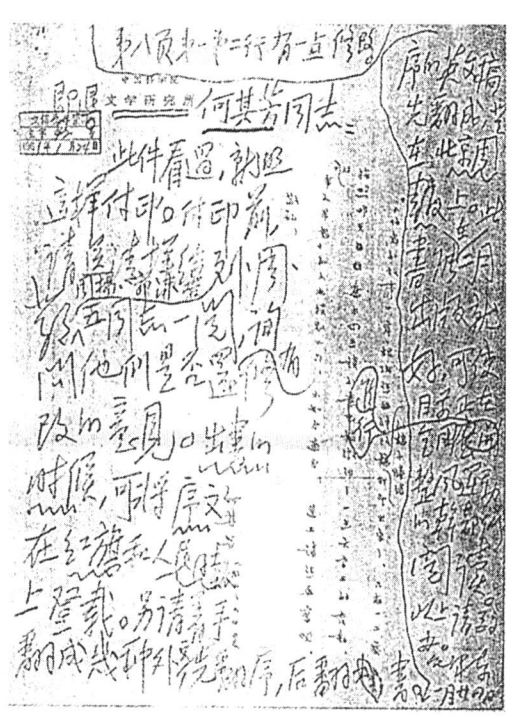

図4 毛沢東が『鬼を恐れない物語』を中共の中核層に送り回覧後印刷に出すよう命令し、そして外国語に翻訳して国外へ向けて発行するよう指示した筆跡。

芳の身分や地位と合わないと考えたためであろう。しかし、まさにこれらの厳しいことばこそが、毛沢東の戦略思想を最も正しく表現しているということを、今日になって読者はたやすく見抜くであろう。

1月24日のその日、毛沢東はこの原稿の審査を終え、すぐに、何の手紙の余白に次のようにしるした。

　　　何其芳同志：読みました。この通りに印刷して下さい。印刷する前に、最終稿を劉（少奇）、周（恩来）、鄧（小平）、周揚、郭沫若ら五人の同志に送って一読してもらい、まだ修正する所があるかどうか意見を彼らに尋ねて下さい。本が出版される時には、「序文」を同時に『紅旗』や『人民日報』に掲載してもよろしい。またいくつかの外国語への翻訳にも着手し、まず序文を翻訳してから、本文を翻訳して下

さい。まず序の英文訳を完成させて、『北京周報』に掲載して下さい。この本は二月に出版することがのぞましい。そうすれば目下ちょうど全国で行なわれている整風運動の幹部たちに読ませることができるからです。以上を考慮し処理して下さい。[25]（図4）

　一見してわかることは、毛沢東は『鬼を恐れない物語』を、特にその本の「序」を何度も口述筆記し、繰り返し手直しすることによって、自らの戦略的綱領を厳粛に全党、全国そして全世界に発表したことである。毛沢東の「鬼退治の戦略」の内容をより明確に理解するために、すでに引用したその自ら書き加えた文章以外に、この「序」の中の一節をもう少し引用しておく。

　　……世界にはまた多くの似たような鬼の類いが確かに存在する。大に至るは国際帝国主義および各国における国際帝国主義の走狗、またユーゴスラビアのチトー集団を代表とする現代修正主義、深刻な天災、改造されていない地主分子やブルジョア階級分子は一部の基層部の細胞組織の指導権を奪い取り、再び支配の座につこうとしていることなど、このすべてが鬼の類いだと言える。……それらは極悪非道で、面構えが凶悪であるか、或いは容貌がなまめかしく、こびへつらって人を惑わし、……その変化の多様で奇異であるさまは、過去の物語の中の鬼が見劣りする程だ。……更に「半人半鬼」の人間がいて、彼らは完全な人間に改造されることがなければ、完全な「鬼」となる。彼らがまだ「半人半鬼」だった頃は、彼らの反動的な一面もその他の「鬼の類い」と同様にどうしても崇拝の対象となり、どうしても騒動を起こすことになるのだ。[26]

　ここでわかるように、多くの国際的政治力と国内の「地主階級分子やブルジョア階級分子」などを全て鬼と見なしているだけでなく、鬼たちの「極悪非道で、面構えが凶悪」、「容貌がなまめかしく、こびへつらって人を惑わす」など極悪非道で許すことができない天性や限りなく悪賢いやりくちを強

調している。ヨーロッパ中世の宗教裁判で「悪魔を手助けした」という罪名により百万にのぼる罪のない人間が火刑場に送られたという歴史は、数百年後の今日でもなお目を見張る程の驚きであろう。ならば、数千万もの同胞が如何にして「牛鬼蛇神」の罪名と永久の屈辱を受け、「一掃」され墓に入れられたかをまだ覚えている中国人が、わずか数十年を経て当時のこの「鬼退治の戦略」を再読した時、恐怖を感じないわけにはいかないであろう。

　『鬼を恐れない物語』は毛沢東の要求に従い、予定どおり1961年2月に正式出版された。目立たない装丁の小冊子だが、実は当時の戦略的な著作であり、後に毛沢東はたびたびそれに言及した。例えば1962年1月14日に某国の訪中代表団と会見した時、毛沢東はこの「序」におけるいくつかの観点を繰り返した後に、客人にこの本の英語版かフランス語版を読んだことがあるかどうか尋ね、そしてこの訳本を彼らに贈るようにと言った。また次のように言った。「その中で述べている帝国主義は大鬼で、ある何がしは半人半鬼で、別の何がしは鬼です。他の鬼についてはまだ述べていません。それは1959年の春に書いたのですから」[27]。このことばから、『鬼を恐れない物語』が出版されてからまだ一年も経たないうちに、毛沢東の心中の鬼の範囲は更に拡大したということがわかる。これと前後して、毛沢東は中共の指導者に彼の「鬼退治の戦略」を何度も伝授している。例えば1961年11月と12月に、彼は自分の『読報詩』（すなわち前述で引用した「悪煞腐心興鼓吹、凶神張口吐煙霞。神州豈止千重悪、赤県原蔵万種邪」など）を「会議に参加した同志たちに伝えるように」、「各同志に印刷して渡すように」[28]と二度の指示を出した。そして数ヶ月後の1962年9月、毛沢東は中共八期十中全会で「階級闘争を絶対に忘れてはならない」[29]という大変有名な呼びかけを出したのである。1963年5月9日、毛沢東は次のような文章を書き、明晰なことばで「階級闘争」と「鬼退治の戦略」との関係を説明した。

　　　階級闘争、生産闘争、科学研究と実験は、社会主義の強大な国家を建設するための三つの偉大な革命運動であり、共産党の人間が官僚主義をなくし、修正主義や教条主義を避け、永久に不敗の地に立つ確実

な保証である。……そうでなければ、地主、富農、反動派、悪質分子、右派や牛鬼蛇神が一斉にあばれ出て来ても、我々の幹部はそれに気づくこともなく、さらにひどいのは、多くの者が敵味方の区別さえもつかず互いに結託し、敵にむしばまれ襲われて、ばらばらに崩され、変質したり、組織内部に侵入されたりすることだ。多くの労働者、農民や知識人も敵によってさまざまな手段で浸蝕されたりする。この通りに事が進めば、それ程の時間はかからず、短ければ数年か十数年、長くても数十年で、必ずや全国的な反革命の復活が現れることになるだろう。マルクス・レーニン主義の党は必ずや修正主義の党に変わり、ファシスト党に変わり、中国全体が様変わりしてしまうだろう。同志の諸君に考えてもらいたい。これはなんと危険な情景であることか！[30]

　この期間に、毛沢東は「社会主義教育運動」（すなわち「四清」運動であり、また「文革」の最後の大規模な予行演習でもあった）を全国で全面的に展開させるために、更に「階級闘争」と「牛鬼蛇神」との関係を繰り返し明らかにした。例えば「農村社会主義教育などの問題に関する指示」（1963年5月）の中でこう述べている。「このような社会主義教育運動の要点は何か。要点はつまり階級と階級闘争である」。続いて、「我々は農村では10年も階級闘争をやらなかった。……'四清'によって多くの汚職や窃盗、牛鬼蛇神をやっつけることができる。公安機関ができないことを、'四清'はやれるのだ」[31]と述べた。毛沢東がこれらの指示の中で出した、通常の国家機関の機能をのりこえ、「運動」や階級闘争という方式であらゆる場所の「牛鬼蛇神」を一掃するという方針は、すでに「文革」の主旨に非常に近いのである。よって「文革」初期において、毛沢東はそれまでに薄氷を踏むごとき思い、つまり少なからぬ危惧を抱きながらおしすすめてきたことが確信にかわった過程を述べたことがある。「'文化大革命'は何年も積み重なった産物であり、牛鬼蛇神は何年も毒をまいていたのだ」[32]。このように、「牛鬼蛇神を一掃する」ことは億万もの人民が必ず身を投じなければならない最も神聖な事業となり、

「毛沢東思想教育の下での偉大な中国共産党の人間と偉大な中国人民はあらゆる鬼や妖魔を恐れないだけでなく、また世界のあらゆる鬼や妖魔を粉砕しようと決心したのだ」[33] というのであった。

　要するに、「文革」の綱領として、「牛鬼蛇神を一掃せよ」というスローガンの誕生までには、長期の下準備があった。この過程で、「牛鬼蛇神」の外延が絶えず拡大し、かつ日増しに明確になってきただけでなく、これらの敵の政治的定義、文化的定義や人格的定義には、日増しに確実に妖魔のあらゆる性格が賦与された。よって、10 年もの長い時間を経て、また極めて慎重な準備の後には、「全ての牛鬼蛇神を一掃する」運動の全面的勃発は必然的となったのである。

3.　原始文化における鬼祓いの意味と「文革」における増幅

　原始時代から中世までずっと広く行われていた鬼を捕らえ追い払う運動と、そのずっと後の「文化大革命」とは深く関連しているということに一部の学者はすでに気づいていた。例えば、呂叔湘先生は 1983 年に彼の若い頃の翻訳書『文明と野蛮』（内容は世界の各民族の原始文化を紹介したもの）の再版の「後書き」で、中世の「宗教裁判」がいわゆる「魔女」（中世において、彼女たちは「悪魔サタンの使い」と告発された）を大規模に無実の罪で陥れ、残酷に迫害したことについて特に述べ、このような宗教的迫害と「文革」を同列に論じている。

　　　このような悲劇がヨーロッパで 18 世紀まで続いたが、我々の所では 10 年前まで続いていた。「文化大革命」における様々な惨劇は、おそらくまだしばらく時間が経たないと詳細で正確な記述を読むことはできないだろう。……私は志のある者がいて、中国の歴史上これら権力が作り出した様々な残忍非道な事柄を集めて本にし、広範な読者が目に触れ心を痛めるようにし、このような事が再発するのを許さないよう約束することを望む。[34]

また例えばフランスの社会学者ジャン・セルヴィエは著書『巫術』の中でヨーロッパ中世キリスト教の異端狩り運動について取り上げている。

　　……更に血生臭く、更に大規模な鎮圧が700年余り続き、900万余りの人々が火刑に処され燃やされた。だが何の犯罪行為であったのかはまだ証明されていない。ただ裁判官たちが理性を失い不公正であったと説明された。同時にまたある言い方を作り出したが、……それは民間の怖い言い伝え"chasse aux sorcières"となった。[35]

　この本の中国語訳者である管震湖先生は、"chasse aux sorcières"という怖い言い伝えに含まれる意味について更に説明している。

　　つまり英語でよく見かけるwitch-hunting（魔女狩り）は、その意訳を「鬼を捕らえる運動」としてもよさそうである。上から下へ発動されたこの恐怖のキャンペーンは中世のヨーロッパで盛んに行われただけでなく、その害毒は今でもまだ見られる。現代においては、でっち上げたり或いは罪のない者にぬれぎぬを着せるような大規模な政治的迫害運動を特に指す。例えば、中国の「文化大革命」がそうである。[36]

　それでは、上述の原始的な魔物を捕らえ追い払う運動と「文革」というこの現代的「牛鬼蛇神退治」との間には、どのような深い関連性が備わっているのだろうか。
　前節において、我々は「反右派闘争」以後の政治・文化的な直接の原因から「牛鬼蛇神を一掃する」運動が勃発した必然性について紹介した。しかしこの紹介だけでは明らかに不十分である。何故ならそれは次のような肝心な問題にはまだ答えられないでいるからである。人々は何故あのように期せずして一斉に、自分の政治や文化面での敵を凶悪で悪賢く、変幻自在の悪魔と見なすことができたのか。また何故これらの悪魔を「一掃する」ことが、自

分が生存するための絶対的前提とされたのか。本節において、この問題についての答えをもとめたい。

「反右派闘争」から「文革」に至るまで、「牛鬼蛇神」は中国の政治生活や社会生活で最も通用することばとなった。かつて億万もの人々がすっかりこれに慣れて、少しも不思議に思わないほどであったが、実際には極めて異常なことで、そこに重大な文化学的意義があったはずである。何故なら、一般的には、「牛鬼蛇神」という名詞が内包する文化的な意味が、現代文明とはすでにかなり遠く隔たっており、ゆえに現代人が理解するには、もともとかなり難しいはずだからである。

　　例えば「牛棚（牛小屋）」ということばは、今日皆が大体理解しているが、……しかし将来の人間は恐らく説明がなければわからないだろう。どのように彼らに解説するのだろうか。次のように言ったとしよう。「牛棚」とは、「文化大革命」において各機関、団体、学校、工場、村や町、大通りで……自ら設立した、その部門の「牛鬼蛇神」を拘禁する場所である、と。この説明は、今日で見ればすでに十分であり、詳しすぎさえする。しかし将来の人間が見たら、やはり以下のような問題が生じるだろう。

　これは司法或いは公安機関が権限を授けられて設立したものなのか、それとも私設のものなのか。

　もし私設のものであれば、それは違法であるのに、なぜ限られた部門がこそこそと行なったのではなく、全国のすべての部門が一斉に公開して行なったのか。司法機関はなぜ管理しなかったのか。拘禁された者はなぜ抵抗しなかったのか。

　特に重要なのは、いったい何が「牛鬼蛇神」なのか。私が聞いたところによると、あるヨーロッパの国のベテラン共産党員が、中国のある文化出版部門で仕事をしていたが、彼はある文章をある国のことばに翻訳するよう頼まれた。その中で「牛鬼蛇神」ということばで彼は困ってしまった。彼は尋ねた。それは犯罪者のことですか。違うとい

う答えだった。彼はまた尋ねた。警察条令違反者のことですか。違うという答えだった。彼は更に尋ねた。容疑者のことですか。やはり違う。彼は本当に尋ねることばが見つからなかった。そこで中国人の同志は彼に何度か詳しく説明したが、彼はそれでもわかったようでわからなかった。しかし結局は説明を聞かなかった時よりは少しは理解して、首を振りため息をついて言った。あなたたちの使うことばは、なぜこのように封建的迷信的な意味で満ちているのですか、と。[37]

上記の引用文を見ると、非常に単純な疑問のようであるが、実は我々に次のようなメッセージを伝えている。「牛鬼蛇神を一掃する」というこの「文革」の綱領は、極めて古い上に、もともと現代人には非常に見慣れない奇怪なものと感じるはずの文化形態を、新たに天地を巻き込むほど激しい勢いで復活させ、社会で唯一合法的な文化モデルや思考パターンへと復活させたものだった。しかも、「文革」は観念や理論において様々な「敵」を悪魔と見なすだけでなく、また例えば相手の名前を書いてその文字を損ねたり、姿形を汚したり、住居を汚したり、呪うなどの、古来からあるさまざまな呪術の方法をたしかに利用し、全力を尽くしてこれらの「悪魔」を一掃しようとした[38]。それでは、この一連の観念や手段はどこから来たのだろうか。毛沢東のことばを借りれば、こうである。それは天から降ってきたものでもなければ、人々の頭の中にもともとあったものでもない[39]。しかしそれは驚くべきエネルギーで「文革」の激しい濁流をわき上がらせたのであるから、少しの疑いもなく、それは必ずや非常に深い文化的土壌があるのだ。

社会の進化の歴史は次のことを我々に教えてくれる。人類はかつてあまねく長い間原始文化の時代に生活していたが、この時代の最大の特徴の一つは、人々が宇宙には超自然の神秘的力が存在することを深く信じていたことであり、これらの神秘的力の主な体現者は、天地の至る所に存在する鬼神や妖怪であった。まさにそれらが世の中の全ての事物の存在と運命を決定していた。特に全ての重大な、予測や制御ができない事柄、及び直接人々の生死や災いと幸せに関係する事柄で、鬼神や妖怪が掌握していないものはなかった。原

始宗教においては、人々は通常これらの鬼神や妖怪を二つに分けていた。一つは人に幸福を与えてくれる善良な神であり、もう一つは人に災いをもたらす悪い神である。前者に対しては、人々はいつも非常に敬虔に崇拝して祭り、その善良な神を自分のトーテムや祖先であるとさえ考えた。例えばよく知られているように、我が国の商代の人間は鳳凰（玄鳥）をトーテムとしていた[40]。人々はまたこれらのトーテムの存在と出現は、あらゆる幸福の根源であると考えた。例えば昔から、我が国の人民は鳳凰を天下太平を明示する瑞祥であると見なした[41]。これとは逆に、人々は様々な邪悪な牛鬼蛇神に対しては、いつも激しい恐怖と嫌悪を抱き、またそれらの出現は、尽きることがない自然災害や非常に大きな政治的災難をもたらすだろうと考えた[42]。

　一般的に言えば、人々の牛鬼蛇神に対する宗教的認識は長い発展過程を経ている。原始宗教において、様々な霊が害を及ぼすやり方は、往々にして直接的で具体的である。例えばオーストラリアの先住民アボリジニ、南米アマゾン川西北の先住民、アジアのマレー半島のセマン族などの人々は、これまで様々な病気や死を自然現象とは見なさずに、全て妖怪が災いをもたらしたり、敵の部族の祈とう師のかけた魔法が原因であると思っていた[43]。また例えば我が国の広西省桂西チワン族の宗教観念では、宇宙には無数の鬼神が存在し、そのうち人に災いをもたらす悪い鬼神の名称が非常に多い。例えば腹腫鬼、吊頸鬼、溺死鬼、刀傷鬼、餓死鬼、跌死鬼、火焼鬼、雷撃鬼、麻瘋（ハンセン病）鬼、疫鬼、瘧（マラリア）鬼、頭痛鬼などである。彼らの姿は醜く、性質は狂暴残虐である。例えば吊頸鬼は「いつも白い布で頭を覆い、顔が赤く、また両目はほの暗い青色で、目のふちは深くくぼみ、舌は口の外に一尺余りの長さで伸びている。……いつも人の背後に立ち、縄で人を締め殺す」[44]。また例えば東北アジアで広まっているシャーマニズムの呪術文化では、「人の魂は最も弱々しくて傷つけられてしまうもの」であると考えられていた。よって「シャーマンの伝統的観念はやはり悪霊によって侵害されて死に至り、魂は離れて行くというのが典型である」[45]。このような無数の凶悪な牛鬼蛇神が人類を取り囲み、いつでもその被害にさらされているという観念は、社会進化の初期段階において、巨大で神秘的な世界に直面しなが

ら、人類の力が取るに足りないものであったために生まれた心理的恐怖を如実に反映している。そのため昔から民間で非常に広く伝わり、古くから今日に至るまで様々な蛇や狼の妖怪、狐の霊や悪霊が人に崇められるといった伝説や物語、小説、芝居は枚挙にいとまがない。従って近現代社会に入る以前には、それは必然的に人々の根強い潜在意識となっており、思考する上での重要な資源であった。

　自然界や社会に対する認識が進歩するに伴い、人々も次第に彼らが意識した奇異で陰険、悪賢く化け、凶暴で残忍などといった無数の悪の性格を牛鬼蛇神に加えた。例えば人々は悪魔の生まれながらの性質は凶悪残忍であり、人を惑わしたり、人を誘惑してだますのが非常にうまいと考えた。ネイティブ・アメリカンの神話の中で、妖精たちが「最も得意とする陰謀策略は夜に鳥の鳴き声のような歌を覚えることであり、……もし妖精の歌声につられて歌を覚えたら、妖精はあなたを人気のない密林の奥に連れて行ってしまうだろう。——こうしてあなたは一生森から出たいとは思わなくなり、恐らくあなたは森の瘋鬼に変わってしまうだろう」[46]。シェリーは後に総括して述べている。原始人は「彼らの感情や動機をあれらの死んだものに与えただろうが、これらのものは彼らにとって利益があるか、或いは害があるかである。前者は彼らの神となり、後者が悪魔となる」[47]。西洋でも、自分の敵による害を諸悪の根源である牛鬼蛇神のせいにしたが、このような原始的観念はずっと後の時代まで続いているばかりか、その運用範囲は更に政治闘争や思想闘争の領域にまで拡大した例がある。例えば宗教改革者ルターの学説では、「異端と非難される者は、'人間ではなく、人間の形をしているだけの悪魔だ'と言われる」[48]とある。キリスト教宣教師パトゥイエ（Patouillet 1699-1779）も近代啓蒙主義の思想家ヴォルテールは悪魔の息子であると公言していた[49]。

　人に害を及ぼし命を奪うために悪巧みばかりしている悪魔が世の中の至る所にいると見なす、このような原始的観念は中国でも広まっていた。例えば戦国時代のある伝説には、ある奇怪な妖怪が人の姿に化けるのが得意で、その妖怪はこの術を使ってある老人をだまし、老人自らの手で息子を殺させて

しまったことが記されている[50]。晋代の干宝が編纂した『捜神記』には、多くの化け物が狐、鹿、犬、羊の姿を借りて妖術を使って暴れるという伝説が収められているが[51]、これも人々がいつも「牛鬼蛇神」を様々な妖怪の代称としている原因である。早くは唐代には、山犬や狼が人の姿に化けて、機に乗じて人を食う話が広まっていた[52]。清代に至るまでの『聊斎志異』には、このような物語ばかりが揃っているだけでなく、その中の妖怪や化け物の奇怪で凶悪残忍なさまは、身の毛がよだつほどである。例えば「画皮」という話の中の狂暴な鬼は、人の皮をかぶって美女に化けるやりくちで人を惑わし食ってしまう。この例は誰もが知っている。ある妖怪は更に狡猾でさえあり、たとえ強い神通力を持つ僧侶、道士や祈とう師であっても、妖怪がうわべでは改心し従順なふりをして、実際には機に乗じてその悪辣さを発揮するといった陰謀で彼らを殺してしまうこともある[53]。このことからわかるように、毛沢東などは「鬼を恐れない物語・序」の中で、「極悪非道で、面構えが凶悪」、「容貌がなまめかしく、こびへつらって人を惑わす」などのことばで国内外の全ての「牛鬼蛇神」を形容し呪ったが、この政治思想は歴史的にはずっと古い原始文化を基礎としていたのである。

　特に次のことが注目に値する。中国古代の政治と民間宗教が互いに結びついていたために、人々は自然災害や不幸を牛鬼蛇神が悪事を働いた結果であると見なしただけでなく、更に社会に深刻な災いをもたらしたあの極悪人たちは、皆悪魔の化身であると考えた。例えば唐時代の安禄山に対する描写は、「孼臣奸驕，為昏為妖（妖怪の臣は悪賢く尊大で、日が暮れると妖怪になる）」であり、この災いを取り除くことも、「地闢天開，蕩除妖災（天地が開き、妖怪の災いを取り除く）」と描写された[54]。唐の人は更に言った。安禄山は巫女が生んだだけでなく、彼が生まれるや、多くの悪い兆しが見られた。何故なら彼の本性は、皇帝を欺き世間を惑わし、国と民に災いをもたらす運命の定まった豚の精だったからである[55]。このような言い方は民間の伝説や故事ばかりでなく、かなりの程度正統な公式のイデオロギーだったことを述べておくべきだろう。例えば上述の安禄山が生まれた時に、天より神秘の災いと悪い兆しが降りたという記述も、国が編纂した正史である『新唐書』の中

にも収められた[56]。この正史編纂の中心にいた欧陽修が北宋の著名な儒家学者であり、またかつて鬼神天帝の存在について繰り返し冷淡で懐疑的態度を示していたにもかかわらず、である。後の時代の例は当然ながら更に多く、例えば明末の作者不明の長編小説『檮杌閑評』には、明の天啓年間の激しい政治闘争と混乱した政治的局面は、蛇妖とその二百余りの蛇族が「黒い気を巻き起こし、中空に昇ると、十数本の金の光と化し、四散した」ことから引き起こされたものだと書いている。ここから、これらの蛇妖が、陰険で凶悪残忍な魏忠賢及び反動集団に化け、彼らは忠良を殺し、天下の民を迫害し、ついには明朝政治を「幽閉して日を遮り、無実の罪が天に満ち、憂いで意気消沈し、これによって星は滅び地が裂け、その年は不祥の気で戦乱が続く」までにした[57]。よってその本の魏忠賢に対する総評は、その大罪と彼の妖怪の本性との間の必然的関係を特に強調している。

　　　群凶の頭、万悪の首領。本当はどこから来たのか。虺（王毅注：'虺'とは毒蛇のこと）であり、蛇であるのだ。[58]

これと類似し、さらによく知られている例がある。『封神演義』は紂王の残虐や商王朝の滅亡した原因を、三つの牛鬼蛇神（「千年狐の精」、「九頭のキジの精」、「玉の琵琶の精」）がその妖術によって人を惑わし世間を混乱させた結果であると叙述しており、またこの本の冒頭で主旨として示された「狐狸聴旨施妖術、断送成湯六百年！（狐が皇帝の命令を聞いて妖術を施し、商王朝が成立してからの六百年を無駄にした）」[59]というものがある。中国の伝統社会において、圧倒的多数の国民がおおよそこのような通俗文芸を通じて歴史を理解し、その歴史的観念を作り上げていることを考慮に入れるならば、上述の原始文化の「遺伝子」の影響が巨大であることを知るのはたやすい。このような広範な文化的基礎があるために、支配的地位を占める政府側のイデオロギーも、しばしば自ずと敵対者や異端者、異教徒を牛鬼蛇神と見なしてしまう。多くの正統な儒学者は仏教を「鬼教」、「妖法」と称した[60]し、また宋元時代には多くの士大夫が、当時民間で広まっていたマニ教を「妖教」、「魔

教」、「邪師」などと称した[61]。そして清代の統治者も民間の白蓮教を「邪教」、「妖寇」、「鬼域奸謀（妖怪の悪巧み）」と称した[62]。

　近代の西洋において敵対者や異端者を悪魔と見なす原始的観念を今も信じ続ける者がいるのと類似して、近代の中国に至っても、やはりこのような観念が繰り返し爆発的に流行するのをよく目にすることができる。例えば太平天国や義和団という二度にわたる規模の最も大きい「造反運動」は、いずれも国を挙げて共通の敵に憤り、自分の敵、ないしは自分の宗教や政治的観念に合わない一切の事物を、全て「害すること様々である」、「その淫なること狐の如し、その詭なること鼠の如し」の「老蛇妖鬼」、「閻羅妖」、「豚の精」、「鬼教」などといった万悪の牛鬼蛇神であると見なした[63]。更に具体的な例では例えば、「孫中山先生は清末に民主革命を指導したが、同盟会機関紙『民報』第十二期には過去と現在の漢奸図（訳者注：「漢奸」とは売国奴のこと）が描かれている。曾国藩は人の頭に蛇の体、李鴻章は人の頭に魚の体、袁世凱は頭が二つに割れていた」[64]。また例えば陳独秀は、原始思想が現代中国の発展過程に対して障害となることを警戒するよう国民に戒めた時、1918年に至るまで、著名な天津南開学校のある学部主任は、依然として曾国藩は蛇精の生まれ変わりだと言いふらしていた、と述べている[65]。

　以上の例からもわかるように、何千何百年後ではあるものの、このような敵を牛鬼蛇神と見なす文化意識は、依然として『山海経』の類いの呪術文化の経典における妖怪の姿についての描写、及び妖怪が世間の人々にもたらした大きな災難に対する深い信仰と大きな隔たりはない。そしてまさにこのような原始文化の「遺伝子」が数千年来絶えることなく受け継がれてきたために、それが「反右」、「文革」のようなめぐまれた環境に出会った時こそ、再び猛烈かつ広範に爆発的に発生したのである。

　巫術の時代と原始文化において、牛鬼蛇神は人々の生存を脅かす根本の敵である以上、人々は当然ながらこれと対抗する様々な手段を発明しなければならなかったし、このような魔物への反抗は生存する基本的前提であると見なされた。よって、世界の各民族の原始的信仰の中では、牛鬼蛇神を駆除し滅ぼすことは、いずれもその最も核心的な内容の一つだった（これと密

図5 当時天地を覆い隠すほどだった紅衛兵宣伝図の一つ「劉少狗を打倒せよ」(首都総合・単科大学紅衛兵代表大会主催、『首都紅衛兵』1967年6月9日第4版より)、劉少奇を毒蛇の化身であると指し示しており、また獣の名を用いてその姓名を書き改めるという方法によって呪いをかけている。(訳注：ここで「少」という字をさかさまに、「奇」という字を横に書き、「狗」(犬という意味)に似せている。

接に関係し、また同様に「文革」へ大きな影響を及ぼしたもう一つの核心的な信仰は、人々の天地開闢神、庇護神などの「救いの神」に対する限りない崇拝であった。詳しくは拙稿「'万物生長靠太陽'与原始崇拝」〔「'万物の生命の源は太陽'と原始崇拝」〕、『青年思想家』1999年第1期を参照)。

　世界の各民族が鬼を追い払う呪術の方式は、極めて多様であるが、その基本的な内容は非常に似ている。規模から見れば、鬼を追い払うのは一般的に小さい範囲内のもの（例えば家庭内）と大規模な「民衆運動」（例えば全村や全区域の人間が共に参加する）の二種類に分かれる。前者はある人が災いに遭ったり病気になったりしたときにそれに対処するため妖魔を追い払うものである。その中で我々がよく知っている一般的な厄払いの諸々の方法以外に、更に多くのより厳しく残酷なやり方がある。例えば、

> 　ある一部の民族は、ある特定の人間が人為的に他の者の魂を絞め殺し、相手を死に追いやることができると考えている。例えばハニ族にはいわゆる魂を抜き取る女、または変鬼と呼ばれるものがいる。村に病人が出ると、祈とう師に病の源を捜してもらうが、祈とう師はしばしば病の源はある女性であるとしてしまう。この女性が変鬼であり、彼女が病人の魂を奪おうとしていると考える。一旦変鬼であるとされ

ると、病人の家族や親類、友人は手に棍棒や石を持ち、その女性を襲撃し、甚だしきに至っては殴り殺してしまう。この女性本人は決して詳しい事情を知らないのだが……。[66]

このような「牛鬼蛇神を引っ張りだす」（「文革」の流行語を借用）やり方は、多くの民族の呪術文化において見られるが、例えば我が国の海南島ではこうである。

　　リー族の民衆はまた広く「禁鬼」（つまり病魔のこと）を恐れている。「禁鬼」は極めて大きな魔力を持ち、病の痛みや、家畜が理由もなく死ぬのさえ、みな「禁鬼」が祟りをなした結果であると考えている。……リー族の村には何人かの「禁公」、「禁母」と呼ばれる男女がいて、彼らは体に「禁鬼」がいて呪術的手段で他人に「禁」を行なう（つまり危害を及ぼす）ことができると考えられている。「禁公」、「禁母」の「禁人」（人に危害を加える）パターンは二種類ある。一つは主観的な「禁人」、つまり意識的に他人に危害を加えるものである。「禁公」、「禁母」が他人を敵視した時、その「禁鬼」（それは「禁公」、「禁母」の魂の化身）に指示して、弓で「禁包」を「禁」の対象者の体に当て、これでその人はすぐに病気にかかり死に至る。もう一つは「客観的禁人」であり、つまり「禁公」、「禁母」の汚れた魂が自ら「禁鬼」と化し人に害を及ぼすものである。しかし本人は逆に何も知らず、道公（著者注：すなわち祈とう師）が調べた後にようやくはっと悟るのである。「禁鬼」は人々にとって大きな脅威であるために、民衆は「禁公」、「禁母」を非常に憎み、ひとたび病人が出ると、道公に「禁を調べ」、「鬼を捕らえる」ように頼む。……どんな人も罪がなくても「禁公」、「禁母」と言われる可能性があるし、……「禁公」、「禁母」に対処するやり方は非常に残酷なものである。「禁公」は「主観的な禁人」であると考えられているために、ほとんどの地域ではひそかに「禁公」を殺す手段を採る。また「禁母」は「客観的禁人」だけ

であり、従って通常は二通りの処理の方法がある。一つは「禁鬼を追い出す」、つまり「禁鬼」を川の中まで追い立てて裸の体を洗わせ、その後別の衣服に着替えさせる。このようにすれば「禁鬼」はすでに彼女の体から離れたものと見なされる。あるいは祈とう師に導かれ焚き火の上を通るか、彼女を縄で縛ることによっても「禁鬼」を追い出すことを示す。もう一つは誰が「禁母」かを調べ上げた後、皆の前で殺してしまう方法である。[67]

このたぐいのやり方のおそろしさは、誰でも罪がなくても「牛鬼蛇神」ときめつけられる可能性があるというところにある。そしてその牛鬼蛇神に対処する残酷な虐待や殺害は「文革」の場合と一致するだけでなく、更に両者は悪魔祓いの観念や一連の具体的な方法においてもかなりの程度一致するのである。例えば上記の引用文中で述べられている魂の汚れた者に体を洗うことを強制する、これは明らかに上古以来の水で不吉やたたりを祓う原始宗教の風俗から来ている（我が国の民間では毎年旧暦3月3日の「巳の日」に川に行ってみそぎをすることが広く行なわれていた）。そして「文革」及びその予行演習など多くの政治運動の中でも、また同様に「風呂に入る」ということばで、魂の汚れた知識階層に年々「思想改造」を実行するよう強制することを形容したのである。――知識階層は、「ブルジョア階級」という妖怪の出身であるため、「禁母」と同様に、あさってには知らず知らずのうちに毒を取り込み、その毒素をまくかもしれないとされたのだ。よって楊絳先生は、この次々に起こった運動を記述した著作を『風呂』と名づけた。また例えば知識人は「五・七幹部学校」では、「昼間は労働をし、夜に戻って来たら、更に'温水の風呂に入った'。つまりはグループ会での批判を浴びなければならなかったのだ」[68]。

そして、大規模な大衆による悪魔祓いの活動はさらに驚くべきものである。この活動は、必ずやある一定の時期に全住民の生活において、最も熱烈で騒がしく、関心や注目が集まった事件に違いない。ある研究者の指摘によれば、「悪魔祓いの活動は、集団方式が多い。特に一部の少数民族の地域で

は、悪魔祓いは往々にして村を挙げて行なう行事である。……首尾よく行なうために、集団による悪魔祓いの段取りは厳格である。その他の妖怪変化による破壊に備えなければならないために、このような活動は12年ごとに一度行なわれる。特に虫害の発生や農作物の被害が深刻な時は、集団の悪魔祓いを行なう必要がある」[69]。我が国のムーラオ族は、悪魔祓いを行なう時はまず祈とう師が率先して執り行ない、それから村のすべての住民が共に列を作って悪魔を追い払い、叫びながら前進する。この隊列は祈とう師が道案内をし、家を一軒一軒まわって祟りを詳しく調べる。家に着くと、呪術の剣で指し示して突いたり、様々な悪魔祓いの動作をする。それからまた烈火や油の入った鍋（著者注：「文革」の時にも「火で焼く」、「油で揚げる」などの「牛鬼蛇神」に対する呪いのことばが流行した。詳しくは拙稿「'大批判'と呪いの巫術」、『青年思想家』1999年第2期を参照）、魔よけの札、呪いのことばなどの諸々の手段で悪魔を追い払う。つまり、「妖鬼を大敵と見なし、陣容を整えて待ち構え、村人全員が列を組んで叫ぶ。悪魔祓いの激しさや手段が多いのは、いずれ他の追随をゆるさない」[70]。また、雲南省のハニ族の民衆は、人や家畜が病気になるのは、みな邪鬼が祟っているからだと考えるため、毎年祭師が取り仕切る中で盛大な鬼祓いの儀式が行なわれる。彼らは妖怪や動物をかたどった泥人形をかごに入れ、それに向かってつばを吐き、大声で呪う。その後それらの泥人形を村の外まで運び、暗渠に投げ込み、そして銃や弓で乱射する。青海省トウ族の民衆は「打施節」（意味はつまり人に害を及ぼす全ての悪い物を滅ぼすこと）において、神がかり状態で経を唱えながら、全ての邪悪な物を体現した人形を刀で切ってばらばらにし、焼いてしまう。チベット族の民衆は毎年盛大な「鬼祓いの祭り」を行なうことで、鬼を殺し、追い払う。また雲南省のナシ族の「鬼祓いの祭り」の儀式では、妖怪の泥人形や象徴とされる物を撃ったり、焼き払ったり、八つ裂きにしたり、ばらばらにして食べるだけでなく、それらを石で押さえて土をかぶせ、永久に解放されないようにする[71]。このような集団による悪魔祓いという大衆運動や呪術の儀式は、各民族の儀礼や風俗の中にはどこにでもあり、それらに関係する社会調査や民俗学的調査においても非常に多くの記載がある。このことからもわか

るように、「牛鬼蛇神を一掃する」というのは、元来昔から各民族の伝統の中で極めて深く普遍的な文化的蓄積といえよう。

我が国の中原文化においても、大規模な集団の鬼祓いは長い歴史があり、それを「儺」もしくは「大儺」と呼んだ。早くは商代の甲骨文の中に、すでに多くの「儺」に関する記載がある[72]。後に、各地で盛んに鬼を捜し、それを国外に追い払う追儺の呪術的儀式が人々によって代々踏襲され、また儒家の経典や朝廷の法令制度の中にも明確に記載されている[73]。漢代の人の記述からも、追儺の呪術的儀式の詳細な内容と盛大な場面をはっきりと知ることができる。読者の便宜のために、これらの古風で難解な文語の記述を以下のように現代語に翻訳する。

　　毎年年末の陰気が最も盛んな時、慣例通りに群鬼を追い払う追儺の儀式を行なう。儀式では、頭に恐ろしい顔の仮面をかぶった「方相」が斧と鉞を持ち、みこたちは手に牛鬼蛇神を退治するのに使う竹ぼうき（苅）を持っている。若い男女らは赤い布で頭を巻き、黒衣を着ている。続いて、悪い鬼に向かって多くの矢が一斉に放たれ、またたいまつを持って四方の辺地の外まで疫鬼たちを追い払うことを誓う。この退治や焼き払いによって、山の鬼「魑魅」、川や沼の鬼「委蛇」、凶悪な鬼「獝狂」、日照りの魔物「女魃」などの無数の牛鬼蛇神は、全て滅ぼされ、四方八方の妖魔も恐れおののく。この時、更に鬼を捕えるのを得意とする神明に、片隅に残った妖怪を見張ってもらい、また常にそれらを捕えてもらう。人に害を及ぼす全てのものを取り除いたため、世の中はついに活気に満ちたものになるのだ。[74]

史籍の中にも「大儺」の詳細な記述があり、その内容は主として次のようなものである。青少年によって追儺の隊列を組織し、追儺の祈とう師である「方相氏」はけものの仮面をかぶり、けものの皮を着て自ら凶悪な野獣に変装した。この他に、朝廷の文武の二臣全員が赤い頭巾を被り、牛鬼蛇神が神聖な玉座を侵犯するのを常に警戒する衛兵となる。皇帝が自らその場に臨む

際には、人々は牛鬼蛇神に対する討伐を声をそろえて高らかに叫んだ。「おまえたちを殺して全身血まみれにしてやる、おまえたちを切り裂き、腹を切り開いてやる！」[75]

　表面上は、古代の鬼を退治する追儺と後の「文革」の間は遠く隔たっているようにみえるが、しかし深層の文化構造においては、両者には多くの点で相通じる所がある。例えば、人が恐ろしい野獣に変装してこそ牛鬼蛇神を十分に震え上がらせることができる。また、君主や聖なる物を命にかけて守り抜くことを誓うために、朝廷の文武の二臣全員が赤い布をつけ、牛鬼蛇神を退治する（いわゆる「皆赤幘陛衛」という表現であり、二千年近く前のこの表現を現代漢語に翻訳すると、「君主や聖なるものを守るために、赤い服や飾りを身につけた者が牛鬼蛇神を用心深く防ぐ」ということになる。このことより後の「紅衛兵」という名称の文化的意味と文化的淵源をすぐに理解することができる）。更に例えば、年々牛鬼蛇神を一掃する運動を繰り返すこと（後の毛沢東の警句を用いて言えば、「7、8年に一度は牛鬼蛇神を一掃する運動が必要だ」ということ）などである。

　古今の鬼を追い払う運動の間のこれらの一致については、筆者は後の著述の中で詳細な分析を行なうが、今は二つの小さな例を挙げるだけで、このような相通じる点が至る所にあることを証明するのに十分であろう。一つは上で引用して述べた古代の文献の記載である。追儺の時には、牛鬼蛇神を退治する道具として、みこたちが皆竹ぼうき（苕）を持っていた。これは原始文化では、なぞらえるという方法で、呪術の力をなぞらえられた物に影響させることができるからである。例えば、馬道婆や紅衛兵は皆ある人間の姓名、偶像を傷つければ、――つまり肖像や名前に×をつけたり、釘を打ったり、野獣の名前に書き改めてその人を呪うなどのことをする――そうすれば、本当に傷つける効果を生み出すことができると考えた（図5を参照）。また、雨乞いの呪術的儀式では、祈とう師は水をまくことで雨になぞらえ、太鼓をたたくことで雷になぞらえるが、このようにすれば本当に雨を降らせることができると考えたのである。祈とう師たちは追儺の時に竹ぼうきを道具としたが、つまりは竹ぼうきが牛鬼蛇神を追い払うことができるなぞらえ物であるからには（例えば上述の練り粉や紙で作った人形のように）、それにも真の鬼祓い

図6 人々が竹ぼうきを牛鬼蛇神退治の神聖な武器としていることを表現しているこのような「牛鬼蛇神退治の図」(労働者『報頭資料』編絵組編：『毛沢東思想宣伝欄報頭資料』46頁、上海人民出版社1970年版より)は、当時では様々なメディアで非常に多く見られた。(訳者注：「報頭」とは新聞名が書かれている第1頁のこと)

の神通力が備わっていると考えたのである。この「なぞらえの呪術」が古代に出現したのは、元来非常に自然なことであるが、しかし驚愕してやまないことには、約二千年後に、このやり方が依然としてそのままの形で「文化大革命」の「牛鬼蛇神を一掃する」のに踏襲されたことである。

> (南京市内の「江蘇省政治協商会議」の入り口は)かつては熾烈な闘争の中心だったが、その時、この旗竿には、何の旗も掛けなかった。ただ一本の壊れた竹ぼうきだけが、全てを一掃した一本の「鉄のような竹ぼうき」だけが掛かっていた。[76)]

竹ぼうきを追儺の象徴とし、本当に巨大で神聖な妖怪退治の力を生み出すか呼び起こすことができると考えたが、このような原始的な「なぞらえの呪術」という観念が「文革」の時に非常に普及した結果、当時の莫大な数の宣伝品に、人々が「赤い太陽」の照らす下で手に竹ぼうきを持ち、牛鬼蛇神を「一掃する」図が氾濫したのであった(例えば図6のようなもの)。逆に、人々は竹ぼうきのような行動様式こそが牛鬼蛇神を退治する大きな威力を生み出すことができると考えたために、紅衛兵たちも意識的にこのような神性の備わった行動様式を自己の言行の一つ一つに溶け込ませ、「一掃する」という風潮も全てを巻き込むこととなった。

二つ目の小さな例は、追儺の時に大勢が一斉に悪鬼への呪いのことばを称えることだ。「おまえの体を燃やすぞ、おまえの胴体を引っ張るぞ、おまえの肉をばらばらにするぞ、おまえの肺や肝を引きずり出すぞ！」と。このような恐ろしいことばは、「文革」時に非常に流行した「お前の犬頭を打ち砕け」といった類いの「牛鬼蛇神」への罵りをすぐに連想させる。

　上述の追儺の呪術的儀式は、歴代王朝ではいずれも盛んで衰えることはなかった。例えば隋の宮中の追儺は依然として皇帝自らが臨席し、全ての官吏が「付き従って見る」だけでなく、やはり天を動かすほどの大声で叫び、その喧騒は隅々まで行き渡った。「追儺の者は騒がしい声を出し、宮殿の西門を入り、宮中を回り、……騒がしい声は行き渡り、その騒がしさが終始続く」[77]。また例えば宋の宮中の追儺の儀式は規模が盛大であり、ほとんど全ての人がそれに身を投じたために、その声の大きさは天まで届くほどだった[78]。中国の民間では、このような鬼祓いの活動の規模も非常に盛大だった。例えば宋代貴州下桂府が都に供えた追儺の仮面一式は800もの数があり[79]、これにより追儺の参加者の多さを容易に想像することができる。

　このような大衆的な鬼祓いの活動は、中国の小説や芝居、民間風俗などにも広範な影響を与えた。例えば明清時代に民間で流行した目連戯（訳者注：目連とはお釈迦様の十大弟子の一人。彼が盂蘭盆会を設けてその母を地獄から救い出したことを題材に多くの戯曲が上演され、戯曲の一つのジャンルとなった）は、古代の追儺の妖魔を祓う伝統を直接継承していた。またその上演規模は時には非常に驚くほどだった。明時代の浙江省紹興で上演された目連戯は三日三晩続き、何千何百もの妖怪の不思議な姿を表現しただけでなく、観衆は一万にも達するほどの多さで、劇の展開に伴い天地を揺るがすような喚声をあげた[80]。このような伝統が、当然ながら直接的或いは間接的に、後世の大衆的な「牛鬼蛇神を一掃する」運動が再発する文化的遺伝子となったのである。

　要するに、「牛鬼蛇神を一掃する」というのが中国ではこのように歴史が長く、時代を越えて受け継がれ、その上、広範な民衆の信仰や民間風俗にも影響を及ぼしたものであっただけに、何千何百年来人々の根強い思考的資源となったのであり、人々が自らの政敵を取り扱う思考モデルともなり、甚だ

しきに至っては、例えば前節で紹介した政治情勢などの原因が後押しとなり、毛沢東の「鬼退治戦略」や「文革」のような空前規模の現代鬼退治運動が爆発的に起こったのである。

　機会があれば、筆者は更に次のことについて論じたいと考えている。つまり、一旦「鬼退治の戦略」や「牛鬼蛇神を一掃する」ことが、空前にして巨大な規模で、非常に激しいポテンシャルエネルギーで、「巫術」的性格を中国社会に無理やり押し付けてしまえば、社会全体が受け身になり、この原始文化の特質に制約されながら動くということになるだけでなく、更には社会の隅々からも、国民の集団的無意識の奥に潜んでいる原始文化の遺伝子を呼び覚まし活性化させ、それによって「文革」のような荒唐にして野蛮であり、狂気じみた激しい濁流が起こり得るのである。

結語：「文革」と「野蛮の残留」との関係を研究することの必要性

　「文革」が億万もの国民を駆り立て、熱狂的にあの非常に邪悪な荒波の中に身を投じさせることができたのは、当然のことながら少数の指導者個人の意志や陰謀の結果のみによるものではない。かなりの程度、昔から民族全体の信仰心や行動様式の中に広く根付いていた、深層の文化的遺伝子に起因しているにほかならない。20世紀の20年代にはすでに、周作人は中国社会の中に大量に蓄積された「野蛮の残留」に対して次のように指摘している。

> 　　海面の波は動いているが、海底の水は千年も元のままだ。この底の状態を調査し、中国の民間信仰の思想がいったいどのようなものかを見るのは、別に無駄なことではないと私は思う。文化の程度は文明社会の中の野蛮人の数に比例するが、中国ではどのように比例しているであろうか。[81]

　原始文化における鬼退治の巫術と「文革」時代の「牛鬼蛇神を一掃する」こととの関係の分析を通じてわかったように、中国文化に存在するこうした

古いものでありながら、長い間無視されてきた「遺伝子」をめぐり、更に十分に研究し認識することは、「文革」のような「野蛮な」災難を再び繰り返すのを避け、最終的に理性の時代に入っていくためにも必要なのである。

　西洋の思想家の分析は、同様に我々を啓発してくれるかもしれない。例えば、カール・ポパーは彼の名著『開かれた社会とその敵』の中で、古代から20世紀に至るまでの強権制度（例えばファシスト政体やスターリン政体）などの様々な「閉鎖社会」を「巫術社会」、「タブー社会」や「部落主義」と定義し、この定義をこれらの社会の性質を分析する上での核心的命題とした。

　　　閉鎖社会の特徴は巫術的タブーを信奉することである。開放的社会は即ちその中で人々はある程度はタブーに批判的に対処することができるのだ。
　　　私は閉鎖社会を巫術的社会と呼び、開放的社会を理性的で批判性のある社会と呼ぶ。……
　　　神秘的な、或いは集落性の、或いは集団主義の社会は閉鎖社会とも呼ぶことができる、……一つの閉鎖社会は羊の群か或いは一つの集落に似ており、……その等級制度を含む、様々な構造は、いずれも神聖にして侵すことのできないタブーである。[82]

ポパーの考えでは、原始的な「集落」文化や「巫術」文化、「タブー」の文化は、遠い昔に起源しているということと、その当初の形と後の「閉鎖社会」における多くの表象とが、初見では全く似ていないように見えたとしても、現代の歴史的プロセスへの影響がなくなるわけでは決してない。明らかに、原始の鬼退治の巫術と現代の「牛鬼蛇神退治」との間の様々な一致、及びその社会に及ぼす大きな影響もまた、ポパーの述べる「巫術的社会」が決して遠く隔たった命題ではないことを証明したのである。

注

1) （ドイツ）費爾巴哈（フォイエルバッハ）（1984）「基督教的本質・1841 年版序言」、『費爾巴哈哲学著作選集』下巻 5 頁、北京：商務印書館。
2) 「林彪同志在慶祝無産階級文化大革命群衆大会上的講話」『人民日報』、1966 年 8 月 19 日。
3) 例えば 1966 年 9 月 15 日の毛沢東第三回紅衛兵大会接見で、林彪は『講話』の中で次のように述べている。「我々はこれらの牛鬼蛇神の陰謀を粉砕し、彼らを見破らなければならず、彼らの陰謀を思いのままにさせてはならない」（『人民日報』、1966 年 9 月 16 日、参照）。
4) 清華大学附属中学紅衛兵（1966）『再論無産階級的革命造反精神万歳』、中国共産党中央委員会主辦『紅旗』、第 11 期 28 頁。
5) 高皋、厳家其（1986）『"文化大革命"十年史』、天津：天津人民出版社、26 頁。
6) 青野、方雷著（1993）『鄧小平在 1976』、沈陽：春風文芸出版社からの再引用、238 頁。
7) 劉海屋（1976）「向党内走資派作堅持不懈的闘争」、共青団北京市委編『文化大革命育新人』、北京：中国青年出版社、36 頁。
8) 童懐周ほか（1978）『天安門詩抄』、北京：人民文学出版社、11 頁、45 頁、81-82 頁、89 頁。
9) 馬克斯・韋伯（マックス・ウェーバー）（1987）『新教倫理与資本主義精神』、北京：三聯書店、79 頁、89 頁。
10) 『毛沢東思想万歳』43 頁、「文革」中に出版され、出版者と出版時期は記されていない。
11) 毛沢東（1977）『毛沢東選集』第五巻、北京：人民出版社、416-417 頁。
12) 注 (11) 前掲書、436-437 頁。
13) 『人民日報』、1957 年 7 月 15 日。
14) 『人民日報』、1957 年 7 月 15 日。
15) 『人民日報』、1957 年 8 月 4 日。
16) 『人民日報』、1957 年 8 月 12 日。
17) 『人民日報』、1957 年 8 月 18 日。
18) 『人民日報』、1957 年 7 月 23 日。
19) 『人民日報』、1957 年 8 月 18 日。
20) 『人民日報』、1957 年 8 月 12 日。
21) 『中国青年』、1957、第 16 期 12 頁。
22) 以下で述べる毛沢東編纂『不怕鬼的故事』（『鬼を恐れない物語』）の詳細な史実

は、陳晋（1993）「在"不怕鬼"的背後——毛沢東指導編選〈不怕鬼的故事〉的前前後後」による。中共中央文献研究室主辦：『党的文献』第 3 期 67-74 頁。

23) 何其芳は後に次のように述懐している。「1959 年の春、私は文学研究所で働いていたが、中央書記処のある書記同志が来て、私たちにある光栄な任務を与えてくれた。それは中国の過去の記録の中から、『鬼を恐れない物語』を編纂し、毛沢東思想を宣伝するというものだった」（何其芳（1983）『何其芳文集』第三巻、北京：人民文学出版社、125 頁）。このことから、「鬼退治」はこの時すでに明らかに毛沢東思想の重要な内容となっていたことがわかる。

24) しかし、何其芳の書き加えた部分はやはり重要な内容を含んでいた。これが後に発表稿の中で強調された次の内容である。もし「毛沢東同志の高度な理論上の概括」と「彼の思想的な指導」によるのであれば、そうしてこそ古代の鬼を恐れない物語の中から深い意味や教訓を見出すことができる。これもつまり、毛沢東思想は鬼退治や邪気を祓う古い呪術文化に重大な現代的意義を加えたということである。

25) 毛沢東のこの自筆原稿の影印は、『何其芳文集』第三巻巻頭を参照。

26) 毛沢東、何其芳ほか（1961）『不怕鬼的故事』、北京：人民文学出版社、4-5 頁。

27) 陳晋（1993）「在"不怕鬼"的背後——毛沢東指導編選〈不怕鬼的故事〉的前前後後」、中共中央文献研究室主辦：『党的文献』第 3 期 74 頁からの再引用。

28) 王子今（1993）『毛沢東与中国史学』、北京：中共中央党校出版社、206 頁。

29) 「高挙毛沢東思想偉大紅旗 把無産階級文化大革命進行到底」、『解放軍報』、1966 年 6 月 6 日。

30) 「浙江省七個関于幹部参加労働的好材料」、中国人民解放軍装甲兵政治部編印（1969）『無産階級文化大革命勝利万歳』3-4 頁、北京。

31) 『毛沢東思想万歳』370 頁、372-373 頁。

32) 毛沢東「与胡志明的談話」、鄭謙（1987）「対"文化大革命"発生原因的再認識」、『十年後的評説——"文化大革命"史論集』、北京：中共党史資料出版社からの再引用、238 頁。

33) 姚文元（1966）「評"三家村"」、『文匯報』、1966 年 5 月 10 日。

34) （アメリカ）羅伯特・路威（ロバート・ローウィー）著、呂叔湘訳（1984）『文明与野蛮』、北京：三聯書店、300-301 頁。

35) （フランス）譲・塞爾韋耶（ジャン・セルヴィエ）著、管震湖訳（1998）『巫術』、北京：商務印書館、45-46 頁。

36) 注(35)前掲書、146 頁。

37) 舒蕪（1993）「"牛棚"試釈」、『舒蕪小品』、北京：中国人民大学出版社、195-

197頁。

38) 詳細は王毅（1999）「"文革"中爆発流行的人身侮辱方法及其巫術原理」、『東方文化』第2期；「"大批判"与詛咒巫術」、『青年思想家』第2期。王毅（2000）「"破旧立新"狂潮中的文化返祖」、『社会科学論壇』第2期を参照。

39) 毛沢東（1986）「人的正確思想是従哪里来的？」、『毛沢東著作選読』、北京：人民出版社、839頁。

40) 『詩・商頌・玄鳥』：「天命玄鳥、降而生商。」（十三経注疏本622頁）。

41) 「山海経・西山経」：「有鳥焉、其状如翟而五彩文、名曰鸞鳥、見則天下安寧。」((1980)『山海経校注』、上海：上海古籍出版社、35頁)

42) 例えば中国太古の伝説には次のようにある。悪神「鼓」と「欽䲹」は黄帝によって死刑にされた後には、奇怪な悪鳥と化した。これらの悪神が現われると、この世に戦禍や大旱魃がもたらされた（「山海経・西山経」、『山海経校注』前掲書、42-43頁）。更に例えば、「雍和」という怪獣が現われると、「即国有大恐」。悪神「耕父」が現われると、即ち「其国為敗」（「山海経・中山経」、『山海経校注』前掲書、165頁）。

43) 詳細は、（アメリカ）喬治・彼得・穆達克（ジョージ・ピーター・マードック）著、童恩正訳（1980）『我們当代的原始民族』、成都：四川省民族研究所、14頁、54頁、298-299頁を参照。

44) 黄世傑（1992）「桂西壮族鬼的観念浅析」、『広西大学学報』（哲学社会科学版）、第4期63頁。

45) 烏丙安（1989）『神秘的薩満世界』、上海：三聯書店分店、146頁、112頁。

46) （アメリカ）傑羅爾徳・拉姆斉（ジェラルド・ラムゼイ）編、史昆、李務生訳（1983）『印第安神話伝説』、北京：中国民間文芸出版社、106頁。

47) （イギリス）雪莱（シェリー）著、楊熙齢訳（1982）『雪莱政治論文選』、北京：商務印書館、116頁。

48) （ソ連）約・阿・克雷維列夫（И.А.Крывелев）著、王先睿ほか訳（1984）『宗教史』、北京：中国社会科学出版社、259頁。

49) （フランス）雨果（ユゴー）著、羅玉君訳（1980）『海上労工』、成都：四川人民出版社、7頁、参照。

50) 詳細は、（秦）呂不韋（1984）「呂氏春秋・疑似」、『呂氏春秋校釈』、上海：学林出版社、1497-1498頁を参照。

51) 詳細は、（晋）干宝（1979）『捜神記』巻十八、北京：中華書局、219-230頁を参照。

52) 詳細は、（唐）戴孚（1992）『広異記』「冀州刺史子」、「正平県村人」の項目、

189、190 頁、北京：中華書局を参照。

53) 例えば、(清) 紀昀『閲微草堂筆記』巻十二「槐西雑誌・二」には以下の伝説がある。「有僧善禁咒、為狐誘至曠野、千百為群、嗥叫膊噬。僧運金杵、撃踣人形一老狐、乃潰囲出。后遇於途、老狐投地膜拝、曰：'曩蒙不殺、深懺悔。今願皈依受五戒。'僧欲摩其頂、(狐) 忽擲一物冪僧面、遁形而去。其物非帛非革、色如琥珀、粘若漆、牢不可脱。督悶不可忍、使人奮力掲去、則面皮尽剥、痛暈殆絶。后痂落、無復人状矣」(まじないの上手いある僧が、狐の誘いに乗って野原へ行くと、何千何万もの狐が群をなし、ほえて噛み付いてきた。僧は金の杵を使い、人に化けた老狐をたたいて転ばせ、囲みを突破した。後にその老狐と道で出会うと、老狐は地にひれ伏して言った。「先だっては殺されることなく、自ら深く悔いております。今は帰依して五戒を受けることを望んでおります。」僧が狐の頭をなでようとすると、狐は突然何かを僧の顔にかぶせるように投げつけ、姿を隠した。その物は絹でも革でもなく、色は琥珀のようで、漆のように粘り気があり、しっかりとして取れなかった。つらくて耐え切れず、人に力を奮ってはがしてもらうと、顔の皮が全て剥がれ、痛くて気を失い、息も絶え絶えだった。後にかさぶたが取れても、元の状態には戻らなかった)。(紀昀 (1980)『閲微草堂筆記』、上海：上海古籍出版社)

54) (唐) 元結 (1960)「大唐中興頌」、『元次山集』巻七、北京：中華書局、107 頁。

55) (唐) 姚汝能 (1983)『安禄山事蹟』巻上 (上海：上海古籍出版社、1-6 頁)：「(安禄山の) 母は阿史徳氏で、突厥の巫女となり、子が無かったため、掔山に祈りを捧げ、神がそれに応じて生まれたのである。その夜には赤光が照らし、獣の群があちこちで鳴き、雲気を望む者は妖しい星が強い光を放ってその貧しい家に落ちるのを見た。奇妙な兆しは数え切れず、その母は神によるものだと考えた。……(唐の玄宗は) かつて禄山と夜に宴席を共にしたが、禄山が酔って寝てしまうと、竜の頭の黒豚と化した」。

56) 『新唐書』(1975) 巻二百二十五上「安禄山伝」、北京：中華書局、6411 頁参照。

57) 詳細は、『檮杌閑評』(1983) 第一回、第五回、1-14 頁、558 頁、564 頁、北京：人民文学出版社、参照。

58) 注 57) 前掲書、567 頁。

59) 『封神演義』(1979) 第一回、7 頁、北京：人民文学出版社。

60) 例えば、「事胡妖鬼、以乱天常、……礼義大壊、鬼道熾盛。」(胡の妖鬼に仕え、以って天の常を乱す、……礼や正義が大いに壊れ、鬼道が盛んになる。)(『魏書』巻一百一十四「釈老志」、3034 頁)；「仏在西域、言妖路遠、……演其妖書、述其邪法、……而為厭魅、迷惑百姓者乎！」(仏は西域にあって、ことばは妖しく道

は遠い……その妖書を広め、その邪法を説く、……そして忌まわしいものの怪となって、民を惑わすことになるだろう）（『旧唐書』巻七十九「傅奕伝」、2715-2716 頁）。

61) 詳細は、陳垣（1981）「摩尼教入中国考」第十六章「摩尼教与秘密教派」、『陳垣史学論著選』、上海：上海人民出版社、170-171 頁参照。

62) 中国社会科学院歴史研究所清史室、資料室編（1981）『清中期五省白蓮教起義資料』第一冊、南京：江蘇人民出版社、71、77、151 頁参照。

63) 詳細は、賓長初（1993）「試析太平天国官、文書中的"妖"——兼論太平天国領袖対革命対象的認識」、『蘇州大学学報』（哲学社会科学版）第 3 期 116 頁、参照。義和団が全ての西洋人や西洋文化を「豚の精」、「鬼教」などの牛鬼蛇神と見なしたことについては、詳細は、王毅（2000）「義和団運動蒙昧性的文化根源及其対"文化大革命"的影響」、『中国社会科学季刊』、第 1 期、第 2 期連載、参照。

64) 範文瀾：「論正統」、蔡尚思主編（1982）『中国現代思想史資料簡編』第五巻、杭州：浙江人民出版社、475 頁。

65) 陳独秀（1919）「克林徳碑」、『新青年』5 巻 5 号。

66) 宋兆麟（1989）『巫与巫術』、成都：四川民族出版社、99 頁。

67) 覃光廣ほか編纂（1988）『中国少数民族宗教概覧』、北京：中央民族学院出版社、416-417 頁。

68) 張光年：「自嘲」、賀黎、楊健（1998）『無罪的流放——66 位知識分子五・七幹校告白』、北京：光明日報出版社、88 頁。

69) 張紫晨（1990）『中国巫術』、上海：三聯書店上海分店、113-114 頁。

70) 注 69) 前掲書、114-115 頁。

71) 以上の諸々の風習については、莫福山主編（1992）『中国民間節日文化辞典』、北京：中国労働出版社、37 頁、70 頁、112 頁、280 頁参照。

72) 詳細は、饒宗頤（1991）「殷上甲微作裼（儺）考」、『伝統与現代化』、第 6 期 32-35 頁参照。

73) 「周礼・夏官・方相氏」：「執戈揚盾、帥百隷而時難（儺）、以索室殴疫」（十三経注疏本 851 頁）；「礼記・月令」：「季冬之月、……命有司大難（儺）旁磔」（十三経注疏本 1383 頁）。

74) 原文は、(漢) 張衡「東京賦」：「爾乃卒歳大儺、殿除群厲。方相秉鉞、巫覡操茢。侲子万童、丹首玄制。桃弧棘矢、所発無臬。飛礫雨散、剛癉必斃。煌火馳而星流、逐赤疫於四裔。然後凌天池、絶飛梁。捎魑魅、斮獝狂。斬蜲蛇、腦方良。囚耕父於清冷、溺女魃於神潢。……於是陰陽交和、庶物時育；卜征考祥、終然允淑。」（蕭統（1977）『文選』巻三、北京：中華書局、63 頁）。

75) 「続漢書・儀礼志中」：「先臘一日、大儺、謂之逐疫。其儀：選中黄門子弟十歳以上、十二以下、百二十人為侲子。皆赤幘皂制、執大鼗。方相氏黄金四目、蒙熊皮、玄衣朱裳、執戈揚盾。……以逐悪鬼於禁中。夜漏上水、朝臣会、侍中、尚書、御史、謁者、虎賁、羽林郎将執事、皆赤幘陛衛。乗輿御前殿。黄門令奏曰：'侲子備、請逐疫。'於是黄門倡、侲子和：'凡使十二神追悪凶、赫女躯、拉女幹、節解女肉、抽女肺肝。……'因作方相与十二獣舞、歓呼、周遍前後三過、持炬火、送疫出端門」（『後漢書』（1959）、北京：中華書局、3127-3128頁参照）。
76) 黄裳（1982）『金陵五記』、南京：金陵書画社、155頁。
77) 『隋書』（1973）巻八「礼儀志・三」、北京：中華書局、169頁。
78) （宋）孟元老：『東京夢華録』巻十「除夕」の項目：「至除日、禁中呈大儺儀、並用皇城親事官。諸班値戴假面、綉画色衣、執金槍龍旗。……共千余人、自禁中駆祟出南薫門外轉龍彎、謂之'埋祟'而罷。是夜禁中爆竹山呼、声聞於外」（孟元老（1957）『東京夢華録』、上海：古典文学出版社、62頁）。
79) （宋）陸游：『老学庵筆記』巻一：「政和（筆者注：宋徽宗の年号）中大儺、下桂府進面具、比進到、称'一副'。初訝其少、乃是八百枚為'一副'、老少妍陋無一相似者、乃大驚」（陸游（1979）『老学庵筆記』、北京：中華書局、4頁）。
80) （明）張岱「陶庵夢憶・目連戯」：「搬演目連、凡三日三夜。……凡天神地只、牛頭馬面、鬼母喪門、夜叉羅刹、鋸磨鼎鑊、刀山寒冰、剣樹森羅、鉄城血瀰、一似呉道子『地獄変相』、為之費紙札万銭、人心惴惴、灯下面皆鬼色。……万余人斉声吶喊、熊太守謂是海寇卒至」（張岱（1982）『陶庵夢憶』、上海：上海書店、47-48頁）。また、例えば清代の宮廷で演じられた目連戯では、「其鬼魅雑出、以代古人儺祓之意」（清・昭槤『嘯亭続録』巻一「大戯節戯」の項目、昭槤（1980）『嘯亭続録』、北京：中華書局、378頁参照。
81) 周作人：「回喪与買水」、周作人（1987）『自己的園地』、長沙：岳麓書社、171頁。
82) （イギリス）卡爾・波普爾（カール・ポパー）著、陸衡ほか訳（1999）『開放社会及其敵人』、北京：中国社会科学出版社、13、324、325頁。

紅衛兵「破四旧」の文化と政治

印紅標

　中国文化大革命の初期、1966年8月から9月にかけて、紅衛兵は「破四旧」と呼ばれる運動を巻き起こした。この運動の大きなうねりは社会全体を激しく揺さぶり、社会、文化、人民の生命財産は恐ろしいほど大規模な破壊をこうむった。「破四旧」とは、すべての搾取階級の旧思想・旧文化・旧風習・旧慣行を打破することを標榜したもので、その被害は社会生活の多くの面に及んだ。この運動は文化大革命の重要な部分であり、運動を始めたのは北京の中学生によって組織された紅衛兵だった。政府側メディアの鼓舞の下で、運動は数日のうちに全国を席巻した。中共中央は破四旧運動に支持を与え、運動を導こうと努力した。表面的には賞揚の声ばかりだったが、その背後には、異なる政治勢力の葛藤が隠されていた。この論文では、政治文化の角度から「破四旧」運動の内容と、指導層のなかでのこの運動をめぐる葛藤について調査・考察したい。

1.　「破四旧」運動の起源と経過

　「四旧」という概念は中共中央による文化大革命発動の主要文献に由来している。1966年6月1日、『人民日報』は改組後の最初の社説として「すべての牛鬼蛇神を一掃せよ」を発表し、中共中央による文化大革命発動の綱領

的文書、5月16日「通知」の要点を伝達した。社説は「四旧」を打破して「四新」を唱道することを文化大革命の重要な政治任務としていた。「プロレタリアート文化革命とは、数千年来、搾取階級が作り上げた、人民を毒する旧思想・旧文化・旧風習・旧慣行を徹底的に打破し、広範な人民大衆のなかに、最新のプロレタリアートの新思想・新文化・新風習・新慣行を創造し形成することである。これは人類史上空前の風俗変革の偉大な事業である」とこの社説は主張していた。

1966年8月8日、中共中央の第八期十一中全会はもう一つの綱領的な文書を採択していた。「中国共産党中央委員会の無産階級文化大革命に関する決定」(「十六か条」と略称する)である。その第一条は、「ブルジョワジーはすでに打倒された。しかし、彼らは搾取階級の旧思想・旧文化・旧風習・旧慣行を使って、大衆を腐蝕させ、人心を征服し、彼らの復辟という目的を達成しようと企てている。これに対して、無産階級は、ブルジョワジーのイデオロギー領域内でのすべての挑戦に正面から痛撃を与え、無産階級自身の新思想・新文化・新風習・新慣行によって、社会全体の精神状態を変革しなければならない」と、「四旧」を打破することの政治的意義を強調したものだった。8月9日、『人民日報』は「十六か条」の全文を掲載し、つづいて凄まじい勢いで宣伝を展開した。たとえば、『解放軍報』は、8月12日の社説「毛主席の指示に従い、国家の大事に関心を持とう」で「すべての搾取階級の旧思想・旧文化・旧風習・旧慣行を徹底的に一掃し、プロレタリアート自身の新思想・新文化・新風習・新慣行によって社会全体の精神状態を変革しなければならない」と訴えた。

『人民日報』の社説「すべての牛鬼蛇神を一掃せよ」と「十六か条」は大衆の隅々にまで広がった。それが紅衛兵が「破四旧」運動を起こすことになる直接の思想的起源と根拠であった。しかし、この二つの文書に言う「四旧」打破の概念とは、風習・慣行を変革することと関連した社会文化領域での批判と革命を広く指すものであり、後の紅衛兵の「破四旧」運動とは大きく異なるものであった。

1966年8月12日、林彪は八期十一中全会の閉幕式で短い講話を行った。

ここで林彪は「四旧」を打破し「四新」を立てることに言及したが、細かい説明はしていない。つづく8月13日、林彪は中央工作会議で行った講話で、「文化大革命は実際には思想革命である。これは旧思想を大いに打ち破り、毛沢東思想を樹立することをいう」、「私たちは旧思想、旧道徳を大いに打ち破り、新思想、新道徳を樹立しなければならない。これは重大な戦略措置である」[1]などと発言した。林彪のこの二つの講話は、中共中央の「十六か条」の精神を重ねて表明したもので、内部の講話ということもあり、比較的長い期間公開されることはなかった。したがって、これが大衆に与えた影響も「十六か条」と同日に語ることのできるものではない。

清華大学附属中学の紅衛兵が7月4日に書いた「再び論ず、プロレタリアートの革命造反精神万歳」と7月27日の「三たび論ず、プロレタリアートの革命造反精神万歳」は、どちらも旧思想・旧文化・旧風習・旧慣行を消滅させること、あるいは旧思想・旧文化・旧風習・旧慣行に対して造反することを主張していた。しかし、やはりどちらも『人民日報』の社説と同じく、イデオロギーと文化習俗の革命を広く指しているだけだった。北京第二中学の紅衛兵の告示と行動を待ってはじめて、「破四旧」は特定の内容を持つ運動へと発展したのである。

破四旧運動は北京の紅衛兵が自らの文化大革命に対する理解に基づいて始めたものである。1966年8月17日、北京第二中学の紅衛兵のリーダー数人が集まって議論し、行動を起こして北京市のサービス業の「四旧」を打破することを決めた。彼らは「最後通牒——旧世界に宣戦する」を起草し、8月18日の早朝0時50分、最初に破四旧を提唱した告示の草案が完成された[2]。8月18日は、ちょうど北京で百万の大衆による文化大革命祝賀大会が開かれる日であった。毛沢東は天安門で紅衛兵の代表を接見し、紅衛兵が献上した腕章を着けた。中央人民放送局は大会を全国に実況中継し、「首都の大学生及び中・高生が文化大革命運動のなかで創立した革命大衆組織」としての紅衛兵が正式に全国人民にはじめて紹介されたのであった。林彪は、この大会での講話で、「私たちはすべての搾取階級の旧思想・旧文化・旧風習・旧慣行を大いに打破しなければならない。すべての社会主義経済の下部構造に

適しない上部構造を改革しなければならない。私たちはすべての害虫を一掃し、じゃまな障害物を取り除かなければならない！　私たちは無産階級の権威を大いにうち立て、無産階級の新思想・新文化・新風習・新慣行を大いにうち立てなければならない。一言で言えば、毛沢東思想を大いにうち立てなければならないということだ」[3]と再び語った。しかし、林彪のこの講話に見られる「破四旧」は、やはり広く思想文化領域の革命を指すものであった。

　毛沢東の接見は、紅衛兵に非常に大きな激励を与えることになった。8月18日、毛沢東による接見の当日、北京第二中学の紅衛兵は、自分たちのビラを印刷し、配布した。20日、北京の多くの紅衛兵が街頭に出て、紅衛兵の破旧立新の要求の実施を強行しはじめた。22日の新華社のニュースは、「紅衛兵は猛烈にブルジョワジーの風習・慣行を攻撃している」と報じた。23日の『人民日報』は「非常によいことだ」という社説を発表し、「北京市「紅衛兵」の青年指導者たちのプロレタリアート革命造反精神にエールを送」った。破四旧の活動はこれにより全国に広がっていった。

　以上の事実から明らかなように、林彪の8月18日講話が紅衛兵の破四旧運動を煽動したという通説はまったく適切ではない。紅衛兵の提議が先で、林彪の講話がそれにつづいたのである。林彪の講話の内容をあらかじめ知ることは紅衛兵には不可能だったし、林彪も紅衛兵が「破四旧」のスローガンの下で新しい活動を準備していることを知るのは不可能だった。紅衛兵の最初の破四旧の告示「最後通牒──旧世界に宣戦する」は、「打倒された反動階級は自らの滅亡をあきらめることなく、彼らの多くは頑強に自分をひけらかし、イデオロギー領域内の陣地を争奪し、搾取階級の旧思想・旧文化・旧風習・旧慣行によって大衆を腐蝕させ、人心を征服し、彼らの復辟という目的を達しようとしている」と書いている。この思想と文章は明らかに先に引用した「十六か条」の第一条から引用したものだ。林彪は、「四旧」を打破し「四新」をうち立てるという講話を、中央指導者のなかでは比較的多く行っていた。けれども、客観的にいえば、紅衛兵が破四旧運動を起こしたのは、まず主に「十六か条」と当時の宣伝の影響を受けたからである。その後、毛沢東の接見を受け、林彪の講話やメディアの激励のもとに大規模な運動を

形成していった。毛沢東による接見と林彪の講話は、おそらく政府側の宣伝メディアに直接の影響を与え、そのメディアが紅衛兵の破四旧の行動をとくに重視し、積極的に報道したため、北京の紅衛兵の破四旧活動が大きな全国的運動へと広がったのである。

運動の最初の重点は、古い文化伝統や習俗を打破することにあった。たとえば、商店や街路の名まえを変えたり、一定の服装や髪型を禁止したりするものだった。しかし、二、三日という短い間に、その運動は、文物や古跡を破壊したり、人を殴ったり、地主・富農・反革命・悪質分子・右派という「五類分子」を出身地に送還するなどといった広範な暴力的行動に発展した。それは社会を混乱させ、血なまぐさい「赤色テロ」へと発展したのである。8月末、中共中央は暴力問題の深刻さに気づいた。そこで、社説を発表させ、指導者が現場に顔を出して紅衛兵を説得し、また一部の紅衛兵の発行する文書を使って中央の政策を宣伝したりして、人を殴るなどの暴力行為を停止させようとした。林彪と周恩来は8月31日の大衆大会で「文闘（文化的闘い）を行うべきで、武闘（暴力をともなう闘い）を行ってはならない。人を殴ってはならない」[4]と強調した。破四旧運動によって凄まじい勢いで発展した深刻な暴力行為は、9月はじめには抑えこまれはじめた。9月下旬になって、「破四旧」運動は徐々に終息していった。しかし、このわずか一か月あまりの運動は、人民の生命財産や文物古跡などに、永遠に回復できない大きな打撃を与えたのであった[5]。

2.　打破と唱導——風習変革から文化的掃討へ

紅衛兵は、破四旧運動のあいだに、数え切れないほどのビラ、提議、命令、通牒などを配布し、多種多様な要求を出した。その一部は相互に矛盾してさえいる。さらに、文字にしないで直接に行動に訴えることも多かった。以下は、現存している文字資料に基づき、彼らの社会文化領域における破旧立新の主張を数項目に分類したものである。

1. 市民の生活様式、流行やファッションに関する革命化・政治化要求。

　紅衛兵による最初の破四旧の告示、つまり北京第二中学の紅衛兵の「最後通牒——旧世界に宣戦する」は、革命化の基準に合わない流行・ファッションに向けられたものだった。紅衛兵は「飛行機頭」・「無縫青年式」・「螺旋宝塔式」などの香港式髪型、「ジーパン」・「デニムシャツ」などの香港式服装、「ロケット靴」（先のとがった革靴）・「下流で低級な写真」、「香水、化粧クリーム、口紅、ネックレスなどの奢侈品」を厳しく非難した。紅衛兵は「一週間以内に香港式衣裳を処分し、奇妙な髪型を剃り、いかがわしい書籍や下流の写真を焼き払え」[6)]と期限を設けて命令している。8月26日、『人民日報』は、少し修正を加えてこの「旧世界に宣戦する」を掲載した。ここで説明しておかねばならないのは、恋愛小説や恋愛物語はすべてここでいう「いかがわしい書籍」に該当し、また「低級で下流の写真」のほとんどは写真館のショーウィンドウに飾られている女性の艶やかな姿を写した人物写真にすぎないということだ。何度もの政治運動の波に洗われた1966年の北京に、公共の場所にポルノ小説やポルノグラフィーなどが存在するはずがなかった。禁止されたものは文化大革命の「革命化」や「プロレタリア化」の要求に合わないというだけのものだった。紅衛兵は「古書店はすぐに営業を停止しなければならない。こどもの絵本の書店はすぐにいかがわしい絵本を破棄し、すべての書店・図書館は内部を整理して、すべての毒草を抜き去り、そのようなものが青年にブルジョワ思想を注ぎこむことが二度とないようにしなければならない」と要求した[7)]。このような要求は、すぐに「四旧」の書籍を焼き払うという活動にエスカレートした。このような幼稚に見える要求は、政府側の賞揚によって、逆らうことのできない権威をすぐに獲得した。各地の紅衛兵は次々にこの潮流に追随し、競い合うように次々とより苛酷な要求を出してきた。北京の「毛沢東主義学校（もとの第26中学）紅衛兵（衛旗）」は、1966年9月1日、「破旧立新一百例」を整理し、100項目の破旧立新の要求を並べた。そのなかの多くは生活様式に関係する禁令である。それは、たとえば、「ブレスレット（アクセサリーの誤りか——引用者）、イヤリング、ペンダントなどの封建的物品の着用は禁止する」、「親戚を訪ねたり、友人を訪ねた

りするときに、菓子や果物を買うような、旧社会が残した慣習はすべて廃止する」、「労農兵のために役立たない多くの日用品（香水やクリーム）は、ただちに販売を停止し、商品の商標の図案は改革しなければならない」、「写真館は多くの労農兵のために奉仕すべきで、首を軽く傾げたような写真や各種の奇妙な写真は廃止し、ショーウィンドウには労農兵の素朴で大らかな写真を並べよ」、「トランプや軍人将棋などブルジョワ思想を宣伝するすべてのものは生産を停止せよ」、「コオロギを飼うことと戦わせること、魚・猫・犬を飼うことは禁止する。これらブルジョワジーの習慣は中国人民のなかに存在してはならない」、「子どもは革命歌を歌うべきだ。猫犬の類を歌った悪い歌を社会主義国家の上空にまとわりつかせてはならない。われらの偉大な国家は、何者にも賭博遊戯を許しはしない」[8]といったものだった。最初は紅衛兵の服装や頭髪についての禁令に呼応する大衆も少しはいたが、その禁令を徹底しようと、紅衛兵が街頭に出て督促・検査し、無理やり「変な服装」を切り裂き、住民の家を一軒ごとに回って「四旧」を一掃するよう強要し、商店に「四旧」の商品を販売するのをやめさせ、その商品を破棄させたり、「悪い」図書を焼き捨たりという行動をとると、大衆の不満とパニックを引き起こした。政府側のメディアは、最初は紅衛兵の髪型服装に対する要求を報道していたが、そのうちただ紅衛兵が旧習俗を打破していると大ざっぱに報道するだけになり、その具体的な内容を避けるようになった。おそらく、紅衛兵の要求がますます現実離れして、大衆から受け入れられなくなることを考慮したからだろう。

　紅衛兵の文化習俗の方面での「破旧立新」のいくつかの要求には、まったく積極的な意義がないわけではないが、ただ、紅衛兵は完全にまちがった強制的な普及方法を使ったのである。たとえば、「紅衛兵破旧立新一百例」の最後の一条がそうである。それは「簡体字を提唱する。今後、各新聞・刊行物の標題は一律に簡体字を使うものとする」、「賭博を禁止する」、「結婚に際して結納を要求することは禁止する。派手な浪費も行ってはならない。新風習・新慣行を提唱しなければならない」、「子どもを殴ったり罵ったりしてはならない、自分の産んだのではない子を虐待してはならない」、「家父長制を

打破する、子どもは大人に意見してもかまわない」などというものである[9]。

2. 商店・街路・学校などの名を、革命的な意味を含む名に改めさせた。

「北京は社会主義中国の首都であり、プロレタリア革命の中心である。大通りに帝国主義や封建主義やブルジョワが残したひどい名前が残っているのを許していいだろうか！」と紅衛兵は考えていた。そこで、紅衛兵たちは、ソ連大使館の門の前の「揚威路」を「反修路」に、近代史上、中国人が立ち入って通行することのできなかった大使館・公使館地区「東交民巷」を「反帝路」に、ベトナム民主共和国大使館のある「光華路」を「援越路」に変えるよう呼びかけた。また、紅衛兵の呼びかけによって、「王府井百貨大楼」は、「王府井」の三文字を削除して「北京市百貨大楼」に改められ、「東安市場」は「東風市場」に改められた。老舗の北京ダックの店「全聚徳」の従業員は、紅衛兵の要求を受けて、店名を「北京烤鴨店」に変えた[10]。政府系のメディアが賞揚するような報道を行ってからは、ほかの都市の紅衛兵も次々にそれに倣った。上海の紅衛兵は、南京路で「徹底的に革命をやり、われわれの鉄の箒でブルジョワジーの「香気」、つまり臭気を徹底的に掃き清めよう！」と叫び、上海最大の百貨店の一つ永安公司のショーウィンドウには、多くの紅衛兵とこの店の従業員が書いた壁新聞が張り出された。その壁新聞では、店の名を「永紅」、「永闘」、「紅衛」などに改めようという意見が出されていた。天津最大のデパート「勧業場」は「人民商場」と改められた[11]。広州三大レストランの一つ「陶陶居」の従業員は、康有為の書いた店名「陶陶居」の看板の文字を削り取り、自分で書いた新しい看板「東風楼」[12]と取り替えた。紅衛兵の一部は自分の学校の名を変更した。たとえば清華大附属中は「紅衛兵戦校」と改められた。一部の紅衛兵はさらに人びとの姓名も変えさせ、「封建的な色彩の名は自ら派出所に行って改名するように」呼びかけた[13]。数日のうちに、多くの店や街路の名が変えられた。それで、人びとはその名を言われてもどこのことかわからなくなり、やむを得ず新しい名まえの後ろに原名を添えざるを得なかった。紅衛兵の、地名を変えよ、商店の名まえを変えよという呼

びかけは、一陣の風にも似た形式的な主張で、社会に大きな実質的破壊をもたらすものではないが、政府側のメディアはこれについて広く賞揚するような報道を行ったので、各地の指導者や大衆も青少年の要求に従順にしたがったのである。

3. さまざまな形式で毛沢東と毛沢東思想を宣伝するよう要求した。

紅衛兵は、「居民委員会の責任で、街路ごとに語録の看板を設置せよ。家一軒ごとに毛主席の写真と毛主席語録を掲げよ」、「公園にはもっと多くの毛主席語録の看板を立て、バスの車掌、汽車の乗務員も、毛沢東主義を宣伝し、毛主席語録を読むことを自らの第一の任務とせよ」、「出版社は大量に毛主席語録を出版し、各書店で売り出し、一人に一冊ずつ語録が行きわたるようにせよ」、「いま持っている自転車、三輪車には、毛主席語録の看板をつけ、自動車・列車には主席の写真を掲げ、ペンキで毛主席語録を書け」、「封筒、切手はどれもブルジョワ的なものを印刷してはならない。(たとえば猫、犬、美術などのものである)。政治を際立たせなければならない。すべての封筒には毛主席語録か英雄的人物の豪言壮語を印刷せよ」[14]などと要求した。紅衛兵の呼びかけの多くが受け入れられた。たとえば紅衛兵は警察の制服を改めるよう要求した。当時のつばの広い帽子と白と深い青の警察の制服は、ソ連の服装をまねたものだと見られたのである。国務院はこの提議を受け入れ、9月1日から警察の制服を解放軍の軍服に似た解放帽と、草緑色の上着と青のズボンに変えた[15]。ただし、影響が重大なものや、あまりにばからしい提議は受け入れられなかった。たとえば紅衛兵は「旧国歌は労農兵によって党と毛主席をたたえる内容に変えねばならず、田漢という大毒草は消し去らねばならない」と主張した[16]。この提議は、当時は中央に受け入れられることはなかった。ただし、国歌(「義勇軍進行曲」)の歌詞の作者は「文芸黒線」の代表的人物とされたので、大衆集会などのばあいには国歌は歌わず、毛沢東をたたえる歌「東方紅」や「大海をゆくには舵手が頼り」を歌い、必要なときには演奏だけして国歌を歌わなかったので、国歌は国曲になってしまった。正式に国歌に新し

い歌詞がついたのは文革終結後で、華国鋒を中心とする中共中央の決定であったが、当然ながらしばらくして「義勇軍進行曲」を国歌に戻すと宣告されたのであった。また、北京女子十五中学の紅衛兵は交通信号の信号灯を変え、赤信号を「進め」、青信号を「止まれ」の信号にするように要求した。「北京市半工半読市政工程学校」の署名のある8月24日のビラは「赤色は前進を象徴し、□□（二文字判読できず―引用者）を象徴し、革命を象徴する。……ところが交通信号はこれとまったく逆になっている。赤信号が車を停める信号になっているのは、私たちの前進を阻もうというもので、それは実際には私たちの革命を阻止しようとするものだ」と書いている。国務院は交通信号灯の色を変えようというばかげた提案を受け入れず、このため周恩来が紅衛兵にわざわざ説明をしていた[17]。

4. 経済的領域で資本主義や私有経済のなごりを徹底して消滅させ、金銭や物による奨励に反対した。

「プロレタリア社会では、もとより私営企業の存在は許されていない。私たちは市街のすべての公私合営の文字を国営に改め、公私合営業を国営企業に改めることを提案する」と紅衛兵は主張した。紅衛兵は資本家に「ただちに利息と配当金を受け取るのをやめよ」と命じた。ブルジョワジーが多くの家屋を占有することを許さず、「三人一部屋を限度とし、それ以上の部屋はすべて家屋管理局の処理に明け渡すように」させた。私有家屋については、主に個人所有の家を全部国家に供出させた。「社会主義社会ではけっしておまえたちのような吸血鬼の存在は許されないのだ」。ブルジョワに子守りを雇用することを禁じた[18]。……紅衛兵と一部の大衆の強い要求により、政府は資本家に利息を支給するのを停止し、私有の不動産業者がやむを得ず供出した家屋を接収した。不完全な統計ではあるが、北京市で「文化大革命」の期間に没収された私有家屋が52万部屋あった。そのなかで個人が自宅として住んでいた住居が8万2230部屋ある[19]。上海市の12の区では、「文化大革命」のあいだに中共は124万平米の個人住宅を没収した[20]。8月27日から9月9日まで、天津市の家屋管理部門に自ら申請して

個人住宅を供出した者は1万1525戸に及び、全部で4万9776部屋の個人住宅が供出された[21]。紅衛兵は資本主義に反対しただけではなく、私有経済にも反対した。「大通りでも裏通りでも、靴の修理を行っていた者にはすぐに営業を停止するよう命令し、関係部門で靴修理組合を組織して、靴修理の値段も引き下げなければならない」というのである[22]。天津市人民委員会は、9月、決定を下し、紅衛兵が8月23日に提出した要求を支持して、個人での商業販売や修理サービス業の営業を取り締まった[23]。そのほかの大都市でも残存していた私有経済と自営業も基本的に業務を停止させられた。

紅衛兵は賞与制度にも反対し、「いずれの工場企業もブルジョワ的な賞与制度を廃止せよ。偉大な社会主義国家では、多くの労農兵大衆が偉大な毛沢東思想で武装している。金銭や物による奨励はいらない」と提起した[24]。金銭や物による奨励政策に対する批判は文革前から始まっていたが、文革のあいだ、政府は大部分の産業分野で賞与制度を撤廃していた。

給与収入の面では、紅衛兵はブルジョワジーが高給を貰い預金利息を得ていることに反対した。紅衛兵には平均主義的な傾向もあった。紅衛兵は「ブルジョワジー」に「9月分から高い給料を人民の水準に引き下げるよう命じる。銀行に預金のある地主・富農・反革命分子・悪質分子・右派は一厘一毛の預金も引き出してはならない。この命令に違反したばあい、責任は自らが負うことになる。われわれは何の容赦もしない」。紅衛兵は「関連部門には、銀行の利息制度を廃止することを考慮するよう提案する。人びとが節約愛国の精神に基づいて貯蓄し、社会主義建設を支援できるようにしてもらいたい」、「黒い風の吹き込み口を塞ぐため、各新聞社はいずれも今後原稿料を過剰に支払ってはならない」、「いずれの工場でも、地主・富農・反革命分子・悪質分子・右派には退職金を支払ってはならない。すべての待遇を取り消し、彼らが労働するよう監督しなければならない」、「国家に労働者全体の給料を上げ、ブルジョワジーの権威には給料を下げるよう提案する」[25]。

紅衛兵が利息・家屋不動産などについての経済的要求を出したのは、イデオロギー的な考慮からだけではなく、当時の社会問題を反映してもいた。資本家は政治的には搾取階級に入れられていたから、すでに資本は失っていた

けれども、依然として国家が定めた定率の利息は受け取っていた。そのため、その金銭的収入は指導階級である労働者や普通の市民よりも高かったのである。また、住んでいる家屋も相対的に広く、生活も比較的豊かであった。そのことが一部の市民の不満を招いていたのである。また、私有家屋の剥奪の背景には、当時の都市住民の住宅不足があった。政府側のメディアは紅衛兵の経済的な要求を基本的には報道しなかった。政府は、利息の支払い停止や私有家屋の接収などの提案には応じたが、賃金問題では非常に慎重で、賃金制度は基本的に変更しなかった。

5. 紅衛兵は社会生活面の要求も出した。

　それは当時の青少年の主流の概念を反映したものだった。このころ、政府は都市の就職などの問題から、都市の青年を農村に配置して農業生産に従事させようとしていた。ところが農村に行こうとしない青年たちもいた。紅衛兵は「暇をもてあましている無職の青年たちよ。すぐに弁事所へ行って登記し、辺境で労働生産に参加するよう命令する！」[27]と言っていた。また、紅衛兵は労働者の肉体労働の激しさを軽減することを意図した要求も出した。肉体労働者を尊ぶこのころの気風を反映したものである。紅衛兵は「関係部門は、懸命に方法を考えて胡同ごとに公衆便所を設立し、清掃労働者の仕事の重さを軽減せよ」、「郵便配達員は今後は上階や集合住宅のそれぞれの住宅に手紙を届ける必要はない。建物には郵便箱を設け、集合住宅には担当者を置いて、配達員の同志の負担を軽減せよ」[28]などと提案している。紅衛兵は病院の制度についても提案を行っている。それは、この当時の普通の市民の子女の視点を反映している。「入院のばあい、救急のばあい、ともに先払いで診察費を徴収してはならない（五類分子は除く）。煩瑣な制度は廃止すべきである。具体的には、医療従事者がみずから革命を起こし、古い形式や外来の形式を打破し、すべて人民のために奉仕せよ」[29]というようにである。このように、紅衛兵の破四旧の要求のなかには、青少年の立場からの大人に対する要求も含まれていたことにも注意すべきだろう。それは、伝統的な家父長制に対する反抗をも表現していた。「すべての家父長は、ブルジョワ思想

で子どもを教育してはならない。封建的家父長制は廃止せよ。子どもを殴ったり罵ったりしてはならない。自分が生んだのではない子も虐待してはならない。すべて毛沢東思想によって子を教育せよ」、「家父長制を打破せよ。子どもも大人に意見を出してかまわない」[30]というようにである。

　破四旧運動のなかで、平均主義的な命令を出したり、平均主義的な行動をとった紅衛兵も少数いた。それはその当時の指導層にも及ぶものだったので、紅衛兵主流からの反撃を引き起こした。たとえば、8月24日に瀋陽31中学の学生が出した通牒には「貴方たち高級幹部の宿舎はあまりに奢侈で堕落している。……さらに理に合わないのは、貴方たちのなかには、家政婦や使用人を雇っている者がいることである。……われわれは、貴方らに、一日のうちに回答し、三日のあいだに行動を起こすことを命ずる」[31]。紅衛兵の主流は、指導層に危険を及ぼす行動に対して大きな怒りを示した。北京工業学院附属中学の紅衛兵は8月27日に「全市の紅衛兵への緊急の呼びかけ、大至急!!──徹底して反革命の復辟の陰謀を粉砕せよ」を発した。ビラには、「一部の陰険悪辣な犬っころどもが」老幹部を攻撃し、「狂気じみた階級的報復を行おうとしている」行為を列挙している。「この連中は、革命老幹部の家に上がりこみ、好き勝手に横暴なふるまいをしている。屋根瓦をはがし、ソファーを投げ出し、食器棚を運び出し、電話を壊し、文書をバラバラにし、それを「特殊化」であると称している。用務人民（「用務員」であろう──引用者）を追い出し、老幹部は自分で飯を炊くべきだ、それが「労働化」であると称している。この連中は一群の狂犬のように、大通りを横行し、革命老幹部の自動車を停め、車から追い出し、それを「大衆から浮き上がっている」と称して、自分たちはというとその自動車に乗って意気揚々と引き上げていくというありさまだ。この連中は、血眼の屠殺夫のように病院に突進し、高級幹部の生活待遇と看護優先権を撤廃するよう「命令」し、その貴重な時間を整列点呼に浪費させ、高級幹部らに死を待つように仕向けた！　この外国人の手先連中は、高級幹部を病室に押し込め、それを「外賓病室」と名づけた。この連中は、平等という看板を掲げながら、強盗行為を行い、労働者の名においてとうそをつき、「病室は均等に配分しなければならない」など

と叫んでいる。さらに悪辣なのは、この連中は党・政府・軍の指導権を奪おうという野心を持っており、そのためにいたるところでデマを飛ばしているということである。「各階層の幹部は民主的に選出せよ」とか、「文書の閲覧権は階級の区別を設けてはならない」とかである。これらは完全にでたらめである。……紅衛兵は、毛主席の教導に従い、全市の犬っころどもに最後通牒を発する。許されるのは左派の造反のみである。右派の転覆行為は許さない！ われわれの革命老幹部には一指も触れさせない！」[32]とある。これらの言論は紅衛兵の中核にいた指導層の子女の利益と立場を反映している。破四旧の活動を立ち上げ、参加したのは、最初に紅衛兵になった者たちで、これは後に「老紅衛兵」または「保守派」と呼ばれるようになる学生たちである。その基本メンバーはいわゆる「紅五類」の子弟であった。つまり労働者、貧農・下層中農、革命幹部、革命軍人、革命烈士の子女で、このうち革命幹部・革命軍人・革命烈士の子女がその中心になっていた。このグループの破四旧とは「五類分子」（地主、富農、反革命分子、悪質分子、右派分子）・「牛鬼蛇神」・「ブルジョワ反動的学術権威」など、伝統的な定義での「階級敵」への攻撃のことであり、実権を握っている指導層への攻撃を認めなかったのである。それは指導層がこのグループの紅衛兵の優越した政治的・社会的地位のよりどころだったからである。

6. **国家政治体制方面に及ぶ紅衛兵の要求は多くはないが、民主党派に解散を命令したことだけには触れておかなければならない。**

　1966年8月23日夜から24日朝にかけて、北京の一部の紅衛兵が各民主党派に「最後通牒」を出し、各民主党派は72時間内に自ら解散し、新聞に声明を掲載せよと命じたのである。8月25日より、北京の各民主党派の中央機関は業務を停止し、大同小異の内容の通告を掲出した。それは、紅衛兵の意見を断乎として受け入れ、即日、業務を停止し、党中央に報告して処理を要請するというものである。回想によれば、最後通牒を出したのは北京八中の紅衛兵であった。中共中央統一戦線部の討論を経て、周恩来は、中国民主同盟などの民主党派中央に、暫時業務を停止し、紅衛兵に印章を差し出

し、紅衛兵に入り口に封印を貼らせて、衝突を回避するよう命じた。回想によれば、北京八中の紅衛兵に差し出された民主党派の印章は10個にも及んだという[33]。9月3日、上海華東紡績工学院紡機「紅衛兵」・「革命造反隊」がビラ「最後通牒——上海市民主同盟、民主建国会、農工民主党、民主促進会は72時間以内に解散せよ」を散布した。このビラはただし書きで「ただし、台湾民主自治同盟と国民党革命委員会は事情により解散を見合わせる」としている。これは台湾に対する工作上の必要を考慮したものであろうが、中共中央がこの件について具体的な指示をしたかどうかは不明である。周恩来は紅衛兵に対する講話で、「民主党派を封鎖し、政治協商会議の事務を停止せよと要求している者がいるが、私たちは賛成できない。……きみたちは民主党派の事務所を占拠して司令部にしている。業務停止は一時的なものにすべきで、長引かせるのはよくない」と語った。毛沢東は、10月24日、中共中央工作会議でこの件について報告を受けた。このとき、毛沢東は、民主党派はまだ必要だし、政治協商会議も必要だ、それを紅衛兵にもはっきりと言わせなければならないと語った[34]。そこで民主党派は廃止されることもなかったが、活動を再開できたわけでもなかった。

　回想によれば、北京八中の紅衛兵は憲法改正を提案したという。その理由は、現行憲法が階級闘争を最優先にしていないからというものだった[35]。8月23日、「東方紅一中（旧北京25中）の革命学生有志」がビラ「強く呼びかける——北京市・各区人民代表の再改選をきっぱりと要求しよう」を発行した。その理由は、もとの代表には、地主・資本家などの搾取階級の人物が含まれていたからだ。なお、現存する資料で見るかぎり、憲法改正や人民代表改選の提議は採用されなかったようである。

3. 強制と暴力行動：「赤色テロ」

　紅衛兵の破四旧はビラや通牒を発行し配布するだけではなかったし、街路や商店の看板を掛け替えるだけでもなかったし、また街頭で毛沢東思想を宣伝するだけでもなかった。破四旧は強制的・暴力的な活動に満ちあふれてい

たのである。紅衛兵の文書で暴力について明示したものはほとんどない。政府側メディアも紅衛兵についての報道ではその暴力行為について触れることを避けていた。紅衛兵の強制行為についても、選択的に、大ざっぱにあいまいな報道を行うだけだった。たとえば、当時の新聞で、階級敵が「隠していた金銀財宝が紅衛兵によって探し出され、展示されている」と書かれていたならば、それは紅衛兵が家宅捜索したことを示している。しかし、紅衛兵の強制行動・暴力的行動は白昼堂々と衆人環視のもとで行われた事実である。それには次のようなものがあった。

1. 文物を破壊し、図書を焼き、寺院・教会などを打ち壊すなどの破壊的活動

　1966年8月23日、北京体育学院の「八・一八」紅衛兵・教職労働者とその家族が頤和園の仏香閣に行き、仏像を破壊した。これは全国各地で起こった無数の破壊事件の一つに過ぎない。破四旧運動のなかで文物旧跡がいたるところで破壊された。たとえば、数日のうちに、北京市の市級文物保護単位聖安寺、昌平の漢城遺跡、延寿寺の銅の仏像などが破壊され尽くしたのである[36]。北京市の1958年の第一次文物調査で保存された6843件の文物旧跡のうち、4922件が文革期に破壊された。その多くが1966年の8〜9月、つまり破四旧の期間に破壊されている。別の不完全な統計によれば、北京で銅製錬所から救出された金属文物は117トン、製紙工場から救出された図書資料は320万トン、旧図書類235万7千冊、その他の種類の文物53万8千件ということである[37]。紅衛兵の家宅捜索では、個人が収蔵していた多くの文物が破壊された。紅衛兵の暴力的な家宅捜索活動が行われるなか、不測の事態を恐れて、私物の貴重な所蔵品を捨てたり自ら破壊したりした住民も多かったという。個人の蔵書や図書館の蔵書も大量に焼却された。

　破四旧運動の期間には、各種の宗教も批判される対象に含まれた。宗教活動は停止を余儀なくされ、多くの寺・廟が破壊された。1966年8月24日、北京の10以上の学校の紅衛兵がカトリックのマリア方済格修道女会に押しかけ、外国人修道女を追い出すように要求した。26日、北京市人民委員会

は、紅衛兵と大衆の要求を受け入れ、この修道女会を取り締まり、修道女会の経営する聖心学校を接収すると公言した。28日、北京公安局は「反革命活動に従事」していたという罪名で8名の外国人修道女を国外追放した[38]。北京の一部の紅衛兵は「イスラム教を消滅させよ」と提案したが、これはすぐに中央の指導者に気づかれた。周恩来は、事情を聞くと、すぐに宗教事務と統一戦線部門の責任者を集めて会議を開き、このようなことは行ってはならないと指示した。紅衛兵を接見したときにもその点について注意したのである[39]。しかし、各種の宗教活動はどれも中止せざるを得なかった。その他の都市でも寺・廟を破壊する事件が発生した。上海の玉仏寺、静安寺、宝蔵寺、徐家彙のカトリック教会などが破壊された[40]。有名な仏教の聖地である湖南省の南岳も酷い破壊に遭遇した。15の寺・廟で、唐以来の鋳像・塑像479体の仏像、395体の菩薩像、649体の羅漢像、千年以上も守り伝えられた54部の経典、503枚の貝多羅葉の経文、多くの仏事施設が破壊され、焼却された。山の上から引き下ろされて不用物資として処理されることになった銅屑・鉄屑だけで60万トンにも達した[41]。回族が集まっている寧夏の海原県では、三、四日のうちに67か所のモスクと17か所の寺・廟が破壊された[42]。全国各地で起こったこの種の文化・文物の破壊事件は数知れない。

2. 「五類分子」・「批判すべき黒い（悪い）連中」・「牛鬼蛇神」・「反動的学術権威」や非常に広い範囲の政治的に信頼できない者に対して、侮辱・迫害を行い、これらの人びとの住居を捜索し、私有財産を没収した。俗に「家宅捜索」と呼ばれるものである。

　文化慣習面の破四旧運動が開始されて間もなく、すべての「牛鬼蛇神」に対する情け容赦のない闘争に発展した。その闘争の範囲も不断に拡大し、非常に広いものになった。早い時期に打倒されてしまった地主・富農・反革命分子・悪質分子・右派分子の「五類分子」以外に、資本家、一部の小企業主、批判を受けた文化界・教育界の人士（学校の校長・教師など）、「学術権威」、共産党外の「民主人士」、政治的経歴に問題のある人（かつて国民党の党・政府・軍・警察関係者など）、「ごろつき」（当時の基準に照らして行いが方正でない

者）なども闘争の対象に含まれた。破四旧運動のなかでの紅衛兵の行為には非常に大きな随意性があり、当時の政策に照らしても闘争対象は広がりすぎていた。多くの教師が殴られ、多くの人がその出身がよくないというだけで迫害された。紅衛兵はこれらの人びとに侮辱的・迫害的な命令を出した。たとえば「地主、富農、反革命分子、悪質分子、右派分子と資本家たちは、外出するときには必ず牛鬼蛇神の札を身につけ、大衆の監督を受けよ。違反したものがあれば厳重に処理する」、「すべての牛鬼蛇神、批判すべき黒い（悪い）連中の犬どもは、大衆の許しがなければ給料を受け取ってはならない。われわれは老悪人どもの給料を引き下げ、ろくでなしに日銭だけを支給してやる！」[43]などというものである。

　紅衛兵は、いわゆる五類分子、「批判すべき黒い（悪い）連中」（訳者注――いわゆる「批判すべき黒い（悪い）連中」（黒幇）とは、大体各部門のもと責任者や指導的立場にある幹部たちだった。また、文革の中でつるしあげられたすべての者もふくまれる場合がある。「黒幇」という言葉は、もともと反社会的組織をさすもので、悪い一味、やくざの集団のニュアンスもある）、「牛鬼蛇神」などの住居に対して捜索を実行し、私有財産を没収した。いわゆる「家宅捜索」である。紅衛兵の通告で正面から家宅捜索の目的を書いたものは非常に少ない。実行状況から見ると、最初はおそらく「政権転覆の帳簿」（つまり共産党政権下で受けた屈辱や剥奪された財産等を記録し、将来国民党政権にもどったときに復讐するためのメモ）を捜索して私有財産を没収することを目的としていたらしいが、後には「階級敵」への懲罰となり、威風を誇示する手段となった。文革前の階級闘争教育で、地主や反革命分子は土地売買契約書や旧政府の委任状を隠していて、国民党の再来による「変天」を熱望しているとされていた。そこで紅衛兵はその反革命の証拠を見つけ出そうとしたのである。また、階級闘争教育は、青年たちに、地主・資本家の財産は搾取によって獲得した不義の財産であると教えてきた。そこで紅衛兵はそれを没収しようとしたのである。文革が始まったとき、共産党が政権を取ってからまだ17年しか経っていなかった。打倒され、弾圧の対象となった人びとのなかには、旧社会を懐かしみ、共産党への怨恨を抱き、国民党の復活「変天」への願望

を持つ人びとがいないでもなかった。紅衛兵はその土地売買契約書や委任状や銃などの物品を探し出そうとしたのであろう。ただし、これは紅衛兵が私的に住民の住宅を侵犯し、公然と住民の合法的権利を踏みにじってよい理由にはまったくならない。個人の財物を紅衛兵が没収する権利などあるはずもない。多くの人びとは、家のなかの古い物のなかに、旧政権や古い政治的人物の遺物、たとえば国民党旗や中華民国の国旗、蒋介石の写真などを残していただけで、反革命とされ、批判・闘争の対象にされた。たとえば、上海の有名な作家・翻訳家傅雷は家宅捜索を受けた。傅雷夫妻が自分の小さな庭に隠し財産目録を埋めたという話を紅衛兵が聞いたからである。実は傅雷夫妻が夜に懐中電灯を持って自分の家の庭で接ぎ木の実験をしていただけだった。紅衛兵は三尺ほど掘り返したが、何も見つからない。そこで、傅雷の家の部屋をひっくり返したところ、箱が一つ見つかった。それは傅雷の伯母が傅家に預けていたもので、傅雷もその箱を開けたことはなかった。紅衛兵はその箱から古い手鏡を見つけ出した。その手鏡の裏には蒋介石の像が嵌めこんであった。また、古い画報には宋美齢の写真が発見された。そこで傅雷夫妻は批判・闘争にさらされた。その後、傅雷夫妻は侮辱に耐えられず、二人して自殺したのである[44]。当時の統計によれば、8〜9月のあいだ、北京市で3万3695戸（世帯）が家宅捜索された[45]。没収された物品は、「銃268挺、弾薬1万1056発分、凶器1万9676点、土地売買契約書など隠し財産目録4万1294点、反動的な旗1048枚、反動的な日記・詩文6820冊（篇）、反動的な証明書類1万4398点、反動的な官服902点、金10万3131両〔一両は50グラム〕、銀34万5212両、現金5545万9919元、文物・玉器61万3618件」などであった[46]。ここにいう「凶器」、「反動的な旗」、「反動的な日記」などの統計的な真実性は信じがたい。しかし、ここから、紅衛兵が家宅捜索で何を探そうとしていたかは看取することができよう。また、統計によれば、北京市の家宅捜索では、大量の金銀、金銀の製品以外に、預金、公債、外貨が4478万元にのぼり、区・県に上納していた文物、書画、堅木の高級家具などが330万5100点あまりにのぼり、金額に換算すると1867万元に達したという[47]。上海市の当時の統計によれ

紅衛兵「破四旧」の文化と政治　　73

ば、8月23日から9月25日まで、全市で家宅捜索されたのは15万7700戸で、それは全市の全戸数241万戸のうち6.5％にあたる。このうち、市区での戸数は11万4500戸で、市区地域の139万戸の8.2％にあたる。全市の6万以上の商工業者も家宅捜索に遭い、免れた家はほとんどなかった。家宅捜索で、全市で金64.9万両あまり、各種の金銀の首飾り90万7000点、ダイヤモンドの指輪など4万以上、宝石、玉器、骨董27万点、アメリカドル334万元、その他の外貨330万元以上、銀元239万元、現金、預金通帳、公債3億7600万元などが摘発された[48]。天津市の紅衛兵組織は8月下旬から9月下旬にかけて1万2000戸の住居を捜索し、トラック1万3000台分の財物を摘発して、6万平米の52棟の臨時倉庫をいっぱいにした[49]。その内訳は、現金556万元、預金通帳4050万元、公債261万元、金4万両以上、金銀の装飾品6万点以上、銀元60万元以上である[50]。完全な統計ではないが、武漢市の紅衛兵は2万1000戸の家を家宅捜索し、金1100斤〔一斤は500グラム〕、銀1800斤、銀元26.7万元、現金と預金通帳440万元を没収し、捜索とつるし上げの過程で発生した自殺事件（未遂を含む）は112件、死者62人、つれまわして批判闘争中の虐待致死は32人に及んだ[51]。心に痛みを起こさせるこの膨大な数字が、破四旧が民族全体にもたらした大災害のありさまの一端を示している。

3. いわゆる「四類分子」などの人びとを都市から追放し、郷里に送り返した。

　破四旧運動のなかで、北京の紅衛兵はまず「四類分子」（地主、富農、反革命、悪質分子）と認定された市民を追放し、北京から出て行くように命令を出した。それは「五類分子」（四類に「右派分子」を加える）、「六類分子」（さらに資本家を加える）およびその他の政治的経歴に深刻な問題のある人にまで拡大されることになった。水利電力部北京測量設計院東方紅戦闘組は、1966年8月23日、「最後通牒——家族中の四類分子はすぐに消え失せろ！」を発し、「従業員の家族のなかの四類分子は8月末までに北京を離れ郷里に戻り、当地の革命大衆の管制を受け、労働改造を行うこと。まじめに行うことを要し、ごまかしは許さない」と命じた。この「最後通牒」はこれ

以前の紅衛兵の提議に呼応したものと見られるが、これより早い時期の資料は発見できていない。現在まで残っている資料で、引用に供することのできる別の提議は8月24日の「北京四中の革命的教員・生徒」が発したビラ「命令——四類分子追放に関する五項目の命令」である。命令は「1966年9月10日以前に、北京にもぐりこんでいるすべての地主・富農・反革命分子・悪質分子は北京から出て行くこと。郷里の家に戻ってまじめに労働改造を行うこと。みだりな言動によりまじめに働かないのであれば、即座に鎮圧する」、「各派出所は、すべての地主、富農、反革命分子、悪質分子の名簿を壁新聞で公表し、立ち去った者の名を抹消して、大衆の監督・検査に供せよ」と要求している。追放された住民には、子女について北京で家の仕事を切り盛りするために来ていた者や、孫の面倒を見るために来ていた老人も多かった。それが紅衛兵によって出身地に送り返された。その多くの人が頭を丸坊主にされたり、「左右どちらかだけ丸坊主」にされたりして、途中で侮辱され、殴打され、一部の人は途上で激しく殴られ虐待されて悲惨な死を遂げた[52]。多くの北京の住民は、紅衛兵の暴虐を逃れるために、出身階級のよくない老人や親族を紅衛兵の捜査が来る前に北京から逃がした。8月下旬から9月までの40日間に、北京市全市で8万5000人の人が郷里に追放された[53]。他の統計によると、8月13日から9月15日までに、北京の9つの市区と近郊区で、7万7000人あまりが転出した[54]。北京市紅衛兵のやり方はすぐに上海その他の都市に伝わった。当時の統計によると、10月10日までで、上海全市で9260人あまりの人が郷里に送還された[55]。広西の南寧市では、数千戸の住民が「四類分子」に分類され、郷里に送還されて監督下の労働を強いられた[56]。1966年10月の中共中央工作会議で印刷・配布された参考資料の四「旧世界を徹底的に打ちのめそう」によると、10月3日まで、都市から追い出された地主、富農、反革命分子、悪質分子は14万1700名、資本家と家主が1万1100名、その他の牛鬼蛇神が6万2300名、それらの家族が18万2300名、追い出された人口総数は39万7400名となる。このほか、「反革命破壊・捕獲案件」とされるものが1788件あり、没収された金が118万8000両となっている。

中共中央と各地の党・政府部門は、原則的には、紅衛兵の「四類分子」など階級敵に対する家宅捜索と追放活動を認可し、基層の派出所にそれに呼応するよう要求していた。同時に、中央は紅衛兵に対して、調査を行う際には一定の政策的限度を遵守し、人民内部の矛盾と敵と我の矛盾の二つの矛盾を区別するように要求していた。周恩来らの指導部は、紅衛兵に対して次のように語った。捜査は捜査で行わなければならないが、できれば解放軍・派出所と三方面で相談して、調査研究せよ。一般の地主は、もし北京に移住しているのであれば、郷里にはもう家がないのであるから、追い返してはならない。右派分子ですでに右派のレッテルをはずしている者は右派分子には入らない。一般のブルジョワ分子は、もしまじめに法を守って働き、選挙権も持っているならば、すぐに打倒したり、捜査や家宅捜索をしてはならない[58]。いずれにしても中央の支持があったからこそ、大規模な追放が可能だったのは事実であり、周恩来らの指導者の具体的な政策指導も、穏やかな説得とは言えても厳しい叱責とは言えないものであったために、紅衛兵の激しいやり方の全部を有効に制止することはできなかった。当時の政府系のメディアは、紅衛兵が大規模に「四類分子」を追放しているという行動を報道しなかった。上級指導層は、このような状況を報道することが生み出す国内外の影響を顧慮したのであろう。

4.　人を殴る、監禁する、身体的虐待など狂気の暴力。

　破四旧運動のあいだ、人を殴るのが風潮になり、全国各地どこでも「牛鬼蛇神」の人びとを殴る、監禁する、強制労働させるなどの非人道的な蛮行が発生した。それは中共中央の所在地の北京でもっとも激しかった。大小の批判闘争会で、家宅捜索の過程で、人を殴るのは少しも珍しくなくなってしまった。8月23日、北京市紅衛兵は孔廟大院で市文化局が保存していた劇の道具と衣裳を焼却した。このとき、北京文化界の有名な作家・芸術家に「牛鬼蛇神」・「反動権威」などのレッテルを貼り、批判・闘争を行った。有名な作家老舎は激しく殴られ、次の日に湖に投身自殺した[59]。8月25日、家宅捜索が高まりを見せるなかで、北京で、家宅捜索を受けた者や批判・闘

争でつるし上げられた者が反抗する事件が二、三件発生した。なかでも、崇文区攬杆市のある市民は、その家に家宅捜索に来て、自身と家族に暴力的な批判闘争を行った紅衛兵に菜切り包丁で斬りつけ、傷を負わせた。紅衛兵はこれを重大な階級的報復事件と見て、これ以後、前にもまして激しく狂ったように暴力を加えるようになった。大量の無辜の市民が激しい暴行の末殺害され、北京全体が「赤色テロ」のなかに置かれた。北京市の統計によれば、1966年8～9月のあいだに北京市で殺された人は1722名に達した[60]。また、当時の統計によれば、9月1日から25日までのあいだに、上海市の市区の489の中学で、361人の中学の紅衛兵が人を殴る行動を行い、暴行を受けた人の数は1万人以上に達した。死者は11人である[61]。破四旧の過程で、紅衛兵は学校や社会の多くの「五類分子」、「批判すべき黒い（悪い）連中」、「牛鬼蛇神」を学校につれてきて監禁し、「労働改造」を実行し、虐待を行った。多くの学校にさまざまな名目の刑場や監禁場所が非公式に設置された。後に暴露された北京六中の労働改造所はその一例である。この学校の紅衛兵は「労働改造所」を設立し、その学校の教職員や学生、校外から連行してきたいわゆる「牛鬼蛇神」を監禁して、人間らしさのかけらも見られない殴打と虐待を行った。この学校の高校生王光華と、86歳と高齢の学校用務員徐霈田は、労働改造所で虐待されたすえ死んだ[62]。六中の紅衛兵は労働改造所の壁に「赤色テロ万歳」の文字を書きつけた。北京航空工業学校の「井岡山」戦闘隊は「偉大な赤色テロ万歳！」と題したビラを発行した。このビラには「赤色テロがわが偉大な祖国の首都、北京を覆っている！　革命人民はこれを歓呼して迎えている！」と書いてあった。上海中学高等二（6）組の紅衛兵が1966年9月1日にこのビラを翻刻して上海で散布した。ハルピン市毛沢東思想紅衛兵総部が編集・発行した新聞『造反有理』は、1966年9月23日創刊号に社説「鬼神も慴える――赤色テロ万歳！」を掲載した。「毛沢東思想に合致しないものが存在するならば、われわれは造反しなければならない。それは赤色テロを行うということだ！」と揚言した。しかし中共中央ははっきり「文闘を行うべきで、武闘を行ってはならない」という政策を決めていたはずである。大衆も人を殴ることには反発を感じていた。そのた

め、公然と人への暴力を鼓吹するような文書・告示は多くはない。

　中共中央と北京市委員会の指導者は、紅衛兵が暴行して人を殺すという現象の重大さを感じ、林彪・周恩来などの指導者の講話や『人民日報』の社説、北京市委員会の発した「緊急通知」などを通じて説得を行った。これは9月上旬になってからのことだったが、これ以後、急速に蔓延した暴力現象の勢いは徐々に鈍ることになった。

　破四旧の過程で、一部の紅衛兵は当時の中央の政策にしたがって、「文闘を行うべきで、武闘を行うべきでない」と主張した。紅衛兵のなかでも高い権威を持つ首都の紅衛兵糾察隊西城分隊（「西糾」と略称された）と清華大学附属中学紅衛兵は、ともにそのような内容の命令やビラを配布した。これらの文書・告示は当時の中央の政策宣伝に呼応するもので、あるいは関連する指導者の指示を受けていたのかも知れない。これらにはある程度は暴力の発展を制止し抑制する積極的な作用があった。しかし、やはり指摘しておかなければならないのは、これらの文書・告示と行動とのあいだには大きな距離があったということだ。彼らは武闘を制止することにはけっして真剣に取り組まなかった。9月5日より後、「西糾」は何度も命令を発し、「人を殴ること、体罰や体罰に近い行為、人を侮辱すること、自白を強要することを厳禁する」と要求した[63]。しかし、この西糾の主要な発起者であり、主力の一つでもあった北京六中の紅衛兵は、西糾自身の命令に従って人への暴行を停めようとはしなかった。9月27日から28日にかけて、彼らは自校の学生王光華を「労働改造所」に連行し、激しく殴って殺害した。10月初めにも自校の職員徐需田を激しく虐待して殺害した。この二つの殺人事件の主要な責任者はどちらも西糾の隊員だった。11月19日と21日になって、中央文革小組の陳伯達らが直接に現場を訪れてこの事件をとりあげたことで、北京六中の労働改造所はようやく解散に至ったのである。人びとの紅衛兵の暴力に対する責任追及の声に対抗して、西糾は武闘に反対する命令を出してから間もなく、「われわれは反攻・形勢逆転・変天・復辟を妄想するろくでなしどもに厳しく警告する。以前、われわれ革命大衆と紅衛兵は、階級敵に対する骨髄に徹する恨みから、おまえたちの家を捜索し、おまえたちを殴り、おま

えたちに三角帽子をかぶせ、おまえたちを引き連れてデモ行進して見せしめにし、おまえたちを郷里に追い返して労働改造させた。われわれは、捜索し、殴り、帽子をかぶせ、追い出したことを、この上なくすばらしいことだと考える。おまえたちは大衆運動の一部の欠点を利用し、狂ったように反撃し、階級的報復を行おうとした。おまえたちに告げる。それは「石を持ち上げて自分の足に落とす」ような行為だ。われわれの糾察隊員は、完全に、すべての階級敵の反攻をきっぱりと鎮圧するための権力を握っており、革命大衆を援助する義務を負っている」[64]。清華大附属中学の紅衛兵は8月27日に「紅衛兵戦校（前清華附中）紅衛兵の現在の形勢に対する十点の見解」を発表し、このなかで「文闘を行え、武闘を行ってはならない」と主張した。人を殴ることは「人の肉体には触れられても、彼ら（闘争の対象——引用者注）の魂には触れられない」というのである。しかし、このビラが発表された前日、清華附中の紅衛兵は自分たちの学校で開かれた闘争会でなお狂ったように暴行を加えていたのである[65]。

　このときにあたっての中共中央の政策は、紅衛兵を文闘に導き、武闘をやめさせるよう導くというものだった。しかしそれは紅衛兵と革命的大衆に懲罰を与えることはできなかった。人に暴行を加えた紅衛兵に法律的制裁を行うことも許さないものだった。公安部長謝富治は、8月下旬、北京市公安局拡大会議での講話で、「大衆が人を殴り殺すことには賛成しない。しかし、大衆の悪人への恨みが骨髄に徹し、阻止しきれなかったならば、無理をすることはない」と語っている。8月下旬には、甘粛省、陝西省、湖北省、北京市の公安局責任者との座談会で、謝富治はまた「人を殴り殺した「紅衛兵」は取り締まるべきか？　人を殺したとすればそれはそれで、私たちは関わりを持つべきではない。……普通の法規で対応することもできないし、刑事事件としても対応することはできない。……もしあなたたちが人を殴った者を拘留し、逮捕したとすれば、それはあなたたちが過ちを犯したことになるのだ」[66]。当時の状況から見ると、これは謝富治個人の意見ではなく、中共中央の政策だったのである[67]。

4.　破四旧は文化大革命の主要な闘争方向ではなかった

　紅衛兵の破四旧は凄まじい政治の勢力を作りだし、何千何万の青少年を動員し、社会のどんな小さな片隅にまで波及し、広範な社会階層を巻き込んだ。しかし事態の発展は破四旧運動が隠蔽していた問題を徐々に露呈させていくことになる。破四旧運動は文化大革命の主要な闘争方向を逸脱していたのである。

　文化大革命の主要な闘争方向とは何か？　この問題は運動の最初の2か月のあいだははっきりしていなかった。中共中央の5月16日「通知」は原則的なことを述べているにすぎない。7月下旬以前は、中央の工作を主宰し運動を指導していたのは劉少奇と鄧小平であった。運動は主に文化・教育界に限られていた。大衆運動を指導するのは党委員会か工作組であった。このため、文化大革命が文化・教育界の革命なのか、それとも党内闘争を中心とする全面的な政治革命なのか、人びとにはまったくわかっていなかった。主要な闘争対象や審査対象は文化・教育界の指導者や知識分子、一般党員、基層幹部なのか、それとも党内各級から中央までの指導者・実権派なのか？　運動は党の各級組織が指導するのか、それとも、党の地方組織や基層組織体系を離れて、中央の指導の下で、思い切って大衆自身に運動を進めさせるのか？　1966年8月5日、毛沢東は「司令部を砲撃せよ──私の壁新聞」を書き、矛先をはっきりと劉少奇に向けた。これによって、中共の高層指導者は毛沢東が文化大革命を発動した政治的意図を理解しはじめたのである。8月8日、中共中央全体会議が制定した「十六か条」は、運動の重点は全党内で資本主義の道を歩む実権派にあると宣言した。ただし、それでも運動をどう指導するか、どう推進するかは、依然として不明のままだった。大部分の指導者も運動についてはよくわかっていなかったのである。

　8月1日、毛沢東は工作組と衝突を起こした清華附中の紅衛兵に手紙を書いて、紅衛兵に対する熱烈な支持を表明した。その意図は、青年学生の工作組との闘争を鼓舞し、党の組織体制による制限を突破して運動を展開することにあった。18日に毛沢東は天安門で百万の大衆と会見し、紅衛兵を接見

した。同時にニュースメディアは中央指導者の人事の変動を明らかにした。林彪が劉少奇に取って代わって党の第二位の指導者となり、劉少奇の地位が低下させられたのである。運動の主要目標がしだいに明らかになりつつあったころ、8月20日、紅衛兵が破四旧の行動を開始した。そしてそれはすぐに大衆運動の風向きを決めてしまい、同じ時期の各地の学生の工作組批判や党・政府指導機関を襲撃する活動をしのぐ勢いとなったのである。

　破四旧運動が非常に迅速な発展を遂げられた理由は、紅衛兵自身が有する原因以外に、中央から地方までの多くの指導者の支持が決定的作用をもたらした。中央の基本政策を総合的に検討すると、第一に、中央は紅衛兵と大衆の破四旧運動を支持していた。第二に、中央は党の政策を執行するよう要求していた。政府側の宣伝メディアと公式報道は紅衛兵の行動に対する賞賛と支持に偏っていた。一方紅衛兵への問題点を指摘し、政策を論じ、偏向を是正する中央指導者の講話は新聞に載せないものである。このような原則の下で、指導層の態度にも微妙な違いがあった。林彪の講話は紅衛兵の破四旧を賞賛することに偏っていた。林彪は、8月31日、天安門の大衆集会で講話を行い、紅衛兵の破四旧運動を大いに賞賛した。林彪は、暴力の氾濫に対しては、当時も「文闘を行うべきで、武闘を行ってはならない、人を殴ってはならない」と言っていた。周恩来は政策を語ることに重点を置いていたが、同時に紅衛兵の行動を支持してもいた。周恩来は大衆集会と紅衛兵の接見の場で何度も党の政策について話し、運動のなかの極端な暴力を改め、紅衛兵の暴力を制止し、軽減しようとした。これは非常に重要な作用をもたらしたが、周恩来の基本的な前提は破四旧運動を肯定するものであり、否定するものではなかった。中央指導者の講話のこのような違いは、当然のように中央の精神を宣伝するための一種の分業として、普遍的に理解され、けっして矛盾するもの、対立するものではなかったとされたのである。公安部長謝富治は、公安部門の内部の講話で、人民警察に紅衛兵を支持するよう要求していた。謝富治の講話は公安部門の手足を縛り、紅衛兵の違法行動を助長した。その作用は悪質だったが、謝富治は当時の中央の政策を貫徹したのであって、中央の政策とは違う何かを意図していたわけではない。

紅衛兵の破四旧運動でとくに目立つ作用を発揮したのは中央の新聞メディアだった。現在残っている資料を見ると、破四旧活動を最初に熱烈に報道し支持し、全国的なものになるよう仕向けたのは、新華社、『人民日報』、雑誌『紅旗』などの中央のメディアだった。8月20日、北京の紅衛兵が行動を開始すると、22日にはすぐに新華社が報道し、以後、数日つづけて『人民日報』などの新聞・雑誌が大きな紙面を割いて賞賛の批評・報道を行った。つづいて、各省・市・自治区の党委員会機関紙が続々と追随し、運動を賞賛する社説・報道を発表し、各界のエリートや著名人物も争うように新聞・雑誌で見得を切り、支持を表明した。組織的な宣伝の勢いは、「右派」批判や「三家村」批判など党委員会指導の大衆運動と軌を一にしていた。ただ、紅衛兵の破四旧運動がこれまでの大衆運動と違うのは、党や青年団などの組織の指揮を受けていないことだった。そのために、運動をおだて上げるのは容易で、逆に管理するのは難しく、悪質な事件が次々に起こって収まりがつかなくなったのである。

　現在でも破四旧運動を支持するに至った具体的な政策決定過程は明らかになっていない。ただ、当時の重大な政策決定はすべて毛沢東の同意を得る必要があったことは知られている。また、中共中央の日常的業務を主宰していたのは周恩来で、宣伝工作の責任者は陶鋳、『人民日報』の責任者は陳伯達であった。

　地方・基層の党委員会の基本的態度は破四旧支持であった。紅衛兵の破四旧運動には政策に公然と違反する暴力行為が存在するという疑惑はあったが、それもやはり革命の青年指導者の行きすぎ行為であると見なし、かつての土地改革運動で貧苦に苛まれた農民が地主に対して行った暴力行為と同じように対処したのである。その重要な原因は、まず、破四旧運動がダメージを与えたのは共産党革命の伝統的な意味での階級敵であったということである。それは、地主・富農・反革命・悪質・右派の分子、資本家、学術的権威などであって、その多くは過去に闘争対象であったか改造の対象であったかである。すでに批判されたことのある人をもういちど批判するのは、たとえ政策上の行き過ぎや拡大化をもたらしたとしても、政治の方向としては問題には

なりえなかったからである。

　次に、紅衛兵に参加した学生はずっと政治的に信頼できるとされてきた「紅五類」の子女であった。なかでも中心になったのは多くの場合指導幹部自身の子女たちである。指導幹部はこれらの青少年を信頼しており、偏りが生じてもそれを是正するのは難しくないと信じるのである。案の定、大衆運動の中心となった幹部の子女の紅衛兵は破四旧運動が指導幹部に波及することにはっきりと反対していた。たとえば、北京の紅衛兵のなかで高い権威を持ち、高級幹部の子女がトップを務め、国務院指導者の支持を得てもいた「西糾」は、「すべての組織と個人は上級指導者の自動車を遮ってはならない、また上級指導者の宿舎を捜査してはならない」、「何者も革命老指導者を無理やり家から追い立て、家政婦を辞めさせ、テレビ・ソファー・自動車などを供出させてはならない。私たちは敵の階級的報復をきっぱりと粉砕しなければならず、絶対平均主義にはきっぱりと反対しなければならない」などと何度も命令を発している[68]。8月30日、北京師範大学女子附中の紅衛兵と北京化工学院の紅衛兵は運動が指導幹部に波及する事態に対して、「労働者・農民・革命幹部の子弟に告げる」を発表し、「労働者・農民・革命幹部の子弟はすぐに行動を起こし、われらの革命の先輩を防衛せよ」と呼びかけた。

　さらに、当時の多くの指導者が、圧力に直面して、受動的な境遇に陥っていたことがある。中央からも基層からも、彼らが大衆を圧制したと批判する声があった。彼らは政治的な危険に身をさらすことを願わず、こういった政治的に問題のある人を保護するために紅衛兵の機嫌を損ねることを避けて、むしろ破四旧運動を擁護するふりをしたのである。「左過ぎてもかまわないが右にはなるな」というのが、多くの人が行って効力を発揮した「呪文」であった。通例であれば、中央の宣伝メディアが中央の態度を代表している。だから中央宣伝メディアに従っていれば過ちを犯すことなどあり得ない。こうした指導者たちは真に反感を抱き、怒りを感じたのが、社会で家宅捜索をし暴行を行っている紅衛兵ではなく、むしろ工作組や実権派を追及して放そうとしない造反学生であった。破四旧運動の基本的な政治的方向は、指導幹部という実権派には無害であり、かれらはそれを受け入れることができたし、

受け入れて利用することすらできたのであった。しかし、問題はこの政治の「大方向」に出現した。

　指導層の破四旧運動に対する一般的対応と違い、文化大革命の政策決定の中心はその政治的方向をこのましく思わなかった。江青、陳伯達らの中央文革小組のメンバーは紅衛兵の破四旧活動をあまりほめなかった。これは多くの人の想像とは正反対であろう。しかしこれは筆者が調べた資料が明確に示していることである。破四旧運動が高潮に達していた時期に、江青は紅衛兵に対してほとんど講話を行っていない。8月27日、江青は大ざっぱに「最近、あなたたちは多くのよいことを行った、よくやった！」とだけ語り、すぐに解放軍が重要部門を防衛するのに紅衛兵は協力し援助すべきだという話に話題を転じた[69]。王力と関鋒は、9月3日に山東の紅衛兵に接見したさい、人を殴ってはならないと強調した[70]。関鋒と戚本禹は、8月26日、江青に一通の報告を送り、そのなかで現在の運動の主流は健康だが、欠点もあり、副作用を生んでいると述べている。それは、人を拘束したり殴ったりする現象が多く、しかもとくに拘束されたり殴られたりしているのが良質の人や中間的な大衆であるということ、家宅捜索の範囲がやや広すぎること、大衆の日常生活の習慣への関与がやや多すぎることなどであった。ここで語られている欠点とは基本的に破四旧運動のなかで生じた問題である。報告はまた別の問題を提起している。少数の人が一部の学校の紅衛兵を利用して「十六か条」に対抗させ、文化大革命を破壊しようとしているというのである。一部の学校の紅衛兵の指導権は旧指導者の肩を持つ連中にとられ、この者たちは工作組なき工作組路線を実行している。だから、共産党の北京新市委員会は第一線に赴いて運動を指導し、工作組路線に対して批判を行わなければならないというのである。8月27日、江青はこの報告を毛沢東に転送した。8月28日、毛沢東は「この文書は印刷して、政治局、書記処、中央文革小組、北京市委員会および薄一波、陶魯笳各同志に配布せよ。この件は討論してみなければならない」と加筆し指示を下した[71]。

　中央の政策を理解するためには、1966年8月から9月までの大衆運動の状況を回顧しておく必要がある。当時、新聞・雑誌が熱烈に賞揚していた破

四旧運動のほかに、もう一種類の学生運動が行われていた。工作組を批判し、地方や部門の党委員会機関を襲う活動である。たとえば、8月23日から、北京地質学院東方紅公社は前後4回にわたって地質部に赴き座り込みを行い、工作組長が地質学院に戻って批判を受け入れるよう要求していた。また、8月25日からは、北京航空学院の紅旗戦闘隊が国防科学委員会の入り口で座り込みを行い、工作組長が航空学院に戻って批判を受け入れるよう要求していた。8月から9月にかけて、破四旧運動が嵐のように巻き起こり、賞揚された。造反派が党内指導部実権派に打撃を与えようとする活動はこれによって大いに力を殺がれたのである。中央文革小組が真に関心を抱き、真に支持していたのは、この造反派の運動のほうだった。中央文革小組の態度は毛沢東の意向を反映することになる。

　破四旧運動はそんなに毛沢東の意図に合わなかったのだろうか。いまのところ、毛沢東が破四旧運動を賞賛するように直接に論じたり指示したりしたものを見ることはできない。8月29日、毛沢東は、中共中央政治局拡大会議で、文化大革命は社会における闘争・批判・改造に発展した、文闘を行うべきで、武闘を行うべきではないと語っている[72]。これは、破四旧運動を含む「社会における闘争・批判・改造」に問題が存在することを指摘したものである。8月30日、毛沢東は、章士釗が家宅捜索に遭ったときの状況を訴えた手紙を受け取り、「総理に回して適当に処理させよ。保護を与えなければならない」とコメントした。周恩来は毛沢東の指示に従って、保護しなければならない指導幹部と民主人士の名簿を作成した[73]。これも破四旧運動の偏りを正すためのものだった。毛沢東は、8月31日、林彪が全国各地から上京してきた教師・学生を接見した大会で行う講話の原稿に「このように修正するとよい」とコメントを加えた。その「修正」とは、林彪が毛沢東に送って審査を求めた原稿に加筆された二文であった。林彪の原稿には「革命の青年指導者たちよ、毛主席と党中央は、君たちの、大胆に考え、大胆に論じ、大胆に行い、大胆に突進し、大胆に革命するという革命精神を熱烈に賞揚する。君たちは大量のよいことを行った、大量のよい提案を提出した、私たちはたいへん喜ん

でいる。私たちは熱烈に君たちを支持する」とあった。その後ろに「君たちに対する抑圧にははっきりと反対する！　君たちの革命的行動はたいへんよいものだ！」と加筆されていたのである[74]。容易に看取できるように、毛沢東は「君たちに対する抑圧にははっきりと反対する」ことに賛成したのである。当時「抑圧」を受けていたのは主に指導者にダメージを与えようとする学生であって、破四旧運動の学生たちではない。8月下旬、毛沢東は工作組組長を捕らえた北京航空学院の学生を支持した[75]。9月7日、毛沢東はまたコメントを出し、労働者・農民を動員して学生運動に関与させてはならないとして、そのためにもう一編社説を書くように指示した[76]。労働者・農民を動員して対応しなければならなかったのは、同様に、党・政府指導者に打撃を与えようとしていた学生のほうであって、破四旧運動の学生ではない。これ以前にも、8月21日の解放軍の「部隊を動かして革命的学生運動を鎮圧することを絶対に許容しないことに関する総参謀部、総政治部の規定」と、8月22日に中共中央が同意した公安部の「警察を出動させて革命的学生運動を鎮圧することを厳禁する」という規定、8月23日の『人民日報』の社説「労農兵ははっきりと革命的学生を支持せよ」が出されており、これらはすべて実権派に造反する学生たちに対して圧制を行うことに反対したものである。ということは「四類分子」に対して造反した紅衛兵について出されたものではない。にもかかわらず、これらの規定は破四旧運動の学生を擁護するためにも引用されたということである。

　文革初期に中央文革小組のメンバーだった王力は、1991年の回想で毛沢東の紅衛兵の破四旧運動に対する態度について述べている。それによると、「破四旧運動は毛主席の思想ではなかったし、毛主席の思想とは食い違い、一致も合致もしないものだった」、「紅衛兵の天地をひっくり返すような大騒動は破四旧運動から始まった。歴史学者のなかには毛主席が破四旧運動のやり方について実際どんな態度を示したかを知らない者がいる。私が毛主席に接して感じたことによれば、毛主席は破四旧には不賛成だった。……林彪の講話にはそのような表現があるし、陳伯達が書いた人民日報の社論でもそういう表現を使っている。林彪が紅衛兵を接見した際に破四旧を呼びかけ

たのだが、この原稿は毛主席も見ていた。しかし、当時は、それがあのような大きな結果を招き寄せるとはしらなかったのだ。毛主席は当時の中央指導者に満足していなかった。中央指導者が党内で資本主義の道を歩む実権派に集中して照準を合わせず、ただ破四旧運動というものを行っていると毛主席は考え、それを喜ばしいこととはまったく思っていなかった。林彪や陳伯達だってこのように行えとは呼びかけなかった。新華社や人民日報で現場で働いている同志が、毛主席の思想についての理解が乏しいまま、新華社がこのように行えと提唱してしまったのだ。紅衛兵は、8月20日、最初に街頭に出て、看板を壊し、街路の名を変えた。人民日報はこれを非常によいこととし、新華社も詳細な賞賛報道を行った。この点で、毛主席は当時宣伝工作を主管していた陶鋳に対して不満を感じていた。ただし大衆の行動を制止しに行くのも好ましくはなかった。またあのような大それた結果を引き起こすとも考えていなかったのである。人を殴るという事件が起こったあと、毛主席はすぐにこれはよくないと言い、文闘を行うべきで武闘を行ってはならないと言った。二度めに紅衛兵を接見したとき、林彪はその講話で文闘を行うべきで武闘を行うべきでないといい、武闘は人の肉体にしか触れられない、文闘であってはじめて魂に触れることができると話した。これこそが毛主席の思想なのだ」[77]。この回想は重要な情報を提供してくれた。だいたいにおいて、現在残っている資料とも合致するものである。

　毛沢東は特別に破四旧運動を賞揚することはなかった。しかし中央のメインメディアの破四旧運動についての報道に反対もしなかった。毛沢東は、破四旧の活動を認可し支持したけれども、同時にそれは留保つきのものだったと言うべきだろう。毛沢東の認可がなければ、どんな大衆運動もこれほどの規模を作り上げることは不可能だっただろう。毛沢東は、最初は紅衛兵が正常な社会秩序に打撃を与えるのを放任しなかったのではない。大衆を立ち上がらせて、それによって「革命の勢い」を造り出そうという意図だった。しかし、破四旧運動の発展は毛沢東の意図を超え、党内の走資派との闘争という方向から逸れてしまった。また、メディアと実権派の支持の下でそれがあたかも大衆運動の主潮流のようにされてしまい、党内での走資派との闘争と

いう大方向から逸れてしまったのである。

　9月下旬、中央文革小組は各大学の少数派紅衛兵を招集して座談報告会を開いた。この会で、清華大学、北京師範大学、北京地質学院の少数派紅衛兵代表は、文化大革命のなかに右傾日和見主義路線が存在している、周恩来が事なかれ主義だと訴えた。毛沢東はこれを非常に重視し、新しい重要な一方を踏み出すことに決定して、運動の方向を党内の走資派への打撃へと向けた。10月初め、毛沢東は「ブルジョワ反動路線」批判運動を発動した。破四旧運動はこれで完結した。この後、破四旧運動は紅衛兵の偉大な功績として賞賛されつづけはした。しかし、大衆運動の矛先は、下、つまり社会の底辺の地主、富農、反動分子、悪質分子、右派分子の階級敵から、上、つまり党内の実権派に向かうようになる。破四旧運動の主力だった老紅衛兵と保守派紅衛兵は受け身の立場に置かれるようになった。これらの紅衛兵は、実権派を保護し、造反派や出身のよくない学生を攻撃したために、ブルジョワ反動路線を執行したとして批判されたのである。紅衛兵の破四旧活動に巻きこまれた大衆のなかには名誉を回復された者もいた。破四旧運動で紅衛兵を支持することで自己保存を図った実権派や、実権派に追随した大衆は、多くが批判闘争にさらされることになった。文革運動のほんとうの核心的内容がここから始まった。党内のいわゆる「走資派」・「ブルジョワ司令部」との闘争である。

　1966年に準備が開始された破四旧展覧会は、その後、造反派が勢いを拡大したために開かれないまま放置された。1967年6月になって開幕したときには、それはあっさりと革命造反展覧会に変更されていた。党内「走資派」・「ブルジョワ司令部」との党内闘争が主題となり、破四旧運動はその一つの小さな部分に過ぎなくなっていた。ここに文化大革命の政策決定者の文革観が表れている[78]。

結論

　1966年8月下旬から9月末まで、わずか40日あまりのことだったが、破

四旧運動は中国社会・文化に大きな災難をもたらした。何千何万もの紅衛兵や青少年が、「四旧」、つまりいわゆる「搾取階級の旧思想、旧文化、旧風習、旧慣行」を捜索するよう煽動された。社会生活のなかで中国の伝統文化、西洋文化、さらにはソ連文化の色彩を少しでも帯びたものは何でもかんでも打倒の対象になった。服のデザイン、髪型、街路の名、化粧用品から図書、レコード、文物、古跡まで、また資本主義経済・私有経済の残存物から民主党派まで、逃れることができたものはほとんどなかった。「四旧」にとってかわる「四新」とは、さまざまな形式で毛沢東個人とその思想への崇拝を宣伝し、文化大革命を賞賛することだった。

　破四旧運動では、紅衛兵は「文闘を行うべきで、武闘を行ってはならない」という政策的制限を顧みず、超法規的な強制的・暴力的手段をいつでもどこでも使った。通行人の半ズボンを強制的に切り刻み、批判闘争会で体罰や殴る蹴るの暴行を行い、労働を強制し、私設の労働改造所を作って残酷な刑を加えて虐待し、個人の財物を没収し、都市を追放して故郷に追い返したりした。「文化大革命」は、幾千幾万の人びとの生命と財産を呑みこむ「赤色テロ」の「暴力」革命となったのである。

　多くの青少年がこの運動を最も革命的な言論と行動だと思っていた。そのことは文革前の「階級闘争を最重要とする」という政治教育の大きな弊害を物語っている。毛沢東と毛沢東思想に対する無限の崇拝は、無条件に革命的暴力を尊崇し、人道・人権・自由・法治などを排斥し、民主主義の概念を歪曲し、階級闘争のレッテルを貼ることを人類文明のすぐれた文化遺産への尊重と愛惜に取ってかえようとし、外の世界に対して無知のまま空威張りするなどということにつながった。青少年の矯激、狂躁が政治運動の前面に押し出され、社会の良知、理性による青少年への正常な指導は奪われた。青少年は単純化し、極端化し、形式化した示威と行動によって煽動され、放任され、大災害をもたらした。最も過激で急進的な「革命」行動の実質とは、後れた反動的な社会文化の専権専横であった。

　破四旧運動は極端なやり方で伝統的定義の階級闘争を展開した。その攻撃対象は主にはこれまでの革命と政治運動で打倒され、改造され、周辺化され、

初期文革運動によって捨てられた人たちであって、実権を握る指導幹部ではなかった。その矛先は社会の下層と政治的な周辺的人物に向けられ、指導幹部の「実権派」には向けられなかった。多くの幹部からすれば、革命と大衆運動が金科玉条であったはずのことが、毛沢東が文化大革命を発動して党内の「走資派」・「ブルジョワ司令部」と闘争しようとしたという「大方向」にはまったく合致しないものだった。党内の一部の指導者、とくに宣伝部門の責任者も毛沢東の意図を正確に把握していなかった。それが破四旧運動の小さな火種をあおり立てて広野を焼きつくす勢いを作り上げてしまったのだ。これに対して毛沢東は破四旧運動の大きな衝撃波が過ぎ去った後、大衆闘争の矛先を文化大革命の核心的な目標——つまり党内の「走資派」との闘争に向けさせたのである。

注

1) 林彪の 1966 年 8 月 12 日の「中国共産党 8 届 11 中全会閉幕式での講話」、8 月 13 日の「中央工作会議での講話」。中国人民解放軍国防大学党史党建政工教研室編（1988）『「文化大革命」研究資料』上冊、82 〜 83 頁。

2) 新北大井岡山兵団中文系「星火燎原」戦闘隊編（1967 年 12 月）『紅衛兵文選』32 〜 35 頁は「最後通牒——旧世界に宣戦する」を掲載、署名欄には「北京二中紅衛兵、一九六六年八月十八日零時五十分」とある。『人民日報』（1966 年 8 月 26 日）がこの文章を掲載した際、題名を「旧世界に宣戦する」に改め、文章を一部修正して、「ばか野郎」などのきたない表現を削り、脱稿日を改めた。『光明日報』（1966 年 8 月 24 日第 2 面）は北京二中紅衛兵徐紀民の紅衛兵座談会での発言を「私たちは旧世界に宣戦する」として掲載した。ここでも「8 月 17 日夜、我が校の「紅衛兵」戦士が旧世界への宣戦布告書を起草した」と語られている。また、この「最後通牒——旧世界に宣戦する」の起草者の回憶によれば、8 月 18 日、毛沢東による接見後、北京二中の紅衛兵が共産主義青年団の中央機関に行き、印刷を要求したという。青年団の書記処書記王道義は、紅衛兵からの要求によって『中国青年報』社に連夜数千部のビラを印刷させ、紅衛兵に手渡して配布させたという。秦暁鷹「歴史の誤り——「旧世界に宣戦する」作者の自述」『北京青年報』1989 年 9 月 1 日。

3) 『人民日報』1966 年 8 月 19 日。
4) 1966 年 8 月 31 日、林彪と周恩来による、外地から上京してきた革命的教師・学生の大会での講話。『人民日報』1966 年 9 月 1 日。
5) 破四旧運動は 1966 年 9 月末に基本的に終結している。ただし、その後も紅衛兵の文物破壊活動はまだつづいた。そのなかでもっとも大きな事件は、1966 年 11 月初めから 12 月初めにかけて、北京師範大学井岡山公社の造反派学生が、孔子の故郷の山東省曲阜で造反し、文物・古跡を大規模に破壊した事件である。ただし、一般的に言えば、10 月以後のこのような活動は個別の事件であり、幅広い運動を構成することはなかった。
6) 北京二中紅衛兵（1966 年 8 月 18 日 0 時 50 分）「最後通牒——旧世界に宣戦する」（前掲、新北大井岡山兵団中文系「星火燎原」戦闘隊編『紅衛兵文選』32 〜 35 頁）。
7) 北京毛沢東主義中学（26 中）紅衛兵（衛旗）（1966 年 9 月 1 日）『破旧立新一百例』第 34 条、30 中印刷。このビラの句読点・符号の用法には誤りがあり、誤字もある。本文に引用する際にはすべて原文のまま収録し、明らかな誤字については、後ろに括弧をつけて正しい文字を掲載した。
8) 同上、第 74、77、28、29、30、43、36 条。
9) 同上、第 100、36、73、46、65 条。
10) 新華社（8 月 22 日）「プロレタリアート文化大革命のうねり、首都の街路を接見する——「紅衛兵」、猛烈にブルジョワジーの風俗習慣に打撃を与える」、『人民日報』1966 年 8 月 23 日参照。
11) 新華社電（上海・天津 1966 年 8 月 24 日）「上海天津の革命青年指導者、商業従業員とともに搾取階級の「四旧」に総攻撃を開始」、『人民日報』1966 年 8 月 25 日参照。
12) 新華社（1966 年 8 月 25 日）「各地の革命青年指導者、すべての搾取階級の旧思想・旧文化・旧風俗・旧習慣に対して総攻撃を開始」、『人民日報』1966 年 8 月 26 日参照。
13) 注 7) 前掲、第 95 条。
14) 同上、第 1、2、4、7、16 条。
15) 新華社（1966 年 9 月 1 日）「首都人民警察、新服装に交換」、『人民日報』1966 年 9 月 2 日参照。周恩来の 8 月 27 日と 9 月 10 日の首都紅衛兵代表会議と紅衛兵座談会での講話、河北北京師範学院『闘争生活』編集部編集・発行（1966 年 12 月）『プロレタリアート文化大革命資料彙編』145 頁、174 頁。
16) 同上、第 13 条。

17) 周恩来の9月10日の首都紅衛兵座談会での談話、河北北京師範大学学院『闘争生活』編集部、同上書、174頁。
18) 注7)前掲、第25、23、51、24、37条。
19) 『北京晩報』1987年2月23日。
20) 人民政治協商会議委員馬永江の全国政協会議での発言。『人民日報』1985年4月9日参照。
21) 天津市人民委員会「資本家等供出の不動産の接収・管理に関する指示」（天津市档案館蔵）、江沛（1994）『紅衛兵狂飆』〔『紅衛兵疾風怒濤』〕鄭州、河南人民出版社、72頁より引用。
22) 注7)前掲、第61条。
23) 『天津市1966年大事記』天津市党史徴集委員会蔵档案、江沛、前掲書、63頁より引用。
24) 注7)前掲、第41条。
25) 同上、第44、75、64、50、98条。
26) 中共中央1966年9月23日発表の国務院財貿弁公室・国家経済委員会『財政・貿易・手工業方面の若干の政策的問題についての報告』は、「公私合営企業は国営企業に改めなければならない。資本家の受け取る利息はすべて撤廃し、資本家の代表もすべて廃止する。資本家側人員の業務は別に配置する」、「大型合作商店は、条件付きで順序立てて国営商店に転換していく」などと定めていた。小商店・小商人は国営商店の代理販売店に転換し、個体労働者は条件付きで合作小組・合作社に編成していく。王年一（1996）『大動乱的時代』鄭州、河南人民出版社、76～77頁。
27) 注7)前掲、第53条。
28) 同上、第79、72条。
29) 同上、第66条。
30) 同上、第42、65条。
31) 王年一、前掲書、90頁。
32) 北京工業院附中紅衛兵（1966年8月27日）「全市の紅衛兵への緊急の呼びかけ、大至急!!——徹底して反革命の復辟の陰謀を粉砕せよ」（ビラ）、西安中学紅衛兵による複印（1966年9月13日）、鄭州紡織機電学校南下串聯〔交流〕隊発行（1966年9月15日）。
33) 王年一、前掲書、72頁。計三猛・馬利「上帝的寵児們」〔「神の寵児たち」〕、于輝編（1993）『紅衛兵秘録』北京、団結出版社、58～61頁。ほかに、筆者による1991年と1992年の元北京八中学生陳暁魯・計三猛へのインタビューにも基

34) 周恩来が、1966年10月3日、国慶式典に参列した全国紅衛兵の代表を接見した際の講話、河北北京師範大学学院『闘争生活』編集部、前掲書、235頁。周恩来は、10月4日、ハルピン工程学院の学生との談話でも、「あるブルジョワジーの党派を撤廃しようと主張する者もいるが、私たちはそれはできないと考えている。階級が存在し、その代表組織が存在しているからこそ、私たちは改造を上手に行えるのだから」と語っている。同上書、235頁。また、毛沢東による10月24日の彙報会議での講話、同上書、8頁。

35) 前掲、計三猛・馬利「上帝的寵児們」58〜61頁。

36) 『当代中国的北京』〔『現代中国の北京』〕(1989)、北京、中国社会科学出版社、170頁。

37) 同興「十年浩劫、京城血泪」〔「十年の大災害、首都の血の涙」〕、北京日報社『宣伝手冊』編集部編『徹底否定「文化大革命」』〔『文化大革命を徹底的に否定せよ』〕に掲載。王年一、前掲書、72頁及び、江沛、前掲書、61頁より引用。

38) 新華社(1966年8月31日)、『人民日報』1966年9月1日第3面。

39) 陳毅の1966年9月14日の外文局従業員総大会での講話、河北北京師範学院『闘争生活』編集部前掲書、203頁。周恩来が1966年9月25日に首都の大学・単科大学紅衛兵革命造反司令部主要責任者を接見した際の講話、周恩来が10月3日に国慶式典に参加した全国の紅衛兵の代表を接見した際の講話、同上書、221頁、236頁。

40) 上海「文革」史料整理編纂小組(1992)『上海「文化大革命」史話』(未刊稿)(一)、94頁。

41) 『当代中国的湖南』〔『現代中国の湖南』〕(上)(1990)、北京、中国社会科学出版社、156頁。

42) 『当代中国的寧夏』〔『現代中国の寧夏』〕(1990)、北京、中国社会科学出版社、154頁。

43) 注7)前掲、第47、48条。

44) 葉永烈(1985)「傅雷之死」。周明(1985)『歴史在這裏沈思』〔『歴史はここで沈思する』〕(3)、北京、華夏出版社、179〜183頁。

45) 「北京市「文化大革命」大事記」、中共北京市党史資料徴集委員会 編『北京党史資料通訊』増刊(17)、1987年5月、26頁。

46) 『首都紅衛兵横掃牛鬼蛇神主要繳獲品統計』(1966年8月〜10月の不完全な統計による)、首都の大学・単科大学紅衛兵代表会、首都中学校紅衛兵代表会主宰(1967)「首都紅衛兵革命造反展覧会」(概略)。

47) 前掲、『当代中国的北京』、168 頁。
48) 前掲、『上海「文化大革命」史話』、102〜104 頁。
49) 中共天津市委員会文化革命弁公室「天津市「四旧」一掃の状況」天津市档案館蔵、江沛、前掲書、72 頁より引用。
50) 『当代中国的天津』〔『現代中国の天津』〕(上) (1989)、北京、中国社会科学出版社、143 頁。
51) 王年一、前掲書、73 頁。
52) 沈毅は 1966 年 8 月 30 日の講話で「黒五類を故郷に送り出した者がいるが、その途中で人に殴り殺された」と言っている。河北北京師範学院『闘争生活』編集部、前掲書、146 頁。
53) 前掲、『当代中国的北京』、168 頁。
54) 統計によれば、8 月 18 日から 9 月 15 日までのあいだ、北京の 9 個の市区と近郊区で、7 万 7000 人あまりが転出したが、これは人口総数の 1.7％にあたる。そのうち「五類分子」は 3 万 7000 名あまり、敵・傀儡の軍隊・政府・警察・憲兵の人員 600 名あまり、資本家 5500 名あまり、小家屋の家主・小経営者・小商人 200 名あまり、ごろつき・窃盗行為を行った者や一般的歴史や生活の作風に問題があった者 2400 名あまり、その他 500 名あまり、以上各類の家族 3 万名あまり。この数字は文革期の統計に依拠しなければならなかったため、文革期に通用していた基準によって分類してある。前掲『北京市「文化大革命」大事記』24 頁参照。
55) 前掲、『上海「文化大革命」史話』、102 頁。
56) 『当代中国的広西』〔『現代中国の広西』〕(1992)、北京、中国社会科学出版社、125 頁。
57) 王年一、前掲書、104〜105 頁より引用。ほかに、資料 (1966 年ガリ版刷り)『毛沢東思想の偉大な勝利——紅衛兵の光輝ある戦果と偉大な功績を見よ』北京鋼鉄学院首都復員転業軍人紅衛兵 1966 年 12 月 10 日印刷、大連毛沢東主義紅衛兵駐京聯絡站〔駐北京連絡所〕1966 年 12 月 16 日印刷、北京師範大学図書館革命文献資料組 1966 年 12 月 22 日再印刷。これらのガリ版刷りの資料によれば、これは中共中央の 10 月工作会議で宣布された全国各大都市が「紅衛兵の戦果」を綜合したものであり、伝聞により伝達された速記によって整理したということなので、数値には不正確な点があるかも知れない。
58) 周恩来の 1966 年 9 月 1 日の紅衛兵代表座談会での講話。河北北京師範学院『闘争生活』編集部、前掲書、155〜156 頁。陳毅の 1966 年 8 月 30 日の大衆に対する講話、同上書、146 頁。
59) 楊沫 (1985)『自白——我的日記』〔『自白——私の日記』〕広州、花城出版社、

576〜582 頁。

60) 注 43) に同じ。

61) 前掲『上海「文化大革命」史話』、100 頁。

62) 「身の毛もよだつ反革命事件」、「「労改所」内幕」、(北京) 六中遵義兵団編 (1967 年 2 月)『徹底批判劉鄧資産階級反動路線』〔『劉少奇・鄧小平のブルジョワ反動路線を徹底批判する』〕5〜8 頁、18〜24 頁

63) 西糾第五号通令 (1966 年 9 月 3 日)、第四号通令 (8 月 29 日)、第六号通令 (9 月 9 日) および『首都紅衛兵糾察隊隊員六項守則』はどれも武闘を行ってはならないという要求を掲げていた。

64) 西糾第八号通令 (1966 年 9 月 11 日)。

65) 王友琴「劉樹華の死と清華附中紅衛兵」ネット雑誌『華夏文摘』増刊、文革博物館通訊 (155)、2002 年 12 月 16 日。

66) 王年一、前掲書、71 頁、75 頁。

67) 陳毅の講話は、紅衛兵に対して、政策に注意し、文闘を行うべきで、暴行は許されないことの要求に重点を置いたものだった。しかし、「北京のいくつかの場所で人を殴り殺したというが、慌てることもないし、恐れることもない。ただ、このような偏りに対しては適切に是正することが必要だ」とも語っている。陳毅の 8 月 30 日の講話、河北北京師範学院『闘争生活』編集部、前掲書、146〜147 頁。また、周恩来は、8〜9 月に大衆的暴力が猖獗をきわめていた時期に、大衆に対して、文闘を行うべきで武闘は行うべきでないと繰り返し語った。しかし、人を殴った紅衛兵、さらには人を殴り殺した紅衛兵に懲罰を行うべきだと語ったことはない。

68) 西糾第二号通令 (1966 年 8 月 26 日)、第三号通令 (1966 年 8 月 27 日)。

69) 江青の 1966 年 8 月 27 日の首都大学・単科大学紅衛兵司令部成立大会での講話。河北北京師範学院『闘争生活』編集部、前掲書、158〜160 頁。

70) 1966 年 9 月 3 日、王力・関鋒が山東大学の紅衛兵代表を接見した際の講話記録、河北北京師範学院『闘争生活』編集部、前掲書、158〜160 頁。

71) 毛沢東「関鋒、戚本禹による北京市の文化大革命の状況報告に対する批語」『建国以来毛沢東文稿』第 12 冊、1998 年、北京市、中央文献出版社、113〜114 頁。

72) 同上、115 頁の註釈。

73) 同上、116〜117 頁。

74) 同上、118 頁。

75) 王年一、前掲書、82 頁。

76) 前掲『建国以来毛沢東文稿』第 12 冊、124〜125 頁。

77) 王力、1991 年 1 月 25 日、「未完の文化大革命回憶録」、王力、2001 年『王力反思録（王力遺稿)』香港北星出版社、647 頁、643 〜 644 頁。
78) 当代中国研究所（北京）の陳東林氏提供の資料による。

文革期における集団的暴力行為の制度的要因 [1]

楊　麗　君

1.　先行研究と課題

　本稿は、中国の文化大革命（以下「文革」と略記する）[2]における派閥の分化と、集団的暴力行為の発生要因の解明を課題とする。この2つの要因についてはすでに多くの研究者が様々な視点から研究を行なってきた。本稿は、これらの先行研究の成果を吸収したうえで、公民権という概念を導入し、制度論的分析枠組を構築して上述の課題の解明に取り込んでこころみる。

　関連する先行研究を大きく区分すると、国家中心論と社会中心論の2つのアプローチに分けられる。国家中心論的アプローチは、毛沢東個人の理想[3]、思想[4]、カリスマ性[5]、心理的要素[6]を強調する「毛沢東中心論」、毛沢東と他の指導者の間の分岐を強調する「路線・権力闘争論」[7]、国家制度的要素を強調する「政策論」[8]の3つの視点に分けられる。これらの諸要素が文革の発生に大きな役割を果たしたことはいうまでもないが、国家中心論のアプローチは「上から下」への解釈であるため、大勢の参加者を操作された客体と見なし、一般大衆の参加意識や運動中の行動の特徴を軽視する傾向がある。

　社会中心論的アプローチは、集団・派閥を分析の中心に置き、参加者の動機と行為に関する分析を重視し、社会構造によって生じた社会矛盾と大衆組織間の対立構造との関連を強調したうえで、参加者を毛沢東などの指導者に

操作された客体と見なすのではなく、運動の積極的な参加者であり、運動の主体であると主張した。いわゆる「下から上へ」の研究である。主な研究としては、階級構造によって生じた社会矛盾と指導者層内部の政治的力関係との関連を解釈する李鴻永（Hong Yung Lee）[9]の研究、階級政策と教育政策の間に存在していた矛盾から紅衛兵運動の発生要因と派閥対立を解釈した陳佩華（Anita Chan）[10]とローセン（Stanley Rosen）[11]の研究、1960年代初期における大学への進学人数の増加と進学および就職機会の減少という矛盾によって学生の間で生じた利益衝突から紅衛兵運動の発生要因と派閥衝突を解釈したアンガー（Jonathan Unger）[12]の研究、また文革以前における青少年の社会化の過程から文革中の派閥闘争の要因を解釈した陳佩華の研究 などがある。

この視点からの研究は国家中心論の残された課題の一部を明らかにし、文革期における派閥の分化と衝突を理解する際に有効な視点を提供した。しかし、まだ解明されたとは言えない問題は存在している。例えば、文革以前に潜在的に存在していた社会矛盾は、なぜ1966年の時点で爆発したのであろうか。また当時、現状に不満を持つ参加者が、なぜその怒りを利益の配分の担い手である政府機関と全く関係のない人々に向け、暴力を加えたのであろうか。これらの問題を解明するためには、社会的要素以外に指導層が果した役割も考えなければならない。

したがって、派閥の変化と集団的暴力の発生という2つの問題を解明するためには、国家と社会（派閥）の2つの側面から分析する必要がある。本稿では、国家と社会間の相互作用の中で、最も大きな役割を果すものは公民権であると認識し、公民権という概念と制度的空間配置の要素を重視して、文革研究の制度論的分析枠組を構築することを試みる。また、政治運動としての文革という従来の取りあげ方と異なり、筆者は文革を各利益団体が政治的機会構造を利用しながら公民権を争奪する、政治動員型社会運動であると認識している。公民権獲得競争の過程において、諸集団の行動様式は、中国共産党統治下における公民権の配分様式という制度的な要素の影響を受けていると考えられる。そのため、同一制度下における公民権の配分と獲得競争という視点からの分析によって、国家と社会の両方面の要素を総括的に把握

することが可能となるのである。文革研究の制度論的分析枠組みを構築する際、筆者は4つの要素に注目する。第1は、文革が展開した制度的空間配置という要素である。第2は、同じ制度的空間配置の中で、国家による公民権の配分や、社会における公民権の獲得をめぐる競争が、いかに相互作用して文革の派閥対立と集団的暴力の発生を促したのかという要素である。第3の要素は、派閥分化と集団的暴力行為の発生要因において、制度化の度合が果たした役割である。第4は、毛沢東期の中国における忠誠を利益に量化する精神構造は如何に理性的利益競争行為に非理性的な特徴を付与したのかという要素である。制度論的アプローチの中で、国家・社会の制度的空間的配置は第一レベルの制度的要素であり、公民権の配分制度と制度化の度合は第二レベルの制度的要素である。制度が行為を決定することから考えると、文革期における国家の行為にしろ社会の行為にしろ、どちらにしても以上に述べた2つのレベルの制度的要素からその行為の特徴を理解することができると考えられる。次の節からこれらの要素を説明しながら、本稿の主要な論点を整理しておきたい。

2. 国家・社会の制度的空間配置

　一般に、社会学分野において、社会空間は私的領域（private space）と公的領域（public space）の2つに分けられる。私的領域は個人的な空間で、国家などの公共制度とほとんど関わりがない。一方、国家と社会の間の相互作用は公的領域において行われている。いわゆる民主主義体制の国家においては、社会運動は公的領域と私的領域の2つの領域の間で移動する。人々が私的領域で要求を満足できなかったり、失望を感じた時には、公的領域に介入するようになる。その結果、社会運動が発生する。したがって、運動の発展に伴い、予想できない結果が出てきた場合、あるいは参加者の希望にそわず、願望を満足できない場合、人々は公的領域から退出し、私的領域に戻るようになる。これによって、社会運動に出口を与え、運動の急進化を緩和する[14]。

　欧米の社会運動と比べて、文革は「退出」する道がない公的領域で展開さ

れていた。建国初期から文革期に至るまで、国家が社会主義体制を導入し、各分野において国有化、公営化が徹底的に行なわれた。その結果、民営企業、民間組織はゼロ近くまで縮小し、公的領域は拡大し、国有部門はすべての組織を網羅した。また、それと同時に行なわれた共産党組織の権力システムおよび被管理大衆組織の建設は、社会を完全に共産党の統治下に置いた。私的領域が縮小した過程は、公的領域が拡大し政治化する過程でもある。この過程において、国家は次第に究極まで政治化され、私的所有の根絶を目指す生産手段の社会主義的改造の完了に伴い、私的領域がほぼ消滅させられてしまった。国民も様々な政治動員によって公的領域に入るようになった。少なくとも文革終了までの中国においては、私的領域が縮小してしまい、ほぼ消滅したかたちとなったのである。

　私的領域が存在せず、公的領域しか存在していなかったという制度的空間配置は、文革期の社会運動にとってきわめて重要な意味を持っている。この問題について、以下の4点をあげて説明したい。

　第1に、私的領域が存在しないため、集団間の利益競争などのすべての争いが公的領域で行われることになる。つまり、公的領域は集団間の利益競争の唯一の場所になってしまった。

　第2に、私的領域が存在していないことは、公的領域の内部に大きな変化をもたらした。すなわち、公的領域の内部が政治的なリスクによっていくつかの区域に分けられるようになった。本稿では、細分化された区域を公的領域内の副次的領域と呼ぶ。公的領域内部に副次的領域が存在することによって、運動の参加者は自分の利益認知あるいはアイデンティティーに基づいて帰属先を選択することが可能になる。文革期に政治的変化に応じて派閥が直ちに分化と再結成することができたのはここにも原因がある。

　第3に、私的領域が存在していないため、公的領域から退出するという選択も当然ありえない。したがって、社会運動が急進化するのは当然であると考えられる。なぜなら、運動が開始されると、参加者は最後まで参加するしかなく、それ以外の選択の余地がないからである。大衆動員の政治社会のなかでは参加者が運動から退出することは許されないし、仮に退出できても

きわめて高い代価を払わなければならない。それは、個人が生存していく上で必要とする価値をすべて公的領域で実現しなければならないからである。

第4に、私的領域が存在していないため、国家は無制限に社会から資源を動員することができる。これによって公的領域の政治性を一層高めるだけではなく、運動をエスカレートさせ、集団的暴力行為にも政治的な要素を加えた。

以上の原因により、私的領域が存在していないことは文革の急進化と暴力の発生の制度的な背景となったのである。

3. 公民権の配分と獲得競争

以上に述べたように、公的領域の無制限的な拡張は公民権を含むあらゆる資源とその配分権を国家によって独占される結果となった。国家が公民権とその配分権に対する独占、および不平等的な配分方法は文革期における派閥行為の特徴を決定したと考えられる。

欧米では、公民権（citizenship）は市民的権利（civil citizenship）、政治的権利（political citizenship）および社会的権利（social citizenship）の3つに分けられている。マーシャル（T.H. Marshall）の研究によると、市民的権利とは18世紀に生まれたものであり、個人の自由のために必要とされる諸権利から成り立っている。例えば、人身の自由、言論・思想・信条の自由、財産を所有し正当な契約を結ぶ権利、裁判に訴える権利である。政治的権利は19世紀に生まれ、政治体の一員として政治に参加する権利を意味する。社会的権利は20世紀に発展したもので、経済保障と生命保障などのいわゆる民主国家と福祉国家の諸権利を意味する[15]。

マーシャルの研究から分かるように、欧米における公民権は近代化の過程において資本主義諸制度の分化、確立、発展および進化に伴い進行した諸権利の分化、確立、発展と、このような制度によって諸権利が保障されていくプロセスの中で出来上がったものである。また、欧米では、市民的権利、政治的権利、社会的権利の3つの部分を含む公民権が公的領域と私的領域の2

つの領域に分布している。個人が生きていくために必要な権利や価値などの公民権は、公的領域とほとんど無関係に私的領域に分布している。相対的な独立性を持つ私的領域は、国民の個人としての生存権を保障するだけでなく、公共の権利の濫用を抑制する機能も果している。

それに対して、毛沢東期の中国では公民権は生存権を含む人々の政治・経済利益を中心とするすべての権利を意味する。毛沢東期における中国の公民権は、中華人民共和国の成立後に諸資源が社会から国家に集中し、社会主義政治・経済制度が確立していくプロセスの中で形成されたものである。公民権が形成する制度的環境とプロセスの相違により、毛沢東期における中国の公民権は欧米のものときわめて異なる。両者間の相違は主に以下の3点にまとめられる。

第1に、欧米と比べて中国の公民権は法律的概念ではなく、政治的概念である。例えば、公民における人民と敵、人民内部における党政幹部と大衆、また、大衆内部における積極分子、一般人民と落後分子などの区分は法律的なものではなく、政治区分である。それら政治的地位によって、享受できる公民権が異なる。

第2に、毛沢東期における中国の公民権は、社会主義政治・経済制度が確立していくプロセスの中で形成されたものであるため、欧米のように市民的権利、政治的権利、社会的権利の3つに区分することが不可能であり、融合性がその特徴である。また、諸資源の中で政治的資源の獲得はほかの経済的権利や文化的権利などを享受するための決定的な要素になる。

第3に、欧米と異なる国家と社会の制度的空間配置の中で置かれていた毛沢東期における中国の公民権は、国家と社会の間における分布状態も欧米のものと大きく異なっている。毛沢東期の中国では私的領域の公有化・政治化と伴い、私的領域に属すべきものを含むあらゆる公民権が公的領域に集中されるようになった。すなわち、公的領域は人々の公民権を得るための唯一の場所になった。

すでに述べたように、建国後、国家・社会関係の再編を通じて、国家があらゆる政治・経済・文化資源——公民権——およびその配分権力を完全に独

図：文革以前における中国の社会成層

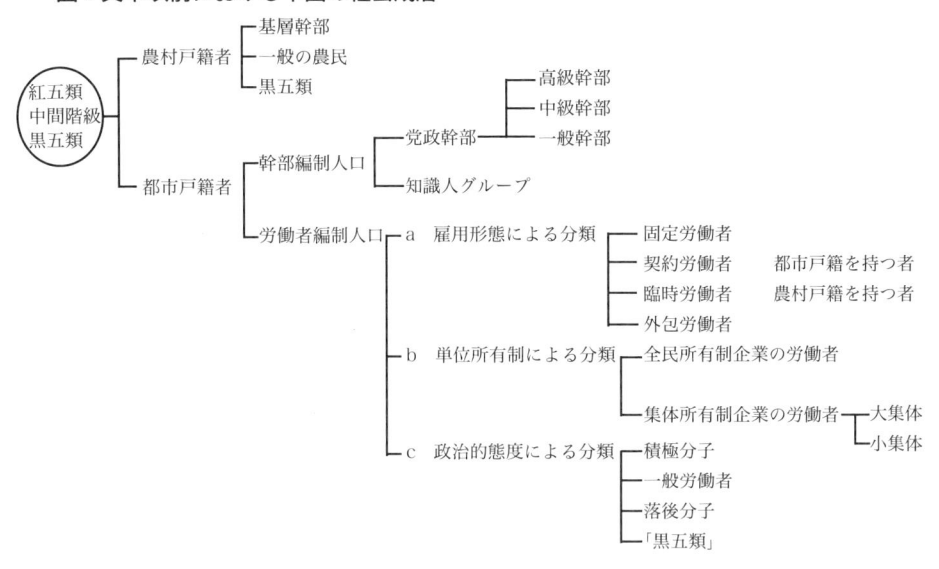

```
              ┌─ 農村戸籍者 ─┬─ 基層幹部
              │             ├─ 一般の農民
              │             └─ 黒五類
┌紅五類  ┐    │
│中間階級│────┤                              ┌─ 高級幹部
│黒五類  ┘    │             ┌─ 党政幹部 ─┬─ 中級幹部
              │             │             └─ 一般幹部
              │  ┌─ 幹部編制人口 ─┤
              │  │          └─ 知識人グループ
              └─ 都市戸籍者 ─┤
                 │                                  ┌─ 固定労働者
                 │          ┌ a 雇用形態による分類 ─┼─ 契約労働者   都市戸籍を持つ者
                 │          │                        ├─ 臨時労働者   農村戸籍を持つ者
                 │          │                        └─ 外包労働者
                 └─ 労働者編制人口 ─┤
                            │                        ┌─ 全民所有制企業の労働者
                            ├ b 単位所有制による分類 ┤                          ┌─ 大集体
                            │                        └─ 集体所有制企業の労働者 ─┤
                            │                                                    └─ 小集体
                            │                        ┌─ 積極分子
                            └ c 政治的態度による分類 ┼─ 一般労働者
                                                     ├─ 落後分子
                                                     └─「黒五類」
```

占した。そして、出身階級制度、戸籍制度、労働人事制度、党政幹部の行政等級制度、企業における雇用制度、企業所有制管理制度、積極分子の選出政策などの様々な制度ないし政策の確立に伴い、国家が等級的な公民権の配分制度を作り出した。このような国家による公民権の独占と政治的な配分方法は等級的社会構造を創出しただけではなく、大衆間における公民権の獲得競争の様態――政治方法で行なわれた利益競争――を決定した。

　階級、階層、職業、収入、福利などの格差とそれによって形成された不平等構造はあらゆる国家に存在しており、とりたてて異常なことではない。だが、ここで強調したいのは、改革開放以前の中国において国民が持つ社会身分は国家によって配分されたものであるため、個人の努力によって変更し難いものであったということである。すなわち、先天的な身分制はその本質である。

　図に示されたように、毛沢東時期における身分制の先天性は2種類に大別できる。1つは親から継続したもので、生まれる前にすでに決まったものである。例えば、出身階級制度と戸籍制度がそれである。もう1つは社会人

になる時に国家によって配分されたもので、通常の場合にその後に個人の力で変えにくいものである。例えば、「幹部編制」と「労働者編制」、また、単位の所有制によって規定された身分がそれである。

　国家は階級区分制度や戸籍制度などの一連の制度ないし政策の実施を通じて社会集団を創出し、閉鎖的な等級社会を作り出した。このような閉鎖的な等級社会において、人々が社会の上昇移動を行うチャンスはきわめて少ない。若者にとって共産党員・共産主義青年団員に加入することや積極分子に選ばれたなどの政治的出世以外に、大學への進学、人民解放軍への参加、比較的に高い社会身分を持つ人と結婚することも上昇移動の主なチャネルであるが、若者以外の大多数の人にとって、社会上昇は官僚システムの中に入るという政治出世の道へとして還元化されていく。だが、これらの出世への機会配分はきわめて不平等であった。そして、少ない移動チャンスはほとんど国家によってコントロールされている。国家による移動権の独占、また、社会集団が上昇移動の機会を求める競争は文革中の集団的行為に大きな影響を与えていた。

　文革期の集団的行為は実際には上に述べたような国家・社会の制度的配置の中で行なわれた公民権の獲得競争である。表面からみると、文革期における集団的行為は非理性的、暴力的であるようにみえるが、実際には、個人としての参加者は退出する道がない公的領域で政治運動によって提供された機会構造を利用しながら、理性的に利益を追求し、公民権の獲得競争を行なった。公的領域しか存在しないという制度的空間配置を念頭に入れ、文革期における集団的行為を理解する時、次のようなことが明らかになる。すなわち、派閥リーダーにしろ、一般の参加者にしろ、彼らにとって、選択の余地はきわめて少なかった。これは劉少奇、周恩来、林彪などの政治人物にとっても同じであった。なぜなら、私的領域がなく、あらゆる公民権が国家によって独占された背景の中で、彼らにとっては政治化された公的領域で派閥間の競争を通じて利益の最大化を追求する道しかなかった。

4. 制度化と集団的暴力行為

　国家・社会が一体化する制度的空間配置の中で行なわれた公民権の獲得競争が必ずしも集団的暴力行為の発生をもたらすとは限らない。例えば、文革以前に、同じ制度的空間配置の中で行なわれた公民権の獲得競争は大きな社会混乱を生じていなかった。では、なぜ文革期に同じような競争行為が派閥分化と集団的行為の発生を生じたのか。結論からいうと、国家・社会が一体化する制度的空間配置と公民権の配分および獲得競争の2つの要素以外に、国家、社会、及び国家と社会の相互作用の制度化の度合が低いことも派閥行為を急進化させる重要な要素の1つである。具体的にいえば、中央指導層のトップリーダーの間に政治闘争が生じた際、上に述べたような3つのレベルにおける制度化の度合が低いため、国家が安定した社会秩序を維持し、各利益団体の間の争いを防止する基本的な機能を果たすことができなくなっており、社会も派閥間の無秩序的利益競争を抑制する自治能力を持たないため、政治リーダーの間の政治闘争と派閥間の利益競争がお互いに利用し合い、軋轢を生じているうちに、社会運動を急進化の段階に推進してしまった。

　制度化の度合は国家、社会、国家と社会の相互作用の3つのレベルで考察できる。毛沢東期の中国においては、この3つのレベルとも制度化の度合が低かった。国家の制度化の度合が低いことは、主に法制の欠如、党の一元化指導、中央集権、毛沢東のカリスマ的権威の面に表れた。中央のトップリーダーの間に権力闘争が生じた時に、制度ないし法律によって制約するメカニズムが存在しないため、中央指導層の政治混乱をもたらしやすい。その結果、社会に安定的秩序を提供すべきである国家の基本的な機能が弱体化された。また、国家の制度化の度合が低いため、国家代理人も政治闘争の中で、法ないし制度に依拠して自らの利益ないし政治地位を守ることができないため、一部の人が政治闘争の中で勝ち残るために社会の支持を求め、意図的に大衆を操った。一方、派閥も単なる受動的な存在ではなかった。彼らは国家ないし国家代理人によって提供された機会を最大限に利用しながら、自らの行為で国家政策を集団利益に有利な方向へ変更させようとした。このような

国家と社会の相互作用により、文革が自律性を持つようになっていき、運動が1つの副次的運動期から次の副次的運動期へと進んでいくことになった。

　社会の制度化の度合を考察する時、主に、国家から独立した自治組織が存在するかどうか、これらの自治組織の内部及び他の自治組織との間に法律ないし制度によって保障された協同と連繋のメカニズムが存在するかどうか、ということを基準とする。この基準を用いて中国を考察すると、社会の制度化の度合が極めて低いことが一目瞭然となる。すなわち、建国後、私的領域が縮小されることに伴い、社会の自主性も失われ、社会が全体主義的な政治動員体制の中に置かれた。「単位」、共青団や工会などの被管理大衆団体があったにもかかわらず、それらすべてが国家によって組織され、国家政策と国家代理人によって管理されたものであった。表面的に見ると、社会が高度に組織化されたようにみえるが、実際には、これらの組織は国家が社会を統治・動員するための道具であり、社会の自らの権益を求めるための機能を果していなかった。「単位」、共青団や工会などの被管理大衆組織を社会成員が公民権を求めるための道具として利用できないという原因があったからこそ、文革期に社会成員が自らの利益を求めるための利用可能な組織、すなわち、派閥というものが現れた。

　派閥の構成は文革以前に作られた等級的社会構造と大きな関連性を持っている。文革以前の等級的社会構造があるからこそ、参加者は政治身分ないし利益認知に基づいて容易に派閥を結成した。そして、文革以前における等級的社会構造において、政治財と経済財が国家によって分散的に配分された結果、1人の個人が各種の複数の集団に帰属しているという認識を持つことになった。複数の集団への帰属認知は多様な選択と多様な組合わせの可能性をもたらした。すなわち、文革の目標が変化したり、派閥がメンバーの利益要求を満足できなくなったり、メンバーの派閥に対する価値認知が変化したり、ある派閥ないしその価値原理から疎外されたりした時、参加者にとって、集団への帰属認知を調整して他の派閥に入ったり、短期間で新たな派閥を結成したりするのはきわめて容易なことであった。

　文革期に集団利益を求めるための派閥が現れた一方、これらの派閥の自治

能力はきわめて低かった。その原因は以下の4つにある。第1に、派閥の存続は国家によって決定され、派閥の自治的組織への発展が国家に容認されなかったからである。第2に、参加者がどのような集団への帰属認知によって派閥を組合わせるのかということについて、決定的な役割を果したのは国家であった。文革期における国家の目標および中央指導者間の権力フォーメーションが絶えず変化することは派閥の安定性に影響を与え、派閥の自治能力の養成を阻害したのである。第3に、派閥リーダーの利益競争が派閥の自治能力および派閥間の制度的連繋関係の養成を阻害した。第4に、なにより重要なのは、そもそも組織の自治能力の発展は長い時間がかかることであり、以上のような3つの要因がなくても、文革期の派閥が短期間に自治組織にまで発展するのはきわめて難しかった。

　以上に述べた原因により、文革期における派閥内部では自治能力がきわめて低く、派閥と派閥の間には制度化された協同と連繋メカニズムが存在しなかった。その結果、国家の社会へのコントロール機能が弱体化された際、社会が自らの力で利益衝突を解決する能力を持たないため、大衆間の利益競争が無政府状態下に置かれ、容易に急進化・暴力化した。同じ陣営の派閥間にしろ、対立陣営の派閥間にしろ、基本的に非制度的な競争関係しか存在していなかった。一部の派閥は目の前の利益によって一時的に連盟関係を結成したが、外的状況が変わると、連盟関係が非制度的競争関係に変わってしまう。また、一部の派閥では、母体派閥から分離した時点からその目的が母体派閥に対抗することに変わった。このような派閥間の非制度化された競争関係が最終的に派閥行為の急進化と集団的暴力行為の発生をもたらした。

　また、文革期には国家、社会のそれぞれの制度化の度合が低いだけではなく、国家と社会の相互作用における制度化の度合もきわめて低かった。国家の社会に対するコントロールは法制化されたものではなく、政治化されたものであった。このような政治化された統治方法は①階級闘争論というイデオロギーを推進すること、②高度的政治化と組織化された公的領域内部で行なわれた公民権の等級的配分の2点に概略できる。階級闘争論は政治目標の変更と政治闘争の必要性に応じてその内容も変わった。公民権の配分方法も

国家目標、政策変化、政策制定レベルの国家代理人の政策意向、政策執行レベルの国家代理人の意志、国家代理人の間の権力闘争などの要素によって影響されるので、きわめて不安定であった。したがって、国家・社会が一体化する制度的空間配置の中で、国家がイデオロギーと組織を通じて社会を完全にコントロールした一方、その統治方法からみると、制度化の度合はきわめて低かった。

　他方、社会という視点から考える際、社会は制度ないし法律によって規定された政治参加チャネルを持っておらず、大衆による政治参加は政治動員の機会を利用して自らの権益保護と利益追求を展開する方法で行なわれたのである。こうした背景の中で、政治運動が大衆間の公民権の獲得競争を行なう舞台になってしまった。

5.　忠誠を利益に量化する精神構造

　制度的空間配置、公民権の配分と獲得競争、制度化の度合の3つの要素以外に、文革期における派閥分化と集団的暴力行為をもたらす要因の中で、もう1つの重要な要素は忠誠を利益に量化する精神構造である。文革期において、毛沢東個人に対する熱狂的な崇拝は1つの社会現象であった。毛沢東に対する崇拝は、表面的には非理性的な行為であるが、実際にはその裏に理性的な選択が潜んでいる。つまり、忠誠を利益に量化する精神構造下において、非理性的行為は実際には理性的選択の結果であるといえる。

　忠誠を利益に量化する精神構造の形成には主に2つの要因がある。1つは国家・社会が一体化する制度的空間配置の中での国家による公民権およびその配分方法の独占である。具体的にいえば、国家・社会が一体化する制度的配置の中で、社会は国家に対する全方位の依存関係を作り出した。国家は社会に生活必要品から住宅、医療、教育、娯楽などにいたるまで、ほとんどすべての生活の必需品を提供する一方、社会から国家に対する忠誠を最大限に調達した。こうした背景の中で、国家ないし国家代理人に対する忠誠心を示すことは公民権の獲得を求める手段になった。文革期に入ると、毛沢東に対

する崇拝が中央指導層によって最大限に推進されたことは、誰がより毛沢東に対する忠誠心を持つのか、ということ自体が大衆間における利益獲得競争の内容の一部になった。これは一般的な大衆に限らず、周恩来と林彪などのトップリーダーにとっても同じであった。大衆は競争し合いながら、毛沢東に対する個人崇拝を極端に盛り上げた。要するに、ここでの毛沢東に対する個人崇拝という心理的要素は国家制度と政策によって具象化したとき、すでに純粋な感情表出ではなく、利益に量化できる理性的な行為になったといえる。

　忠誠を利益に量化する精神構造を創出したもう１つの要因は、政治動員式の政治参加様式である。毛沢東期における中国においては、政治動員が大衆の政治参加の形態であった。国家にとって、政治動員式の政治参加は国家ないしトップリーダーが国家目標ないし個人的な意志を達成するための手段であった一方、社会にとっては、政治動員式の政治参加は国家ないし国家代理人に忠誠心を示し、忠誠で利益を獲得する機会であった。文革期だけではなく、毛沢東期の中国において、政治運動を展開するたびに大衆間における忠誠ないし革命性をめぐる競い合いも共に展開されるようになった。もちろん、参加者にとって、忠誠心を示す目的は必ずしもより多く利益を得るためであるとは限らず、変動的な政治情勢の中で自己防衛を求めることもその目的であった。なぜなら、私的領域が存在しない国家・社会が一体化する制度的空間配置の中で、人々が共産党の権力システムから独立した法的手段を用いて自らの権利を守る可能性はないからである。

　以上に述べた４つの要素により、文革期における派閥対立と集団的暴力行為の発生は当時の政治環境の中で避けられないことであった。

6.　社会運動と国家建設

　本稿は文革を社会運動として捉え、国家建設のプロセスの中で、社会運動の生成を解釈した。したがって、本稿の最後に、社会運動と国家建設の関係を簡単にまとめたい。社会運動は社会の恒常現象である。いかなる政治体制

の国家でも社会運動の発生は避けられないことであると考えられる。社会運動は政府に政治的圧力をかけ、場合によると、社会混乱をもたらす一方、政府に対して消極的な役割だけをはたすわけではない。本稿の分析に示されたように、社会運動の発生は政治・経済などの面における制度的要因とかかわりがある。すなわち、社会運動の発生は社会の政治・経済などの面に存在している問題を反映するといえる。この意味から考えると、社会運動は社会発展と変革を導く推進力でもあると考えられる。中国の場合、文革期に国家ないし国家代理人が政治運動を動員する方法で社会問題を解決した結果、社会運動の発生をもたらした。改革開放期に入り、中央指導層は社会の安定を維持するために政治動員の方法を放棄し、社会秩序の安定を維持するために、社会運動の発生を防止する措置をとった一方、社会運動をもたらす制度的要因を取除くために、政治・経済面における改革を積極的に推進した。しかし、改革の結果、一部の社会運動をもたらす制度的要因はコントロールされたが、この改革の過程において、新たな社会運動を創出する制度的要因が作り出された。また、新たな社会運動の発生は再び中央指導層の政治・経済改革を促進するパワーになる。こうして、社会運動は政府と対抗しているうちに、社会の発展を促進していくと考えられる。

注
1) 本稿は、2002年11月に一橋大学において学位を取得した博士論文「文革期における派閥分化と集団的暴力行為」の研究要旨に加筆修正を加えたものである。関連する議論は拙著（2003）『文化大革命と中国の社会構造——公民権の配分と集団的暴力行為』（お茶の水書房）を参照してください。
2) 中華人民共和国の歴史において、1966年5月（「五・一六通知」の発表）から76年10月（毛沢東の死、「四人組」の追放）までの10年間を文革期として区分されるのが普通であるが、本稿では公民権をめぐる争奪という視点から、社会運動としての文革は69年4月の中国共産党第九回全国代表大会で終了したと捉える。
3) 例えば、フェイファー（Richard Pfeiffer）は、純粋な革命の達成を追求するた

めに毛沢東が文革を発動したと解釈している。Richard Pfeiffer, "The Pursuit of Purity: Mao's Cultural Revolution," *Problems of Communism*, vol, 18, no.6 (1969), pp. 12-15.

4) Harry Harding (1981) *Organizing China: The Problem of Bureaucracy, 1949-1976* (Stanford: Stanford University Press).

5) Anne F. Thurston (1987) *Enemies of the People: The Ordeal of the Intellectuals in China's Great Cultural Revolution* (New York: Knopf), Shaoguang Wang (1995) *Failure of Charisma: The Cultural Revolution in Wuhan* (Hong Kong: Oxford University Press).（中国語版：王紹光（1993）『理性與瘋狂：文化大革命中的群衆』（香港）牛津大学出版社)

6) Robert Lifton (1968) *Revolution Immortality: Mao Tsetung and the Cultural Revolution* (New York: Vintage Books), Lucian Pye (1981) *The Dynamics of Chinese Politics* (Cambridge, MA.: Oelgeschlager, Gunn & Hain); Frederick Teiwes (1984) *Leadership, Legitimacy and Conflict in China: From A Charismatic Mao to the Politics of Succession* (Armond, New York: M. E. Sharpe,).

7) Frederick Teiwes (1984) *Leadership, Legitimacy and Conflict in China: From A Charismatic Mao to the Politics of Succession* (Armond, New York: M. E. Sharpe).

8) Albert J. Bergesen, "A Durkheimian Theory of 'Witch-Hunts' with the Chinese Cultural Revolution of 1966-1969 as an Example," *Journal of the Scientific Study of Religion*, Vol.17, No.1 (1978), pp. 19-29, Lynn T. White (1989) *Policies of Chaos: The Organizational Causes of Violence in China's Cultural Revolution* (Princeton, NJ: Princeton University Press).

9) Hong Yung Lee, "The Radical Students in Kwangtung during the Cultural Revolution", *The China Quarterly*, No.64 (December 1975), pp. 645-83.

10) Anita Chan, "Dispelling Misconceptions about the Red Guard Movement: The Necessity to Reexamine Cultural Revolution Factionalism and Periodization," *The Journal of Contemporary China*, Vol. 1, No.1 (1992).

11) Stanley Rosen (1982) *Red Guard Factionalism and the Cultural Revolution in Guangzhou* (Boulder, Colorado: Westview Press).

12) Jonathan Unger (1982) *Education Under Mao: Class and Competition in Canton Schools, 1960-1980* (New York, NY.: Columbia University Press).

13) Anita Chan (1985) *Children of Mao: Personality Development and Political Activism in the Red Guard Generation* (Seattle: University of Washington Press,).

14) Albert O. Hirschman (1982) *Shifting Involvements: Private Interest and Public*

Action (Princeton, NJ: Princeton University Press).

15) T.H.Marshall (1950) *Citizenship and Social Class* (Cambridge: Cambridge University Press); T. H. Marshall and Tom Bottomore (1965) *Citizenship and Social Class* (Doubleday, Garden City N.Y.).

チベット問題に対する文化的検証

王力雄

　紆余曲折を経てきたチベット問題を振り返る時、多くの人はそれに戸惑いを覚えるだろう。1950 年代、中国政府のチベット政策はかなり柔軟で、ちょうど「一国両制」を敷いていたとも言える。しかし、結果的には「チベット反乱」をもたらすことになった。以後 20 年、「反乱弾圧」から「文化大革命」に至る間、中国政府はチベットを厳重な統制下に置き、今日の尺度からいえば、「極左路線」と「階級闘争の拡大」という多くの過ちを犯したわけだが、しかしチベットにとっては「民族問題」が相対的に静かな 20 年間となった。鄧小平時代が到来すると、それまでの過ちが正され、政策が正しく実行に移されて、あらゆる角度から見ても大きな進歩があった。しかし「チベット問題」は却って表面化し、ますます激しくなり、軍事的鎮圧に踏み切らざるを得ない状況にまで立ち至った。その内部の紛糾はいまも解決されておらず、敵対意識が広く存在している。

　これまで、チベットのこのような状況を真摯に分析する研究は行われてこなかったばかりか、こうした現実があることすら認めようとしなかった。しかし、こうした現実を振り返ることは、チベット問題を提示し理解するための重要な入り口となるだろう。そのためにはまずその歴史的背景に目を向ける必要がある。

1. 「インターフェイス」方式

　これまで歴史上行われてきたチベット統制を、私は「インターフェイス」方式と呼ぶ。当時チベットは独自のまとまりとして、チベット自身の統治者によって治められていた。中国のチベット支配はチベット統治者の服属を前提としており、中国歴代王朝は統治そのものには手を出さず、たとえ手を出そうとしても多くの場合殆どその能力はなかった。

　清代の駐蔵大臣制度[1]のような典型的な統治のパターンは、中国が西蔵に対し統治主権を主張するシンボルだが、当時ラサに設置された駐蔵大臣衙門は、「大臣の他には租税徴収要員と警察要員数名がいるに過ぎなかった」[2]。ある一定規模の駐留軍が駐屯していたが、その職責は純粋に軍事に限られており、駐蔵大臣衙門は日常的な仕事を、専ら正副駐蔵大臣がその部下のごく少数の文官たちと一緒に行うに任せていた。言語が通じなかったので、コミュニケーションは常に通訳を介して行っていた[3]。正副大臣は大抵ラサで過ごし、毎年数回視察に出かけた。容易に想像がつくだろうが、このような組織によっては、100万平方キロにも及ぶチベット全土を管理する実際上の能力を持てなかった。

　駐蔵大臣ができることといえば、せいぜい清朝政府が西蔵に伸ばした「インターフェイス」となって西蔵本土の統治者、すなわちダライ・ラマやガシャ政府と一対一のつながりを築くことだった。清朝の西蔵に対するあらゆるコントロールは、必ずこのインターフェイス上での変換を通じて初めて実現したのであり、他に方法はなかったのである。さらに、西蔵側の「インターフェイス」が受け止めて清朝政府の命令に従ってこそ、その西蔵を間接的にコントロールすることができたのである。

　この「インターフェイス」関係の中で、一般西蔵人は「ダライ・ラマを知るのみで清朝廷を知らない」ず、現地の統治者に服従するだけであった。西蔵現地の統治者は、ときには例えばチベットへの侵略者を撃退するのに清朝軍の支援を受けたときなど、駐蔵大臣への信頼と尊敬の念を厚くした。しかし大概、統治の一切の権力と資源を牛耳っている統治者が、言葉も通じず、

心も通じ合わず、少人数しかいない異民族の人間に絶対服従するという期待は、現実的ではなかった。

それ故、乾隆帝が「チベットの事柄はダライ・ラマおよび葛布倫(ガブロン)(政務官)等の意のままになっている。大臣たちは管理できないだけでなく、関わりを持とうともしていない。駐蔵大臣は所詮名前だけのものに成り果てている」[4]ことに気がつき、乾隆五十七年（1793年）『欽定蔵内善後章程二十九条』（略称『二十九条章程』）[5]を発布し、西蔵の行政人事権、宗教管轄権、軍事権、司法権、外交権、財務権を全て駐蔵大臣に集中させた[6]。その結果、「駐蔵大臣の権限は各省督撫のそれを超える」までになった[7]。しかしながら、その百年後に西蔵入りした欽差大臣張蔭棠は、駐蔵大臣が依然としてダライ・ラマにひやかされ「熬茶大臣」と呼ばれていることに心を痛めている（熬茶はチベット仏教の布施の一種。駐蔵大臣の責任の一つが清の皇帝に代わってチベット僧に布施を与えることだった。駐蔵大臣は他に何の仕事もないという意味で、ダライ・ラマはこのように呼んだ）[8]。最後の駐蔵大臣聯豫もまた「ダライ・ラマは夜郎自大、あらゆることから一切を自分の欲するままに操る」[9]とこぼしていた。表面的には、チベットの官吏たちは駐蔵大臣に恭順であり、「外に忠誠心を示し」実際には「陰で逆らう」のである。「……しばしば命令を発することがあっても、数ヶ月経っても復命せず、ダライ・ラマがまだ帰還していないとか、また話し合いが済んでいないなどと口実を設ける。何度催促の問い合わせをしても、そ知らぬふりである」[10]。

とはいえ、当時双方は、ある程度までこうした状況を是認していた。国力という点からいっても、清朝は西蔵を全面的に占領支配できたはずだが、そこまでの必要がなかったのである。「インターフェイス」関係の長所はコストがかからないということである。東アジアの伝統的秩序の中心は「礼」であったが、チベットがこの秩序に危害を加えず、服従の意志を示しさえすればよしとされた。駐蔵大臣は時にその名前だけの地位に恨み言を言い、皇帝もまた同じように不満を述べることはあったが、何らかの問題が重大視され、解決法が講じられるのは、それが通常の範囲を逸脱するような大問題である場合のみであった。そのような解決を要する問題が起きたのは、駐蔵大臣の

駐在185年の間僅か数回しかない。その他ほとんどの期間、清朝が駐蔵大臣を置いた目的は、チベット統治のシンボルを掲げておくことに過ぎず、具体的な統治を行うことではなかった。

　もしこうした古い東方の伝統システムがそのまま維持されていれば、「インターフェイス」方式も悪くなかっただろう。しかし西欧の国家主権の概念が東方に入り込み、全世界がこの主権体制を受け入れざるを得なくなると、「インターフェイス」方式を維持し続ければ、地方の統治者は早晩独立した主権の獲得を模索するようになる。今の言葉で言えば、「分裂」か「独立」かである。

　1951年に人民解放軍がチベットに進駐してからは、清朝時代の何千倍もの軍人、文官がチベットに駐在した。しかし政権と社会制度に限っていえば、中央政府とチベットは依然として「インターフェイス」関係にあった。チベット支配を実質的に取り仕切るのは、依然現地の支配者であって、いわゆる「一国両制」が敷かれていたのである。

　共産主義の実現、搾取階級の消滅を目指した中国共産党は、最初にチベット問題の解決に当たった時には革命の意図を表面に出してはおらず、社会制度とイデオロギーの面における分岐をあえて問わずに、チベットが「封建農奴制」の中にとどまることを容認し、チベットが「祖国という大きな家庭の懐に戻ってくる」ことだけを要求したのだ。当時チベット問題を解決する際、第一に優先されたのは明らかに主権の問題だった。チベット社会のシステムを変えることは北京にとって差し迫った目的ではなかった。北京は待つことにした。しかしその後、チベットの社会革命を予定より急いだのは、「チベット反乱」の発生によって、ゆるぎない主権を確立するには、中国の「一国一制」の下にチベットを納めるしかないということに気づいたからである。

2.　チベットの結束

　1950年代、最初のチャムド（昌都）戦役以外、北京は一貫して「統一戦線」を主要な手段としてチベット問題の解決に当たってきた。つまり、チベット

の上層部と手を組み、チベットに主権を確立するという目的を目指したのである。1951年5月李維漢と阿沛・阿旺晋美（アペイ・アワンジンメー）が「十七条協議」（中央人民政府とチベット地方政府によるチベット解放の方法に関する協議）[11]に調印して、双方は基本合意に達した。この協議は、チベットはチベットが中国に属することを承認し、解放軍のチベット進駐と中央政府がチベットの外交に責任を負うことに同意する内容となっている。一方北京はチベットの自治を認め、チベットの現行制度は変わらず、ダライ・ラマの地位も維持され、各クラスの役人も従来どおり奉職し、チベットの宗教を認め、改革を強制しないことを承諾した。

この時、ガシャ（噶厦）政府管轄区域で「統一戦線」路線が取られていただけでなく、昌都は軍事的勝利を経て解放軍に征圧された地方であるにもかかわらずそこに建設された、政治権力の性格をもつ「昌都地区人民解放委員会」の中で、9人の副主任のうち7人までがチベット人、そのうち共産党員は僅か1名で、他の6名は地方の上層部人士だった。35名の委員は全員がほぼ上層部の人士で、下に所属する組織の12の宗[12]の「解放委員会」も漢人がわずか14名、チベット人が154名だった[13]。

当時中国共産党西蔵工作委員会（中共西蔵工委）の統一戦線部長陳競波は次のような数値を出している。

> 1956年チベット自治区準備委員会が成立すると、同委員会の各部門は上層部の人々を大量に確保しようとした。全自治区の上層部人士は（主に土司頭人）約6000人（うち四品官が205名、5品以下が2300名、宗教界2500名）いたが、そのうちの2163人はすでに委員に配置した。まだ3400人が残ってるが1960年には全員何らかの役職につかせる予定である。[14]

ダライ・ラマとパンチェン・ラマは統一戦線の中でも最も重要な存在だった。1954年彼らは全人代に招かれ、中共中央は張経武にわざわざ同行して世話をするよう指示を出した[15]。張はこの時対外的には中央政府駐蔵代表、

対内的には中共西蔵工委書記であり、西蔵における共産党の最高指導者だった。ダライ・ラマを川蔵線から入る北京へ送る途上、張はずっと彼のそばを離れず、誠心誠意世話を焼いた[16]。北京では鄧小平自らダライ・ラマとバンチェン・ラマが泊る場所の安全を確認した[17]。ダライ・ラマとバンチェン・ラマが北京に到着すると、朱徳と周恩来が駅まで出迎え、彼らが北京に滞在している間、毛沢東は数度会見し、食事に招いている。満19歳になったばかりのダライ・ラマは全人代で副委員長に選出され、彼よりも若いバンチェン・ラマは全人代常務委員に選ばれた。

その頃チベット政府は「十七条協議」の実施に抵抗していたが、「統一戦線」を破壊する運動を避けるため、北京はチベット政府に対して妥協した態度で対応した。毛沢東は1952年、チベット人に次のように述べている。

　　　軍政委員会の成立とチベット軍の改編は十七条協議に規定されているが、あなたがたが恐れているので、私はチベットの同志にゆっくり実行に移すよう通知した。協議の内容は実施されねばならないが、ゆっくりやるしかないだろう。今年が駄目なら、来年行うことにしよう。来年でも駄目なら、再来年まで待とう。[18]

事実、軍政委員会を設置するという条項は、ダライ・ラマが亡命するまでの8年間実行に移されず、チベット軍を解放軍に改編するという規定にしても、実施されたのはチベット軍に解放軍の軍服を配り軍階を授与したことぐらいで、実質的な改編はほとんど行われず、チベット軍のかなりの部分は後にチベット暴動に参加したのである。

このころ中国内地では社会主義改造が始まっていた。「一国両制」はチベットを対照的な存在とさせた。中国共産党チベット工作委員会（中共西蔵工委）は1956年にチベットにおいても社会制度と経済制度の改革の準備のためにチベットに漢族の幹部を2000名送り込んだ[19]が、北京はすぐさま中共西蔵工委の急進的行動を止めさせ、当時すでに中華人民共和国主席弁公室主任になった張経武を混乱収集のためにふたたびチベットに派遣し「6年間

は改革を行わない」と宣言した。1957年3月に開かれた西蔵工作会議では、チベットで展開された工作を大幅に縮小させ、人員、機構、財政等の全面的緊縮または中止を、なるべく早く実行せよと決定した。この決定に従って、西蔵自治区準備委員会傘下の9つの部署は合併して2つになった[20]。すでにチベットにあった60の行政単位「宗」に設置された事務所は、チャムド以外全て撤廃され、西蔵駐留部隊は5万人から1万8000人に縮小、西蔵の軍事拠点も大幅に削減された。地方工作員も同様に4万5000人から3700人に減らされた。中でも漢族の工作員は92％減であった[21]。周恩来はダライ・ラマに、「もし6年後にもまだ準備ができていないようであれば、再び期限を50年延ばすことができるだろう」とすら述べた[22]。

これらの事実から、当時北京は「インターフェイス」方式に依拠して「統一戦線」路線を実施したいと考えていたことがわかる。しかしながら、西蔵の政情はますます不安定になった。1956年に四川省西蔵区域で発生した武装暴動は、各地の西蔵区域に広がり、範囲も大きくなっていった。全人代の副委員長に任命されたばかりのダライ・ラマは、インド訪問中にすでに帰らないと考えていたという。西蔵解放軍第18軍の1958年8月28日付け内部報告は、以下のような事例を伝えている。この時のガシャ政府の状況を反映した内容である。

　　　索康は我々に家を売る以前、ガシャとダライ・ラマに申請書を提出していた。その内容は「解放軍に家を売ることを許可してください」というもので、許可を得てから売りに出したのである。売った後再び「私は解放軍に家を売りましたが、西蔵が独立しましたならば、元の持ち主に家屋が返還されることを認めてくださいますようお願いいたします」と記した報告書を提出し、それに対しガシャ政府は「そのように許可する」という承認を与えた。[23]

こうした状況は、西蔵での「統一戦線」遂行に含まれる問題を反映している。その場限りの方法としては「統一戦線」は有効だが、チベットにそれを

定着させる本当の社会的基礎を築くことは不可能であった。共産党革命の土台は一貫して下層社会であるが、「統一戦線」が西蔵の下層の人々の理解と支持を得ることはかなわなかったのだ。なぜなら「統一戦線」は彼らに明確なビジョンを示すことができなかったからである。――チベットの民衆は今現在の環境にあまりにも密接につながっていて、他の生活様式を知りもしないし、経験したこともない。彼らは漢人が提示する新しい生活様式を全く理解せず、漢人に怖れをも抱いていた。というのも漢人は、封建地主から農奴を解放しながら、彼らの主人と同盟を組んだからである。このため彼らの中には「解放者」とともに立ち上がらないものが数多くいたのだ[24]。

　加えて「統一戦線」は、西蔵の支配層を如何に懐柔しようとしても、過去の駐蔵大臣のような脆弱な「インターフェイス」を維持することもできなかったので、真の意味で彼らの心をつかむことができなかった。主権の争奪合戦が続く現代世界において主権を確立しかつ守る困難さは、古代の「礼」（を行う難しさ）を遥かに超えている。たとえ「インターフェイス」方式を使うにしても、それは相手を一呑みにできるほどの大きなものでなくてはならない。チベット支配層にとっては、数万の解放軍が永久にチベットに駐留するということは歴史上全く経験していないことである。かつてダライ・ラマ13世が清朝によるチベットへ3000人の四川軍隊の増員派遣に反対してインドに亡命したことからも、チベットの支配層が如何に中国軍のチベット駐留に反対しているのかを窺うことができる。いまや漢人の軍隊が10数倍にも膨れ上がり、チベットの周辺や中心部に配置されている。この状況がもたらす恐怖を「統一戦線」によって解消することは不可能であった。

　チベット支配層は、「統一戦線」は猫が鼠を弄ぶようなものに過ぎず、鼠は早晩猫に平らげられてしまうと考えている。彼らが離反し協力しないのも無理はない。まして共産党がチベットに入り込み、チベット社会の様々な側面に影響を及ぼすことはもはや避けられない。たとえどんなに取るに足らないことであっても、伝統に囲まれるチベットでは、社会全体を揺るがすような大きな影響をもたらすものである。中国政府が道路工事に従事するチベット人労働者に給与を与えるとすれば、それはチベット社会が数百年守り続け

てきた烏拉徭役制度と衝突するだろう。チベットの児童の就学費を免除すれば、伝統的な寺子屋教育を破壊することになるだろうし、農奴出身のチベット幹部を訓練することは、従来の階層秩序を撹乱してしまう。これらは全てチベットの支配構造に対する挑戦なのだ。

　1957年、チベット山南のある貴族が彼の農奴を殴った。その農奴が貴族の要求とおりに烏拉徭役を提供しなかったことが原因である。(チベットの)伝統では、烏拉徭役は無条件で農奴が担わなければならない義務であり、これを拒否する農奴に懲罰を加えることは全く正当な行為であった。しかしこの殴打された農奴はたまたま共産党の積極分子とされており、生産現場で働く幹部でもあった。共産党はのっぴきならぬ局面に立たされた。この事件に干渉しない方が明らかに「統一戦線」の方針に合致することになるが、これでチベット支配層の傲りをますます助長させ、チベット被支配層と共産党との連携を阻むことになるだろう。同時にまた、チベット民衆の「積極分子」を失望させ、共産党の事業への関心を失わせるだろう。しかしながら人を殴った貴族を処罰すれば、それこそチベットの伝統制度を破壊し、チベット支配層の信頼をさらに失うことになってしまう。この事件そのものは決して大事件ではないが、どのように解決するかによって共産党のチベット政策が試されるという、ひとつの試金石としての意味を持っていた。結局共産党は、幹部となっているチベット人は、今後烏拉徭役に服さないようにという命令を下した[25]。

　北京は次第に、従来の「統一戦線」が支配層への忠誠心に取って代わることはなく、却って民衆の心を勝ち取る可能性が失われてしまったことに気付き始めた。共産党は「統一戦線」を三大法宝の一つと呼んでいたが、これまでずっと民衆の力によって事業を行ってきたのであるから、民衆の基盤を失うということは最大の法宝を失うに等しかった。チベット支配層との協力によって一時的にチベット経営のコストを削減した以外は、支配層であれ被支配層であれ、彼らの支持を確実に得ることはできず、両者を分離させることもできなかった。チベット社会の被支配層が支配層に対する伝統的忠誠心を保ち続ける限り、支配層が共産党に一旦反目すれば、民衆はそれに巻き込ま

れ従い、全チベット民族の離反をもたらすことになるだろう。それ故、中国のチベットに対する主権の安定は全く保証されないのである。

それは「チベット反乱」で証明されていた。反乱は北京支配下のチベット区で起きた。まず四川省と雲南省のチベット区から始まり、青海省と甘粛省にまで拡大した。これらのチベット区は「十七条協議」の拘束を受けていなかったので、1955年後半に中国内地で始まった「社会主義改造」はここにも及んでいた。改革はこれらの地区のチベット支配層が有してきた特権を脅かし、そのため彼らは暴力に訴え、暴動を指揮するに至ったのだった。しかし一体何故改革の益を蒙るはずの被支配者までが、多数暴動に参加したのだろうか。それは、彼らの観念には、チベット人か漢人かという概念しかなく、チベット民族の一人として民族の指導者に付き従い、反漢人闘争を行うしかなかったからである。チベット社会には政教一致という伝統があり、更に大多数の部族では、寺院と部落の双方が部族全体を指揮している。チベット人にとって、宗教の名の下に発せられた号令や、僧侶もしくはリーダーの命令は誰も拒絶することができない絶対的なものだった。

民族と宗教という二つの旗印は、どんなときでも支配層に独占されてきた。二つの旗が倒れさえしなければ、チベット民衆に他の選択はなく、彼らと支配層との関係もまた瓦解することはありえない。彼らは、彼らが忠誠を尽くしている支配層に従って反乱に参画するだけであった。

これに対し、北京が下した最終的な結論はこうだった。「民族関係を根本的に解決する鍵は、それぞれの民族の労働者階級を徹底的に解放することにある」[26]。このイデオロギーに満ちたことばを単刀直入に言い換えれば、つまり「統一戦線」路線を大幅に修正し、その立脚点をチベットの下層社会に移し、チベット社会内部で階級闘争を展開し支配層を打ち倒し、彼らに牛耳られてきた民族と宗教という二つの旗を引きずりおろすということになろう。

1959年のラサ事件、それに続くダライ・ラマの亡命の後、北京はチベットの政権を接収し、チベット支配層を徹底的に排除した。

3. 民族を階級に分ける

　ラサの砲火が収まると、軍人、党幹部が組織した工作隊がチベット各地の農村で「民主改革」に着手した。工作隊は手始めに、全チベット人を階級ごとに振り分けた。

　民族の一体化を破壊するのに最も有効な方法が階級闘争であった。もし民族によってではなく、階級によって人々を区分けするなら、どんな民族も富者と貧者、搾取する側とされる側とに分かれるだろう。世の中は一方の貧者と、もう一方の富者（どれも皆同じように黒い烏）に二分されるはずである。一度階級闘争の旗が掲げられれば、共産党はもはや単に漢人の政党にとどまらず、この世の貧者の指導者かつ代弁者となる。従ってチベットの貧しい民らを、民族と宗教の旗印の下から自分たちの側へ連れてくることができるようになるのだ。

　工作隊が最初に着手したのは、チベット民衆に「苦しみを訴え」させ、その後「苦しみの原因をつきとめ」させ、つまるところ「誰が誰を養うのか」の決着をつけさせることだった。「農民は子々孫々に至るまで苦しみ続け、一方で主人は衣食は十分に足り、生まれつき恵まれているのは何故なのか」「チベット政府は誰を守っていたのか、誰に仕えていたのか」「受苦を運命付けられているのでは決してない」等々の問題を討論できるよう、彼らを手助けするのである[27]。この討論の目的は、天命を深く信じるチベット人に、階級による搾取、そしてその不合理性に気付かせることだった。

　新しい階級分化はかつて社会的地位を評価した基準と完全に入れ替わった。貧しければ貧しいほど地位が高くなるのだ。このような逆転現象はそのイメージ通り「翻身」と形容される。工作隊は最貧困層のチベット人から「積極分子」を育て、工作隊を手伝わせて民衆を動員し、さらに彼らを政権基盤を建てる主力とした。彼らの大多数は教育を受けていなかったので、彼らをリーダーの地位に就かせることに異議を唱える人々もいた。そこで工作隊は「旧社会で最も教養があったのは誰か」「誰が最も貧しい人々を理解しているか」「もし心根は悪いが、実務の経験があるとすれば、貧者にとって翻身に

長所があるのだろうか」等々[28]、組織的に討論し、少しずつ（党に）忠実な積極分子の隊伍を育てた。

　下層の人々の支持獲得には実質的な利益が伴わなければならない。この利益は上層社会の権利を奪うことであり、もともと彼らに集中していた富を分配しなおすことによって得られる。それによって、下層の人々に感謝されるだけでなく、上層社会を破壊し、その反撃の能力を取り去ってしまうことができる。

　共産党は労役を廃止した他、田畑の均分、「三大領主」闘争などを行い、荘園経済や寺院による政治等、伝統的な社会構造を破壊した。民主改革の中で、チベット政府と寺院が所有していた土地は全て没収され、「反乱」に参加した支配層の人々は全員、その財産を没収された。当時の統計では貴族や支配層の634戸の内73％の462戸が「反乱」に加わった[29]。「反乱」に加わらなかった支配層に対しては買い戻し政策を採った。政府が出資し、彼らの財産を買い戻すのである。没収されたり買い戻されたりした土地と財産は新たに分配しなおされた。

　しかし下層階級の信任と支持を得て、彼らをひとつの同盟に組織化することは中国内地のように簡単にはいかなかった。例えば階級分けの過程で、チベット民衆に「階級意識」が大変欠けているという、その能力があるのに十分に生かされていない現実を目の当たりにした。牧民の中でも最も貧しい者は、明らかに牧主に雇われているにもかかわらずそれを認めようとせず、むしろ自分たちを牧主の息子や娘、嫁、あるいは妻であると言いたがった。工作隊は彼らを「牧工」――新たな階級の序列では最高の地位――に分類しようと考えていたが、彼らは不満げにこう反論した「私に無理やり牧工であると認めさせようとするのはどういうことですか？」[30]。

　チベット伝統社会にある特徴のひとつは、階級が存在し、しかも階級分化が相当のレベルに達しているにもかかわらず、全体として階級闘争がほとんどないということである。「階級闘争史観」によって書かれたチベット近代史にも、階級闘争に関する記述はほとんど見当たらない。チベット全史に溢れているのは、支配層内の軋轢と、チベット族と他の民族との争いに関する

記述である。

　チベットの下層社会は何故上層社会に対しこれほどまでに従順なのか。その根拠はチベットの宗教にある。かつてのチベット族は全チベット人が信仰者だったが、チベット宗教は宿命と来世を説くものである。そのような宗教の覆いの下で、たとえ貧者が搾取を受け圧迫を受ける立場におかれていると知っても、それは全て天命であり、前世の応報であると捉え、現実の不公平に結び付けたりはしない。彼らは苦難を脱する希望を来世に託し、現世において天命に服従し、苦難を大事な修行と考えさえすれば、天がそれを嘉し、来世でより良い転生を得られる、現実社会に抵抗を示せばそれは天の意思に逆らうことになり、天からの罰を受けるだろう。それゆえ彼らが人生に向き合う態度は、まさに理不尽で不合理なことにひたすら従うというものである。

　信仰篤い者の目には、民主改革が彼らの現世に善きものをもたらすとしても、「来世」の幸福や応報と一緒に論じることはできないと映るだろう。もし彼らがこの世で「お上に逆らう」反乱を起こし、「不義の財」を奪ったとしても、来世で与えられる裁きは現世の一時的な利益をはるかに超えている。それ故彼らの多くは階級闘争に疑問を抱き、主人とともに「反乱」を起こすだけでなく、主人とともに国外に亡命し、主人に仕え続けるほうが良いと考えるのである。

　つまるところ以下のようにまとめることができるだろう。チベット民族がその一致を保つ限り、中国がチベットに主権を確立することは困難である。チベット民族が一致を保つことができる根拠は階級闘争がないということである。さらに階級闘争の欠如は、チベット宗教の故である。従って、共産主義無神論と宗教との対立が、階級闘争によって下層民衆を揺り動かし、チベット伝統社会を階級分化するという具体的目的から発しているというのはもちろんのこと、当時はその矛先をチベット宗教に向け、この宗教を「労働人民を惑わす精神アヘン」として打倒することが避けられなかった。チベット宗教を打倒しなければ、チベットの下層人民を支配層による精神の威嚇から解放できなくなるだろうし、彼らに共産党の同盟者となる勇気を持たせることもできないだろう。中国の主権はチベット民衆の中に根を下ろすことが

できなくなってしまうだろう。

4. チベットには宗教がなくてはならない

　如何にしてチベットの宗教に打ち勝つのか。もし単にそれを消滅させ、チベット人を皆無神論者にしようとしても、それは不可能である。まず広い意味から宗教信仰がこれほどまでに頑強であると論じずに、チベットの自然環境だけから見ても、宗教がなければ、人間がここに生きることは実に困難であろう（以下のチベット宗教に対する見方は、私個人の分析角度に即しており、チベット宗教全体を論じた結論とはみなさないでいただきたい）。

　チベット宗教には二つの相異なる型がある。ひとつは僧侶の宗教、もうひとつは民衆の宗教である。前者はその深遠なること際立っており、凡人の理解を超えている。後者はそれほどの深遠さはなく、より多くは形而上的思考から生まれたのではなく、自然環境と日常生活に密接に結びついている。中でも、苛酷な自然環境が引き起こす畏怖心が、宗教意識を生み出す重要な源である。

　チベット文化には何故これほどたくさんの神々や怪物、鬼が存在するのだろうか。何故これほどまでに強烈な宗教への欲求があるのだろうか。そして同じくインドから伝わってきた宗教が、チベットでどのようにして中国の仏教ともインドの仏教とも異なり、あれほど重々しく、けわしいものに変わったのか。こうした疑問をとくためには、都市文明が提供する一切のものから離れて、実際にチベットの自然環境に身を置き、この地の天地の厳しさ、生きることの辛さ、そして人間心理のさびしさを体験して初めて、わずかながら理解することができるようになる。

　恐怖心はその中でもきわめて重要な要素である。チベット高原の環境下、大部分の地区は大規模な人間社会を形成できない。人はただ極々小さな群れとなって壮大で時に凶暴な自然に立ち向かうしかない。人はたった一人で果てしのない荒涼とした天地に向き合うとき、「巨大なもの」に圧倒され、「未知なるもの」を恐れる感覚にとらわれる。チベット人は何代にもわたってこ

うした生活環境と生活条件の下、寂寞とした孤独感と、助けを求められない恐怖心に耐え、霊と肉体との苦難を経験して、深刻な恐怖が個々人の魂に入り込むことを防ぐこともままならなかったが、この怖れから畏怖心が生まれ、畏怖心が昇華されて神々と鬼怪異物のトーテムが生まれたのだ。

　一方に恐怖心があり、もう一方でこの恐怖を解決する必要がある。「チベット人の生活は常に不安に苛まされているが、度々経験する体や心の乱れ、病、そして不安定あるいは危険な状況、これらすべてがその原因や、そうした病や生活上の危機を一切避ける方法を死に物狂いで追求させるのだ」[31]。恐怖と恐怖を解決する方法とは相互に補完しあっていて、恐れが強くなればなるほど、その解決を急ぐことになる。そして怖れをより深く分析すると、恐怖自身もまた深化する。恐怖から逃れる方法がなんとしても見つからなくなると、彼らはさらに大きな恐怖——明確で予め決められた恐怖——を求める。この恐怖はあらゆる恐怖を超越しているが、それに服従し聞き従って初めて安全を得られ、そして未知なる恐怖のもたらした心理的重荷から解放され得るのだ。言い換えれば、恐怖とは彼らの生と共にあるのであって、昇華された恐怖が彼らの精神世界の核心となる。彼らは恐怖を拝し、恐怖に服従し、複雑な儀式によって恐怖を祭らねばならない。そうしてようやく恐怖に順応し、恐怖のルールと大きな保障によって安全、そして心理的解放を味わうことができるのである。このような恐怖とは、すでに神性を有している。チベット宗教が、夥しい数の荒々しく恐ろしいものを拝む根拠がここにある[32]。

　そういうわけで、チベット高原の環境は、チベット人に宗教が必要不可欠であることを定めたのだ。神の導きがなければ、人はこの恐怖の中で生き続けることはできない。このように見てみると、全ての宗教が消滅へと向かう日が来たとしても、チベット宗教は最後まで残るものと思われる。

5.　神界輪廻

　チベット人に神は不可欠だが、強いものを崇拝するというこの宗教の構造

上、もとからいる神を新しい神に置き換えることは可能である。その前提となる条件は、新しい神が旧い神よりも強大であることだ。

　毛沢東とダライ・ラマのどちらが強く、どちらが弱いのか、チベット人は事実を通して十分に理解している。チャムドの戦いでチベット軍の精鋭部隊は解放軍の前にもろくも崩れ去り、ダライ・ラマは東南アジアに逃走するしかなかった。1959年、数万の武装反乱軍がラサに集まったが、解放軍はわずか20数時間で勝利を収め、ダライ・ラマはこの時からインドに亡命した。これほどまでかけ離れた力の差を見せつけられて、彼らは大きな衝撃を受けたに違いない。彼らがずっと身体の全てを捧げて拝んできた神は、実は彼らが思っているように無敗でも全能でもなかったのだ。チベット人が心に神を認めるかどうかは、まず神が勝利を勝ち取ることができるか、あらゆるものを圧倒する力を有しているかで決まる。さらに、神はその要求が明確で、その手段は厳しく、賞罰をはっきりと定めていなくてはならない。こうした心理と考え方は宗教からチベット人の生活のすべての面にも及び、チベット人が専制に服従し、苦しみに耐え、勝者を尊敬する姿に表れている。毛沢東の強さは、チベット人に宗教意識上の恐怖感、そして屈服の必要性とともにある種の微妙な結びつきを生じさせ、彼らの崇拝の対象が転移する可能性を生じさせた。

　しかし北京側からは、恐らく宗教という角度からこの問題を考える視点はない。「翻身農奴」の擁護から見えてくるのは、マルクス主義の普遍性と正確性のみである。しかし実際のところ、千年に亘ってチベット人が奉じてきた神聖なる天理を覆すことは、神の働きなしでは不可能である。新しい神が旧い神を暴力的に足下にひれ伏せさせ、弁明の余地なく新紀元の始まりを宣言し、新しい天理を公布し、新しい報奨と懲罰制度を実行する。この新しい天理は、チベット人の伝統的な宗教性に合致するだけでなく、人間らしさという点からも満足できるものだ。知っておくべきことは、どんなに「来世」の宗教概念がチベット人の心に深く入り込んでいるとしても、それは結局のところ後天的な修行と取り決めによるということ、その上「利に向かい害を避ける」ことが人の生得した本能でもあって、間違いなく宗教の拘束よりも

強く、よってこれが宗教を打ち負かす力を持っているということである。

　一旦毛沢東の体制に「帰依」すれば、下層のチベット人は極端な方法で旧い世界を打ち壊し、それによって新しい神への畏敬と忠誠とを表明するようになる。それはチベット宗教の伝統的精神と、実は一脈通じている。「反乱の平定」が達成されてから「文化大革命」が始まった時期（1960-1966年）まで、ちょうどチベット人を啓蒙し覚醒させる段階から全面的に動員する過程が完成した。「文革」の典型的な特徴は、映像や画報の中で、毛沢東が遥かかなたの寺院を髣髴とさせるような天安門城壁の上で紅星の軍帽を打ち振る姿に表れている。それはまさに、たくさんのチベット人が慣れ親しみ、彼らを感激させる宗教的な意味を持っていた。彼らの宗教性と人間性が重なり合って勢いよく燃え上がり、「文化大革命」の熱狂の渦に身を投じることになったのだ。この年代では、たとえチベット人が声高に「無神論」のスローガンを唱えてチベットの伝統宗教を破壊したとしても、そこに潜んでいる文脈に目を向けなくてはならない。──相当程度、彼らは心の中の神をダライ・ラマから毛沢東に変換したのである。

　それは、天地の再創造、神の世界の輪廻といえる。──旧い神の時代が終わりを告げ、強大無比な新しい神の時代がここに始まったのだ。その神威によって、新しい世界は必ずやこの天地と共に長らえ、旧世界は永劫に沈淪し、永久に地獄に追いやられるだろう。新しい神に従い、畏れを抱き、その意思に従って旧い神を放擲するのに、チベット文化の思想を以ってすることは、極めて理にかなった選択であるはずだ。

　今日、毛沢東時代に行われた神を造り上げる運動に分析が加えられているが、それによると、この運動のイデオロギーが至上であること（信仰）、共産主義の究極的目標（天国）、リーダーへの無条件の服従と崇拝（神）、政治学習と洗脳（読経と伝道）、世界観の変革の主張（悟り）、反省と自己批判（懺悔）、厳格な規律（戒律）と無慈悲な懲罰（宗教裁判）、奉献の強調と苦しみの甘受（苦行）……これら全てに宗教的要素が当てはまる。従って、毛沢東の体制は、下層チベット人の宗教意識と深刻な衝突を起こすことはない。

　当時毛沢東を崇拝する儀礼的行為は、具体的方式は異なるものの、その実

質はラマ教の教えに近く、容易に転換することが可能であった。すべての家庭に毛の肖像画を掛け、毎日のように拝み、「小宝書」を手に「最高指示」を暗唱する様子は、以前ダライ・ラマの肖像画を飾って叩拝し、経を唱えていたのと本質的には同じである。チベットの民衆にとって、彼らの宗教意識が求めている力強い威厳と庇護が満たされ、それ相応の宗教的形式が提供されさえすれば、宗教の真の中身は二の次であって、両者を置き換えることは容易である。文革中には峠や道に置かれていたマニトゥイ（瑪尼堆）を排除し、代わりに石と水と泥で「毛沢東語録の碑」を築いた。チベット人はその前を通るたびに、かつてマニトゥイの周りを回ったのと同じように自覚的にその周りをぐるぐる回るのである。彼らの伝統的な刈り取りの祭日「望果節」には、チベット人は田畑の中に仏像を据えて経を唱え歌を歌ったが、文革ではこれが毛沢東の像と毛沢東語録、そして「東方紅」に変わった。

　従って、形を置換する上で十分足りる要素があり、チベット宗教の求める儀式へのこだわりを満たすことができれば、毛沢東をダライ・ラマに、共産主義のユートピアを西天の極楽世界に、革命組織を寺院組織に置き換えることは、下層のチベット人にとってよりよい選択であったかも知れない。言うまでもなく、当時の統治は厳しく、極左路線を始めとする数々の政治運動があったけれども、それは主に支配層を標的としていた。旧チベット支配は、下層階級を抑えつけていたのだ。共産党が多数の人間の苦難を少数の人間の特権に結び付けていた関係そのものを逆転させ、チベットの民衆は安心して大胆に共産党に従うことができたのは、彼らに与えられた新しい神の力が極めて強大だからだ。この神は、一方で敵に対しては残忍な懲罰を課し、もう一方では非常に不思議な恵みを与えもする。烏拉徭役を廃止し、税を徴収せず、物資を空中投下して災害救援をし、巡回医療を実施し、貧者の子どもを大学に進学させてくれる……しかもそれを見極める基準は実にはっきりしている——階級である。人間の運命を先験的に決定付ける哲学は、チベット宗教の生命に関する解釈と全く瓜二つである。

　下層チベット人の心の中で完成しているこの神界の転換は、彼らがかつて神聖にして無比であると信じていた寺院を破壊するという行動に出たこと

に典型的に示されている。亡命チベット人と西側の世論は、この破壊行為を、文革中に中国内地からチベットに入り込んできた漢族の紅衛兵の仕業であるとし、また同時にこれは共産党政権がチベット宗教を「用意周到に、計画的に、順序だてて全面的に破壊する」[33]企図のひとつであったと捉えている。しかし当時、遥か遠くの交通の便も乏しいチベットに入ることができた紅衛兵はごく少数であり、彼らの中に寺院の破壊に及んだものがいたとしても、それは単なる象徴的行為に過ぎなかったというのが真相である。しかも、農村や牧場、険しい山々に広く分布している数千もの寺院は、現地人でなければ破壊することはもとよりできないだろう。また当時チベットに入った紅衛兵の大多数は内地で学習していたチベット人学生であった。彼らはチベットに帰ってからしばしば「首都紅衛兵」と名乗っており、このことが問題をより複雑にした原因のひとつだった。これらのチベット人紅衛兵が漸次故郷に帰る（革命と里帰り）につれて、文革の火種はチベット高原全土に広がり、それに呼応して各地で寺院破壊が始まった。

　たしかにこのころは抑圧的な空気が蔓延していて、誰もあえて異なる意見を表明することはなかった。しかしある種の社会の空気は決して為政者のみが作り出すのではなく、必ず民衆が関わっているはずで、時には後者の影響がより大きいものである。当時チベット政権は常に過激な行為を阻止したいと考えていた。例えば、チベット解放軍は一貫して民衆の保守派を支持しており、ラディカルな「造反派」を支持してはいなかった。事実、当局が抑えることができた主要都市および地域では寺院の被害は少なかったが、それに対しチベット黄教の三大寺のひとつ甘丹寺は、ラサから60キロ離れていたがために廃墟と化してしまったのである。

　チベット寺院は主にチベット人の手で破壊されたと筆者がここで言っているのは、何も漢人を免罪したいからではない。これは責任の所在を明らかにするといった問題なのではなく、歴史の事実を見据えると同時に、さらにそこからより多くの考察を引き出すべきだと私は考える。何故千数百年にわたって宗教を命のように重んじていたチベット人が自らの手で仏像を壊すことができたのか？　何故彼らは破壊した寺院から木材を持ち去って自分の家

を建てたりしたのか？　寺院にあった物品が容赦なく破壊されたのはなぜか？　また何故彼らはこの時大声で神を否定し、活仏やラマを虐待し応報を恐れなかったのか？　この一連の行動から、チベット人が自ら運命を操作できると知るに至ると、全ての束縛から解き放たれて千百年間叩き込まれてきた「来世」を捨て去ることができたと言えるだろう。彼らは本来は来世の魂ではなく現世に生きる人間になりたかったのだ。

　1969年、チベットに再び武装反乱が起こった。これは「再叛」と呼ばれ、四十県余りに拡大した。亡命チベット人は、これを1950年代の反乱の延長として捉えた。しかしその中身を見ると、両者は大きく異なっている。1950年代の「チベット叛乱」では、下層チベット人は支配層の利益のために戦ったが、1969年彼らは自己の利益を求めて戦い、彼らが所有していた土地や家畜を人民公社に差し出すことを良しとしなかった。これらの土地や家畜は、共産党がチベット支配層から接収し彼らに分配したものである。また文革の過程で生じた「造反」もしくは「派性」も「叛乱」とみなされたり、不当な処遇のために過激化し「叛乱」に至った例があった[34)]。後に当局はこの点を考慮して「叛乱」の定義を変更したので、騒乱もまたすぐに鎮められた。

　総じて、1960年から1970年代にかけて、毛沢東体制はチベットで完全な勝利を収めた。中国のチベットに対する主権制限はそれまでなかった安定を得た。今日日常化している厄介な「民族問題」は、ほとんど考慮される必要がなかった。チベット人の漢人に対する感情もほぼ友好的だった。しかもダライ・ラマは、チベットのみならず国際社会においてもほとんど忘れ去られた状態に置かれていた。

6.　秩序の回復

　周知のように、中国のほかの地域と同様、チベットも極左路線と文化大革命によって大きな被害がもたらされた。「平叛」と「民主改革」の過程で、すでに大量の過激な行動が起きていた。パンチェン・ラマが記した『7万言

の書』は、それらに何度も言及している。同じようにパンチェン・ラマの末路からも当時の状況を窺うことができる。この時「統一戦線」の意識が多少なりともまだ残っていたとすれば、一つの内部上申書のためにパンチェン・ラマが見捨てられるには至らなかっただろう。しかしパンチェン・ラマは容赦なく敵側に区分けされ、チベット自治区準備委員会主任代理、全人代副委員長そして全国政治協商会議副主席の地位を追われ、家財は差し押さえられ、民衆の吊るし上げを受けた。「文革」中、彼は9年8ヶ月もの間獄中にあった。もう一人チベットの代表的な人物喜饒嘉措(ショ・ジャーツ)は、彼の故郷青海省循化県に送られ、批判闘争の苦しみの末死亡した。

政治運動はチベットの至るところで次々に起きた。「三教」「四清」「一打三反」「清隊」「社改」「双打」「基本路線教育」「資産階級派閥構造を明らかにする」「小パンチェン・ラマを批判する」……文革が収束してから、1982年にチベット自治区は「政策実行会議」を開催し、次の数値を公表した。「おおよその統計では、数々の冤罪、でっち上げ、誤審の被害を蒙ったのは、チベット全土で10数万人、総人口の10％以上を占めている」[35]。

1962年、再び階級闘争を掲げた中国共産党第8期第10回全国代表大会以降、1980年に胡耀邦がチベット視察を行うまで、チベット政策は「民族問題の本質は階級問題である」という基本的立場に基づいていた。当時いわれていたことを余り知らない人々は、この真の意味を容易に理解することはできないだろう。まさしくこの理論の故に「民族自治」の原則は傍らに捨て置かれることになったのだ。この理論に従えば、民族は必要とされず（「労働者に祖国はない」まして民族もない）、本質は階級区分にある。各民族の革命階級は同一の陣営に属しており、民族による区分があってはならない。従って、民族性云々を主張することは階級陣営を破壊し、階級闘争を妨害することであり、民族の特徴を強調することもまた是々非々の問題を混乱させることになる。「仲間か否かは階級によって定まる」のであり、民族によってではない。この論理を突き進んでいくと、もともと民族自治は存在するはずがなく、指導者を選ぶ際にも出身民族を考慮する必要はないという結論に至る。革命幹部でありさえすれば、各民族の革命民衆を導くことができるのだ。自民族

の幹部が自民族の指導者となることだけを要求するのは、「狭隘な民族主義」である。文化大革命の最中、チベットの最高権力機構——革命委員会は漢族の幹部が主任を務めていた他、全部で13名いた副主任のうちチベット人は4名しかいなかった[37]。1973年『チベット日報』はチベット5地区（ラサを含む）の党委員会委員の統計を公表したが、それによるとチベット族は全委員の35.2％を占めるのみだった。1975年は、チベットの地区クラス幹部のうちチベット人はわずか23％となっている[38]。

　民衆の立場からは、文革の追い風によって実現した人民公社化は、政権の統制をかつてない程度にまで強めたと言える。社員が500グラムのバターを受け取るときでさえ、まず生産隊に報告し、次に隊長、会計、保管員等を通すなどいくつかの手続きを踏まなくてはならなかった。1966年以前、ラサには個人商店が1200戸余りあったが、1975年になるとその数は67にまで減少した[39]。扎朗県にはかつて農家が各家でプル（チベット毛織物）を織るための織り機が3000セットあったが、皆「資本主義の尻尾」の汚名を着せられ、残らず捨てられてしまった[40]。人民公社化は労働者の生産意欲を抑えつけてしまい、その上文革等政治運動の衝突が加わって、人々の生活、とりわけ農牧民の生活水準は長い間向上しなかった。当時の推計と統計によれば、1980年チベット全体で、50万人の生活が公社化以前の互助組織があった時期に及ばず、そのうち20万人に近い人々が相当困難な生活を強いられていた。当時のチベットの全人口は180万人であるから、かなり高い割合を占めていたといえる[41]。

　チベットで治安の回復が始まったのは、鄧小平時代になってからである。彼は共産党第11期第三回全国代表大会で中国の舵取りを手中に収めてから、一週間もしないうち、1978年12月28日AP通信の取材を受けた際、ダライ・ラマとの対話を望むとの意向を伝え、1979年3月には北京でダライ・ラマの代理人と会見した。数日後、「チベット叛乱」に参加し刑に服していた376名全員を予定を繰り上げて釈放し、すでに刑期を終えてはいるが未だに「戴帽」（反革命のレッテルをはられ）の状態で「思想改造の監督」を受けている6000人余りに対しては、一律に「摘帽」（レッテルをはがす）の処置を

とった。ここからチベット方式は再び転換を迎えるのである。

　1980年3月14日、胡耀邦は中央書記局を仕切って第一回「西蔵工作座談会」を招集、座談会の記録は中央31号文書として党全体に向けて発表された。2ヵ月後、胡耀邦は自らチベットを視察した。当時の副総理万里や全人代副委員長阿沛・阿旺晋美、民族委員会主任揚静仁も同行した。胡耀邦はラサに9日間滞在し、各方面の人士と会議を開き、チベットを離れる前日にはチベットの党、政府、軍に属す県庁、連隊長以上の幹部ら4500人以上もが参加する自治区党委員会拡大会議を招集した。議場で胡耀邦は6つの要件を解決するよう求めた。それらを短くまとめると以下のようになる。

1、　チベットには自主権がなくてはならず、チベット幹部は自民族の利益を大胆に守らなければならない。
2、　チベットの農牧民に免税と農産物の買い上げ免除という措置を実施する。
3、　イデオロギー化した経済政策から現実に即した政策に転換。
4、　中央の対チベット財政支出を大幅に増やす。
5、　チベット文化の地位を引き上げる。
6、　漢人幹部はチベット人にそのポストを譲らなくてはならない。[42]

　胡耀邦がチベットで語ったということ自体は、チベット史のひとつの転換点とみなされる。それは1912年チベットが駐蔵大臣を追放したこと、1951年解放軍のチベット進駐、1959年以降の民主改革に匹敵する意味を持っている。

　胡耀邦が示した六条を、清朝が制定した「二十九条の章程」、50年代に北京政府がチベットと結んだ「十七条協議」と比較してみると、明らかな変化を見て取ることができる。「二十九条」と「十七条」はいずれもチベットに制限を加えており、北京のプレゼンスを強め、北京によるチベット支配に有利に働くものである。中でも「二十九条」はほぼ一方的に下される命令そのものだ。「十七条」はチベットを認めてはいるものの、チベットが戦いに敗

れた後に締結を迫ったものである以上、チベットの権利を全て奪う内容である。一方胡耀邦の「六条」は全ての項目が積極的にチベットに権利を与えるか、あるいはチベットにより多くの便宜を図ろうとしている。

　間違いなく「六条」はチベットにとって益となった。農牧民に対する免税や買い上げの免除は、その時から現在まで10数年続けられている。私有化を奨励する経済政策や人民公社の解散は、自ずと多数の労働者の歓迎を受けた。北京がチベットに与えた財政支出は、1979年5億元だったが、胡耀邦の談話の後から増え続け1994年には29億元余りにまで至った。チベットへの基本建設投資は、1979年に1億であったのが、1993年には9億を超えた[43]。しかしチベットにとって特別の意味を持つもの、それは六条の中の第1、第5、第6の条文であった。

　胡耀邦がチベットを訪れる前、共産党中央31号文書がすでに公表されていた。それは「中央及び中央各部門の制定した方針、政策、制度、全国に通達した文書、指示、規定、中にはチベットの実情にそぐわないものがあれば、チベットの党、行政などの指導機関はこれを実行しなくともよいし、あるいは変更してもよい」[44]という内容であった。有史以来の中央政権は常に少数民族の絶対服従を強く望んできた。少数民族に対し絶対服従しなくともよいとか、さらに抵抗することをおそれないようにとすら促しているのは、恐らく初めてであり、党全体に公表した文書でこのように述べることは、それまで想像できもしなかった。胡耀邦はチベット到着後、大会の席で一歩踏み込んで次のように訴えた。

> 今日、会議に参加されている県委書記以上の皆さん全員ここにおられるでしょうか。あなたがたは自分たち自身の特色に従って、具体的な法令、法規、条例を制定し、自民族の特別の利益を守るようにすべきで、あなたがたがこのようなことをしなくてはならないのです。これからは中央の施策をそのまま模倣したり取り入れたりしたら、我々はあなた方を批判するでしょう。よその土地を完全に模倣したり、中央をそのまま真似たりしてはなりません。すべて模倣したり真似したり

することは、怠惰な考えです。[45]

　胡耀邦は直接宗教の解禁問題には触れていないが、31号文書が転載した「西蔵工作座談会紀要」には、「全面的に宗教政策を実施する」との言及があるほか、「信仰心を持つ民衆の正常な宗教生活を尊重」すべきことを求めている。しかも胡耀邦は、チベット文化の地位向上を強調し、同文化の核心に宗教があり、文化の強化と共にチベット宗教が復興しないわけがないと述べている。

　この胡耀邦の主張を貫くために、自治区党委員会と政府は数回にわたって文書を出し、仕事の際にはチベット語を用いること、文書作成や会議は、いずれも二つの言語を用いなくてはならないことを要求した。加えて「チベット語のレベルを進学、労働者の募集、配置転換と起用、昇級、幹部への抜擢等の重要な条件とする」[46]ことをも要求した。歴史上行われてきた民族統治は皆様々な方法を尽くして少数民族にその言語を捨てさせようとして、国民党の役人に至っては、転生霊童が正式に活仏の地位を継ぐ条件として、中国語試験を課すことを考えたほどであり[47]、これらと比べ、すすんで少数民族の言語を強化しようとするこうしたやり方はなおさら貴重である。

　しかしながら、チベットに最も大きな転換をもたらしたのは、やはり「六条」最後の項目、漢人幹部がチベット人のポストを譲るという文言だった。胡耀邦の話にはこのようなくだりがある。

> 昨日我々が話し合った結果、2、3年のうちに、私個人は2年以内が最もいいと思っているが、生産現場から離れた国家の幹部の――私は生産現場を離れない幹部と言っていない。それならば、幹部は全員チベット人でなくてはならない――教員も含めて、全体の3分の2以上にチベット人が就任する（ここで万里が、私は2対8を提案したと口を挟んだ）。彼（万里）は私よりも急進的で、これには私も賛成だ。彼はチベット幹部が全体の8割、漢人が2割を占めることを提案している（再び万里；私が指摘したのは、県クラスの幹部の割合は2対8、区クラ

スでチベット人100％……）。[48]

　この点に関して、当時の抵抗は非常に大きかった。胡耀邦は「通じなくても通じさせなければならない。先に決めてしまってから納得させよう」と言っていた[49]。その講話の半月後、内地への配置転換計画が公表された。チベットにいる幹部の数は全部で5万5000人、うち漢人が3万1000人だったが、その内、2万1000人が内地に配置転換された。また労働者総数8万余りのうち漢人は4万強おり、その内2万5000人の漢族を内地へ配置することが計画された。彼らの子弟を加えると、合計9.2万人の漢人が2、3年以内に内地に帰る予定とある[50]。当時の在チベット漢人人口は12.24万人であるから[51]、在チベット漢人の75％が、胡耀邦の談話後チベットを離れる計画が立てられたということである。しかしこの後、多数の漢人幹部や労働者の内地転換によって、チベットの多くの職場が機能停止してしまったために、もともとの案を変更せざるを得なくなった。だが1980年から85年の5年間で在チベット漢人人口は42％減少した。

　この漢族幹部及び労働者の内地配置転換により、数万単位の幹部ポストや多数の国営企業の「鉄飯碗」（働き口）を補充する必要が生まれたので、数万のチベット人が恩恵を蒙った。「民族区域自治法」が実施されると、政府部門の重要なポストには自民族の役人が就くことが法律的にも保障されたので、漢人は副職に就くのみとなった。チベット人幹部は数値の上でチベット政権の主体となっただけでなく、各級行政の筆頭責任者や主任の地位、あるいは財政、公安、司法等の要となる部門を握った。1989年、幹部全体に占めるチベット人の割合は66.6％、省クラス役人、地区クラス役人に占める割合はそれぞれ72％、68.4％で、自治区と市の行政の長は全員チベット人であった。全チベット地区75県のトップはほとんどがチベット人で、63県の共産党委員会トップも同様であった[52]。

　チベットにおける誤った政策の是正は、チベットに大きな変化をもたらし、人々の生活水準は大幅に向上した。農牧民の平均収入は1979年の147元から、1990年の484元[53]、1994年の903.29元[54]と飛躍的に増加した。1992

年の農業総生産は、1978年より69.8％増、1952年と比べると4.6倍となる[55]。都市部の生活水準はさらに向上した。

　宗教政策の実施は、誤りを正すことの重要な指標だった。80年代半ばに至ると、チベット自治区と各省のチベット区の宗教はかなり復興し、文革以前の状況よりはるかによくなった。「政教一致」と領主式の寺院経済が回復しないのを除けば、「民主改革」以前の状態とほとんど変わらなくなった。ラマ僧は新たに「統一戦線」の対象とされ、優遇措置も加えられた。各地で寺院の修復工事が行われ始めた。そのうち一部の資金は、各級政府の財政支出に依存していた。これに関する統計データによると、1980年から1992年まで、チベット自治区政府とそれに属する7地区の役所が合わせて2.6億元を寺院修復費として計上し、県政府からの財政出動は含まれていないという。ポタラ宮の修復には、北京政府が5300万元余りを支出した。またパンチェン・ラマ10世が陵塔を建てるために、北京は6406万元、金614キログラムを支出した[56]。チベット宗教の回復のために、当時のチベット自治区党委員会第一書記伍精華が、チベット服まで着て自らラサで開かれた宗教大法会に参加し、全チベットにテレビ放映させた。

　宗教活動にはまだある程度の制限があったが、それは寺院の組織と僧侶に対するものに過ぎず、一般人の宗教活動はほとんど干渉を受けていない。またたとえ寺院と僧侶に対する制限があったとしても、単に形式的なもので、実際には自由に活動していた。1984年に開かれた第2次西蔵工作座談会は、「80年代の終わりまでに200の寺院を回復」[57]させる決定を下した。1992年になると、修復、再開した寺院はすでに1480に、1994年8月には1787に達した。チベットの僧侶、尼僧の総数も絶えず増加しており、1994年8月の統計によると4万6400人（僧侶4万2500、尼僧3900）、チベット全人口の2％を占めるまでになった。チベット北部の策県西昌郷では人口1900人強のうち、実に180人、人口の10％が僧侶もしくは尼僧となっている[58]。この数字には、政府に届け出をせずに自ら出家した人数は含まれていない。

　このように、あらゆる角度から見て、鄧小平時代のチベット政策はすでに相当ひらけた段階に到達しており、共産党がチベットに進駐して以来最もよ

い状態にあったといえるだろう。

7. 神壇から降りる

　しかし、チベットではこの時から離反傾向と社会的混乱が始まろうとしていた。1987年9月27日、ラサで1959年以来となる街頭デモが行われ、1989年3月7日までの17ヶ月の間、ラサでは18回もの騒乱が起こった。抵抗の度合いは不断に高まり、打ち壊し、略奪、発砲、流血の事態を招くに至った。1989年3月、ついにラサで戒厳令が敷かれ、419日にわたってラサは厳戒態勢下に置かれた。チベット問題は、この時期から国際社会の関心を集め始めた。中国のチベット政策に対する西側社会の批判はますます広がり、中国の対チベット政策が全く進歩しておらず、むしろ退歩しているかのような印象を与えた。国際関係の中で、チベットは中国に圧力をかける手段ともなった。そしてダライ・ラマは国際舞台の中心に担ぎ出され、前代未聞の影響力を持った。

　これは一見理解困難のように思える。そこで別の角度から分析することが必要となろう。それまでの混乱・破壊や誤りに対する矯正は、チベットの世俗社会にとっては好ましいことだが、チベット人の神界意識（チベット神の世界を信じる宗教意識）にとっては、もともとチベット人の心の中では神であった毛沢東体制の地位を破壊したも同様であった。チベット人の神界意識に従えば、神は明確で完璧でなくてはならなかった。次のような「弁証法的」見解——今の共産党はかつての共産党は同じではない、同一でもあり、かつ完全に分かれることもできる——はしばしばチベット人にはなかなか通用しなかった。彼らは神が誤るはずはないと信じていた。彼らはなぜ神がこれほど残酷になるのか、無制限に人間に罰を加えるのかを理解しようとは思っていない。しかし神は必ず道理をもっている、神は解釈する必要がない、あるいはたとえ解釈したとしても、それは天書のように理解されない、と彼らは考える。神は人の歓心を買ってはならず、人間に行わせることはすべて行わなければならない。特に、神自身が誤りを認めることは絶対にありえな

い。もし自らの誤りを認めたとすれば、たとえ間違いを訂正し自分の状況をよい方向に変え得たとしても、それはもはや神ではなく、俗世の凡人になってしまうだろう。そうなれば、かつてのあらゆる残酷な暴力が丸ごと清算されることになり、必然的に誤りを認め補償せよとの更なる要求に向き合うことになるだろう。

　政府が破壊された寺院の修復費を支出したことを例に取れば、チベット人は必ずしもこれをありがたく思わなかった。却って政府側が金銭を持ち出したことを、政府と漢人がチベット寺院を破壊した（これはすでに国際社会と亡命チベット人の常套句となっている）と認め、犯した罪に対して弁償したにすぎないと考えた。罪に対する弁償なら、いくら多くやっても賞賛されないだろう。

　チベット宗教の再復興を許しかつ促進するその目的は、本来チベット人を感激させることだった。しかし、宗教がチベット人の命の中心である以上、かつては新しい神が出現し、彼らに旧い宗教の破棄を求めてきたところ、彼らもそれを受け入れかつ積極的にくわわったのだが、しかし彼らが旧い宗教を捨て、寺院を破壊してから、ある日突如彼らが、新しい神はもともと存在などしていない、あれは不幸な誤りでしかなかった、今はその間違いを訂正しなければならない、旧い宗教を復興させ、寺院を再建しなければならないと告げられた。そうした自らの手で寺院を破壊し、伝統宗教を冒涜したチベット人たちはこのときにどのような心情だったか、想像に余りある。金を出して修理をしたところで、彼らに喜ばれるだろうか？

　これは、伝統宗教が極めて過剰に持ち上げられる重要な要素であった。かつて伝統宗教に反対し、寺院を破壊したチベット人は、新たに復興した宗教を前にした時、みなかつて神に背いたが故に懲罰に直面することになった。懲罰への怖れから、彼らは自分たちの行為を、迫られて犯さざるを得なかったものだとし、伝統宗教に対する何倍もの敬虔さと熱心さを持って、「贖罪」を求めた。このようなチベット人は多数いた。こうした現象は日常的に目にすることができる。修復された寺院の中で最も熱心な者は、往々にして文革中の破壊行為の先導者か、中心的な参加者だったかした人々である。一部の

チベット人役人も自分の過去を洗い流した。彼らはそれを、民族の代弁者であることを装い、民族感情を扇動し、漢人の排除を煽ることによって表現した。

　毛沢東時代は、階級区分を用いてチベット民族の一体性を解体し、チベットの下層社会を支配者の抑圧から解き放ち、彼らを共産党政権のチベットにおける基盤とし、また同盟者とした。鄧小平時代は、階級闘争路線を放棄し、支配層は再び「統一戦線」の対象となった。当時の貴族、リーダー、そして活仏は、全人代や政治協商会議に入ることを求められた。1959年にチベット叛乱軍司令官を務めていた拉魯(ラルー)（1979年釈放）は、現在自治区政治協商会議副主席、その妻は同会議常務委員を務め、息子は自治区民族宗教局の副局長であった[59]。これは好ましい変化だったと認めるべきではあるが、しかし「チベット統治」という観点から言えば、この変化によってチベット民族を分裂させる根拠がなくなり、チベット人もまた復活した伝統文化によって再び新たに組み立てられ、もう一度ひとつの民族となったのである。

　人民公社の解散に伴い、当時「平叛」、「民主改革」、指導者争い、寺院破壊の中で前に突き進んでいたチベット人「積極分子」はすでに過去の人となってしまった。彼らは大多数が人民公社生産隊の幹部だったのだ。公社の解散により彼らはそれまでの地位を失い、普通の農牧民になった。中には貧困に陥ったり、年老いて頼るものが何もない状況に追い込まれる人も少なくなかった。チベットが閉ざされた環境にあったために、往年の郷村幹部資格や経歴はまったく通用しなかった。中共チベット党委員会組織部の調査によると、かつての「積極分子」は現在では多くが貧困層に落ちている。アメリカ人人類学者ゴールドシュタイン（Melvyn Goldstein）はチベット西部で調査を行い次のように述べている。「以前の富裕階層にあった人々は皆最も沢山の家畜を飼い、最も安定した収入を得ている。一方、現在の貧者は皆旧社会の貧困家庭出身である。……過去の公社幹部もまた、このような貧困層に転落してしまった。1987年には、10戸の家（全体の18％）が県から救済措置を受けた。興味深いことに、この時救済措置を受けたのは、旧社会でも皆貧困層だったことだ」[60]。これ以外に、チベット民族が再びひとつとなった今

日、「積極分子」は未だに民族の裏切り者と看做される重荷を背負っている。彼らの零落した姿は同情を得られないばかりではなく、却ってそれは彼らが応報を受けている現れだと思われている。

　かつての富者が再び豊かになり、かつての貧者が再び貧しくなる。何が原因であれ、こうした現象が生み出す心理的な影響は、強烈な宿命感を持っているチベット人たちに、何かを暗示しているような天意を感じさせるに違いない。チベットの一般民衆は自覚するとしないとに関わらず、行動方式を手直しし始めた。チベット北部の丁青県に住むもう 20 数年も下っ端のままの幹部が、ある小さな変化について私に話してくれた。文革期には、領主が路上で翻身した農奴に偶然出くわすと、さっと路肩に立ち、両方の袖を肩にかけて、腰をかがめ舌を出した。これは旧時代下層の人間が上層の人間に対して行った礼儀である。翻身農奴が過ぎ去るのを待ってようやく彼は歩き出すことができた。それが現在では一変し、かつての農奴は路上で腰をかがめ舌を出し、領主に道をあけるようになった。この変化は非常に微妙であって、誰かが強制したものでも、誰かがはっきりそうすべきだと言っていたことでもなく、全く自発的に生じたものであった。旧時代は本当には戻ってこなかったが、社会の空気はすでに変化し、農奴たちも早めにおとなしくしたほうがいいと敏感に悟ったのである。これはまた、胸を突き出し頭を上げるかつての横柄な態度を彼らが反省していることを示したものでもある。こうした小さな動作の変化から、時代の大きな変化が屈折しながら反映されたのだ。

8.　おわりに

　歴史を振り返ると、毛沢東時代にチベットにおける中国の主権が安定していた理由は、それまで一体であったチベット民族を対立した階級に分化させ、それにより民族の壁を打ち破り、人口の大多数を占める下層チベット人に共産党と同盟関係を結ばせたことである。この前提条件の他に、毛沢東体制がチベットの伝統宗教に取って代わったことによって、下層チベット人が彼らをがんじがらめに縛り付けてきた伝統と決別するに至ったこともももひとつ

の理由である。

　鄧小平時代には、階級路線は放棄され、伝統宗教が復活し、再び支配層に対する「統一戦線」が行われた。チベット人の生活状況が大幅に改善する一方、チベット民族への階級分化は消失し、民族は再び一体となった。もし中国がかつてそうだった様に閉鎖的態度を保っていれば、何の問題もなかっただろう。というのも、毛沢東時代にすでにチベット社会には多くの変化が起きており、かつての状態が簡単に繰り返されるはずがないからである。しかし問題は、鄧小平時代の中国が対外開放を進め、国際的条件、西側諸国の対応、ソ連邦解体などがどれもチベットに重大な影響を与えたことである。その上階級闘争を放棄し、しかも新たなイデオロギーがその代役を務めることもなく、そこにできた空白は伝統宗教と民族主義によって埋められるだけであった。毛沢東時代に「統一戦線」路線から階級路線に転換したのは、宗教と民族という二つの旗印は民族の支配層によってしか掌握できないもので、異民族の人間は手出しできなかったからである。しかし現在では、この二つの旗印を握っているのは、まさしくダライ・ラマである。宗教上、彼は最高精神指導者としての地位を天から賦与されており、民族主義という点から見れば、彼は国際社会が認めるチベット民族の象徴である。チベット民族が新たに宗教と民族の旗の下ひとつになった時、チベット人の中には彼に対抗できる力は基本的にないのである。

　この視点から進められる議論は、改革してはならないという意味を持つのでは決してない。道義上であれ、あるいは必然的にであれ、改革は全く必要であり、中国全体の改革が行われる時、ただチベットだけが毛沢東時代のままで、その衣を着続けていることもできない。毛沢東時代には他の時代が決して真似できない特殊な条件があった。毛沢東が「成功」するに至った条件は、今ではコピーすることも、再現することもできないのである。であるからこそ、チベット問題を解決するために、新たな考察の道筋を探していかなくてはならない。

注

1) 1727年（雍正5年）から、清政府がチベットに「駐蔵大臣」（チベット駐在大臣）を派遣するようになった。辛亥革命までの185年間に、計173任次、135名の正・副大臣を任命した（2回任命される人を含め、内23名は異なる理由により着任していない）。

2) 『联豫驻藏奏稿』（聯豫駐藏奏稿）(1979)、西蔵人民出版社、89頁。

3) 最後の駐蔵大臣である聯豫は、その上奏文の中で、次のように述べている。「漢人の中で、チベット語の分かるものは、自分の事務所には一人か二人しかおらず、チベット人の中で、漢字の分かる者は一人もいない」。

4) 『卫藏通志』（衛藏通志）、第9巻、315頁。

5) チャペイ・ツダピンツ他著（1996）『西蔵通史──松石宝串』西蔵人民出版社、779-786頁に、その全文が載せられている。

6) 「二十六条章程」の中で、18条が駐蔵大臣の権限に関連するものである。簡潔にその主なものを紹介すると、第1条、ダライ・ラマ、パンチェン・ラマを含め、主な活仏の転生霊童の認定、第2条、チベットの出入国管理、第3条、チベットの貨幣鋳造の監督、第5条、軍隊指揮官の任命、第8条、ダライ・ラマとパンチェン・ラマの収入と支出を審査、第10条、ダライ・ラマ、パンチェン・ラマと共同でチベットの行政を処理する、第11条、チベット地方官僚の任命、第14条、外交の管理、第15条、国境の画定権、第18条、各寺院活仏の決定、第20条、税収の決定、第25条、犯人の処置、など。

7) 丁実存（1943）『清代驻藏大臣考』（清朝駐蔵大臣考）、蒙蔵委員会。

8) 「清季筹藏奏牍」（清朝チベット駐在大臣上奏文集）第3冊、『张荫棠奏牍』（張蔭堂奏牘）第2巻、17頁。

9) 『联豫驻藏奏稿』（聯豫駐藏奏稿）(1979)、西蔵人民出版社、47、48頁。

10) 同上、16頁。

11) 「十七条協議」を簡潔にまとめると、1、チベットは中国に属する、2、チベット側は解放軍のチベット進駐に同意、3、チベット自治、4、チベット現行制度不変、ダライと各クラスの官僚の地位は不変、5と6、パンチェンの地位を復活、7、チベットの宗教を維持、8、チベット軍は解放軍に改編、9、チベットの教育を助成、10、チベット人民の生活を改善、11、チベットに改革を強要しない、12、チベット官僚の過去について咎めない、13、駐在解放軍は軍記厳守、14、中国はチベット外交を管理、15、チベットで軍政委員会と軍区司令部を設立、16、中国はその経費を負担、17、協議はサインした時点ですぐに効力を発生。

12) 県に相当する

13) 「西蔵统一战线工作的历程」（チベット統一戦線の工作歴程）西蔵自治区文史資料委員会編（1991）『西蔵文史資料選集』、121頁。
14) 同上、120頁。
15) 趙慎応（1995）『中央駐蔵代表——张经武』（中央チベット駐在代表——張経武）、西蔵人民出版社、109頁。
16) 同上。
17) 吉柚権（1993）『西蔵平叛紀実』（チベット反乱鎮圧実録）（西蔵人民出版社）では、鄧小平がダライ・ラマとパンチェン。ラマの宿泊場所の安全担当官に、「この二か所には、ハエ一匹も入れないように」と指示した、と描写している。
18) 『新华月报』（新華月報）、1952年12月号、11頁。
19) 西蔵自治区党史資料委員会編（1991）『西藏革命史』（チベット革命史）、西蔵人民出版社、103頁。
20) 『中共西蔵大事記』（中国共産党チベットにおける党史要録）。
21) 西蔵自治区党史資料委員会編（1991）『西藏革命史』（チベット革命史）、西蔵人民出版社、106頁。趙慎応（1995）『中央駐蔵代表——张经武』（中央チベット駐在代表——張経武）、西蔵人民出版社、126頁。
22) ダライ・ラマ（1990）『流亡中的自在：达赖喇嘛自传』（亡命中の自在——ダライ・ラマ自伝）、台湾聯経出版、143頁。
23) 吉柚権（1993）『白雪——解放西藏纪実』（白雪——西蔵解放記実）、中国物資出版社、476頁。
24) A.Tom Grunfeld（1990）『現代西蔵的誕生』（現代チベットの誕生）、中国蔵学出版社、220頁。
25) 同上、188頁。
26) 西蔵自治区党委員会宣伝部編『中央和中央領導同志关于西藏民族問題的部分論述』（チベット民族問題に関する中央と中央指導者による論述の一部）。
27) 『西蔵的民主改革』（チベットの民衆主義改革）（1995）、西蔵人民出版社、314-315頁。
28) 同上、310頁。
29) 同上、26頁。
30) 同上、333頁。
31) トツ他（1989）『西藏和蒙古的宗教』（チベットとモンゴルの宗教）、天津古籍出版社、218頁。
32) チベット宗教における神々は多くの場合非常に獰猛で、怖い姿となっている。悪神ではないにもかかわらず、険悪な表情で、凶器を持ち、足元には強いられてい

る骸骨の数々。たとえば観世音菩薩も、漢民族の地域ではきわめて優しい美女の姿となっているが、チベットでは、黒っぽい巨人で、片手には髑髏、首には髑髏で作った首飾り、足元には死体。これらの見てすぐにも怖くなるような神こそ、チベット人の美意識では威厳と強力、全能の象徴となり、恐怖で以って世間のすべての正義を裁決できる存在として信頼されよう。

33) Pierre-Antoine Donnet（1994）『西藏生与死——雪域的民族主義』（チベットの生と死——雪国の民族主義）、時報文化出版企業有限公司、130頁。

34) 1975年に西藏軍区の資料には、「反乱」として挙げた事例として、自由に商売できるよう要求するものや、罷免された共産党幹部の不実を訴えているものなどが挙げられている。中国人民解放軍西藏軍区編（1975）『世界脊上的英雄戦士』（世界の屋根の英雄戦士）、112-121頁。

35) 『西藏自治区重要文件選編』（チベット自治区重要文章選）、121頁。

36) A.Tom Grunfeld（1990）『現代西藏的誕生』（現代チベットの誕生）、中国蔵学出版社、277頁。

37) 西藏農牧学院編（1986）『西藏大事録・1945—1985』（チベット重要事件要録・1945—1985）、268頁。

38) 同上、288頁。

39) 同上、390頁。

40) 『西藏自治区重要文件選編』（チベット自治区重要文章選）、212頁。

41) 「1980年6月3日郭錫蘭のチベット党委員会における講話」、『西藏自治区重要文件選編・上』（チベット自治区重要文章選・上編）、97頁。

42) 同上、15-32頁。

43) 『西藏統計年鑑・1994年』（チベット統計年鑑・1994年）（1995）、中国統計出版社、90頁、109頁。

44) 『西藏自治区重要文件選編』（チベット自治区重要文章選）、3-4頁。

45) 同上、21頁。

46) 『西藏自治区貫徹一九八四年中共中央书记处召开的选择工作座談会精神文件選編』（中央書記処の西藏工作座談会方針の執行に関する西藏自治区の文書選集）(1984)、89頁。

47) 黄慕松『使蔵記程』（チベット出使記録）、西藏社会科学院西藏学汉文文献編輯室編（1991）『西藏学汉文献丛书第二輯 使蔵纪程 拉萨见闻记 西藏纪要 三种合刊』、西藏人民出版社、50頁。

48) 『西藏自治区重要文件選編』（チベット自治区重要文章選）、29-30頁。

49) 同上、29頁。

50) 同上、51 頁。
51) 『当代中国西藏人口』(現代中国チベット人口) (1992)、中国蔵学出版社、200 頁。
52) 張仕栄「西藏少数民族干部队伍宏観管理初探」(西藏少数民族幹部巨視的管理について)、『西藏青年論文選集』所収、161 頁。
53) 『当代中国西藏人口』(現代中国チベット人口) (1992)、中国蔵学出版社、342 頁。
54) 『西藏統計年鑑・1995 年』(チベット統計年鑑・1995 年) (1996)、中国統計出版社、178 頁。
55) 孫勇ほか (1994)『西藏经济发展简明史稿』(チベット経済発展の歴史)、西藏人民出版社、122 頁。
56) 劉偉 (1994)『西藏的脚步声』(チベットの足音)、西藏人民出版社、194、233 頁。
57) 『西藏自治区貫彻一九八四年中共中央书记处召开的选择工作座谈会精神文件选编』(中央書記処の西藏工作座談会方針の執行に関する西藏自治区の文書選集) (1984)、20 頁。
58) ベマランジ「现阶段西藏宗教的地位和作用」(現段階のチベット宗教の地位と役割)、『西藏青年論文選』((チベット青年論文選集))所収、207 頁。
59) 人民日報記者の劉偉は、『拉萨骚乱纪实』(ラサ動乱実録) で、次のように書いている。「政府は自分の仕事と西藏の政策を反省すべきだ。上層部に笑顔で、庶民の苦しみには見向きもしない。群衆は心細い。みんなは共産党は変わった。50 年代の時は我々には良いが、80 年代は貴族には良い。上層部の人はみんな良い待遇であり、庶民は金もなく、家もない」。
60) M.C.Goldstein (1993)「中国改革政策对西藏牧区的影响」(中国改革政策のチベット放牧区に対する影響)、『国外蔵学訳文集』第十輯、西藏人民出版社、367 頁。

チベット仏教の社会的機能とその崩壊

王 力雄

1. チベット宗教の現状

1. 「活仏爆破テロ事件」から

　チベット自治区には至る所に寺院があり、僧侶の数が多く、参拝も盛んで、人々は表面的には自由に仏を拝み経輪を廻しているように見える。チベットをさっと見て周り、チベット人が完全な信仰の自由を得ているような印象を持つことは、多くの中国人、外国人が等しく経験しているだろう。中国政府はすでにこの点を承知していたので、かつての閉鎖的な守りの姿勢を積極姿勢へと変え、チベットの門戸を開いて多くの外国人記者や政客をチベットに招いた。そしてその成果が生まれつつある。

　しかし2003年1月、四川省甘孜チベット自治区雅江県のチベット人洛譲(ロラン)鄧珠(トンズ)に死刑が執行され、チベット人僧侶阿安扎西(アアンザシ)が執行猶予2年付死刑判決を受けた。阿安扎西は、現地の民衆の圧倒的信仰を集めているチベット仏教ゲルク派（格魯派）の活仏である。当局は、彼が洛譲鄧珠に一連の政治的爆破テロ行為を命じたと告訴し、判決が下されたのである。

　2001年1月、甘孜州の州都康定の折多河にかかる橋が夜半に爆破された。けが人はなかったものの、全康定城内は恐怖に包まれた。2001年8月1日

の夜には、やはり康定で、中国共産党の甘孜党委員会正門が爆破され、当直室にいた武装警官2名が負傷した。同年10月2日には、康定の州交通警察大隊の正門で同じように夜半爆発が起き、守衛の老人が死亡した。

現在では、これらの爆破事件は全て阿安扎西（アアンザシ）と洛譲鄧珠（ロラントンズ）のふたりによるものとされている。この審判に対する疑問は、すでに他の機会に論じたので繰り返さないが、ここではもうひとつの角度から問題を提起してみたい。もしチベット宗教に中国政府の言う自由が本当に保障されているのであれば、何故こうした爆破事件がおきるのであろうか？　私は阿安扎西が爆破を指示したとは信じていないが、しかしチベット人が首謀者であること、しかも宗教問題が関連していることは間違いないだろう。甘孜州で私と同じような見方をしている人は少なくない。康定で爆破事件がおきたあと、現地の人々が真っ先に思い浮かべたのは、阿安扎西ではなく、阿安扎西の居住地から数百キロ郊外にある色達喇榮五明仏学院（セルダラロン）である。

2. 喇榮（ラロン）尼僧の不遇

色達県から20キロ余り入った喇榮山谷（ラロン）に、チベットに伝えられた仏教のひとつ寧瑪派（ニンマ派）の高僧晋美彭措（ジンメポンツ）が建てた五明仏学院がある。1980年創設時には30名余りしかいなかったが、90年代末にはここで学ぶ僧は、出家僧、在家僧、ラマ僧、尼僧含めて1万人以上にのぼり、1000名を越える漢族人信者もいた。しかも各地から学びに来る僧は増加し続けている。

中国当局は、当局の完全な統制下に置かれていない組織に対しては、つねに猜疑と恐れを抱いている。1999年8月に私は康定地区を旅行した。当初は色達（セルダ）に行く予定だったのだが、当局が五明学院の粛清を行おうとしており、警察はすでにそこに圧力をかけているときいた。私は新疆の監獄から出たばかりだったので、また面倒が起こるのではないかと同行していた者が案じたので、色達行きを断念したのだった。当局の粛清の主たる目的は、同校の生徒数を減らし、大きな影響力を持てなくさせることだった。当局の規定によって、同校にもともと在籍していた4000名のチベット人尼僧は400人に、同じく4000名以上いた僧侶は1000人に減らされ、勉強のためにきた1000

名を越えた漢族人は全員退去を命ぜられた。

　当局は当初仏学院を主宰する晋美彭措（ジンメポンツ）とほかの活仏やラマ僧（堪布）に、当局に協力して僧たちを放校するよう望んだが、出家した立場からすれば、他人に還俗を勧めることは最も重い破戒行為とされるから、彼らは当局の要求を一斉に拒んだ。そこで当局は強硬手段に出て、工作組によって動員された漢人の民工に僧侶たちの住居を破壊させ、僧たちの住む場所を奪うことによって学院から無理やり去らせようとした。2001年7月10日には、この日一日だけで1700件もの家屋が破壊された。わたしはその現場を目撃した人物から話を聞いたが、一方で家屋を打ち壊す音がそこいら中に鳴り響き、砂埃が一面に舞い上がり、もう一方で1000人以上の尼たちの泣き叫ぶ声が天地を揺るがさんばかりだったということだ。その後五明学院の周囲の山は群れをなして彷徨う尼僧たちで溢れた。彼女たちは、野宿生活に耐えながら政府の手から逃れようとしていたのである。

　色達（セルダ）で打ち壊しが最もひどく行われたこの日から20日後——この20日という数字に注意して欲しい——甘孜州の中共党委員会正門が爆破された。しかも康定市での3回の爆破事件はいずれも色達の五明学院に対する弾圧が最も苛烈だった2001年に発生している。

　私はここで五明学院の高僧たちが爆破事件に関与していたとか、指示していたなどと言っているのではもちろんない。だがあの学院退去の強行は、各地から来ていた数千人の人々をも巻き込み、追い出されたものたちはもはや仏学院の監督を受けることはなく、しかもその中の多くの者たちは仏教の「不満を持たず恥を忍ぶ」境地にまでは修行が及んでいなかったのである。社会に対し何ら危害を加えない1000人もの女性が、ただ信仰を持っているという理由だけで住居を破壊され、悲惨なことにそこから逃げ出さなければならなかったという事実に、私のような部外者ですら怒りを感じるのであるから、当事者の思いは推して知るべしである。爆破によって抗議の意思を示す可能性がなかったとは言い切れない。

3. チベットには宗教の自由があるのか

　宗教には様々な側面がある。寺院等の建造物、僧侶の読経や信者の焼香拝仏など外側に現れている側面もあれば、宗教の哲学、伝承、組織、教育等々、外側からは容易に見て取ることができない側面もある。後者は宗教の実質であり、前者はその形式である。もし宗教が形式だけで実質を伴わないとすれば、それは宗教ではなく、単なる迷信となってしまう。

　現在、チベットの宗教は形式的には確かにかなりの自由を有している。大雑把に表面だけ見て歩く旅行者は、宗教的制限にはほとんど気がつかないだろう。しかしもう少し立ち入って観察してみれば、その制限は存在しているだけでなく、あらゆるところに入り込んでいることがわかるだろう。こうした状況に関して、2000年に私はチベット自治区で以下の調査を行った。

- ……党政官員と公安部が組織した工作組が寺院に進駐し、僧侶たちひとりひとりの取調べを行った。当局に不信任の判定を下された僧侶は寺院を追い出され、故郷に帰されたり、あるいは獄に入ったものもいた。寺院に残った僧侶たちは、ダライ・ラマに反対する意思を表明しなくてはならなかった。寺院活動を制限する規定も定められた。例えば、勝手に寺院を修復してはならない、僧侶の「編制」を制限する、複数寺院どうしの連絡を禁止する、寺院の外では宗教の宣伝をしてはならない等々である。甚だしいものに至っては、活仏の転世までは「党の指導のもとで」行われるとされた。寺院の自律は名ばかりで、役人が寺院の管理組織に配属され、いかなる決定も全て彼らを通さなくてはならなくなった。
- ……チベットのあらゆる共産党員、幹部と国家の職員は皆、宗教信仰が許されないことが明文化されている。さらにダライ・ラマを敵と看做さなくてはならず、彼らの家にダライ・ラマの肖像を飾ることは許されないし、仏壇を設けることも、僧侶に読経を依頼することも、仏事を行うことも、宗教的なポスターを貼ることも、チベッ

ト亡命政府が運営している学校に子弟を入学させることも、全て禁止されている。違反した者は党籍を剥奪され、公職から追放される。すでに退職している場合は、退職金の発給を差し止められ、学生であれば進級させてもらえない。チベット自治区には現在、6万人以上もの幹部と9万人もの党員、15万人の職工がいるが、そのうち8割がチベット人で、彼らの家族も合わせると、全チベット人口の1割を超えるチベット人が、こうした規定の影響を受けている計算になる。多くの職場がしょっちゅう抜き打ち的に職工の家を検査している。今年（2000年）の薩噶達瓦節（サガダワ）（チベット人にとって最も重要な宗教記念日）には、当局は各職場から人を出させ、宗教行事を行う場所を「調査」させ、同じ職場の人間がそこに現れないかどうか監視させたほどであった。さらには、失笑せざるを得ないような制限もある。例えばテレビ局に経幡の映像を放映することを禁じ、その結果チベットや他省の記者が一緒に取材をするときなどは、他省の記者だけが上空いっぱいに広がっている経幡を撮ってチベットの特色を示そうとしたのに、チベットの記者は苦労してまで経幡が映らない角度から映像を撮らなければならなかった。

- ……上述した「寺院の整理」のほか、チベットの宗教界で最も憂慮されているのは、当局による読経弘法の封殺である。宗教が哲学思想の発信をしなくなれば、民衆の信仰は形式と迷信の段階にとどまってしまい、宗教の真の意味を理解しなくなるだろう。それによって宗教は衰退し、その上奢侈の風潮が起こり、社会の風紀は退廃していくだろう。同時に、宗教界内部の理論の研鑽と伝統の継承もまた正しく行われなくなり、宗教的しきたりも廃止されたり規模を縮小させられたりするだろう。宗教学位の試験はここ十数年実施が許可されていないため、現在チベット内にいる僧侶たちの学識は、国外にいる僧侶たちにはるかに劣っている。現実に不満を持つ宗教人たちは、表面上香火が盛んな寺院は博物館のようなもので、民衆が提灯に火をともし叩頭することを許すだけに過ぎない宗教的自由

は、外国からの訪問者を騙すだけで、むしろないほうがましだ、と述べている。[1]

　チベット自治区以外でチベット人がもっとも多い地区は、四川省甘孜のチベット自治州を中心とした康巴地区である。ここで民衆の支持と信頼を最も集めている活仏は、康北の晋美彭措(ジンメボンツ)と康南の阿安扎西(アアンザシ)である。ふたりのうち片方はその門下の数千人の弟子が追放され、もう片方は本人が死刑判決を受けて獄中にある。当局が彼らをこのように扱った原因を探ってみると、宗教の自由があるか否かという点に行き着く。彼らふたりは宗教の自由を要求し、当局はそれを与えようとしないのである。

4．宗教の自由のために身体を張って法に挑戦する

　阿安扎西を例とすれば、彼のこのような境遇は、彼と現地政府との長年にわたる確執と関係がある。甘孜州当局はこれまでずっと彼を異端と見なしていた。1997年7月、甘孜州宗教局は、同州党委員会の意向を受けて、もっぱら阿安扎西を意識して内部通達をだした。文書の中では、彼に対し以下のような嫌疑がかけられている。

　　1、帳篷寺（テントの寺）を建て直し、土木建築の寺院にした。
　　2、寺院を拡張した。
　　3、「読経所」を建造した。
　　4、転生の活仏として2名の霊童を指名した。
　　5、他の寺院の移転に干渉した。

　一目瞭然、阿安扎西を非難する内容で、全てが宗教的なことがらに関するものである。もし本当に宗教の自由があるのであれば、政府が一々指図する必要はないはずだろう。ところが政府はそれだけにとどまらず、阿安扎西に以下の様な処置を行った。

　　1、彼から活仏の身分を取り消し、一般の僧侶に戻るよう命じた。
　　2、彼の指名した転生霊童をみとめない。
　　3、他の寺院で活動することを禁じた。

4、雅江県の政治協商委員の肩書きを取り消した。[2)]

　これらの処遇は、当局が決定できる政治協商委員の罷免以外は、宗教への干渉であることは間違いない。さらにもうひとつの問題は、当局のこうした干渉が果たして効果を持つのかということである。阿安扎西(アアンザシ)本人の言うところでは、彼の活仏の身分はインドでダライ・ラマによって認定されたものである。これは宗教内部の伝統的継承であり、ただそれ自身の規定に従って決定され得る。無神論の立場を取る政党の地方組織が、誰が活仏で誰がそうでないなどとどうやって決めるというのだろうか。これらの決定を阿安扎西が受け入れるはずはなく、他の信徒たちも同様である。これは宗教の原則であって、権力側が変更できるものではない。従って、一般の人々は依然として阿安扎西を活仏と信じ、彼の威信は却ってますます高まることになった。数万の人々が連名で阿安扎西の立場を守ろうとした。このことによって政府は面目を潰し、ふたたび正式な文書を発布して阿安扎西に対する処置を明らかにした。しかしやはり実現することができず、結果として政府に対する蔑視と抵抗、そしてこれに関与した役人への侮蔑を生み出した。これは、政府が自ら招いたことであるにもかかわらず、彼らはすべて阿安扎西に責任を押し付けた。

　権力の管理が全てに及ぶ社会では、人民が受け入れないからといってそのままで済ませることは決してない。彼らは必ずや一層統制をエスカレートさせ、両者の対立は継続されるだろう。一回目で成功しなければ、二回目と、権力が勝利を勝ち取ることが証明できるまで抑圧が繰り返されるのである。

2.　チベットにおける宗教の社会的機能

5.　銃殺された盗賊

　私は阿安扎西が入獄する以前にすでに彼に関心をもっており、彼を研究対象とする計画を立てた。私が最初に彼に関心を持ったのは、どのようにしてチベット社会の治安を守りつなぐべきかを考えている最中だった。

　康区――特に甘孜州――は、治安を脅かす事件が多発している。私も身を

もってそれを感じたことがある。一度、車で甘孜方面に出かけたときの事である。甘孜に着いたものの、日暮れにはまだ時間があり、宿に行くには早かった。しかし隣の県に行くには、急いでも夜中じゅうかかってしまう。私はすでに康区では夜運転しないほうがよいと聞いていたのだが、やってみなければわからないと、そのまま車を走らせることにした。夕方近くなると、車が一台も見当たらなくなり、日が暮れて辺りは一面漆黒の闇となった。突然私は一本の巨木が道路を横切っておいてあるのに出くわした。それは強盗が道をさえぎって襲いかかるためによく使う手口だった。私は車を停めざるを得ず、すると闇に潜んでいた強盗が飛び出してきた。運良く巨木と路肩の側溝の間にわずかな空間があったので、そこを通り抜けて逃れ、襲われずにすんだのだった。

　雅江県でも死亡事件に遭遇したことがある。この時私は、県城から数キロ離れた宿に泊っていたのだが、朝バター茶を飲んでいると、宿のチベット人の主人が窓の外を見てみろと言う。そう遠くない道の上に、布に覆われた物体が置いてある。一見して人間だとわかった。その主人が言うには、それは前日の晩警察に殺された強盗の遺体とのことであった。強盗はチベット人の二人組みで、一台の成都から来たトラックを襲った。運転手が雅江県まで来て警察に通報し、一緒にもと来た道を戻りながら犯人を探した。すると二人の強盗はちょうどどこにに来ていたというわけである。警察は彼らを逮捕する際、彼らがナイフを抜くそぶりを見せたので発砲し、その場で一人が死亡、もう一人は山に逃げ込んだ。宿屋の主人はいかにも残念そうにこう言った。二人の強盗はうちの宿に泊ろうとしたんだが、身分証明書を持っていなかったから断ったんだ。それで門を出たところ警察に見つかった。もし彼らを泊めてやっていたら、死人が出ることはなかっただろうに、と。しかしすぐ後でこうも言った。殺すのもいいことかもしれない。前の年向かいの山でやはり警察に一人殺されて、しばらく平和になった。最近また強盗事件が増えてきていたから、もう一人殺されてまたきっと平和が戻るに違いない。

　間もなく県城から警察がパトカーを連ねてやってきて現場検証をした。私はそのうちの一人と話をしたのだが、彼はこの手の事件がどんどん増えてい

ると言っていた。10年前に彼が県の公安局に赴任した頃は、職員は30人余りだったのが、今では70人以上に達してしまい、それでも人手が足りない。最大の問題は、犯人を逮捕するまでに時間がかかりすぎ、取り逃がしてしまうことである。面積が広く、人間が少なく、道路が整備されておらず、交通の便も悪いチベット地区では、もし何処かで事件が起きても、その事件を報告するために馬に乗って山を越え、時には何日も歩かねばならず、警察もまた現地に向うのに馬を駆り、行くだけで数日費やすことになるからだ。しかも見渡す限り茫漠たる草原で、山々が連なり、そもそもどこに行って探せばよいのか見当もつかないのだ。この警官は、チベット社会の治安を維持するには、毛翁（毛沢東をこう呼んでいる）の方法が最も良いと言う。当時採られていた方法は、人民専制、国民皆兵である。つまり人々が皆で警戒心を高めあい、違法な犯罪は皆で協力して取り締まり、基層組織がよく機能していたので、たとえ警察がいなくとも、軽挙妄動に出るものはなく、あるいは何らかの事件が起きても、犯人は逃げ延びることができなかった。今や、基層組織は機能を失い、何か事が起こっても気がつかなくて当たり前であり、余計なことはしないに限ると考えられている。社会の治安維持は警察に一任され、警察の目が行き届かないところで、大胆不敵な犯罪がはびこるのである。

　しかし、毛沢東時代はすでに過ぎ去った。階級闘争によって社会のねじをきつく巻いても、一時的に維持できるだけで、長期にわたる治安の維持は保障できない。毛沢東の方策はもう望めなくなっている今、チベット社会の治安を何によって維持すべきであろうか。それは、広く論じるならば、チベット社会をどのように治めるべきなのか、何によって秩序と永遠の安寧を保証するのかという問題である。これは現在、そして毛沢東時代に直面しなくてはならなかった問題であるだけでなく、長い歴史の中で同じように解決が必要とされてきたのだった。それでは、過去1000年を振り返り、チベットはこの問題をどのように解決したのかを考えてみよう。

6. 活仏はいかにして地域社会の指導者となったか？

　雅江県は、チベット人地区の中でも漢人地区に最も近い県の一つで、現代

化の諸要素、すなわち商品経済、市場観念、人口の流動などに、頻繁に接触できる最前線にある。しかし雅江西部の郷村と牧場は、康区の劣悪な治安状況に比べて、別の様相を呈していた。

　私は嘎瑪(ガマ)3)という名の康巴地方の人の家に滞在したことがある。嘎瑪には朝から晩まで一緒に過ごす友人が二人いて、ひとりは勒布(ラブ)、もうひとりは曲札(チュザ)といった。彼ら3人は皆典型的な康巴男で、巨大な体躯はまるで英雄のようだった。私にとって意外であったのは、彼らは皆酒もタバコもやらないことだった。私がそのことに驚く様子を見て（康巴の男性は酒好きがすこぶる多い）、嘎瑪はこう説明してくれた。もともと自分たちもよく酒を飲み、タバコを吸い、ばくちを打ち、喧嘩も狩猟も盗みもやった。悪いことはみな一通りやってきたのだ。周りのチベット人はみんなこんな具合だ、と。嘎瑪の額には今でも刀傷が残っているし、彼が他人の頭に負わせた傷もある（彼がどれほど喧嘩に強かったが想像できる）。その頃、彼が賭博で擦った金は13～14万元にものぼった。家庭生活は全く破綻していた。酒びたりの毎日で、酔うと気が狂ったようになり、喧嘩をしたり、財布を懐から取り出しては人にやってしまったりした。そうかと思うと、二人で酒を飲んだあと、互いに家に送りあって、行ったりきたりした挙句、帰ってくるなり妻を殴るようなこともあった。しかし彼らはここ数年、一滴の酒も飲まず、タバコも吸わず、賭博もせず、盗みもひったくりも喧嘩も殺生もしていない。彼らはこのように改心したが、周りの幾つかの村の人々も、9割以上が彼らと同じように悪習を断った。

　彼らにこのような変化がおきたのは何故だろうか。それは、阿安扎西(アアンザシ)の影響である。7歳で出家した阿安扎西は、30歳の時ようやくインドで活仏に認定された。1987年、康区に戻り、甘孜州雅江県と理塘県の境で宗教活動を行った。嘎瑪が私に言うには、以前にも活仏は来たことがあるが、彼らは民衆が置かれた状況に無関心で、人々の布施を受け取るとその場を立ち去ってしまったという。阿安扎西はそうではなかった。彼は民衆が奉げた金を自分の巾着に入れようとせず、慈善事業に用いた。彼は6、70名の身寄りのない老人を世話し、頼る人間がいない人は誰でも面倒をみた。交通の遮断さ

れた村のために道路建設の費用を出し、自らも工事に加わった。彼の設立した学校には130名の生徒がいたが、全員が孤児か、障害児、あるいは貧困家庭の子どもたちで、毎月かかる1万3千元余りの費用は、全額彼が工面していた。

　阿安扎西(アアンザシ)は人々の信頼を得ただけに、彼らに絶大な影響を与えた。彼は酒、賭博等の悪習を禁じることを提唱し、人々はこれを受け入れた。悪習を断つ人が増え、それがひとつの気風となると、さらに多くの人がこれに習った。毎年彼は農村を訪れ経を読み法を説いた。ひとつの村で半月教えた。説法の時には、彼は順番に出席をとり、学生全員の名前を覚えていた。また村で起きた事件を全て把握していて、喧嘩は誰と誰がやったのか、誰が盗みを働いたのかを全て承知していた。悪事を犯した人間を人々の前に引っ張り出して、人々が見ている前で厳しく叱責することもあった。ラマ僧たちが皆一緒に経を読むとき、彼らに参加を許さなかった。これはチベット人にとって大変な屈辱であったし、それだけでなく仏教の業と因果という重圧は、彼らを心理的に大きく揺さぶった。悪事に手を染めた人間は、最後に人々の前で過ちを認め、改心を誓うのだった。このような人々は大抵前非を心から反省するのだ。

　私は嘎瑪(ガマ)に聞いてみた。タバコも酒も博打もやらずに、生活の楽しみは何なのか、と。嘎瑪は、楽しみはいくらでもある、草原で遊んだり、三弦に合わせて飛び跳ねたり、うまいものを食べたり、ほら吹きごっこをしたり、どれも楽しいと答えた。タバコや酒、博打には本当の楽しみはない、一時楽しいように感じるが、後々後悔する、と。私は彼が本心でこういったのだと信じている。彼は山をも動かせるほどの巨漢に見えるが、しかし彼らの瞳はまるで子どものように無邪気である。私が彼らより先に休んだ時も、彼ら3人はまだ遊び足りないようで、外屋の火鉢の周りで「ほら吹き」遊びを続けていた。私はうとうとしながら彼らが外で絶えず大笑いしているのを聞き、本当に心の底から笑っているのだと思った。あのように心のうちを何の曇りもなく開く様子は、実に感動的であった。彼らは、来る日も来る日も一緒に過ごしながらも、まだ話し足りず、しかもあのように一緒笑い合えるのは、一

体どんな話をしているからなのか、私には全く想像がつかない。彼らが1時間で笑う笑いは、私の1年分を超えている。彼らは実に快活であり、しかもその快活さは物資的豊かさや、身体的快楽とは関係がないものだ。

7. 幸福はどこから来るのか

　中国の社会科学研究のトップである中国社会科学院院長陳奎元は、10年間に亘ってチベット自治区の党委員会第一書記を務めた。彼はチベットで次のような発言をしている。「歴史のどんな時期、どんな国家においても、宗教は人民に現実的な自由と幸福をもたらすことはできない」[4]。

　常識的に考えてみれば、これは当然正確ではない。しかしこの発言から推し測るに、陳氏はこのように主張しているのであろう。自らが宗教によって幸福を獲得したと思い込んでいる人々は、精神的アヘンに惑わされているに過ぎないのだ、と。陳氏の言う幸福は、「現実的」という限定語がついている。いったい「現実的」な幸福とは何であろうか。幸福とは「現実的」なものなのか。このように、幸福と呼べる形あるものがあるのだろうか。もしそれを皿の上に出されたら、食べれば食べるほど幸福になるのか。間違いなく、物質的満足は一定の幸福をもたらす。しかしそれはある段階までの話だ。社会科学の研究者の研究によれば、「基本的な必要が満たされる以前に、収入がそのつど上がれば、幸福感を得ることができる。しかし、基本的な必要が満たされてから後は、収入がもたらす幸福感の度合いは次第に下降し始める。収入が上がれば上がるほど、その度合いはますます低くなり、無視できるほどのレベルに至るだろう」という[5]。

　人間が他の生物種と異なる点は、人間には精神の領域があるということである。人間の本質は精神にある。基本的衣食住が得られるという前提の下では、人間の生存状況は、その精神の領域が満たされているのか否かによって決定される。その精神の領域を形成する拠り所と核心は、ほかでもなく、生活の意義と価値判断であると思われる。意義と価値が凝縮されていなければ、「何もない」中で漂流し続ける精神は、ただ拡散するほかなく（普通、心の状態を描く「空虚」の二文字がこの感覚を文字通り伝えるだろう）、精神の領域を生

み出すことも紡ぎ出すこともできない。人類は、物質世界しかもたない動物の状態に停滞（あるいは退化）してしまうだけだろう。従って、精神の光が人類の知を照らし始めてから現在にいたるまで延々と、人類が精神の領域において粘り強く最も努力してきたことは、意義と価値を追求し、「路は果てしなく長く遠い」が「世界中のあらゆることを尋ね求め」たことだった。

　宗教の核心は命の意味とは何かに答えることだが、宗教自身も同時に、完全に整ったひとつの価値体系である。いわゆる幸福とは、意義と価値を不断に実現していく過程である。それ故、十分満ち足りた後の人類に幸福をもたらす最も重要な源のひとつは、宗教なのである。チベット人の何千年何百年もの生き方と幸福のとらえ方もまた、宗教に立脚している。

8. 康巴雄鷹の羽毛

　鄧小平の「発展こそ揺るがせにできない道理である」という言葉は、今や全中国の座右の銘となっている。チベットの草原でも、至る所にこの標語をかかげた看板が聳え立っている。中国共産党が、チベットやその他の少数民族地区が安定するようにという期待も、全てはこの「発展」の2文字に託されているからである。経済発展に伴って、物質生活のレベルが向上し、人々は快適な生活を送れるようになって、民族の矛盾も次第に少なくなると信じているのだ。

　本当にそうなのだろうか？　発展すなわち安定なのか？　豊かになれば安定するのだろうか？　ここでもう一度嘎瑪(ガマ)の話を振り返ってみよう。ここ数年、康区では毎年「文化は舞台、経済は演劇」（文化的イベントを通して経済効果をねらおう）というイベントを実施しており、中でも重要なプログラムは、「康巴の鷹」を選ぶことであった。これは内地の美人コンテストにすこし似ているが、選ばれるのは、見た目が精悍で誰よりも風格があり、ファッションのセンスもある康巴の男性である。嘎瑪は生来容姿に恵まれ、体格がよく、豪放磊落で、風になびく長髪は英雄の雰囲気を漂わせていた。彼は毎年雅江県代表として「康巴の鷹」コンテストに参加しており、何度も優勝している。これは嘎瑪本人にとって当然栄誉なことだった。そのため、出場するたびに

いつも「小道具」を周到に準備した。虎や豹の皮で作り刺繍をほどこしたチベットの衣装、沢山の貴重な服飾品、金や銀をはめ込んだ腰刀、そしてもちろん高級な銃も欠かせなかった。康巴男の気概を示すには、銃が一番重要だった。ところが昨年、嘎瑪(ガマ)は「康巴の鷹」に参加し家に帰ってから間もなく、捕まって公安局に連れて行かれた。

　何故彼が捕まったのかは、二つの理由があった。数年前から当局は民間に出回っている銃を回収する命令を出していた。その理由は当然の如く「治安の安定」である。チベット人は銃を好み、長年に亘って銃の所持が認められていた。特に放牧地区では羊の群れを野獣から守るために、銃は必需品であった。そのため、回収されたものは使い物にならなくなった古い銃ばかりで、誰もよい銃を差し出そうとしなかった。しかし「康巴の鷹」に出場するには、嘎瑪は壊れた銃を持っていくわけに行かず、友人のところから高級な方を借りたのだった。

　嘎瑪であれ、銃を貸した友人であれ、ふたりともこれが公安を刺激するとは思ってもいなかった。何故なら「康巴の鷹」の選出は、政府が音頭を取っているのであり、嘎瑪は雅江県の代表なのであるから、銃を背負うことも他の演技用の小道具と同じで、誰も何ら問題にしなかった。公安局の人間が見たとしても、政府が同意しているのだからと調査することもなかった。誰かがわざわざ通報し、あの銃は違法なので、押収の対象とすべきですとでも言わない限り。嘎瑪はまさにこの通報の標的とされたのであった。

　一体誰が彼を通報したのだろう。ここで、もうひとつの線と結びつける必要がある。現在国全体を上げて観光事業の開発にもえている。チベットも例外ではない。嘎瑪が住む村は、雅江県が規定する観光スポットとなっている。「チベット人の家庭へのホームステイ」先となっていて、旅行者グループが現地の一般家庭に泊り、宿代を直接世話になった家に払うという仕組みである。この企画は始められたばかりで、数からいってそう多くない旅行グループを、すべて県の旅行局が面倒見ることになっており、当面の急務は旅行客に好印象を与え、高い評価を得ることだった。そうして初めて観光地として売り込むことができるからだ。このため、滞在先の家は十分な広さが必要で、

清潔で、食事もおいしく、ホスト役の主人が社交的でなければならなかった。嘎瑪（ガマ）家は、村の中でもこれらの条件を最もよく満たしており、旅行局も彼の家にたくさんの旅行者をあてがったので、嘎瑪がある程度の収入を得たのは当然だった。理屈から言えば、旅行業も成功し、村の家々の家計も潤ったのである。人々の生活は以前よりもはるかに豊かになった。皆がそこまで豊かではなかった頃、人々の関係は申し分なくうまくいっていた。とくに、阿安扎西（アアンザシ）がいた数年間は、皆心をひとつに善事を行い、めったに争いが生じなかった。たとえ問題があったとしても、彼らが「大ラマ」と呼ぶ阿安扎西がやってきて裁決を下し、すぐに解決することができた。それが今は違ってしまった。嘎瑪家が接待する旅行団の数が多いため、他の人々が不公平感を持ち始めた。旅行局の局長が村を訪問した際、村人たちが旅行グループを何故公平に振り分けないのかと質問してきた。局長は彼らに、家に帰って小便でもしてそこに自分の姿を映してみろと追い返したので、怒りのおさまらない者が通報という手を使ったのである。嘎瑪、お前だけがいいところを全部持っていって、「康巴の鷹」でも出しゃばったり、旅行業でも金稼ぎをしたりできなくしてやる、というわけである。

　こうして嘎瑪は公安に連行され、銃を没収されただけでなく、罰金を科せられた上拘留された。しかし彼にとって最大の屈辱だったのは、その長髪を切られ丸坊主にされたことだった。彼は生まれてからこのかた髪を切ったことがなく、その長髪は彼の体の一部となっていた。髪を切られることは、彼にとって鼻をかち割られるのと同じようなものだったのである。彼は警察に懇願した。一万元支払ってでも髪を切らずに残しておきたいと。しかし彼の言い分は聞き入れられず、警察は無理やり彼の頭に剃刀を当て、すっかりそり落としてしまった。拘置所から出てきた嘎瑪は、まるで羽をむしりとられた鷹のように見え、もはや精気はどこにも感じられなかった。人々は彼を嘲笑した。私は昨年雅江に行き、嘎瑪の家にも寄ったのだが彼は不在だった。彼は長い間家に閉じこもったままだったが、ある日遠くに出て行ってしまったということだった。私は彼の様子を見ておらず、彼がどんな思いだったのかを知る由もない。しかし私は、通報者は今きっと恐れを感じているの

ではないかと推測する。当初は通報者が嘎瑪(ガマ)に味わわせようとしたのは、銃の没収と罰金程度で、物事が何でも順調に進むわけではないと思い知らせようとしただけだったのだろう。まさか、彼がこれほどの屈辱を蒙るとは思ってもみなかっただろう。羽をむしりとられた「康巴の鷹」は、どんな反応をし得るだろうか？　康巴人はしかし気骨がある（血の気が多い）ものだ。阿安扎西(アアンザシ)がすでに獄中にある今、誰が嘎瑪にその言うことを聞かせることができ、二度と刀を用いて問題を解決したりしないようにさせることができようか。目下のところ、嘎瑪は何の意思表示もしていない。だがそうであればあるほど、通報者の恐れは募るだろう。康巴人の復讐は、時間の経過にかかわらず、後の世代まで受け継がれる可能性すらある。通報者ができることは、自分の刀を鋭く研ぎ、常に身に着けていることだけだ。

　この問題を考えているのは私だけではない。現地の人々もとまどっている。家はどんどん新築され大きくなり、車もバイクもある。それなのに、お互いの関係が逆に悪化してしまったのはなぜなのか、今後もまた恨みの晴らしあいが続くのだろうか？　この点から考えると、「発展は決してゆるがせにできない道理」などではないことがわかる。例え安定した統治を維持し、民族矛盾を解消するという点から考えたとしても、経済発展に依存するだけでは足りない。旧い矛盾は少しは消えるかもしれないが、新しい矛盾がまた次々に生まれて、しかもより複雑に、より解決が困難になるだろう。先に触れた、警察に撃ち殺されたあの盗賊、さらに警察に長髪を切り落とされる恥辱を味わった嘎瑪、もちろん当局に捉えられ獄中にある阿安扎西や、銃殺された洛譲鄧珠(ロランドンズ)、そして色達(セルダ)五明学院から放校された数千人の弟子たち、彼ら本人と彼らの家族、そうした各方面の関係者たち。これらの人々が最終的に生み出すもは何であろうか。どれも経済発展のみによって解決できるものばかりだろうか。

9.　如何にしてチベット自治区の生態系を保護するか

　康区がチベットの中で比較的豊かな地区になったのは、マツタケという名のものとおおいに関係している。1970年代、マツタケは各家庭で食べるだ

けのものだった。山に入って半日もすれば、背負い籠いっぱいになり、市場では1斤（500g）わずか2角ほどにしかならなかった。現在マツタケは日本に輸出され、価格もうなぎ登りである。高級なものは昔の5000倍の1斤1000元もする。康区では、住民のほぼ全員がマツタケの採取か販売に従事している具合だ。マツタケの産地では、マツタケだけで平均年収が1000元増え、年収の6割かそれ以上を占めるまでになっている。あるチベット人は仏を拝む際、日本人を守ってくださいという新しい内容の祈りを加えているそうである。日本人が健康を保ち、マツタケの商売がこれからもずっと続くようにと願うのだ。日本人の健康維持は難しいことではないかも知れないが、問題は康区のほうにある。ある幹部の話によると、彼らの県で90年代後半に1000トン前後だったマツタケ生産量は、2000年に700トン、2001年に400トンにまで減少しているという。急激な減少の原因は、不当採取である。マツタケは胞子の状態で成熟して再生するのだが、胞子の成熟を待ってから採れるマツタケは余り高い値段で売れないので、人々は胞子の成熟前にとってしまう。そのために年々生産量が減少しているのだ。さらに、マツタケの値段の上昇に伴って採取者も増え、まだ地面に顔を出していない若いマツタケまで採取されてしまうので、マツタケ菌床を覆っている植生が剥ぎ取られ、菌床が露出し、新しいマツタケの再生を難しくしてしまっている。このような採取状況が続く限りマツタケ生産の未来はない。人々はこのことを承知していながら、しかし依然としてこの方法が続いている。

　康区の住民がマツタケ採取をしているとすれば、チベットと青海のチベット地区では虫草が取られている。虫草は、冬に入る前に蛾の幼虫の体内に入り込む一種の真菌からできたもので、夏になると死んだ虫の頭から育ってくる。栄養補給の効果が絶大といわれ、主として内地の金持ちが食べているという。価格はマツタケ同様どんどん上がっており、かつて1斤十数元だったものが今では1斤数千元もする。虫草は、落ち葉の層を20センチほど掘らないと、全体を取り出すことができない。チベット山地の植生は、通常厚さ20センチほどの層をなしており、それが形成されるまでには千年、ないし1万年もの時間が費やされている。時には一度に一面の広い面積を掘る。遠

くに目をやると、虫草が掘られている箇所は、至るところ泥土がむき出しになっており、植生が破壊されているのがわかる。雨季には地滑りが起き、それによってまた植生が広い範囲で山肌から剥がれ落ち、深刻な土壌流失を招くことになる。

　虫草の生産は、やはりマツタケと同じように減少傾向にある。1980年代には成人一人当たり一ヶ月で2、3斤の虫草を取ることができたが、今では半斤足らずである。他の野生の薬草も同じような状況にある。チベット地区の漢方薬会社はこの3年で3倍に増えたが[6]、自然収奪ともいうべき買い付けと採取によって、高原に生息する大量の薬草が絶滅寸前の危機に瀕している。資源は日毎に枯渇しているので、ますます掘る。しかし掘れば掘るほど資源はより少なくなって、少なくなると価格が上がり、価格が上がるとさらに掘るという悪循環が止まらない。

　他の地方と比べてみると、チベットの生態系バランスはよりもろくなっている。我々は生物の多様性が生態系バランスの重要な条件であることを知っているが、厳しい自然環境のために、チベットに生息できる生物種は相対的に少なく、生物の多様性も低地にははるかに及ばない。高原の生物連鎖は、ちょうど金属の輪がひとつひとつ繋がっている単純なチェーンのようなもので、ごくわずかでも輪が壊されてしまうと、全体のバランスが破壊されてしまうのである。熱帯雨林のように、いくつもの輪が同時にたくさんの輪と複雑に繋がって網の目状になっていると、一部がだめになっても網に穴が開くだけで済み、網全体が破壊されることはないが、高原の環境はそうはいかない。中国の頂にある青蔵高原は、中国の複数の大河の水源地であるが、ここの生態系バランスの崩れは、下に降りる過程で数倍に膨れ上がるだろう。従って、チベットにおける生態系破壊はチベット自身の災難であるだけでなく、漢族の土地全体に波及するに違いない。

　中国政府はすでにこの問題に気付いているはずだ。1998年に長江で大洪水が起きたあと、河川の上流と下流それぞれの生態系が密接に関係しているという長年の専門家たちの見解に、ついに政府が耳を傾け、上流域──西蔵地区に集中している──での森林伐採が禁じられ、自然保護区が指定された。

しかし生態系は、命令によって保護され得るものではない。一方では、西蔵のような極端な僻地では、警察は犯罪者すらなかなか捕まえることができないようで、生態系保護の命令を守らない者も容易に逃れることができる。他方、青蔵高原の生物連鎖は脆弱で、個々の輪が壊れてしまうと、生態系全体がバランスを失うことになってしまうが、そうだとしても政府が生物連鎖を形成しているすべての要素について命令を下し、昼夜を問わず監視人を立てることができるだろうか。

この問題を最もよく解決してくれるのは、宗教しかないであろう。宗教の意味とその価値観のシステムは、人間の内面的平穏を保てるばかりでなく、人間と自然との関係をバランスよく調節してくれるのである。これが極めて重要な、宗教の「実践的」機能であろう。特定の地域で生まれ、普及されてきた宗教は、その地域の人間とその生活環境との関係を、最も適切に調節することができ、生態と人間、信仰との最も望ましい関係を保つことができるのである。信仰者はこのように宗教をとらえないだろう、しかし社会学と機能分析の角度から、我々はある意味においてこのように捉えることができるだろう。

青蔵高原の脆弱な生態を保護する上で、チベット仏教の自然に対する謙虚さと生きとし生けるものへの慈しみは、非常に貴重である。チベット仏教の教えでは、万物は皆平等で、人間は特権を持たず、冨を追及する欲望を満たすために、好き勝手に他の生き物を犠牲にすることはできないとする。キリスト教と異なり、仏教には、人間が万物の長で、万物は神が人間に自由に使ってよいと与えたもので、人間は自然を征服することができるという考え方はない。仏教はこの世界の本来の均衡を尊重、維持し、生けるもの全ての融和を追及する。伝統的な西蔵人は、一匹の蟻でさえ簡単に殺すことはしない。その宗教の転生観に照らせば、その蟻も前世は彼の父母だったかもしれないからだ。西蔵人はまた、この世の欲望を満足させるために、掠奪的に牧草地を破壊することはできない。転生した後、彼が人になるにしろ、牛馬になるにしろ、いずれにせよその牧草地なしでは生きることができないからである。

中国当局が推進する無神論は、無論このように考えない。無神論が求めるのは、ただ単に現世の幸福を追求し、そして一回限りの肉体が生み出す欲望を満足させることである。人が死ねば一切は無になる以上、死後に起きる洪水や旱魃が自分と何の関係があるというのか、というわけである。無神論者は時に、次の時代の子どもたちのために云々と、理性的観点から発言することはあっても、それは所詮一種の自己犠牲にすぎず、故に余り当てにならない。実際このようなことはよく聞かれる。口では環境保護を唱える人が、具体的な問題に遭遇すると、結局は利己的な欲望に屈服してしまうのである。しかしチベット仏教の来世観には、生態の保護は子孫のためではなく、まさしく自分自身のために行うのである。この世では見えない代価も、来世ではやはり自ら支払うことになると考えるのだ。

チベットでは、寺院周辺の自然環境が最も良いことが多い。僧侶たちが伝統的な方法で、現代の環境保護精神を体現していることは驚きである。僧侶と寺院は青蔵地区中どこでも見られ、民衆にとって至高の権威であり、彼らの日常生活と深く関わっている。本来彼らは極めて強い影響力を持ち、社会と政府が負う環境保護の責任をともに担うことができるのに、遺憾ながら、中国当局はこのような卓見を持っていない。その視野には、自分たちの権力がバラバラにならないか、傷つかないかということしかない。甘孜州当局が阿安扎西に対する2回目の弾圧を行った際、その罪名のひとつは、彼が住民を鼓舞して林業局の伐採に反対させたということだった。この罪名については、当局が主張する通りだったとしても、阿安扎西が行ったことは、国家が求めていることと何ら違わない。罪名を着せられてしまった原因は、阿安扎西が僧侶であったことであり、民間の力を通して環境保護を行おうとしたことが、政府の権威と権力を傷つけたのである。

10. 宗教とヘリコプター

あるチベットの公安局局長が、治安問題解決の構想について次のように述べた。彼の考えでは、最も有効な解決方法は、警察にヘリコプターを配備することだという。チベット各州の面積はどれも十数万平方キロもあり、交通

上の制限を受けずに迅速に現場に行くには、ヘリコプターしかないというのがその理由である。これは当然一種の「唯武器論」だが、同時に実践の中から生まれた知恵ともいえるだろう。問題なのは、青蔵高原の海抜は平均4000メートル以上で、通常のヘリコプターの性能ではこれに対応できず、高原に適した専用ヘリでなくてはならないことだった。中国は現在、高原専用ヘリコプターを生産することはできないので、青蔵高原で使用するものは、大部分がアメリカから輸入した「ブラックホーク」である。「ブラックホーク」一機の値段は1000万ドル以上、ほぼ1億元で、チベット自治区の中の一州の年間財政収入の数倍から数十倍である。しかも高額な運行費や維持費はまだ含まれていない。

　中国当局は長い間、宗教は無用であり、僧侶は寄生虫だと批判するが、宗教が果たす次のような役割を全く度外視していた。もし宗教によって人が犯罪に走ることを阻止できるなら、社会が支払うコストをどれだけ削減することができるだろうか。これは金額に換算して数値で表すことができよう。たとえ宗教が人間に与える幸福感や内なる心の世界のおだやかさを考慮しなくとも、コストという側面からだけでも、宗教を無用なものだと断ずることはできない。

　これと相まって、チベットカモシカ保護問題で注目されている可可西里自然保護区についても、同様の提案が出されている。ヘリコプターを配備して密猟者を取り締まる必要があるというのだ。中国政府は毎年多くの予算を投入して自然保護区を建設しているが、その成果はごくわずかに過ぎない。このことについては十分に研究すべきであろう。チベットは歴史上、政府が自然保護区を建設したことはないのに、十分な環境保護が行われていたのはなぜなのか。明らかに、宗教が重要な役割を果たしていたからだ。ある程度の迷信を含めて、例えば虫草は神山の腸と考えられ、掘り起こしてはいけないとし、さらに猟師に対する蔑視も、一見人権無視のようだが、それでも生物保護の効果を持っていたのである。この点に関する阿安扎西の考え方はより優れており、彼は猟師を蔑視するのではなく、身銭を切って購入した牛や羊を猟師たちに与えて、猟を生業としなくともよいように放牧業への転換を促

した。もし全チベットの僧侶が阿安扎西と同じようにすれば、人々に野生動物を殺さないよう教育するだけでなく、自発的に森林保護を行うよう彼らを組織すれば、これによって政府はどれだけの投資を節約することができるだろうか。その効果も今と比べものにならないだろう。

　私は、馬爾康(バルカム)を旅した時に出会った光景に、とりわけ深く印象付けられている。山の斜面に一軒の家があり、外壁（山壁）一面に石灰で大きく堂々と「富」の文字が書かれていた。遠くから見ると、度肝を抜かれるほどで、家の主人の「富」への強い執着、一夜にしてどうしても金持ちになりたいという思いが強烈に伝わってきた。しかしかつてはチベットの家屋のその場所には、常に宗教的記号または図像が描かれていたものであった。チベット族は元来楽しいことを重視して生活する民族で、この楽しさという原則は利害原則よりも生活そのものとの結びつきが強い。しかしそれは道徳原則によって縛られる必要がある。さもなければ堕落してしまうおそれがあるのだ。宗教は、チベット族の道徳原則の体系にほかならない。もしもあらゆるところに及ぶ宗教の制約が欠けてしまえば、チベット族の前途は憂慮せざるを得ないだろう。

　チベット人が、一旦宗教世界から世俗の利益追求の世界に堕落し、ひたすら富を築こうとするなら、一体何によって満たされるのだろう。より多くの金を得てさらなる欲望を満たすために、人々はただ立ち止まることなく放牧の牛、羊の数を増やし、牧草地を消耗させ、その結果牧草地の荒廃を招く。そして中国の河川に流れ込む水の量が減り、内地の空は一面に砂埃で覆われることになる。水資源の問題や砂塵問題を解決するために、政府の毎年の投資はどれだけ必要となろうか。

　しかし宗教は政府の予算も政府の組織も必要としない。政府が抑圧を止め宗教に真の自由を与えさえすれば、宗教は自ら上述の活動を行うのである。投資という点から言えば、まるで元本なしでぼろもうけするようなものである。しかしながら今日、中国当局はそれとは全く逆の方法を用いている。一方で、大量の人的、金銭的資源を投入してチベット自治区の宗教を弾圧し、瓦解させようとし、もう一方で「チベット支援」と称して内地から大量の物

的資源を運び、チベット人が日に日に膨らましている物質的要求を満たそうとしている。これはひとつの流れとなっており、宗教の影が薄くなればなるほど、人間の物欲はより強くなり、貪欲さもそれにつれて大きくなる。北京がチベット自治区に半世紀近くも継続してきた財政支出はすでに慣習化しているので、支出しないのはもちろんのこと、支出が足りなければ、たちまち治安の安定が難しくなるだろう。だがこのように財政支援が続くとしても、終わりがくることがあるのだろうか。また真の安定した基礎をこれで作り出せようか。

11.　心の中の警察

　生態系のバランスであれ、治安の安定であれ、それらにとって最も壊滅的な打撃は、人間の心に巣食う貪欲である。一人の人間が一度貪ると堕落が始まるのと同じように、人類も貪りだすと、自然と社会が崩壊へと向かう。盗み、略奪、狩猟、自然破壊、それらのどれもが人間の内面に巣食う貪欲から生じているのではないか。厳格な法律も、強大な警察権力も、高価なヘリコプターも、この内なる貪欲に目を向けていない。人間の内面に唯一歯止めをかけることができるのは、「心の警察」、つまり道徳である。そして宗教は道徳の主な源である。

　資本主義社会は利潤を生み出すことを最も重要な目的としている。「資本がこの世にきたそのときから、あらゆる毛穴から血が流れ出ている」というマルクスのことばは正しい。全ての社会の原始資本主義も、貪欲でどんな悪事にも手を染めるような災いのもと（怪胎）である。いままでの欧米社会は、国家による尊重と保護を受けている宗教の力によって、怪胎の状態を抜け出て、規範ある資本主義社会へと移行してきている。中国もまた見苦しい資本蓄積の段階に入っているが、国家機関は社会全体の貪りを促しほしいままにさせているばかりか、社会が堕落しきるのを唯一防ぐことができる宗教を、国家の総力を挙げてつぶそうとしている。

　社会に警察がなくなってしまっても、ごく短い時間で新たに設けることができるだろうが、人間の心に「警察」がいなくなってしまえば、それをま

た受け付けるには多くの時間がかかる。しかもひとつの民族が「心の警察」、すなわち宗教と道徳を失うことになれば、回復までには何世代もの時を必要とする。宗教の存在が極めて大きいチベット社会では、ラサを除いてほとんど警察という概念がない。犯罪率が極めて低いのは、チベット人が「心の警察」に制御されているからだ。

　別の見方をすると、外在的な法律や警察を宗教と比べることは不可能で、それらは社会悪の防止や処罰はできても、善を生み出すことはできないのである。私自身にもこのような経験がある。車で内蒙古の東烏旗まで行った時のことだ。縦横に交錯している草原の道を走っていると、突然草むらに寝ていた人が目に入り、タイヤのあたりをさっと過ぎていったように見えた。私は停車しなかった。下手に引っかけられるのではと思ったからだ。もしその人が怪我をしたか死んだかしたら、自分とは何も関係ないと証明することができるだろうか。しかしさんざん悩んだ挙句、勇気を奮って出頭した。すると、当局機関にひとしきり笑われて、ようやく知ったのだ。それは天葬という習慣なのだと。その天葬は私が理解していたのとは異なっていたが、それでもほっとしたのだった。後から考えて恐ろしくなったのは、その時もし死人を轢いていたらどうなっただろうということである。加えて、もし報告していなかったら、それが天葬のための遺体であると知ることはなかったであろうし、その後一生罪悪感から逃れることができなかっただろうとも考えた。

　宗教に頼らずに、人道主義によってこの問題を解決することも可能ではないかと考える人もいるだろう。ここで私のもうひとつの経験を紹介したい。その日の夜、私は四川省阿壩州で車を走らせていた。すると道端で頭から血を流した男が手招きをしている。だがその時もわたしは車を止めなかった。わたしは後になって、自責の念にかられた。しかしそれは、人道に反していたのではないかと思ったからではない。人道主義は一種の理性だが、理性の範疇では、物事の様々な要素は往々にして簡単には明らかになりにくい。同時に並行して起きた二つの要素が一旦衝突してしまえば、手の付けられない状況に陥ってしまうだろう。あの時車を止めていたら、どんな危険が生じていたかを考える必要もある。強盗にあっていたかもしれないし、あの男はや

くざでそのトラブルから怪我をしていたのかもしれない……自分のことを考えるだけでなく、車に同乗していた仲間にも私は責任を負っている——人道主義はこれと同様のものであろう。結局のところ、私は人道主義から車を止めなかったことは間違いだったということはできない。しかしここに人道主義の限界を指摘することが許されるだろう。宗教はそれとは異なる。敬虔な信仰者であれば、あれこれ思いをめぐらすことなく、躊躇なく車を止めていただろう。なぜならそれが宗教が絶対的な命令として要求していることだからである。人の命を救うということの前に、そのほかの慮りは一切二の次になる。特に仏教徒にとっては、人を助けたために何か厄介な目に遭うのでは、などという心配をする必要がない。善を為せば、悪によって報いられることはないからである。宗教は人にこのような自信を与える。仮に法律上説明がつかないことが生じたとしても、どうということはない。冥界の主宰者が自ら正義を導くからである。例え一時的に不当な扱いを受けても、最後には相応しい報いに与ることができるのだ。

　中国には現在数百万人の警察官がおり、このほか各地には、人員の数は定かではないのだが、連防、保安、民兵等の補助組織がある。にもかかわらず、犯罪の数は増加し続け、毎年犯罪対策に相当額の予算が投入されている。だがもしも、警察や法律の力を恐れて犯罪を犯さないだけだとすれば、法律の及ばないところでやりたい放題になりはしないだろうか？　警察がどんなに増えても、彼らより何千倍もの数の人々にどうやって目を配り、チベットの広大な地域をどうやって注意を払うというのだろう。

　心の内と外にある二つの警察を比較してみよう。もし外側だけで、「心の警察」がいなければ、犯罪をなくすことはできないだろう。しかしもし人々が皆「心の警察」を宿せば、外側の警察は数が余り、それ以上必要ではなくなる。もちろん、「心の警察」に完全に依存できる理想的な状況は実現困難であるから、この二つを結合させることが最も適当である。国家は社会のために外の警察を用い、宗教は人間の内面に「心の警察」を育てる。両者が補いあって初めて、社会を最も良い状態にすることができるだろう。このことから、国家がもし宗教を敵視するとしたら、それは大きな間違いだといえよ

チベット仏教の社会的機能とその崩壊　　173

う。今日の中国は、正にこの間違いを犯しているのである。

3. チベット仏教に対する致命的破壊
12. 仏教は何故「高僧大徳」にたよるのか

　僧侶（聖職者）はあらゆる宗教において重要な役割を果たしている。しかし他の宗教と比べて、仏教はより僧侶に依存していると私は思う。キリスト教、イスラム教、ユダヤ教等々はどれもその宗教独自の経典（聖書、コーラン）があり、信仰者はそれらの経典を通じて神や教義に出会うのである。そうした宗教にとって聖職者の存在は重要だが、聖職者がいないと神についても教義についても全く理解できないというわけではない。例えばキリスト教の聖書は、2000年にわたってこの1冊が世代を超えて伝えられ、どの時代のキリスト者も幼いころから老人になるまで聖書を読み続ける。その内容は、物語によって教えを伝えるという方法で書かれ、文章も比較的平易で、一生で数十回は読み返せるので、どの信仰者も深い知識を得ることができる。こうして一般の信者は、神や基本的な教義に直接交流することになる。

　仏教にはそうした至高かつ唯一の経典がない。夥しい数の経典が、壮大な教義体系を形成していて、それは海のように果てしなく、広く深い。その上文章も難解で、その思弁は奥深く、「悟り」と「機鋒」といった掴み難い内容に満ちている。その上多数の教派に分かれ、それぞれが独自の経典と学問体系があり、一生を費やしたとしてもその全体に通暁できるとは限らない。一般の信徒はなおさら、自分の能力とやる気だけでは教義の内容をとても把握しきれるものではない。そのために、仏教には常に奇妙なある種の二元状況がついて回っている。一方は、象牙の塔の中で論じられる極めて高尚な理性的哲学（仏法）の世界、もう一方は大衆に広く見られる盲目的信仰と、そこに根を張る敬虔さである。そしてこの互いに分離した二つの次元を有機的につなぎ合わせ、互いに通じ合わせて、仏教の体系の中に包括することができるのは、仏教の僧侶に依り頼むだけである。

　仏教僧は代々受け継がれてきた教育体系と、個々人が一生涯研鑽し続ける

という努力を通じて、仏教哲学という次元の能力を有し、同時に信者というもうひとつの次元とも向き合っている。僧侶の仕事は、仏法を守り発展させることであり、また仏法によって人々を教化し、その深い哲学を人々の日常行動へと具体化していくことである。この点から言えば、僧侶は仏教の二つの次元を橋渡していることになろう。仏法は、僧侶がいて初めて人間世界に伝えられ、人々は僧侶を通じて始めて仏法を知るのである。従って、僧侶がいないということは、仏教が存在しないにも等しい。仏教の言う「三宝——仏、法、僧」のうち一つでも欠かすことのできない理由は、ここにある。どんなに優れた「仏」と「法」があっても、それを人々にもたらす僧侶がいないのであれば、空中に楼閣を建てるに等しく、人間の世界と何の関わりも持てない。

　異なる宗教に対して、私たちは価値判断を行うべきではないが、技術的側面から見ると、キリスト教は唯一の経典を持ち、信者もそれを直接理解できるので、聖職者の言葉は仏教僧ほどの重みはない。また聖職者たちは、世俗的制約とも言うべき信者の監督を受けている。仏教は、経典体系がとてつもなく大きく、弁証法と「方便」が満載されていて、信者がそれらを理解するのは困難なため、解釈権はほとんど僧侶が独占しており、信者が僧侶に対して何がしかの制約を与えることはない。特に歴史上、全住民が仏教を信仰し、政治と宗教が一致していたチベット社会は、僧侶の良し悪しを判定することができるだけのほかの精神的源泉も材料もなく、僧侶に対し無条件に服従するという盲信的側面がより大きくなる。

　このことは僧侶たちに非常に高い要求を突きつける。もし彼らが純粋さと自律性を保てるのであれば、信者らの盲目的服従はさしたる問題とはならないだろう。「如法＝仏法に従う」僧侶が仏法の実行を請け合い、信者も離反しなければ、仏教の体系は秩序を保ち、社会的にもその機能を十分発揮することができる。その中で最終的な決断を下すのは僧団指導者である。僧団とは寺院を一単位とした僧侶の団体を指し、活仏、堪布、主持、そして上級のラマが僧団を管轄する。仏教の組織の特徴は、各寺院が一体となって僧団指導者の指示に従うことである。それ故、指導者が自ら仏法を踏襲でき、同時

に戒律によって僧団を厳しく教育管理し、加えて宗派の整理が行われさえすれば、僧団の如法はその実現が約束され得るだろう。

　このような僧団指導者は一般に「高僧大徳」という尊称で呼ばれている。仏教にとって彼らの存在ほど重要なものはない。晋美彭措（ジンメポンツ）と阿安扎西（アアンザシ）はふたりともこうした「高僧大徳」である。晋美彭措の主宰する五明仏学院は、仏教の要である僧侶の養成を目指している。阿安扎西は晋美彭措ほど仏教への造詣が深くないが、彼は晋美彭措とは異なるもうひとつの重要な役割を果たしていた。直接信者たちに会おうと、村々を巡回して周り、仏法を用いて具体的に人々の日常生活を指導するのである。これは、僧侶に最も必要とされている務めであり、このことを通して仏教はその社会的機能を果たすことができる。

　恐れるべきは、僧団指導者の堕落だ。僧侶の堕落は、単に個人の問題であり、それを正すこともできる。しかし、僧団指導者の堕落は、僧団全体の監督を喪失させ、全体の腐敗をもたらすことになる。それと同時に、民衆にとって精神的指導者としてきわめて重要な立場にある指導者が、仮にも私欲に走って信仰を金儲けに利用するようなことが起これば、一般信者はどう判断してよいかわからなくなるだろう。仏法は信者から大きく離れてしまい、彼らの僧侶に対する盲目的な信心も、僧侶の堕落の故にだまされる者の愚かさとなるのである。

　仏教はこうした危険をよく承知しているので、戒律と伝統を仏教の生命そのものとしてきわめて重視する。チベット仏教の伝統は、「黄金のように純粋な鎖」と形容される。鎖のどの輪も汚してはならない。ひとりの高僧（上師）が弟子のために行う加持は、その黄金の鎖を伝って代々の上師が守ってきた伝統の蓄積であり、それを受け継ぐものは、大きな加持と成果を得ることができる。弟子に灌頂を施した活仏や上師が戒律に違反するようなことがあれば、その弟子が受け継ぐことのできるものは何ひとつなくなり、それまで伝えられてきたものはそこで断絶してしまうだろう。社会学的視点から見ると、このような厳格な規則は、僧侶の破壊と堕落を前もって阻止することを意図していると言える。宗教学的観点からは、僧侶全体が堕落すると、仏

法の伝承そのものが中断する事態に至ると言えるが、これは仏法の説く末法の世である。いわゆる末法の世の根本は、僧侶全体、特に指導者が堕落していることに他ならない。

13. 僧侶に対する宗教的制約

　制限を受けない権力は腐敗に通じる、これは基本的常識である。それではチベット仏教の僧団指導者が受けている制約とは何だろうか。それはまず心から発している。仏教は世の人々に「心の警察」を提供するが、僧侶自身が先ずこれを備える必要がある。僧侶は数多くの戒律を厳密に守り、一般の人々には過酷過ぎると思われる禁欲を実行するが、それは、目に見える形で監督や懲罰があるからではなく、僧侶自身が因果応報を固く信じているが故である。もし戒律を破れば、修行が実らないだけでなく、必ずむごい応報を受けると堅く信じるのである。

　僧侶の信仰の固さと混じりけのなさは、大抵純粋な伝承によって決定される。「聞、思、修」にまとめられる伝承の方法は複雑な体系を成しているが、先ず環境の純粋さ、そして伝承される鎖が途中で途切れてはならないことが要求される。チベット仏教には、俗世の欲望が心に根を生やさないようにと、幼い時に出家した僧侶が数多くいる。多くの寺院は深い山の中にあり、外界に閉ざされており、俗世の汚れや誘惑からも遠く隔たっている。俗世の欲望を克服することは並大抵ではない。苦しい修行を何年も重ねなくてはならない。チベット仏教の噶挙（ガジュ派）や寧瑪（ニンマ派）等の教派が行う、3年3ヶ月3日の間の「閉関」つまり閉じこもって人にも会わないという修行は、欲望に打ち勝とうとする意思の表れとみなすことができる。そうした試みに耐えることができると、人々からラマとして尊敬され認められる。俗世の欲望を消し去ることができた僧侶だけが、仏法と信者の純粋な架け橋となることができるのである。しかも彼らは清い環境で修行を積んだあと、再び、もうもうと赤いちりが立ち込めている世界に直面しても、動じることなく、仏法の昂揚と衆生の救済に専心する。重要なことは、この俗世の欲望を消す環境を途中で中断させてはならず、純粋な上師が純粋な弟子を養成する

環境と教育体系を常に保つことである。一度全体に断裂が生じ、俗世に汚染された僧侶が生まれさえすれば、伝承は純粋さを失うだろう。

　1959年以降、チベット仏教にはこうした断裂が生じた。この時の中国共産党当局は、宗教活動と伝統の継承を禁止したばかりか、活仏と僧侶に対し、戒律を捨てて世俗の生活に入るよう迫った（その典型的な例は、1964年チベットに成立した「活仏学習クラス」である。十数名の少年活仏に労働を課し、思想改造を行わせるものだが、故意に彼らを屠殺や狩猟に従事させたり、一部の活仏を生涯決して絶つことのできない悪習に染めてしまったりしたのである）。1980年代、宗教が復活した時、伝統継承の環境には極めて大きな変化が起きていた。その世代の僧侶が世俗に染まって、仏教の正しい認識を失ってしまっているだけでなく、次の世代の出家者は皆無神論の環境の中で育っている。これはチベット仏教にとってこれまで経験したことのない危機であり、この危機は未だに解決できていない。現在中国は再び宗教の自由を掲げているとはいえ、宗教的伝統を受け継ぐという点で様々な制限が加えられている。色達五明仏教学院の辿った運命がそれをよく物語っている。晋美彭措はもともと幸運にもチベット仏教が断裂した時期の高僧大徳全体に影響を与える存在で、もし彼という最後に残された僧団の指導者に十分な自由を与えれば、本来ならば断裂した伝統を繋ぎとめることがまだできたはずである。不幸なことに、晋美彭措とその弟子の僧侶たちが順調に運営する仏教学院を自らの権力構造に対する脅威と感じると、当局は厳しい手段を用いて弾圧しようとした。

　いくつかのデータが問題の一部を反映している。甘孜州が共産党の管轄下に置かれる以前、仏教教育機関は全部で604箇所あったが、現在はわずか93箇所である。そのうち政府の許可を得ているものは9箇所だけで、残りの84箇所は違法に運営されていることになる[7]。公認された学校は以前の六十数分の一、違法な学校をあわせても、かつての六分の一にまで減少している。このために、焼香と礼拝は今日でも自由に行うことができるが、仏教学の伝統は今なお断裂したままである。従って、チベット仏教の伝統が途切れているという状況は、1959年に始まり1980年まで20年間続いたのではなく、今現在も続いているのである。20年間の断裂ならば、何とか取り返

しがつくかもしれないが、これが 40 年以上続けば、高僧大徳は皆世を去り、僧侶は全員「徹底的な唯物主義者は何も畏怖すべきものはない」という時代に育ち、全ての人々が利を追求するという風潮に染まった僧侶が、仏教界の香火を受け継ぐことになるだろう。純粋で正しい伝統が継承される可能性は、極めて心許なくなるだろう。

　上述したように、心の内面の自我に拘束されること以外に、僧侶は僧団の制約を受けている。僧団は戒律に違反した僧侶を処分し、破門することまでできる。しかし僧団の指導者に対しては僧団の拘束力は非常に弱い。前者が後者を管理しているからだ。特にチベット仏教の活仏の身分は、生来備わっていて剥ぎ取ることができないので、活仏に対する外側からの制約は事実上無きに等しい。当然のことながら、ダライ・ラマやその他の教派の最高宗教指導者は、それぞれの教派に所属する指導者たちを管理する権限もある程度はあるだろう。伝統的なチベット社会では、政教一体化した体制もまたチベット仏教の僧団指導者を上位から下位まで拘束する力と処罰する手段があった。しかし現在では、これらの条件はもはや存在しない。チベット仏教の幾つかの大教派の法王のような最高宗教指導者は全員国外亡命し、チベット内の宗教事務に介入することはできない状態である。政治権力を利用して宗教事務を押さえている中国当局は、全チベット仏教界内のネットワークを寸断し、寺院を独立したひとつひとつの単位として、相互の連絡や双方の事務に関与することを禁じるという方法を用いている。それによって、僧団指導者が全体からの規制を受けたり、僧団が相互に規制しあったりすることもなく、寺院が置かれている地方の政府の制約を受けるのみということになった。このことからも想像がつくように、地方政府の僧団指導者に対する規制は、彼らに仏法と戒律の遵守を求めるものであるはずがなく、ただ単に、ひたすら政権の意志に従順であれと要求しているに過ぎない。

14.　僧団指導者の逆向きの淘汰

　中国共産党政権はかつて宗教色を帯びた政党であった。原理主義の極端さ、そして熱狂性と排他性をあわせ持ち、他の全ての宗教を全面的に否定した。

鄧小平の時代、共産党はイデオロギーを放棄し、実務を重んじるようになって、宗教も復活することができた。しかし共産党指導者は、いまだかつて宗教の価値を認めたことはほとんどない。

1998年、クリントン米大統領が中国を訪問した際、江沢民総書記とテレビの生番組で対論を行った。この時江沢民はチベットの宗教に触れ、「中華人民共和国の国家主席という立場にある私自身は、共産党の人間であり、無神論者ですが、チベットの宗教の自由を尊重することには何ら影響しません（笑）。しかし、もうひとつ問題に感じていることがありまして、昨年アメリカといくつかのヨーロッパ諸国を訪問した際、多くの人々の教育水準が大変高く、知識のレベルも高いことを知ったのですが、にもかかわらず彼らはまだラマ教の教義を信じているというのです。この点、ひとつの問題として研究したいのですが。Why？ 何故ですか？」。

江沢民からすれば、もし教育水準や知識水準が高ければ、チベット仏教を信仰するというのは正常ではなく、その理由を問う必要があると思ったのだろう。これは彼がチベット仏教に釈然としていないことを表している。共産党がチベット仏教を容認するのは、しばらくの間はこの宗教を消滅させることはできないからである。しかし容認すると同時に、抑圧と分裂を図り、決して権力への挑戦を許さない。中でも僧侶、特に僧団指導者への監視が最も重要である。江沢民のことばによれば、「社会主義社会に適応するよう宗教を積極的に導く」[8]というのである。江沢民はこれを次のように説いている。

> 彼らに祖国を愛するよう、社会主義の制度と共産党の指導を擁護するよう求める。……彼らが従事している宗教活動が、国家の最高利益と民族全体の利益に服従するよう求める；社会の進歩の要求に合致した宗教教義の解釈をする努力に対してはげます。……宗教を利用して党の指導や社会主義制度に反対することは決して許されない。……[9]

ここには明らかに、宗教自身が必要とすることに対する配慮は全くなく、中国共産党の権力をどう保つかという（「祖国」「社会主義制度」「民族」「進歩」

といったことがらもすべて共産党によって象徴されている）点から出発したものしかない。宗教は共産党の指導下におかれた一部門に過ぎず、共産党が必要とする道具として機能するだけなのである。さらに僧団指導者と共産党とは、基本的に「我に従うものは栄え、我に逆らうものは滅びる」という関係にあるといえる。

　中国当局は、僧団指導者に以下のような具体的な措置をとった。ひとつは僧団指導者を民衆の指導者にしないことである。僧団指導者は大衆の迷信レベルの摩頂打卦、読経や開眼といった活動は自由だが、阿安扎西（アアンザシ）のように地域社会に深く入り込んで民衆に読経伝法を行い、仏法によって民衆の行動を指導、監督し、彼らの精神的指導者になってしまうと、当局に疑われ、厳しい制約を受けることになる。声望高い宗教指導者や高僧大徳の幾人かは、行動の自由すら制限されている。僧団指導者が地域社会で行う公益活動に対しても、当局は厳重に警戒している。阿安扎西の場合、政府が許可せず、孤児のために学校を自ら設立したことも、彼が政府から受けた一連の非難のひとつとなって、学校は政府に接収され、あっという間に打ち壊された。当局は、僧団指導者が公共の利益のための事業を行うことによって、現地の人々の心をつかみ、地域社会の指導者となって政府の権威を失墜させるのではないかという懸念を抱いたのだ。阿安扎西の例から見えてくることは、一度僧団指導者が精神的指導者と地域社会の指導者という二つの役割を兼ねてしまうと、そのエネルギーは政府が抑え得る範囲をいとも簡単に超え、当局の権威に対する挑戦となるということである。例えば阿安扎西は、政府の林業局の森林伐採事業に反対し、現地の民衆と郷村幹部は林業局職員を取り囲んで抗議を行った。そして阿安扎西が政府の弾圧を恐れてその地を離れようとした時、数万の人々が名を連ねて彼のために請願をした。これらの出来事はがまちがいなく当局を深く憂慮させた。

　二つ目は現在の僧団指導者が進めつつある「逆向き淘汰」である。およそ宗教的原則を堅持し、当局の道具としての僧団指導者になることを拒否する（ちょうど阿安扎西や晋美彭措（ジンメポンツ）のように）者は、弾圧と粛清を受け、ひどい場合には刑罰を受ける（例えば、シガツェ（日喀則）にあるタシルンポ（扎什倫布）寺

の活仏恰扎は、宗教上の規則に従ってパンチェンラマの転生霊童を見つけてきた状況をダライ・ラマに報告したために、禁固8年の刑に処せられた）。それをもって他の僧侶への戒めとしたのである。沈黙を守り、面倒を起こさない、地位の比較的高い僧団指導者に対して、当局は彼らを「統一戦線」の対象とし、うまい汁を吸わせる一方で、太い棍棒を常に彼らの頭の上に持ち上げておく。個人の利益を最優先させ、投機に長け宗教原則を放棄し、政府の道具に甘んじる僧団指導者に対しては、様々な便宜を図り、全人代や政治協商会議のポスト、さらには政府の官職までも与える。その活動は全て許可し、資源を提供し、他の指導者の見本にしようとする（チベットのナチェ（那曲）のある下位の活仏は、様々な公の場でダライ・ラマを積極的に痛罵したので、当局から全国政治協商常務委員に任命された）。

　三つ目は、当局が僧団指導者の選出と任命の権限を持つということである。活仏であれ、寺院の責任者であれ、全て当局の許可を得なくてはならず、極端な場合は当局自らそれらを選出する。こうした権力を行使することによって（世俗の権力に重要な人事権が含まれると看做されている）チベット仏教界の当局への依存度を高めることができ、同時に日々世を去っていく僧団指導者を時間をかけて少しずつ替えていくことができ、最終的には、僧団指導者全員を、中国当局が選んだ従順な道具に変えてしまおうというわけである。この目的に加えて、当局は僧団指導者の中でも重要人物を何人かずつ、北京等にある官立仏教学院に送り込んで学ばせ、彼らに身につけて欲しい思想を注入する。同時に色達五明仏教学院（セルダ）などの政府の管理を受けようとしない教育機関を閉鎖する。

　以上のことからも明らかなように、チベット仏教の僧団指導者に対しては、仏教自身からの制約は基本的になくなり、その代わりに政治権力からの制約がますます増加しているのである。政権がその制約力を利用して僧団指導者たちを誘導した結果は、彼らを仏法から大きく離れさせることでしかない。理論上、宗教の戒律はいまなお存在しているけれども、仏法の力、そして戒律破りに対する懲罰が存在しているのか否かは、全て当事者本人が信じているのか否かにかかっている。共産党が世俗的な基準に沿って選び養成した僧

団指導者が、仏法に対しどれほど敬虔さと純真さを持っているのか疑わしい。しかも仏教それ自身の複雑な体系が発展させた「方便圓通（融通に富む）」は、その魅力的なところであるが、同時にまた堕落した僧侶が私欲を覆い隠すための詭弁に、そして都合のよい美辞麗句に、非常に簡単に変わってしまうのである。

　それゆえ、今日共産党は宗教の自由を標榜してはいるものの、その宗教政策の仏教に対する破壊は、毛沢東時代と比べても決して減っていない。毛沢東は徹底的に廃仏を行おうとした。歴史的に見れば、チベットにも廃仏の時代はあった。しかし仏教はなお生き続けた。宗教が信徒の心にある限り、外からの暴力で消し去ることはできなかったからである。しかし今の共産党の宗教政策は僧侶階層全体の堕落をもたらしており、これは却って仏教の生命に関わるこれまでで最も大きな危機といえる。僧侶が信徒と仏法の橋渡しを二度としなくなれば、両者は互いに離れてしまい、信徒たちは真理から隔たった迷信におぼれるだけで、仏法への信心を失うことになるだろう。釈迦牟尼は、仏教が廃れる末法の時代をこのように預言しているという。「私の宗教を壊す者は、私の衣服を着ている者だ」。ここで指しているのは、袈裟を身に纏う僧侶である。もちろん、今日の僧侶の堕落の根源は僧侶にあるのではない。しかし仏教がその根元から壊される原因は、僧侶の堕落のみによるのである。

15.　末法時代の活仏

　私は次のような場面を直接見たことがある。康区の県共産党政治グループの一行が町を出て15キロほど行ったところで道端にテントを建て、寺院の活仏が漢人の投資家とともに内地から帰ってくるのを歓迎していた。パトカーが先導する車列は500メートルほどの長さがあり、どの車も黄色のハタ（哈達）を掲げていた。県の当局が、身分の高い人物を迎え入れるチベットの旧いしきたりに則って活仏を迎えた目的は、単に「統一戦線」ではない。今日、チベット地区は全中国と同様、各党政部門は皆あの手この手で経済活動を行っている。全ては資源化されるのである。どこかに有名な寺院があれ

ば、それを旅行スポットにするし、どこかに地位の高い活仏がいれば、これも商売の道具とする。内地の漢人投資家から見れば、チベット地区の県委員会書記、県長は、使いものにならない下っ端役人だが、チベットの活仏には強い興味と尊敬の念を持っている。こうして活仏は、価値ある（観光）資源となったのである。

　活仏にしてみれば、個々人と寺が順調に発展していくことを願うのなら、当然地方権力の多くの支持と「お目こぼし」が必要である。活仏の中には、この故に政府の歓心を得ようとするものもいる。例えば、政府に歓迎された上記の活仏は、現地の農民が不殺生の戒律を守るために殺虫剤の使用を拒否した時、政府の要求に応じて自ら出向き、この農民に対し彼が全ての虫を超越した存在であることを保証した。そのため農民は、政府の殺虫剤使用要求をもう拒否できなかった。この活仏は副県長に抜擢され、また彼と同じ寺の別な活仏は副州長に選ばれた。このほか、「国家指導者」（全国政治協商副主席）となった活仏もいた。現在チベット地区における権力、金銭、そして宗教の「トライアングル」は、多くの活仏を引きつけ、彼らは多くの時間と精力をそのために傾けている。彼らは仏法の研鑽を積むことも修行の努力もしない。読経や説法によって民衆の信仰生活を導くことも、社会的な慈善事業によって民衆の幸福に貢献することもしない。ひたすら香港やマカオの金持ちの信徒や内地の有力者、あるいは政治権力を持つ役人と付き合うばかりである。多くの時間を、内地の都市と都市とを飛行機で移動したり、高級ホテルに宿泊したり、レストランに出入りしたりして過ごす。北京使館区付近にあるチベットレストラン「瑪吉阿米」には、しばしば一度に4、5人の活仏が現れ、それぞれが金持ちの漢人に取り囲まれているという。活仏は大金持ちに養われる必要があり、大金持ちは活仏の加護を必要とする。ある活仏は、ポンと百万元出して、自動車を一台購入することができたという。また私は、映画のディレクターになりたがっている活仏、映画俳優や歌手になりたがっている活仏に会ったこともある。彼らは一年中内地に滞在し、贅沢三昧の暮らしをし、内地の華やかな世界に引き込まれ、自分の寺や僧団のことはお構いなしで、親族や自分を育ててくれた故郷のことなどすっかり棄てて

いる。また内地で商売を起こした活仏もいる。こんなことを聞いたことさえある。成都のディスコで、がやがや騒いでいる女たちの真ん中で、一人の若い活仏が十本の指に蛍光棒をつけて、耳を劈くような大音響の中狂ったように踊っていたというのだ。彼の真紅の袈裟は、踊るたびに翻って、その様は実にクールでかっこよかったという。しかし仏教徒がその姿を想像したとすれば、明らかに化け物を思い浮かべるであろう。

　現代の世俗の生活に誘惑されているだけでなく、権力に取り入ることに熱心な活仏もいる。彼らは、一方で「愛国愛教」「分裂反対」を積極的に提唱し、政治的資本を獲得しようとし、もう一方で個人の名声を勝ち取るために、チベットの伝説やチベット宗教の神秘性を利用して、身の上話や摩訶不思議な話を勝手にでっち上げる。加えて、漢族信者の余りにも無知だがチベット仏教を心から慕う心理を利用して、至る所でむやみに転生活仏を認定したり、カンドーマの生まれ変わりとしたりして、人の心を買収して利益と交換する。こうして、有名で金持ちだが行状不良の者たちに世を欺むく機会を与え、宗教を腐敗させるのである。

　こうした活仏らは自分の行為について往々にして次のように理由づけている。宗教は資金の支えが必要だ。寺を建てたり、仏像を造ったりしなくてはならないので、金のある人を探して布施もらう必要がある、と。ある活仏はこの理由について具体的に解説してくれた。寺院は、金持ちの数万、数十万元の寄付に頼ってようやく修復できる。チベット人の１元、２元の寄付では、足りるまでに何年かかるかわからない。漢人たちの布施なしにやっていけるだろうか？　さらに彼はもっともらしく次のようにも言う。仏法の発揚をチベット地区だけに限ることはできない。漢人そして世界中の全ての人々を救わなくてはならないのだ。それ故、漢人の地で中国語や英語を学んで初めて仏法を広め人々のためになることができる。まして本物の隠者は都会の中で生活するのではないか。出家したとはいえ、俗世間にまみれようとも何を恐れる必要があるだろう。

　こうした意見に、晋美彭措(ジンメポンツ)ははっきりと反対の立場をとっている。彼は次のように述べている。廟や塔の建設、経典の印刷や放生といったことは、出

家していないものにさせるべきで、出家者の功徳はそこに思いを致すことではなく、「聞思修」に命を懸けることである。「大隠隠於市（大物の隠者は都会の中で生活する）」には先ず「大」の文字がつくが、現在の出家者の中で、その「大」を名のれる者は何人いるだろうか。もし大きな成就を収めた者でないなら、俗世間にまみれても心が動かず、俗人と混居しても問題がないなどと誰が信じるだろうか、と。しかし晋美彭措(ジンメポンツ)は、活仏や僧侶の行為に対し厳しく批判したが故に、却ってチベット地区の僧侶から多くの非難を浴びることになった。

　私は晋美彭措に会ったことがない。しかし私は雅江の人々が阿安扎西(アアンザシ)を慕う大事な理由は、彼が個人的に何かを享受しようと思わないことであるのを知っている。人々が彼にささげる布施は、全て公益事業に用いられた。私が彼を訪ねたとき感じたのは、私がそれまで会ったことのある多くの活仏と比べてその生活があまりにも簡素だということだ。彼は地面の上にたった一枚敷物を敷いて寝る。上には何冊かの経書を並べる。チベット机の上で筆立てに使われているのは飲み物の缶である。四方の壁はむき出しのままペンキは塗られておらず、彫刻もない。一枚印刷されたポタラ宮の写真が掛けられているだけだった。彼は私に食事をしていくよう引き止めた。私は客人であったので、牛肉と落花生をご馳走してくれたが、彼自身は一杯の水餃子を食べただけだった。彼が使っている箸は、2本の色が違っていて、一対とはいえないしろものだし、彼の所持品の中で唯一基本的必需品でないものは、きれいな水の花瓶に生けられた一輪の花だけであった。

　この二種類の異なる活仏の生き方を比べてみれば、今日、中国に宗教の自由があると言うより、宗教が堕落する自由があると言うべきで、宗教がより発達していく自由はないと言うべきであろう。

16. 宗教は権力によって改造されるべきでない

　以上述べてきたことを論理的に筋道立ててまとめると——僧団の指導者が逆向きに淘汰される→僧侶階層全体が堕落する→チベット仏教は末法の時代に入る、となる。中国当局の宗教政策がもたらした結果とはいえ、それが目

標を明確に定めた戦略的な処置であったとは思えない（当局にはこうした大局的視野に立った戦略能力がほとんど欠如している）。単に、場当たり的な策謀が積み重なって生まれた結果に過ぎない。

　共産党内部には別な声もある。例えば、改革のイメージで知られる潘岳（前国務院経済体制改革事務室副主任）は「マルクス主義の宗教観は時とともに進歩すべきだ」と題する論文を発表した[10]。この中で彼は、共産党は「新しい執政意識を持って、宗教の果たす機能を改めて評価」し、「機能主義」という新しい視点を開拓」すべきであると提案している。彼は社会に有益な宗教の機能について総括した後、共産党は「宗教に対し受動的に対処しないよう」そして「一切の消極的要素を積極的に変える」[11]よう希望した。宗教を破壊したり腐敗させたりしてきた共産党のこれまでの政策と比べると、潘岳氏の見方は積極的な意味がある。しかし彼は未だ「優れた部分だけを取って、カスの部分を除去する」という考え方から脱却できていない。このように言うのは、完全無欠を彼に求めるためではなく、権力集団的発想から生まれているこうした考えでは、その望まれる「機能主義」は実現できないからである。

　宗教は、ひとつの独立した体系であり、現世に立脚点を置いているとはいえ、実際には彼岸の世界に目を向けている。宗教は、森羅万象を包摂するひとつのまとまった体系で、他の世界観や哲学体系に従属することは決してなく、同時にまた、現世におけるその宗教とかかわりを持つ人や事柄を包括する実体でもある。宗教体系には様々な側面があり、異なる役割と異なる部分が体系の中に位置づけられている――寺院、僧侶、僧団組織、僧団指導者、教派、法王、そして最高宗教指導者……教育の体系、試験と選抜の体系、経典の研究と伝承、大衆への読経と説法、信者の群れ、居士、様々な祭日、複雑な儀礼規則と修行、大規模な法会等々……このような構造の中で、ひとつひとつの役割を担うものが、体系の全体を把握したり全体系を完璧に体現する必要はない。単にそれぞれの機能を果たせばいいのである。鍵は体系が完璧に整っていることにある。体系が完璧でありさえすれば、各部分は組み合わせの中（組織の中）で宗教全体の意味を実現することができ、また宗教

全体の機能を完成させることができるのである。それらの部分はちょうどドミノのように互いに制約しあい、互いに支えあっており、どの部分が不要であるとは簡単に判断できない。たとえある部分が、それだけ見ると無用に思えるものであっても、それは全体の中のひとつの支点であり、取り除いてしまえば連鎖的に変化が起こって、体系の完全性に欠陥が生じることになるだろう。

　このように、宗教に対しては、実用主義的、または日和見主義的な態度を取ってはならない。単に自分に有利に見える部分だけを許し、不利な部分を禁じてはならない。ひとつの体系の中で、いわゆる「精華」と「糟粕」は不可分の関係にあり、硬貨の両面のようなものである。外部の人間がおかしいと感じたり、ばかばかしいとすら思うもの、例えば閉関、苦修、禁欲等も、それらを孤立したものとして問い詰めてはならない。なぜなら、それらは全てひとつの体系を形作っているひとつの部分であり、歴史の積み重ねの中で相互に組み合わされてきたからである。……例え宗教に改革の必要が生じたとしても、世俗の権力が外側から推し進めることはできないもので、そうした外科手術によって一部を切除したり移植したりすることもできない。そうではなく、宗教がそれ自身の中から改革を進めなくてはならない。それは自発的でバランスの取れた、地道な努力による全体の調和を重んじる改革である。宗教内部から起こされて初めて、良質でかつ均衡の取れた改革となるであろう。

　総じて、宗教は「指導」も、改造も、利用もされ得ない。宗教の現世的機能はその彼岸の世界への途上で自然に生じてくる果実でしかない。この関係は倒置することはできないのである。彼岸の世界がどうして現世の権力によって指導されたり改造されたりすることができるだろうか（その反対でなければ）？　それは宗教の基本的原理に反している。もしも宗教に無知でないとすれば、権力の手前勝手な発想から出ているものでしかないだろう。現世の世界が、本当に宗教を「利用」しようとするなら、もっとも賢明な方法は、宗教に干渉を加えないことである。十分な自由を与えることだ。その暁には、宗教の善なる果実が自ずとこの世にもたらされ、人類を幸福をもたら

すことだろう。

17. 末法と末世

　チベット仏教の体系がその完全性を保っていたかつての時代、一般の信徒の教育水準は今日に及ばなかったが、しかし「如法」であった。衣服はぼろぼろで文字を知らないひとりの老女は、故郷から千里の道をはるばるやってきて仏像にひとつの酥油灯（バターを使うランプ）を捧げることしかできないが、しかし彼女の祈りは生きとし生けるもの全ての庇護に始まり、人類、チベット、ダライ・ラマの健康と長寿、部落、親戚と友人のために捧げられ、そして最後に自分を守るようにと祈ったのである。しかしながら今日、寺の香火は盛大で、着飾った人々がラサの大昭寺で千個ものランプをともし、それで祈ることといえば、自分が儲けて官位が高くなるように、である。自分の求めが実現することを引き受けるなら、もっとお金を出して拝むというわけである。——それは、賄賂を用いてを買収するという世間のやり方と何ら変わりない。大昭寺のラマは終日香火の煙に燻されて、体の具合がおかしくなってしまう。釈迦牟尼像は余りにも多くの人が金粉を振りかけるため[12]、すぐに厚い金の膜で覆われて像が変形してしまうので、必ず金粉の固い殻を除去しなくてはならない。この金粉除去という「痩身」はかつては毎年1回ずつ行われてきたが、今ではそれが4、5回に増えている。悪事を働いた人間は、因果応報の見識が欠けているので、改邪帰正によってではなく、自ら進んで金を使ってランプに火をともしたり、焼香や放生を行ったり、あるいは寺に布施を納めたりすれば、罪業を十分帳消にできると思う。費やす金は悪業の末稼いだ金の残りに過ぎず、商売の点からも必ず採算が合う投資である。

　色達五明学院のある僧侶が私にこう言ったことがある。彼の知り合いのあるチベット人の青年は、家で飼っていた二百頭のヤクを全て放生してしまったという。その青年は、今この善事を行っておけば、これからも彼が犯す罪業は全て許されると考えた。彼は仏教の因果応報の中に、ひとつの因と別の因は決して混同されないという教えについて何も知らなかったのである。ヤ

クの放生と罪業を繰り返すことは、全く異なる因であり、それぞれが報いを受けるのであって、互いに相殺することはできないということを知らないのだ。これは仏教の常識であるはずだが、惜しみなくヤクを放生してしまったあの信徒はそれには全く無知だった。宗教教育がどこまで駄目になっているのかがよく分かる例である。これは中国当局の宗教政策が招いたものであるが、しかし当局が望んでいたような結果をもたらしはしなかった。例えば、このチベット青年の理想は、インドに行ってチベット独立のための軍隊に参加することだとする。彼はまた、チベット独立のために戦いさえすれば、死後極楽世界へ往生できると思い込んでいた。こうした話は、仏教徒というよりも、イスラム原理主義者の口から出たかのように思える。

　ここから中国当局が認識すべきは、このチベット青年の熱狂と過激さは、決して彼が仏教を学び理解した結果ではなく、まさしく学んでいない結果なのだということである。当局の現行の政策に従って宗教を混乱させ、その哲学的な内実や体系の枠組みを失わせた結果、逆に宗教をかってに取捨選択できる道具にさせてしまいかねず、大衆はより簡単に惑わされ扇動されるだろう。信仰が一旦広い視野や多様な空間、相互に制御しあう平衡を失ってしまうと、その狭隘さのゆえに極端に走るであろう。宗教儀式の規則は巫術となり、民衆を惑わす妖言や異端がこの機に乗じて現れ、教主のふりをした野心家に牛耳られ宗教は混乱を生じさせる道具となってしまうかもしれない。仏教は本来暴力を否定するものだが、しかしこのチベット青年がこのように考え始めているのであるから、将来更に多くの青年が同じように考えたとしてもおかしくはない。ここ数年間で、康定、理塘、成都、ラサ、昌都……これらの都市で爆破事件が次々に起きているではないか？

　従って長い眼で見ると、チベット宗教の破壊はチベットに安定をもたらしはしなかったことがわかるのである。僧団指導者に対する逆向きの淘汰により、宗教原則を守る高僧大徳が除去され、残されたのは、機に乗じて権力に忠誠を誓い、権勢や財力に媚を売る俗物だけだった。しかし投機者はいつも投機者で、将来いかなる新しい変化があったとしても、彼らは逆に極端な表現で、相反する過去をきれいに洗い流してしまうだろう。今日、世俗の物欲

が宗教に距離を置くようチベット人を誘惑し、彼らを利益を追求する行列に並ばせたことにより、恐らく当分の間チベット人の民族問題への関心をそらすことができるだろう。しかしそれで民族問題がなくなるわけではない。却って宗教がチベット人に与えてきた慈悲の心や行動の抑制が失われて、これから更に抑えることができない爆発事件につながるかもしれない。人間には信仰が必要なのである。社会の全ての人々の目を金に向けさせることは、短い間であればうまく行くかも知れないが、それが長く続けば、結局自業自得の悪い結果に報われるだろう。それは、金が均衡よりもはるかに多くの不均衡をもたらすためで、長期にわたる安定はそれにより実現できないのである。むしろ金持ちになればなるほど信仰が必要になる。そうでなければ危機が生まれるだろう。

　本来、国を治めるという点から完全に体系化された大宗教は、最も有効な（社会の）安定器となることができる。チベットにとってだけでなく、漢族の地域は更にそれを必要としている。仏教は中国社会で古くから続いており、中国の社会にもよく適応している。国教の地位を占めたことはないが、孔孟の道が「歴史のゴミ箱に棄てられ」てしまった今日では、仏教は中国の民間において今なお生き続け、社会を調和させることのできる得がたい信仰資源となれるはずである。チベット仏教は、漢民族に伝わった仏教と比べて特別の強みを持っている。一つはチベットでは仏教が長い間国教の地位にあったので、完全な形で残っているということである。共産党統治機関に中断させられた時期も、漢人地域の仏教より短く、その上亡命チベット人により純粋な伝承が中断されず守り続けられている。僧団指導者の堕落と僧団の腐敗は、現在チベット仏教と漢の仏教双方が抱えている問題だが、チベット仏教にはダライ・ラマ始め各教派の法王等宗教指導者がいて、彼らには自浄作用を行う権威と能力が備わっている。しかし漢仏教には皆が権威と認めるこうした指導者がいない。二つ目は、チベット仏教が修行の儀式規則と方法を重んじ、実修を重んじていて、漢仏教の形而上的思惟と悟りの境地と比べると、感性から入りわかりやすく導かれすぐに結果が出ることを要求する大衆にとってはより親しみやすく、理解も容易だということである。三つ目は、チベット

仏教の活仏制度は、信徒に人格化された権威を提供することができるので、信徒たちは直接触れて頼ることができることである。そのため人々を強くひきつけてまとめる力が強いのである。そして最後に、チベット文化は世界的影響力を持ち、いまや時代の流行となっており、加えてその独特の審美性、神秘的な雰囲気は、漢文化のエリートたちからの承認を比較的容易に得られ、彼らの力を借りて広められるであろうことである。

　それ故、チベット仏教は本来であれば漢人の信仰的空白状態を埋める貴重な資源となり得るのである。中国政府はチベットは中国の一部であると宣言し続けている以上、チベット仏教を中国自身の重要な宝とみなし、手厚く保護すべきである。漢人が宗教を必要としているかどうかは、すでに論証するには及ばない問題である。ここでひとつの小さな逸話を紹介したい。ある警察官が、彼自身が経験した事件を私に話してくれた。こうした話は今日の中国では毎日のように起きているだろう。

　　朝鮮戦争の戦場に、四川省から、自分の胸で敵の銃眼を塞いだ英雄、黄継光という人物が現れた。最近彼の故郷から5人の兄弟が成都に出稼ぎに来ていた。ある日、次男と三男が酒を飲んでいた時のこと、最初金がない辛さをこぼしていたが、そのうちどうやって金が稼げるかという話になった。次男が「康定の友だちがしょっちゅう成都に商売しに来ている。あいつなら金を持っているに違いない」と言い出した。二人は相談して決めた。次男がその友人を連れてきて、三男が手を下すことにした。まもなく、友人が成都にやってくると、次男は「うちに来て一緒に飲もう」と彼を誘い、三男もそれに付き合った。ふたりは酒の中に睡眠薬を入れ、ひっきりなしに酒を勧めた。薬はすぐに効き始め、友人は眠ってしまった。次男は三男に、さあ今度はお前の番だといって外に出て行った。三男が眠り込んだ友人を縄で縛り上げると、友人は窒息状態で足をばたつかせた。次男は部屋の中で友人のもがく音がやまないので、三男がうまくやれないのかと心配になり、中に入って友人の足をきつく縛った。友人が縛り上げられた末死んでし

まうと、その所持している 9000 元を見つけ出した。二人は遺体を床下に隠し、飲みに行って金を山分けした。途中で長男に電話をかけ、200 元で床下の「もの」を処理するよう頼んだ。長男はすぐに現場に行ってみると、遺体であることがわかり、とても自分ひとりでは処理できないと思い、四男と五男を呼びつけた。3 人は、袋を買う金、縄を買う金、それから車の借り賃を計算した。3 人で遺体を運びだし川の中に投げ込んだあとに、手元に残った 70 元余りを全部食事に使ってしまった。さて、失踪した友人の家族の通報を受けた警察は、まもなく犯人を割り出し、先ず 2 番目の兄を、それからそれ以外の兄弟を次々と逮捕した。しかし三男だけは逃走した。公安は彼の実家を訪ねて母親を聴取したが、母親は何も知らないの一点張りだった。そこで、一人の賢い警官が母親を外に呼び出し、ふところに 200 元を手渡すと、途端に母親は三男が隠れている場所を教えてくれて、母方の伯父の案内で、彼を逮捕したのだった。

理屈から言えば、警察は首尾よく事件を解決したことになるのだろうが、私にこの話をした警察官は最初から最後まで恥ずかしそうにしていた。ここでこの話を紹介して、私は心の中の悲嘆を抑えがたいという思いでいっぱいだ。──こんな民族がまだ宗教を破壊しようとしているとは、その知恵、その心は一体どこにあるのか。その未来はまた一体どこにあるというのだろうか？

注

1) 王力雄（2002）『与达赖喇嘛対話』（ダライ・ラマとの対話）人間出版、109-110 頁。
2) 秘密漏えいという恐れがあるため、ここでは、この内部文章の情報源を明らかにすることができない。
3) 当事者のためにここで仮名を使わせてもらう。

4) 陳奎元、1996年7月23日、ラサ市精神文明建設動員大会での講話。
5) 王紹光「市場，民主与幸福」(市場、民主と幸福)、『天涯』雑誌、2002年第4期。
6) 1999年には、チベット薬の企業は34社、2002年には100社近くなった。中国漢方薬GAP参照のこと。
7) これらの数字は、私が甘孜州仏教協会所在の安雀寺で見つけたものである。
8) 1993年、江沢民が中国共産党全国統一戦線部長会議での行った講話。
9) 江沢民が全国宗教工作会議で行った講話。新華社北京2001年12月12日。
10) 『深圳特区報』2001年12月16日
11) 潘岳「马克思主义宗教观必须与时俱进」(マルクス宗教観は時代と共に発展すべきだ)、『深圳特区報』2001年12月16日。
12) 大昭寺の釈迦像に全身金粉をつける場合、人民元6000元かかる。顔だけなら300元。

中国現代「党化教育」制度化の過程

張 博 樹

　当代の問題を歴史的に理解することは学術的にはずっと一つの困難な課題であるとされてきた。なぜなら、一つには、現代というものがすぐに過去あるいは進行中の歴史になるからで、内包される多くの矛盾や張力はまだ十分には明らかになっておらず、それゆえ、研究者にとっては把握が難しいのである。さらに、生存の背景についていえば、研究者自身もまた彼（彼女）が研究するところの時代の産物であるから、彼（彼女）が見る世界、感慨、問題を思考する方法、理解しようとする対象や対象と自分自身との関係などはいずれも、完全には研究対象の制約からは超脱することはできないのである。これはすなわち、研究者にとっては、まさにこのときこの場所で主体としての特徴を有する対象自身を、歴史的に客体とみなして理解することは難しいことを意味する。主体・客体立場の取り違え、主体・客体の関係の多重化ないしあいまい化は、現代・当代の課題研究に関する歴史的要求にとって、多くの落とし穴を作ってしまうことになるのである。
　まさにこれがゆえに、本稿で現代中国の「党化教育」の制度化の過程に対する考察は、ほんのささやかな一つの試みでしかないのである。私は努めてその過程を生成中の歴史として理解しようとし、客体としてそれを把握し、その客体が主体としての研究者に対する影響を可能な限り避けるようにした。同時に、研究者と研究対象——生存の背景としての、思考の感受性の重要な

源泉としての研究対象——の相互に影響しあう関係は、また、すべて消極的なものだというわけでもない。研究者が当代歴史研究の方法論の原則を大事にすれば、時代の発展プロセスの当事者としてその個人的感触も、価値ある素材として、研究対象に対する理性的な分析の中に組み入れられる可能性は十分にあるのである。

　本稿は以下で述べる6節から構成される。1、「党化教育」の釈義、2、国民党時代の「党化教育」の遺産、3、中国共産党政権掌握後のイデオロギー追求、4、中国共産党「党化教育」変遷のいくつかの段階、5、中国共産党「党化教育」制度化の特徴、6、「党化教育」の失敗から見る当代中国専制主義制度の脱構築の可能性とこれからの動向。

1.　「党化教育」の釈義

　制度現代化の理論における、現代の政治構造と市民社会の発展に関連する総体的な論理からみると、「党化教育」そのものは自家撞着的で、不合理に充ち溢れた概念である[1]。形式的にみれば、この概念は語義の上で決して相容れない2つの部分、「党」と「教育」というものにかかわる。「党」というのは、現代の政治構造の中でもともと重要な制度的構成部分であり、政治学では、異なる政党制度は異なる政治体制を区別する重要な尺度として理解される。例えば、多元的な競争的政党制度（多党制）が示すものは、通常、民主的政治体制と相関をもつ。また、一党制は、それが露骨な形で表れている（法律上、一つの政党の存在のみを許可することが明文化されている）か、あるいは、隠れた形で表れている（理論上は「共同参政」の合法性を承認しつつも、実際は政権を掌握する政党が最も主要な権力資源を独占している）かにかかわりなく、往々にして政治的な全体主義の代名詞である。

　「教育」は制度の現代化においては、市民社会の重要な構造的要素として理解されている。初等教育か高等教育かを問わず、教育の根本的使命というものは、社会的責任感と独立した判断能力を有すると認められる公民を養成することにある。まさにこれがゆえに、教育というものは、本来、特定の党

派や特定の政府から独立していなければならないのである。すなわち、教育の独立と学術の自由とは、もともと「教育」が備え持つべき意義なのである。

このようにしてみれば、いわゆる「党化教育」とは、民主政治と公民社会の立場から見ると、根本的に成立しえない概念である。それが論理的に唯一可能なのは、政治的に一党独裁であり、かつ、教育がすでに政権政党の御用道具になり下がってしまっている場合である。言い換えるならば、われわれが「党」と「教育」とを合わせて論じようとするのは、「教育」というものがすでに「党化」の「教育」になっている時で、われわれは一つの専制主義政体の存在をあらかじめ想定しているのである。「党化教育」というのは、政権政党が教育を通して自らの意思を社会全体に押し付ける過程にほかならないのである。

本稿ではこの過程を称して教育のイデオロギー化と呼ぶ。私は別の場面でかつてイデオロギーを次のように定義したことがある。

> イデオロギーとは、理論と政治権力との結合を意味し、すなわち理論が権力の合法性を論証する道具となっていることである。イデオロギーとなった理論は、もはや理論自身の論理（科学的論理あるいは創造的論理）に従うことはなく、必ず権力の論理（すべてが権力の維持に尽くす）に従わなければならない。専制的社会条件の下で、ある種の理論が一旦お上に「唯一尊ぶもの」として欽定されたならば、往々にしてイデオロギー化の始まりとなる。その後のプロセスはおおよそ2つの段階に分けられる。第1段階では、最盛期にあるイデオロギーは、主として臣民に対して認知構造と行動指針を提供したり、臣民の帝国に対する帰属意識を促進したり、出現するであろう社会統合の面での衝突を調整したりする機能を果たす。第2段階は、衰退期におかれたイデオロギーで、ややもすれば政権の不穏さ、内部分裂、あるいは社会危機の出現に伴って生み出される。イデオロギーの整合機能もまた一層堕落して弁護機能でしかない。[2]

私は、今述べたイデオロギーに対する定義と説明とを本稿にも同様に適用しようと考えている。補足すべきは、権力を背景としたり拠り所としたり帰着としたりするようなイデオロギーは、通常どれも次の2つの顕著な特徴を有しているということである。
　第一は排他性である。権力の基礎の上に立つイデオロギーはみな、唯我独尊的である。イデオロギーはよりどころとする権力そのものを完全に独占するかのようであり、権力の合法性に対する説明もまた絶対に独占的でなければならない。ここにはいかなる異論・異見の存在する余地はない。なぜなら、専制主義の論理に基づくと、権力と異なる意見は必ず権力そのものに対する脅威となるからである。
　第二は強制性である。強制の目的は当然、臣民の権力に対する合法的な帰属意識を保証するためである。注意しなければならないことは、軍事的に占領するという意味での武力強制とは異なり、イデオロギーの場合はより心理点・認知的な強制をめざしている。この目標を達成する助けとなる二つの方法があり、それらのうちの一つは、強制を内在化するというものである。すなわち、イデオロギーの倫理上の正当性に訴えることで、臣民たちに心理的・認知的に容易に受け入れさせようというものである。二つ目は強制の外部化であり、すなわち、系統立った制度規約を通して、イデオロギーの注入を系統化、規範化、体制化させるというものである。
　「党化教育」――教育のイデオロギー化の過程――というのは、権力の独占的な力を借り、強制力をもった内在化と外部化を通して、臣民を「党」の声と「党」の意思に従わせる過程のことである。この過程で、「党」と「教育」とはそれぞれ疎外されたかたちとなる。
　むろん、上記の定義はまだ一つの完全に抽象的なレベルの定義でしかない。以下、具体的に歴史をたどることにしよう。

2. 国民党時代の「党化教育」の遺産

　いささかの疑いもなく、現代中国についていうならば、孫中山によって創

立された中国国民党は「党化教育」の悪しき創設者である。

　しかし、歴史の生成という意味からみれば、国民党の「党化教育」はけっして開始されるとすぐに大一統の権力的特徴を有したというわけではない。というのも、孫中山が逝去した時点においても、国民党はなおまだ全国的な支配を成し遂げてはいなかったからである。孫中山の立憲政治構想においては、「民権主義」は本来現代中国の政治的構想の礎石となるものであった。しかし、中国社会の発展と民衆動員の実際のレベルを鑑みて、孫中山は「立憲政治」を実行する前には、「軍政」と「訓政」という二つの段階を経ることが必要であると提議した[3]。それならば、この「訓導」の重責はいったい誰が負うのか？　党である。

　なぜ「党」なのか？　孫中山は自己の連戦連敗と中国辛亥革命の6年後になんと勝利を得たソビエトロシアの10月革命を通して、つぎのような一つの道理を悟ったようである。「ソビエトロシアが成功を収めることができたのは、党が国の上にあったことによる」と。このことは「われわれにとっても模範となりえ、ロシアは完全に党による国家統治を行い、イギリス・アメリカ・フランスの政党と比較しても、権力の把握は一層進んでいる」。「われわれには現在治めるべき国さえもないが、ただ言えることは、党をもって国を建て、国がしっかり出来上がるのを待って、それを治めよう」[4]。この「党治」思想は、孫中山が苦い人生経験から得た総括的教訓であるが、それは不幸にも現代中国の専制主義のスタートとなり、その結果は孫中山本人にとっても予測だにできないものであったろう。

　民国時期の政治学者王世傑、銭瑞升はかつて次のように指摘した。

　　　　中国国民党が政権を執って以降、党治制度は一種の事実であっただけでなく、たびたび法律としても書かれている。民国14年7月1日の最初の『中華民国国民政府組織法』は、もともと中国国民党の政治委員会による会議決定によるものである。当該『組織法』の第一条はさらに「国民政府は中国国民党の指導および監督を受け、全国の政務を掌握処理する」と規定している。『国民政府組織法』はこの後も

たびたび修正されたにも関わらず、この種の規定はいまだに欠けたことがない。民国17年の夏になって、国民革命軍の北伐が完成すると、全国統一がなされ、中国国民党の訓政が開始されて、そこでさらに『訓政綱領』の制定と発布があった（17年10月3日）。当該『綱領』の第一条は次のことを明らかに定めている。「中華民国の訓政期間は、中国国民党全国代表大会が国民大会を代表し、国民を指導して、政権を行使する」。民国20年6月初めに、『訓政時期約法』が成立した後は、『訓政綱領』が『約法』の一部分となり、ここにいたって、党治は法的根拠をいっそう確実なものにしたのである。[5]

「党治」から「党化教育」へ、というのは、「党治」の論理の中では、自然と道理にかなって無理のないことなのである。

1927年8月、国民党政府の教育行政委員会は《学校実行党化教育草案（学校によって実行される党化教育の草案）》を制定し、次のように指摘した。

> われわれが言うところの党化教育というのは、国民党の指導のもとで、教育を革命化、民衆化することであり、言い換えるならば、われわれの教育方針を国民党の根本的政策の上に打ち立てようとすることである。

「党義」を推進するために、国民党中央部はまた《各級学校党義教師検定委員会組織条例（各級学校党義教師検定委員会組織条例）》、《検定各級学校党義教師条例（各級学校党義教師を検定する条例）》を制定し、組織によって党義教師の教員資格を定めた[6]。教科書については、南京政府教育部は1929年に《教科図書審査規程（教科図書審査規則）》を公布し、その中に三つの政治基準、(1) 党義に適合すること、(2) 国情に適合すること、(3) 時代性に適合することを列記した。1938年、当該部（南京政府教育部）はまた、《青年訓練大綱（青年訓練の大綱）》と《中等以上学校導師制綱要（中等以上の学校の教師制度綱要）》を公布・施行して、中等・高等教育の学生に対し、「信仰訓練」を

行うときには「絶えず指導者の心を思い、指導者の行いを実践する」べきであると強調した。文書はさらに、「党義」を大学の必修科目に配置し、内容には、三民主義・建国大綱・孫文学説・民権初歩・実業計画・国民党史、さらには国民党の歴代宣言を含むこと、などと規定した[7]。

　指摘しておくべきは、このようなすでに変化して文化専制主義となった「党治」の基礎の上にある「党化教育」は、かつて当時の一部知識人の鋭い批判を受けていたということである。例えば、かつて北京大学教授・教育部局長・中央研究院事務局長を務めた任鴻雋（1886-1961）は、もっぱら『独立評論』の中で「党化教育は可能か？」と題した文章を発表し、これに対して批判攻撃を行った。彼は、「党化教育」と教育そのものは完全に相反するものである、と指摘している。

> 　教育の目的というのは、人間の全人的の発展にあり、党の目的というのは、信徒の育成にある。教育は人を基本とするものであり、党は組織を中心に据えるものである。党の場合には、もし仮に人と組織の利益に衝突が生じたときには、おのずから人の利益を犠牲にして組織の利益を保全しようとする。われわれはただ国民政府の教育部を見ればわかるように、彼らは教育の発展や教育改良の計画に対しては少しも注意を払わないのに、小学校の党義の教科書なら、必ずそなえているのだ。教科書と党義に合致しない箇所があれば、厳密に審査されるのである。正直にいえば、8、9歳の子供達に、あの「帝国主義」やら「不平等条約」やら「関税の自由」やら教えても、彼らの理解を得られないどころか、子供たちの心の発展に重大な害をなすこととなる。これが党化教育の避けることのできない結果なのである。

これだけでなく、

> 　一般に教育について言えば、理想的教育を受けた人間は、知恵の面では少なくとも事の道理を正確できちんと理解し、行いについては独

立した自信ある精神を持てるべきだ。このような人格を養成しようと
すれば、まず第一に求められるのは、知恵の上の好奇心である。知恵
の上で好奇心があってこそ、各種の問題や事柄に対して、独立した研
究を加えることができる。研究で得られた結果こそ、われわれが信じ
るところの根拠である。こうした教育の方法は、党の立場からする
と、最も危険なものである。彼らが信じるところは、とうに確定した
ものであるから、彼らの問題はどのようにこの信仰を擁護するかな
のである。この信仰を擁護するため、自由な討論と研究が存在しては
ならないのである。自由な討論と研究があり得なければ知恵の上の
好奇心もあり得ない。こうした状況は、まさに17世紀初めのヨーロッ
パの宗教的専制思想と似通っている。当時の教会は一般の人々が自由
な思想を持つことを望まず、そこで、構わず教会の法廷を使ってガリ
レオ・ガリレイを抑圧し、彼に、地動説は聖書に抵触して間違ってい
ると、認めて宣誓するように強制した。彼らのこうしたやり方は、ガ
リレオ・ガリレイを抑圧しただけでなく、彼に再びデマで衆人を惑わ
すことのないように、また、見せしめとして、同時期の人々が新しい
思想を持つことのないようにするものであった。しかし、彼らが得た
効果はいかほどであったのか？ ガリレオ・ガリレイは懺悔文に署名
したのちも、口の中でぶつぶつと「それでも地球は動いている」とつ
ぶやいた。というのも、地球が太陽の周りを廻るという真理は、ガリ
レオ・ガリレイが抑圧を受けたからといって隠滅されるものではない。
ルネッサンス以来、専制思想と自由思想が衝突した結果は、いつも専
制思想の失敗に終わっており、党化教育もまた唯一の例外とはなりえ
ないのである。[8]

　70年後、われわれが先人の書いたこうした「党化教育」を批判する文字
を改めて見てみて、まず驚きといぶかりを感じることは、文章に表現された
思想ではなく、こうした「離経叛道（規準からはずれた）」思想を表現した文
章がどうしてその時代に発表できたのか、ということである。この驚愕自身

によってもすでに、われわれとわれわれの先人がおかれた時代的境遇のある種の同質構造性が証明されたのである。私が考えるには、国民党政府がこうした言論を容認できたのは、その「度量が大きかった」ことによるのではなく、可能性としては、むしろそれにかまう暇がなかっただけであろう。周知のように、南京政府の設立後は、ほとんど一日たりとて穏やかな日はなかった。各方面の新軍閥の挑発・謀反はかつて蒋介石を大いに悩ませた。さらに、南京政府によって重大な災いとみなされたのは、江西・福建の深山密林中の紅軍勢力の勃興であり、蒋介石は巨万の財力・物力を流用して、紅軍に対して包囲討伐を進め、ついには彼らを北西の荒れ地にある延安にまで追い払った。内憂はいまだに平定されないのに、外患は激化し、日本軍国主義の残虐非道な行為は 1931 年には中国東北部にまで及んで、1937 年には全面的な対中侵略戦争へと推移した。戦争は始まったかと思うと 8 年になり、1945 年になって、世界的規模で反ファシズムの戦争が勝利をおさめ、ドイツ・イタリア・日本は徹底的に打ち負かされて、中国の抗戦もようやく終結を告げた。要するに、これは一つのきわめて特殊な歴史的時代であり、南京政府は、当時の中国の合法政府として、全民族を指導して国家を建設し、協力して外辱を防ぎとめるという極めて困難な任務に責任を負っていた。こうした条件の作用の下では、政治専制的党治はまたいくらか影をひそめざるをえなかったのである。公平に論じるならば、抗戦が勃発する前の南京政府の 10 年は、中国現代教育の発展を推進するという意味で結構成果があった。しかし、その統治能力やとりわけ思想統制能力の限界により、逆に自由理念（教育の独立という思想を含む）の展開や発揚に、何がしかの機会を提供することになったのである。

3. 中国共産党政権掌握後のイデオロギー追求

中国共産党の正式文書の中では、これまで「党化教育」という術語は使用されたことがない。しかし、1949 年に中国共産党が政権を掌握した後の教育実践は、意外にも完全に国民党の「党化教育」の遺産を継承するもので

あった。――当然、これは「党化教育」制度の特徴の専制主義的本質を言ったのであって、「党化教育」そのものの内容を指してはいない。

1989年の6・4天安門事件によって、中国の与党は全世界からの非難の的となり、中国共産党のすべてのイデオロギーは、おのずと悪名高き、地に落ちたものへと変わった。ある研究者はこれをもって、中国の「共産主義革命」というのは始めから人を欺く一つの手段（ペテン）であり、それはただ「革命」という名目のもとで、「全面的に専制制度を復活させる」[9]ものにすぎなかったと断定した。しかし、私個人はこうした観点に同意するものではない。

もとより、中華人民共和国建国後に政権を掌握した中国共産党が推進した政治綱領と「指導思想」は、すでに新しい権力と結びついたイデオロギーとなっている。しかし、事物発展の論理を体現した客観的事実は、決して行動する者の主観的認知と同じであるとは限らず、二者は常々正反対なのである。――このような「歴史的皮肉」が内包する深刻さは、歴史の変遷の弁証法に通暁するという基礎の上で、ようやく洞察することができるのである。

もしわれわれが合法性ということを「ある種の政治秩序が認可される価値」[10]と定義するなら、あるいは、「同意」という基礎の上にたった「統治的心理の権利」[11]に基づく、とするならば、建国初期に与党となった中国共産党は、決してこの種の合法性を欠くものではない。共産党が比較的短期間のうちに国民党に戦勝することができたのは、もとより、すべてが政治的理念の勝利というわけではないし、また、すべて軍事的な勝利、というわけでもない。「人心の向背（人々の賛同）」がここでは確かに重要な役割を発揮した。戦争時期の共産党の務実（実情に応じた適切な）政策と建国初期の共産党の清廉な姿は、執政者が中国の伝統的民本主義の文化の基礎の上にたって自己の権威を確立させるのに役立った。言い換えれば、1989年とは似つかず、1949年ないしこの後の相当長い期間、中国共産党は暴力によって自己の政権とイデオロギーを維持する必要はまだなかったのである。

それでは、建国初期の共産党が始めたイデオロギーの追求についてどのように解釈するのであろうか？

上ですでに述べたように、最も盛んな時期にあるイデオロギーの基本的効能は、臣民に対し認知構造と行動指針を提供したり、臣民の政権に対する帰属意識を促進したり、出現するかもしれない社会の整合方面での衝突を調整したり、などである。これらはもとより中国共産党が政権掌握後に自己のイデオロギーを迅速に推進したことを理解するための重要な要素でもあるが、しかし、中国共産党と中国現当代史から言えば、どうしても単独で論じなければならない十分に独特な要素がほかにある。それは、毛沢東を代表とする中国共産党の執政者のロマン主義のユートピア戦略である。この戦略は中華人民共和国が建国後にイデオロギー構造を打ち建てる核心となり、また、同時に、執政者があらゆる手段を用いて自身のイデオロギー追求を実現させようとする動因となったのである。

　その通り、毛沢東と「新中国」初代の政権掌握者は壮大な理想に燃えていた。彼らは自分たちが成し遂げようとしている大業は、「旧中国」の歴史上にあったような政権交代というだけでなく、さらには「人類で最も先進的な科学思想」──すなわちマルクス・レーニン主義──の指導のもとに、一つの社会革命を完成させることである、と信じていた。これは中国人民に福祉をもたらすだけでなく、中国社会に最も偉大な変革を引き起こすものだ、と。

　このために、教育もまた「解放前」の「旧教育」から「新中国」の「新教育」に変わらなければならなかったのである。

　　　中国の旧教育は、帝国主義・封建主義・完了資本主義の統治下の産物であり、旧政治と旧経済の一種の反映で、旧政治と旧経済とを維持する一種の工具である。それは封建的・買弁的なファシズム主義の思想を提唱し、帝国主義と封建買弁的統治に奉仕するものであった。現在、帝国主義と封建買弁的統治が中国で終わりを告げるのに伴い、中国旧教育の政治経済的な土台はほとんど粉砕された。こうした旧教育にとって代わるべきものが、新しい政治経済を反映した新教育であり、強固で人民民主専制を発展させた一種の闘争的な新教育なのである。こうした新教育は新民主主義的であり、すなわちは、民族的・科学

的・大衆的な教育なのである。われわれ中央と各レベルの人民政府の教育工作は、こうした教育を推進しようとするものであり、さらには、人民の文化的レベルを向上させることで、国家建設のための人材を養成して、封建的・買弁的・ファシズム主義的思想を粛清し、人民のために奉仕するという思想を発展させることがわれわれの主要な任務である。われわれが実施しようとしているこうした新教育と旧教育とは性質的に完全に相反するものであり、両者の共存は不可能である。[12]

　この文章は、『共同綱領』の中で述べられた「新民主主義」を表現しただけであって、中国共産党の「最低綱領」にすぎない。ただ、1953年に中国共産党中央部が「党は過渡期の総路線にある」ことを指摘することから始まって、何年も経たないうちに、「最低綱領」は迅速に超越され、工業は国有化され、農業は集団化され、何億もの農民は「社会主義の四通八達の道」へと導き出された。「最高綱領」――社会主義を経て共産主義へ（と向かう）――の実現も近いうちに期待しうるものとなった。

　これがその時代である。われわれはその時代の誠実さを疑う必要はなく、それは誠実さと愚かさとは同時にあっても完全に矛盾しないからである。深く追求すべきはむしろ、執政者が認定するところの、このユートピア戦略を実現させようとする制度形式である。毛沢東は「われわれの事業を指導する中心的勢力は中国共産党であり、われわれの思想を指導する理論的基礎はマルクス・レーニン主義である」と公言した。「労働者階級の先鋭部隊」として、中国共産党が一つの「労働者階級を指導者とし、工農連盟を基礎とする」「人民民主専制」の国家において支配的な地位を占めることは、天地の大義とされた。こうした新しい「党治」は「新中国」の偉大なユートピア社会改造事業の制度的表れであり、また、新たな権力イデオロギーの解釈者と擁護者でもある。こうしたことから、（1）それが必ず排他的でなければならない。社会主義のみが中国を救うことができ、中国を発展させることができると公言しているからである。（2）それが必ず強制的でなければならない。人々がその他の選択をすることを許さず、必ずこれを受け入れなければなら

ないからである。——このときの強制は、まだ比較的十分な倫理上の正当性を有していたのかも知れないが。

　簡潔に言えば、ここで現われているのは、すなわち、権力を根拠とするイデオロギーの共通する天性——（すなわち）専制主義である。ユートピア社会改造工程そのもののロマンチック性とその専制主義の制度実現形式の残酷性——これをすなわち、われわれは中華人民共和国建国後の中国共産党のイデオロギー追求を理解する２つの基本点である。

　中国共産党の「党治」を基礎とする「党化教育」もまた、この２つの基本点の上に展開されたのである。

4.　中国共産党「党化教育」変遷のいくつかの段階

　根本的な機能について言えば、中国共産党の「党治」の基礎の上に立つ「党化教育」は、与党のユートピア社会改造工程とそのイデオロギー合理的な論証と宣伝・「普及」に奉仕するものである。これは前述した容易に得る結論に基づいており、また、レーニン主義の教育工具論に関する観点に完全に符合する[13]。中国の人口の多さ、地域の広大さ、国情の複雑さに鑑みると、「党化教育」は「宣伝」か「普及」かに関わりなく、そのものが驚異的で巨大な一つのシステマティックな工程である。しかしながら、中国共産党の「党化教育」制度化の特徴を研究する前に、「党化教育」の「支配的言説（党化教育の『標準言説』）」の変遷の歴史を簡単に少し振り返ることもまた必要であろう。その根拠は、（1）「支配的言説」の変遷は中国共産党のユートピア社会改造工程の盛衰の全過程を映し出しており、このあたりの歴史を知らないまたは詳しくない読者にとっては、この説明はあるいはいくらか役に立つかもしれない。（2）まさに、客観的実在（歴史的な実際の進行プロセス）と独りよがりな主観的解釈（イデオロギー説教）のコントラストの逆転から、人々はさらに深く「党化教育」というのはイデオロギーとしてただ権力の論理に従うだけで科学とは関係なく、甚だしきにいたっては反科学的な本性を内在しているものであると見抜くことができるであろう。さらにはそこから権力

を握る者は、合法性の維持の外的支えとして、力強くまた日ごとに保守的になる制度施策を借りなければならないことを認識できよう。

歴史的な実際の進行プロセスについては、私は過去半世紀の中国共産党の「党化教育」の「支配的言説」の変遷を次の四つの段階に分ける。

1. 1949〜1966年：「支配的言説」形成期

この時期の基本的な特徴は、「新中国」のユートピア社会改造工程とイデオロギー追求の合理的な観念の枠組みの確立であり、おおよそ、『共同綱領』に依拠する時期（1953年以前）と一層社会主義変革が急進した時期（1953年以後）とに分けられる。つまり「支配的言説」の規範性について言えば、前段階ははっきりとした過渡的な特色を持つ。例えば、1949年から1953年まで、大学は「中国革命と中国共産党」「新民主主義論」「社会発展史」など3科目のマルクス・レーニン主義政治理論科目の開設を定められていた[14]。党の唯我独尊はすでにあらゆる学習の場面で必ず遵うべき教条となっていたにもかかわらず、社会発展の進行プロセス解釈に対しては、まだ基本的には『共同綱領』の比較的穏健な立場に依拠していたのである。後の時代は明らかに異なる。農業・手工業・資本主義の工商業に対する「社会主義改造」の「竣工」繰り上げ後は、大躍進と人民公社などの急激なユートピア工程の実施に伴って、それに見合うだけのまとまった「党化教育」の言説システムが形成された。1961年には中国共産党中央部は試行を批准した大・中・小学校工作条例草案で次のように規定した。中等以上の学校では、マルクス・レーニン主義と毛沢東思想の学習とある程度の工作実践・生産労働の鍛錬を通して、学生の階級観点・群衆観点・弁証唯物主義観を養成し、次第に無産階級の世界観を樹立して、学生に愛国主義と国際主義精神、革命理想、共産主義道徳の素質を持たせ、共産党の指導者を擁護し、社会主義を守り、自覚的に社会主義に奉仕するようにさせなければならない。小学生に対しては、主に「五愛」を中心とする思想品徳教育を進め、彼らに集団を愛させ、社会主義を熱望し、共産党を熱愛するようにさせる。学校の思想政治教育と各種教学過程活動の中で、全てが上述した要求を実現するために努力しなければ

ならないのである[15]。

2.「文化大革命」の 10 年（1966 〜 1976）：「支配的言説」の強化期

　「強化期」という言い方は必ずしも適切なものではないが、文革期の中国共産党「党化教育」の特色を概括する何か更によい言い方を私はまだ思いつかない。簡単に言って、文化大革命というのは毛沢東自らが発動した、「党内修正主義」の除去を旨とした一層急激なユートピア変革運動ではあるが、しかし、この運動ではまだ一党制を基礎とする国家権力構造そのものも、また、「党」の「一貫して正確」で「最高至上」である姿も揺らがなかった。むしろ言うなれば、その姿は「賢明な指導者」「偉大な操舵手」の必勝不敗の理論と知恵に訴えることで、一層強化・神聖化された。文革前と比べると、文革中の「党化教育」はより狂気じみたもので、より論理に欠け、理性を喪失し、また「囲まれ溺れる」性質も有していた。「忠字舞」を舞ったことがなく、「早請示、晩匯報」をしたことがなく、「批闘会」に参加したことがなく、「触及霊魂」と「闘私批修」という糾弾の声と糾弾される中で義憤に満ち溢れたり激しい悲しみの涙に暮れたりしたことのない人には、「囲まれ溺れる」という一語の的確な含意を会得することは難しいであろう。

　「正統」に対する懐疑はまだ「正統」からは抜け出せなかったが、それでも、「極まれば必ず逆行する」という状態もちょうどこの時期に根を下ろして育っていた。1971 年に発生した林彪の「9.13 事件」は懐疑の芽生えを促す最初の触媒で、「四人組」に対する不満がいっそう深層の理性的思索を喚起した。あらゆるこうしたことは 1976 年に周恩来追悼を引き金とする「四・五運動」の中で放出してきた。中国共産党の「支配的言説」は少なくとも文革期にはその代弁者たちが非難の対象となり間接的な挑戦を受けたのである。

3. 改革開放の「ポスト毛沢東主義」時代（1977〜1989）：「支配的言説」の調整期

　文革は事実上、毛沢東式ユートピア社会改造工程の破産を宣告した。1978 年の中国共産党 11 期 3 中全会の開催は中国の改革開放の始まりを意味しており、中国は鄧小平が主導する「ポスト毛沢東主義時代」へと入っ

た。「党化教育」のこの時の任務は次のようなものである。新たな経済実務政策がマルクス主義の正統に決して離反しないことを論証しなければならないと同時に、たとえ文化大革命のような重大な「過誤」が発生したとしても、党や党が制定した路線やまた党を中心とする現存する制度の枠組みは依然として疑う余地のないものであることを強調しなければならないのである。1978年末・1979年初めの「民主の壁」運動と中国民間の「第5の近代化」（政治民主化）の提起が与党のイデオロギーに対する直接的な挑戦であったことを鑑み、1979年春に中国共産党中央部は「すべての人民と青少年に対して、4つの基本原則を堅持する教育」というものを明確に提議した。すなわち、「社会主義の道を堅持し、人民民主（無産階級）専制を固守し、共産党の指導者を擁護し、マルクス・レーニン主義毛沢東思想を固持する」である。このように、「一つの中心、二つの基本点」（経済建設を中心とし、4つの基本原則を堅持して、改革開放を固守する）は、中国共産党「第2世代の指導集団」の全面的な国策になると同時に、「党化教育」の「支配的言説」調整後の基本的内容にもなったのである。

　専制主義者にとって、事の不幸は、歴史的論理が権力を把握する者の既定の想像を超えて広がったところにあり、また権力のイデオロギーが常に意識を払おうとする自身の一貫性に配慮できなかったことにもあるのである。市場経済導入の結果は、決してただ計画経済モデルに対する容易な否定であるというだけでなく、必ずや制度現代化の総体的意義の上に連鎖反応を引き起こし、政治の民主化を呼び起こす内在的要求と市民社会の新たなる出現を含んでいるのである。執政者がこの歴史の大勢に順応できず逆にそれを阻止しようとした時、悲劇の醸成は避けられなくなったのである。

4.「六・四」以後今日まで：「支配的言説」崩壊期

　1989年の春から夏への変わり目に勃発した民主運動とその鎮圧は、当代中国史の分水嶺となった。もし、毛沢東世代の「新中国」創始者たちがロマンチックなユートピア社会改造工程を推進する中で、かつて多くの愚かなことをしたことがあっても、なお誠実さを失わなかったとすれば、毛沢東の本

質的な全体主義制度の運営が残酷で専横であったとしても、まだその合法性を失わなかったとすれば、また、鄧小平が中国の80年代の改革を指導する中で、政治体制の改革において従前どおりで、かなり牽制されて手も足も出なかったが、畢竟、市場化を通して人民に「実益」をもたらし、それによって一定の程度・一定の意義で執政者のイデオロギーの合法性を保留し継続させていたとしても、こうした合法性はすべて「六・四」の北京長安街路上の血なまぐさい弾圧によって一夜のうちにすべて消滅してしまったのである。

　これは一つの歴史的質的変化のポイントである。統治者が認めるかどうかにかかわりなく。

　この質的変化のポイント以後、「支配的言説」の崩壊は避けられなくなった。崩壊が最も集中して現れたのが、もともとは当然であるとみなされたイデオロギーの絶対的真理は、すでに与党の権勢利益集団にとっての隠れ蓑になり下がっており、道理を説く者自身も信じない露骨な芝居じみたものになってしまったのである。これが「党化教育」論理変遷の終点である。専制主義イデオロギー自身の変質の中から、何かその他の結果を見いだすことはできないのである。ここ10年余り、中国共産党の新たな世代の執政者は「六・四」の暗黒の記憶をぬぐい去ることで、歴史の傷をぼやかし、体制内の腐敗に抵抗する力を強め、「三つの代表」[16]などの新たな「支配的言説」を世に出して、自身の合法性を修復しようともくろんでいるが、しかし、専制主義の論理そのものとその政策形態が変化しなかったならば、その論理の結果もまた変わることがない。残っているのは時間の問題だけである。

5. 中国共産党「党化教育」制度化の特徴

　半世紀の歴史を見渡して、中国共産党「党化教育」の「支配的言説」は核心となる観念の同一性を前提とする若干の段階的変化を幾度も経験したとはいえ、「党化教育」は実施する組織の形式と制度の構造とが意外に高度なつながりを有しており、しかもある種の日ごとに保守化するという特徴を呈し出していて、これは後期「党化教育」言説の崩壊と興味深い対応関係にある。

そこで本節では、中国共産党の「党化教育」の制度化の特徴に見られるいくつかの基本的側面について検討してみる。

1. 法律的地位

現当代中国の立法の実践においては、国民党はもちろん共産党も憲法の世界観である中立という原則を無視している。1936年5月5日に公布された『中華民国憲法草案』第1条は「中華民国は三民主義の共和国である」と公言している[17]。1982年12月4日の第5期全国人民代表大会で採択された『中華人民共和国憲法』は「前文」の中で次のように明言している。「中国新民主主義革命の勝利と社会主義事業の功績は、いずれも中国共産党が指導する中国各民族の人民が、マルクス・レーニン主義、毛沢東思想の導きの下に、真理を堅持し、過ちを修正し、多くの困難険阻に打ち勝って得たものである」。「中国の各民族の人民は引き続き中国共産党の指導のもと、マルクス・レーニン主義、毛沢東思想の導きにより、人民民主専制を堅持し、社会主義の道を固く守り、社会主義の各項目の制度を絶えず完全なものにし、社会主義民主を発展させ、社会主義法制を健全化し、自力で更生し、刻苦奮闘して、工業・農業・国防と科学技術の現代化を一歩一歩実現し、我が国を高度な文明と高度な民主主義の社会主義国家として建設するであろう」と[18]。

「根本となる大法（憲法）」の上述の規定があって、「党化教育」そのものもおのずと最高至上の法的根拠を獲得した。1995年3月18日公布の『中華人民共和国教育法』の中では、「国家意志」の体現となっている。「国家はマルクス・レーニン主義、毛沢東思想と中国の特色ある社会主義理論を建設することを指導し、憲法が確定した基本原則に従って、社会主義の教育事業を発展させる」（第3条）[19]という。3年後に公布された『中華人民共和国高等教育法』は、ほとんど一字も差がないくらいに上述した内容を繰り返している（同じく第3条に見られる）[20]。この高等教育に関する立法の文書では、第10条に「国家は法により大学での科学研究・文学芸術創作、その他の文化活動の自由を保障する」と明確に規定されているとはいっても、すぐに補足して「大学で科学研究・文学芸術創作、その他の文化活動を行うには、法

律を順守しなければならない」と述べられている[21]。『中華人民共和国憲法』のイデオロギー的独断性を考慮すれば、この条項は何も言わなかったに等しい。

　当代中国の法律文書がいかに権力者の専制主義の道具と口実になっているのかについては、問題をはっきりさせるであろう一つの例がある。覚えているのは、90年代初めのいつかの年に「両会」（全国人民代表大会の会議と中国人民政治協商会議の会議）が招集された時、中央電視台の生中継の国務院総理記者会見で、当時国務院総理であった李鵬が国内外の記者に答えた質問である。一人の年をとったもみあげがすでに白くなった外国人女性記者が次のように尋ねた。「李鵬総理、一人の中国人が国を愛すると同時に、社会主義を信仰しないというのはありえますか？」李鵬の答えは簡単かつ明確であった。つまり、中華人民共和国憲法が規定する「四つの基本原則」はわれわれにとって建国の根本であり、その中には「社会主義の道を堅持する」という一項目も含まれているのである。ゆえに、一人の公民が国を愛そうとすれば、社会主義を信仰しなければならないのである（大意）、と。このことはどの年の「両会」の記者会見で起きたことなのか、私ははっきりと記憶できていないが、この応答は非常に深い印象を私に残したのである。

　実のところ、スロベニアの哲学者スラヴォイ・ジジェクの術語を借りると、「社会主義」は「六・四」後の中国ですでに「平凡なイデオロギーを超えた暴力」となっており、もはや「イデオロギーの崇高な客体」ではなかった[22]。この幻象が依然現実として維持されているのは、その他の原因以外には、法律（最高レベルの法律を含む——憲法）が法的正統性という意味の上で後ろ盾となるものを提供したからである。中国共産党のあらゆる「党化教育」のシステムはこの後ろ盾の上に打ち立てられており、後者は「党化教育」の内容を合法化するだけでなく、「党化教育」の巨大な組織的枠組みと制度設置をも合法化するのである。

　次は組織構造の面の状況から見てみよう。

2. 組織の手段

『中国教育年鑑』では次のように述べられている。

> 我が国の学校での政治思想工作はあらゆる面で中国共産党中央部とその直属機関のもとにある。——中央宣伝部の統一した指導のもとで進められている。各省・市・自治区の党委員会は中国共産党中央部の方針・政策に基づき、各時期の学校における思想政治教育工作を具体的に配置・指導し、教育部と各省・市・自治区の教育指導部門は中央宣伝部と各地の党委員会宣伝、文教部門と協力して、共にこの工作をうまく行い、関連する各種事務を処理し、各級各種の学校では、思想政治工作もまたすべて各レベルの党組織の指導のもとで進められる。
> 　大学は党委員会の指導の下にあり、組織の専任職員・学校学部の行政幹部・中国共産主義青年団・学生会・労働組合・マルクス・レーニン主義の教学研究室と多くの教職員とが共同でことにあたる。思想政治教育工作には常に三つのルートがある。つまり、系統的な政治理論の授業、時事の政策教育、そして、共産党と共産主義青年団の日常的な政治思想教育である。これら三者は関係があり、また違いもあるので、分担してことにあたり、互いに協力して、異なる角度から思想教育の任務を完成させるようにしなければならない。[23]

以上で述べたことは、まだ普通教育システムの中の「党化教育」組織化の特徴でしかない。中国共産党が行う「党化教育」にはさらに一つの専門的な部隊があり、それは独自のシステムを持つ党校の系統である。中国共産党中央党校に始まり、各省・自治区・直轄市、また各地・県、そして国務院の各省委員会・地方各部門・委員会はすべてそれぞれの「党校」を有しているのである。「民主党派」においては各レベルの「社会主義学院」が同様の「党化教育」機能を担っている。

甚だしきに至っては、改革開放以来続々と開かれている中国の私立学校に

おいても、「党化教育」の組織化の趨勢が見られるのである。例えば、北京市教科院民間教育センター主編の『民間教育参考』が報じるところによれば、北京市各区県の教育部門党委員会は私立学校の中に作られた「党組織」を工作の突破点としている。「2001年第2四半期までに本市に私立学校は合わせて1548である。そのうち審査を経て、『党章』と文書の規定にてらして党組織を作るべきのが756で、現在すでに716の党組織ができて、94％を占める」。「区県の調査研究によれば、この半年に本市の民間高等教育機関には作るべき党組織が87あったが、すでにできたものが82あって、これは96％を占める。残る5か所も、2つはすでに報告を上げて承認を待っており、3か所も党の組織とつながる連携の手続きを行っているところである。ここに至り、本市の民間高等教育機関は基本的に党の組織を作り上げた」。総じて、「本市の民間高等教育機関による党の基層組織設立という工作は高い積極性と緊迫感の表れであり、区県の教育部門の党委員会書記自らが責任を持って、さらには区県の組織部門と緊密に協力を進めて、党組織とつながる連携と審査承認作業に力を入れ、党運営工作の展開を強力に推進したのである」[24]。

　もちろんのこと、後半の文言は典型的な「役人口調」「常套句」であるが、この文章で出された数字はそれでも有用な情報で、ある側面から当代中国の「党化教育」の抜け目ない組織化の特徴を反映している。

3. 課程システム

　これまでにすでに言及したように、早くは建国の初期に、教育部は『共同綱領』の精神に基いて、大学に「中国革命と中国共産党」「新民主主義論」「社会発展史」などのマルクス・レーニン主義のカリキュラムの開設を要求していた。全国の大学再編の過程で、教育部は1952年10月7日に『全国の高等教育機関のマルクス・レーニン主義、毛沢東思想カリキュラムに関する指示』を発布し、マルクス・レーニン主義カリキュラムの設置・授業時間について、次頁の表のような詳細な規定を定めた[25]。

　1953年の下半期から、「新民主主義論」というカリキュラムの名称は一律

1953年　マルクス・レーニン主義科目のカリキュラム設置と授業時間

学校のタイプ	新民主主義論	マルクス・レーニン主義基礎	政治経済学	弁証唯物論と歴史唯物論	総時間数
総合大学・師範系単科・総合大学	100	136	136	100	472
理・工・農・医学部専門大学	100	136	136		372
三年制専科学校	100	136	136		372
二年制専科学校	100	136			236
一年制専科学校	100				100

「中国革命史」に改められ、1961年以降はさらに「中国共産党史」あるいは「マルクス・レーニン主義政治学」に改称された。マルクス・レーニン主義基礎に関するカリキュラムは、1961年にはなくなり、その内容はマルクス主義哲学・政治経済学という2科目に組み入れられた。文化大革命が収束し、大学入試が復活し、筆者もこの世代の一人として大学に入学した70年代末や80年代初め、四年制大学の各専攻はこぞって「中国共産党史」「政治経済学」「哲学」（マルクス主義哲学）の3科目を開設し、文科系ではさらに「国際共産主義運動史」が開かれた。私自身、大学では政治経済学を専門として学んだので、受けた「党化教育」はおのずと理工科あるいはその他の一般文科系専門の学生と比べると多くなった。「哲学」の週の授業時間数は多いと6時間に及び、二つの学期では全部で216時間になった。学ぶのはスターリン式の正統な「マルクス主義哲学」であり、その中にはいたるところで「党性」（階級性）の原則を用いて分析した中国と海外の哲学史の「標準言語」が氾濫していた。さらにひどいのは「国際共産主義運動史」で、後に人々に公にされた大量の歴史的事実から見て、この科目は「第二国際修正主義」に対する「批判」であり、ソビエト時期の多くの重要人物、例えばトロツキーやブハーリンの攻撃はどれも歴史の検証を経ない根も葉もない話とされた。ただ、当時はこうしたことは疑いようもなかった。それはちょうど、文革期に劉少奇が「反逆者」「スパイ」「工賊（労働者の裏切り者）」として非難されたことに疑問の余地がなかったのと同じである。

90年代あるいは最近になって、「鄧小平理論」がまた「党化教育」の新たなテキストとして様々な高等教育機関のカリキュラム設置に組み入れられるようになった。1999年9月6日に教育部が公布した一つの公文書では、次のように書かれている。「当面、党の15回大会の重要な精神を積極的に貫徹実行するには、さらにいっそう鄧小平理論の『教材に取り入れ、授業に取り入れ、学生の頭脳に取り入れる』という工作をしっかりやらなければならない」[26]。この論理に照らすと、江沢民の「三つの代表」という「重要思想」も早かれ遅かれこうした「至上の栄誉」を得ることになるであろう。

　今問うべきは、どのような課程を設置することが、中国共産党「党化教育」の制度化を示すことになるのか、ということである。

　知っておくべきは、いかなる学校の教育—管理システムにおいても、カリキュラムの設置というのは孤立したものではなく、必ず、呼応する教材・教務・学籍管理方法などと組み合わされている。もし、「党化教育」が求める各分野の「政治理論課」を体現するなら、カリキュラムの中には「必修科目」（状況も確実にこのようであること）が設けられることになり、それは学生が必ずこのカリキュラムの正式な単位の取得が必須であり、そうでなければ卒業できないということを意味している。そうして、学生はこの科目の試験で合格したいと思えば、必ずや教材を熟読し、しっかり記憶し、そしてそれらを試験の答案に取り込まなければならない。——あるいは次のようにも言えるだろう。ここでは独立した思考を持つことや異なる見解を述べる権利は許されていない。もし、誰か血迷って、あろうことか、このルールを無視するようなことがあれば、最後にはひどい目にあったり、不運に見舞われることは疑いない。卒業できず、「お墨付き（卒業証書）」をもらえなければ、その後の人生の道のりで一連の困難や面倒や諸事にきっとぶつかるにちがいない。

　これは何か？　これがすなわち専制主義の制度化の力なのである！

　専制主義イデオロギーの排他性、強制性はカリキュラムの設置、試験のルール、卒業の基準を一体化するシステムを通してまた証明された。

1957～1965年の間の大学の政治理論専任教員数　　　　　　　　　　単位：人

	1957年	1960年	1961年	1962年	1963年	1964年	1965年
総数	5,457	4,361	8,990	8,577	8,182	8,781	8,032
哲学	1,390	1,266	2,767	2,882	2,806	2,681	2,765
政治経済学	1,341	1,248	2,735	2,655	2,544	2,395	2,480
中央党史	1,348	791	2,070	2,153	1,972	3,085	2,240
マルクス・レーニン政治学	1,378	1,056	1,418	887	860	620	547

4. 教師の動員

　共産党はもちろん国民党も、人材や知力といった資源を掘り起こし、自己の「党化教育」部隊を充実させるという面では、どちらも全力を尽くした。しかし、国民党と比べて、中国共産党は、自己の「党化教育」を推進するという意味で、より高い水準の人的資源動員能力と、より大規模な展開によって徹底した効果をあげた。上の表に記載したのは、1957年から1965年の間の大学の政治理論科目専任教員数の増大状況である[27]。

　また、国民党の党義教師の規模については次頁の表からわかる[28]。

　1932、1933、1934年の学生と教師の数を足してみると、その総数はそれぞれ8万2800と92で、これはつまり、国民党のこの時期の党化教育の学生と教師の比はちょうど900対1になるということである。時間を後ろに30年ずらすと、1962、1963、1964年の全国の大学の在校生の総数は226万5000人（内訳は、1962年83万、63年75万、64年68万5000）[29]、同時期の一般教育の政治科目の教師総数は2万5540人（上表参照）で、これが意味するのは、共産党のこの時期の党化教育の学生と教師の比は約89対1であるということだ。これは両党と二つの異なる時期の「党化教育」教師動員規模と水準に対するわれわれの判断を証明するものである。

　厳密にいえば、共産党の「党化教育」の教師動員は「政治理論科目」の専任教師だけを指すものではなく、さらには学校の党務系統に従事する者、青年団の工作責務を負う専任職員、また班の主任も含むべきである。これは陣容が一層膨大かつ強大な一つのチームとなる。彼らは「党」の声を一人ひと

1932～1934年の間の各種大学の学生と党義教師の人数　　　　　　　　単位：人

年度	1932		1933		1934	
類別	学生	教師	学生	教師	学生	教師
総計	26,719	26	27,482	30	28,599	36
国立	12,863	9	12,060	13	11,970	16
省立	3,796	6	3,685	3	4,476	9
私立	10,060	11	11,737	14	12,153	11

りの学生に面と向かって伝達・貫徹するに足る人的資源の保証なのである。別の面では、こうした「党化教育」のあらゆる職場が学校の「人事編成」に正式に組み入れられていて、これにより国家財政上の支持を得ているのである（国家教育経費支出の一部は、ここで働く人の給与支払いに用いられている）。まさに、ここから、われわれは「党化教育」教師動員の背後にある大一統制度の支えを見て取ることができるのである。

6. 「党化教育」の失敗から見る当代中国専制主義制度解体の可能性とこれからの動向

　以上の数節で、国民党時代の「党化教育」のおおよその状況、1949年に中国共産党が政権を掌握した後のイデオロギーの追求、中国共産党の「党化教育」の変遷についての4つの歴史的時代区分とそれらに備わっている若干の制度的特徴、これらを分けて考察してきた。総じて、このような話題は重く、私個人もこの文章を書きながら心底次の一点に思い至った。——畢竟、われわれの世代はみな「党化教育」とは一体何なのかを経験しており、しかも今日に至ってわれわれ次の世代も依然として経験し続けている、ということである。しかし、われわれが個人の限界から抜け出して、冷静に観察者の立場でこの歴史を考え直すと、また不思議なことに行き当たる。すなわち、歴史は今も作られている、ということだ。もし20世紀の中国がかつて種種の原因で自らが設計したユートピアの落とし穴にはまり、その後はまた、別の極端に転向して金銭社会の果てしない道徳荒野に足を一歩踏み込んだ、と言うならば、あるいは、もし文化を土台とすることがままある中国の専制主

義がかつて「三民主義」「社会主義」という各種の名義のもとに一時横行していたというならば、さらには、あるいは、もし「党化教育」が専制主義イデオロギーの工具として一世代また一世代と中国人を「服従」させていたというならば、それなら、これは歴史が呈示した一つの次元にすぎない。また、別の次元があって、──（より）歴史の意味・歴史の真理・歴史の未来の方向性を代表する一つの次元は、まさにひそかにわれわれに向かって広がりつつある。これがすなわち民主化という大きな趨勢である。

　人類には多くの欠点・弱点がある、ということは疑いようがない。ただ、人類は民主に向かうように運命づけられており、これは、哲学と人類学に基礎をおく人間の「主体間」の交流による社会進化の本質に決定づけられたもので、しかも、すでに世界の300年来の各国の発展が実証するところとなっている。中国人はこの点において確かにいくらか遠回りをしたが、これは、われわれの文化的伝統の中にある古すぎるのにもかかわらず、依然として生き延びている長年の習慣は、急進的なイデオロギーとの間に一種の奇妙な組み合わせが形成されたからで、後者により生まれた「全体化」の力（この術語は西欧のマルクス主義から借用した）が現代中国の民主化の進行過程をゆがめたのである。しかしながら、全体化がその内在するエネルギーの最大値に到達し、全体化を構成する各要素自身の張力が十分発揮されるようになった後には、全体化の解体過程もまた始まったのである。

　「党化教育」も同様の運命にさらされようとしている。

　事実、われわれが上記の二つの次元を同時に自己の観察視野に取り込む時には、専制主義イデオロギーの工具となった「党化教育」が日増しに膨張する制度化の過程の中ですでにひそかに自身の脱構築の種を埋めているのを見ることができる。特にここ20年来、中国の対外的な門戸開放、改革・開放政策の推進に伴って、中国の市民は次第に多くなるルートを通じて外側の世界を知ることが可能になった。これが文化大革命のあの時代とはすでに完全に変わってしまった。幻覚を作り出す前提は情報の封鎖である。一旦情報の窓口が開いてしまえば、幻覚の非現実性や幻覚を作り出すものの自己欺瞞性は残らず暴露される。もしこの時、幻覚を作り出すものたちがまだ依然とし

てそれをつづけているとすれば、それには一つだけ可能性があり、つまり故意にある陰湿な目的のもとで、故意にデマを生産するということである。中国ではすでに基本的に変形した公有制から変形した私有制へのモデルチェンジを完成しており、新たな特権階級はすでに国有資産の再分配を実現することに成功している。この陰湿な目的は権力による利益保護以外に、いったい何だというのであろうか？

　私はすでに任鴻雋の国民党の「党化教育」に対する批判について引用し言及した。（一方、）共産党による支配手段の完璧さと制度化（特にメディアと出版業界に対するコントロール）については、われわれはいまだに公に、中国共産党のイデオロギー追求やその工具に対する同様の批判を耳にしたことはない。しかし、中国共産党の「党化教育」に対する疑念や再考、あるいは拒否などは、実はこれまで止まるところがない。——とはいっても、それらのほとんどは直接的ではない形式をとった。最も簡単なのは、「消極的な抵抗」で、これはおおよそあらゆる中等・高等教育機関の「政治課」あるいは「徳育課」の講義の中で見ることができる。（というのは、）学生は「党」の教えに対して根本的に興味を抱かず、気難しい顔で聞いてはいても、試験対策のためだけである。彼らの行為は必ずしも自覚的ではないが（自覚の前提には学生がさまざまな参照系列となる知識を身につけた上で、独立した判断能力を有しているということがあるが、中国の「党化教育」は学生にこうした能力を伝授することは不可能である）、逆に、十分に信憑性のある方法で「党化教育」が被教育者のところで失敗していることを証明している。もしまれに学生が「政治課」の先生の講義が素晴らしいと称賛し、学生は喜んで聞いているということを聞いたとすれば、それはけっして別の何かを証明したのではなく、ただ先生が授業中にできるだけいくらか本当の話をしたことを証明しているだけなのである。

　もし「党化教育」の執行者——（つまり）各級各種学校のマルクス・レーニン主義の教師や関連する研究組織の学者たちに注目するならば、彼らの中の多くも「消極的な抵抗」という方法を講じているのを見ることができるだろう。ことを適当に済ませて当座をしのいでいるのも、ちょっとした給料や

肩書きをお茶で濁しているにすぎない。その中でさらに自覚がある者は、教育・翻訳・著述を通して、様々な直接的ではない方法で当代中国の専制主義に対し匿名の批判を行っている。こうしたやり方は「積極的な抵抗」と言っても差支えなく、その中で累積された拒否のテクニックは一つの学問分野、中国権勢主義社会特有の知識社会学というようなものの発生に足るものである。例えば、先ごろ、国内のある大学の出版社が『大学人文読本』という全集を出版したが、その内容は、教育の独立と大学の本質、啓蒙への再出発、歴史の記憶の覚醒、「革命」に対する再考、国家の主権より人権の優位、狭隘な民族主義との決別など、重要かつ敏感な課題に及んでいる。目的は「大学生が精神を成長させる時に、適時かつ的確に別種の明瞭で清潔な声を聞こえせしめんとする」ためである。こうしたやり方が危険を冒そうとするものであることは疑いようがない。そうして、まさしくこうした行動の中で、人々は責任感と使命感をもった教材編集者と出版者の道徳・勇気を見るのである。

事実、「消極的な抵抗」か「積極的な抵抗」かを問わず、どちらも、民間から全体主義イデオロギーの解体に対する力の形成を表している。この過程はひそやかではあるが、しかし、実質的な転覆性を有しているのである。

また、別の例を挙げることもできる。それは、ここ数年来検討されていて、かつ、中国のいくつかの省・市で試行・推進されている大学入試科目設置改革である。本稿が立論する立場から見ると、いわゆる「3 + X」（国語・数学・外国語＋総合）という入試方法は、事実上、文系入試における政治科目のスコアの重みを低下させた。理工系受験生が「小総合」（物理・化学・生物だけを受験）とする場合には、政治を受験するに及ばない。これは一つの重大な変化である。われわれは完全にそれを体制内部から来る中国専制主義イデオロギー解体の開始の何がしかのシグナル、——これはまだ非常に微弱な合図ではあるけれども、それと理解することができる。当然のことながら、カリキュラムの設置と入試方法、内容の改革というのは、専制主義党化教育制度解体の一部分でしかない。この解体のさらなる根本的な部分は、その法律的地位のさらなる画定と組織的手段の革命性を帯びた改造ないしは粉砕である

べきである。すなわち、中国の権勢主義的政治は——社会の現実から言って、この一歩はまだ比較的はるか遠くにあるようである。しかるに、民主化が逆らいようのない大勢となったことを考えれば、また、中国がすでに WTO に加入して、中国と世界との融合が一層加速し、正統なイデオロギーが今日すでに中国専制主義の最後の領域となっていることを鑑みれば、われわれは次のように予言することが可能であろう。上述した解体の過程は今後も継続しつつ、また中国の民主化と制度現代化の重要な促進剤になるであろう、と。

注

1) 制度現代化の基本概念と総体論理の一般的演繹については、拙著（1998）『現代性と制度現代化』上海、学林出版社、第 7 章「制度現代化研究の若干の方法論問題」を参照のこと。
2) 拙著（1998）『現代性と制度現代化』238 頁。
3) 孫中山「国民政府建国大綱」、『孫中山文集』、北京、団結出版社 1997 年版、565 頁参照。
4) 孫中山「国民政府を組織することに関する説明：中国国民党第 1 回全国代表大会での演説」、『孫中山文集』393 頁参照。
5) 王世傑、銭端升（1999）『比較憲法』北京、商務印書館、重印本、482-483 頁。
6) 高奇主編（1985）『中国現代教育史』、北京師範大学出版社、113 頁。
7) 同上書、207、354、365 頁。
8) 任鴻雋「党化教育は可能なものか？」『独立評論』第 3 号、1932 年 6 月初出。楊東平編（2000）『大学精神』、瀋陽、遼海出版社、127-130 頁参照。
9) 辛灝年（1999）『誰が新中国か』、ニューヨーク、藍天出版社、の関連する観点を参照のこと。
10) ハーバーマス著、張博樹訳（1989）『コミュニケーションと社会進化』、重慶、重慶出版社、184 頁。
11) マイケル・ロスキン他著、林震他訳（2001）『政治科学』、北京、華夏出版社、6 頁。
12) 1949 年末召集開催の第一次全国教育工作会議での建国後初代教育部長馬叙倫の「開幕の辞」より抜粋。『中国教育年鑑 1949-1981』（1984）、中国大百科全書出版

社、683 頁参照。

13) レーニンは『ロシア共産党（ボリシェヴィキ）綱領草案』の中で次のように明確に語っている。：「学校はプロレタリア独裁の工具となるべきで、すなわち、一般に共産主義の原則を伝達するものとならなければならないだけでなく、搾取者の抵抗への徹底的弾圧と共産主義制度の実現とのために、労働群衆の中の半プロレタリアートと非プロレタリアートの階層に対しても、プロレタリアの思想・組織・教育などの方面での影響を広めるものとならなければならない」。中国共産党中央マルクス・レーニン著作編訳局編（1995）『レーニン選集』第 3 巻、北京、人民出版社、744 頁参照。

14) 『中国教育年鑑 1949-1981』421 頁を参照のこと。

15) 同上書、420 頁。

16) 「三つの代表」の標準的意味は：「（中国共産党は）中国の先進的な生産力の発展要求を代表し、中国の先進的文化の前進する方向を代表し、中国の最も広範な人民の根本的利益を代表する。」というものである。江沢民（2001）『中国共産党成立 80 周年祝賀大会での講話』、北京、人民出版社、24 頁参照。

17) 王世傑、銭端升『比較憲法』、571 頁を参照のこと。

18) 『中華人民共和国憲法』（1995）、北京、中国法制出版社、3 頁参照。

19) 北京教育科学研究院編『社会力量学校運営政策法規選編』、324 頁。

20) 同上書、345 頁。

21) 同上書、346 頁。

22) スラヴォイ・ジジェク著、季広茂訳（2002）『イデオロギーの崇高な対象』、北京、中央編訳出版社、参照。

23) 『中国教育年鑑 1949-1981』421 頁参照。

24) 中国共産党北京市委員会教育工学委員会基層連絡所の文章「北京市が社会的に力を入れて行った学校での党組織の構築はすでに 84％に達する」、『民間教育参考』2001 年第 4 期に掲載。

25) 『中国教育年鑑 1949-1981』422 頁参照。

26) 教育部「高等教育学歴卒業試験政治理論課課程の設置および実施工作に関する意見」、北京教育科学研究院編『社会力量学校運営政策法規選編』、76 頁。

27) 『中国教育年鑑 1949-1981』425 頁参照。

28) 金以林（2000）『近代中国大学研究』、北京、中央文献出版社、205 頁。

29) 馬宇平、黄裕沖編（1989）『中国の昨日と今日：1840-1987 年国情ハンドブック』、北京、解放軍出版社、838 頁。

思想改造運動の起源及び中国知識人への影響

謝　泳

　思想改造とは、1949年以後新政権が中国知識層に対して長期的に行なった基本政策である。この過程は相当長く、30年近くにわたり、20世紀80年代以後にようやくこのようなスローガンが出されることは少なくなった。知識人をコントロールした主な方法として、思想改造自体は必ずしも政治運動ではない。本稿で研究している思想改造運動は、一般の意味での思想改造ではなく、特に1951年から1952年までに主に中国の大学において発生した思想改造を指す。なぜならこの思想改造は批判という関門を通過するやり方に集中することで、短期間で知識人の思想に強制的な改造を行なったので、相当大きな影響が生じたのである。更にこの思想改造は新政権が多くの政治運動を始める時期と重なって発生したため、とりわけこれによってもたらされた中国の大学、学部・学科の全般的な調整は、後の中国知識人の生存状況や思想状態に大きな影響を及ぼした。本稿では、1952年の知識人思想改造運動は完全に一つの政治運動であり、その性質においては、中国で発生したあらゆる政治運動との相似点があると考える。

1.　毛沢東の知識人に対する基本評価

　毛沢東の知識人に対する言論からは、生涯にわたって、彼が知識人に好感

を持っていなかったことがわかる。一部の研究者はその知識人に対する態度を、彼が早年北京大学で図書館の管理員をやっていた経歴と結びつけて考えたが、これは首肯できるかもしれない。毛沢東が延安にいた時、訪ねてきたスノーに、北京大学の数人の教授の態度を目の当たりにしたことを話したことがあった。特に羅家倫と傅斯年について話したのであるが、これは学術界でよく言及されることである。北京大学での経歴は、毛沢東にとってはあまり愉快なことではなく、1949年以後、毛沢東は一度も北京大学に行っていない。北京大学の学長であった馬寅初は、毛沢東に北京大に来て講演をするよう望んだが、彼は行かなかった。1951年9月11日、毛沢東は馬寅初が周恩来に送った手紙に次のような指示を出した。「このような学習はとてもよいので、何人かの同志に頼んで講演に行ってもらってもよい。私は行くことはできない」[1)]。毛沢東は生涯北京大に興味を示さず、馬寅初の招待に対して別に気にも留めなかった。当時新しい北京大は毛沢東に接近したがっていたが、毛沢東はこれに対して比較的冷淡だった。1949年4月30日、毛沢東は北京大から五四記念会への参加を招待されたが、これもすぐに拒絶した。彼は言う。「あなた方の招待に感謝します。仕事の関係で、あなた方の会に行くことはできません。お許し下さい。北京大の進歩をお祝いします」[2)]。後に北京大のために校名を書いたが、北京大に対してはあまり熱意はなかったようである。毛沢東の知識人に対する態度、特にリベラルな知識人に対する態度が、後の知識人の運命を大いに決定づけたのである。

　毛沢東の目には、知識人は利用できる一つの力にすぎず、独立した人格や精神世界のそなわったグループとは見なさなかった。知識人に対しては、むしろずっと先入観を持っており、いつも彼らを信用しなかった。このことは、毛沢東個人だけでなく、共産党の政策的行為の中からも見ることができる。

　1948年5月25日、中共中央は「1933年の二つの文書に関する決定」を行なった。知識人に対する党の基本政策はこの二つの決定から生まれている[3)]。

　毛沢東の知識人に対する態度は、1940年代の延安における2回の講話に集中的に現われている。1942年2月1日、延安党学校始業式大会における

演説「学風、党風、文風を正す」の中で、次のように述べている。

> 我々の中国は半植民地半封建的な国家で、文化が発達していないため、知識人は特に貴重である。中央の文書では更に広範な知識人を味方に引き入れなければならないという知識人に関する決定を行なった。彼らが革命的であり、抗戦に参加したいと希望するのでさえあれば、すべて歓迎する。これは非常に正しいことだ。これによって知識人はとても鼻が高くなり、知識人以外は重宝されなくなるように思う。我々が知識人を尊重するのは全く当然のことだ。革命的な知識人がいなければ、革命は勝利することはできない。しかし我々は知っている。多くの知識人は、自ら知識が豊富だと思い込み、知識人であることを威張り、その威張った態度がよくない有害なもので、彼らの前進を妨げていることを知らないのだ。彼らはある真理を知るべきだ。つまり多くのいわゆる知識人は、実は最も知識がないのだ。労働者や農民と比べると、時には労働者や農民の方が少し知識が多いこともあるのだ。[4)]

　講演の中で知識人を風刺する多くのことを述べているが、その講演のスタイルから、知識人に対して好感を持っていなかったことがわかる。
　「延安文芸座談会における講話」の中で、知識人に対して、次のような評価が下された。

> まだ改造されていない知識人と労働者や農民を比較すると、知識人は精神に多くの汚い所があるだけでなく、身体でさえも汚いと感じる。最も清潔なのはやはり労働者や農民であり、たとえ彼らの手が黒く、足には牛糞がついていようと、やはり大資本家階級やプチブル階級よりは清潔だと感じるのだ。これはすなわち自分の感情に変化を起こさせ、一つの階級から別の一つの階級へと変化したのだ。我々知識人出身の文芸工作者は、自分の作品を大衆に歓迎されるようにしたければ、自己の思想や感情を変化させ、改造させなければならない。この変化

がなければ、この改造がなければ、どんなこともやり遂げられないし、食い違ってうまくいかないのだ。[5]

「連合政府を論ず」の中で、毛沢東は知識人の中国革命における役割についてはかなり肯定しているが、最終的な結論はやはり次のようであった。「今後政府は計画的に広範な人民の中から各分野の知識人幹部を養成すべきであり、と同時に現存している有用な知識人を団結させ教育すべきである」。この態度は毛沢東の一生と共にあったが、これも中国の知識人が後に紆余曲折を経ることになった思想的背景である。

1947年末、毛沢東が未来の中国の政治体制を計画した時、民主党派の中国の未来の政治体制における地位の問題に極めて強い関心を持った。なぜなら中国の民主党派は、だいたいが知識人の集まりだったからである。このために彼はわざわざスターリンに極秘電報を送り、この問題についての観点を述べた。中国の政治情勢、その重点である中共の民主党派や中小ブルジョアジーに対処する態度に言及した時には、反蒋介石派の人物がアメリカと関係していると疑っていた。毛沢東は次のように述べている。

> アメリカ人と蒋介石は宋子文を通じて我々と和平交渉を始めるつもりです。これは策略であり、目的は大衆を惑わすことです。アメリカ人と蒋介石は、たとえ我々が当面は計画がないにもかかわらず、我が軍が長江を強行渡河することを心配しています。香港の李済深将軍とアメリカの馮玉祥将軍やその他の反蒋介石派の人物は、アメリカと密接な関係があります。よって将来彼らはアメリカに利用されてアメリカと蒋介石の利益のために奉仕するかもしれません。我々のこうした人間への策略は、あまり大きな希望を抱かず、同時に彼らを利用して革命の役に立たせることです。[6]

さらに次のように述べている。

　　　　民主同盟の解散に伴い、中国中小ブルジョアジーの民主的方向はもう
　　　　存在しません。民主同盟のメンバーの中には我が党に同調する者も
　　　　いますが、その指導者は大多数が動揺分子です。まさに彼らは国民党の
　　　　圧力の下で民主同盟を解散しましたが、それによって中間（訳者注：
　　　　大ブルジョアジーと小ブルジョアジーの中間に位置する）ブルジョアジー
　　　　の軟弱性を明らかにしました。中国革命が最終的に勝利を勝ち取った
　　　　時、ソ連やユーゴスラビアという手本に基づき、中国共産党以外は、
　　　　全ての政党はみな政治の舞台から退くべきであり、このようにして中
　　　　国革命を大いに強固なものにすることができるのです。[7]

　1949年以後中国知識人は一連の打撃を受けた。知識人を対象とする政治運動は「一歩一歩彼らを捨てていく」という方針によるものである。スターリンの反対により、やっと後の連合政府が出現したが、これも毛沢東と民主党派の間の矛盾をおおいかくしただけだった。彼は李済深や馮玉祥のような国民党左派でさえも皆信用しなかったし、その他の者は更に推して知るべしである。毛沢東の民主同盟への反感（主に羅隆基などの民主同盟の主要指導者に対するものである）はこのような思想と関係があり、1957年の「反右派闘争」の時には、民主同盟は中央から地方のリーダーに至るまで運良く難を逃れた者はほとんどいなかった。

　1949年9月29日、中国人民政治協商会議が採択した「共同綱領」第47条の中にはすでに次のような傾向が現れている。

　　　　計画的に段取りよく普通教育を実行し、中等教育や高等教育を強化し、
　　　　技術教育に注意し、労働者の余暇教育や在職幹部の教育を強化する。
　　　　そして青年知識人や旧知識人に革命的政治教育を行い、革命工作や
　　　　国家建設の広範な需要に適応できるようにする。[8]

　すなわち、知識人に対する思想改造は遅かれ早かれ、どのようなやり方で成し遂げられるかという問題にすぎなかった。

2. 延安整風運動と思想改造

　1949年以後の中国のあらゆる政治運動は、ほとんどが40年代始めの延安整風運動にその源を見つけることができる。運動の指導的思想から、組織のあり方や具体的な工作のやり方まで、延安の整風運動は1949年以後の新政権すべてのイデオロギーの主な源となった。当時毛沢東をリーダーとする中央総学習委員会の数人のキーパーソンは、1949年以後、皆要職に就いていた。陳雲、康生、李富春、彭真、陸定一、楊尚昆、柯慶施などである。このほかに、1952年、新政権の中で、イデオロギー工作の責任を負っていた指導者は大体が延安の知識人であり、特に当時の延安マルクス・レーニン学院や魯迅芸術学院の知識人であった。胡喬木、周揚、李維漢、艾思奇、範文瀾、及び地位が彼らより下の于光遠、胡縄、鄧力群などである。1952年の思想改造運動では、これらの延安の知識人たちが指導者の立場にいた。彼らは当時すでに延安の整風運動や幹部審査運動を経験してきていたので、新時代において、これからはじまる政治運動がいかなるものかを決して知らないわけではなかった。延安整風運動はこれまでずっと極めて高い肯定的評価を得てきており、その歴史的、現実的意義に疑いを差しはさむ余地はなかったのである。80年代初めの思想解放運動になってからでさえも、周揚は依然として延安整風運動に対して高い評価を与えていることからも、この政治運動の歴史的地位がわかる。実際、1952年の知識人の思想改造運動は、当時の延安整風運動や幹部の審査運動といったものを、自由主義知識人を対象に繰り返したにすぎなかった。

　延安整風運動の主な目的は、毛沢東が党内において王明を代表とするソ連留学の経歴を持つ革命的知識人を完全に排除し、その後に自己の新たなイデオロギーを作り上げることにあった。各レベルの幹部は皆異なる程度で打撃を受けたが、しかしソ連留学の経歴がある知識人は教条主義という名目で最もさきに排除されがちであった。

　1942年の初春に、延安の各機関や学校では、康生の行なった上からの指示と動員報告を聞いた後、次々と整風指導機関を成立させ、日常の業務をほ

ぼ停止させた。上司の指示に従うのが早くからの習慣になっている幹部たちは、まさに強い関心を持って上司の采配に従い、各自の学習計画を作り、指定された文献資料を精読した。一時延安はあたかも数年前の光景が再現したかのようであり、マルクス・レーニン主義理論を研究する大学校になったかのようだった。延安整風運動の重要な目的は、つまり「五四」運動の自由、民主、個性解放という思想の党内知識人への影響を完全に一掃し、「指導者が至上である」、「集団が至上である」、「個人はちっぽけなものである」という新概念を確立させることだった。当時成立した中央総学習委員会は、後の1952年の思想改造運動の時に各大学で知識人の改造を所管する機関と、名称においても全く一致する。1942年3月から5月にかけて、毛沢東は自ら幹部が必読とする「二十二の文献」の選集を作り、高級学習組に参加する全ての幹部は、必ず文献の精神と照らし合わせ、個人の思想と歴史的な経験を結びつけ、整風ノートを書くように命令を下した。書くだけでなく、幹部たちの整風運動に対する真の態度を理解するために、検査団を派遣して彼らが書いた個人ノートを検閲するようにした。各級の学習委員会という新設の組織を各級党組織の中核にし、学習委員会の効率的で、強固な組織的活動をたよりに、毛は自己の一連の新概念を強制的に広範な党員の頭脳に注ぎ込み、党内知識人の自意識にダメージをあたえ、次の段階の思想改造のための心理的な条件を整えたのである。「ノートを書く」、学習委員会が「ノート」を審査するというやり方は、延安整風運動の時に康生や毛沢東などが発明した方法であり、知識人の思想改造運動の時には、その全てが模倣され行われた。康生が延安整風運動の時に創始したいわゆる「批判と自己批判」は、毛沢東に認められて以後、新政権のイデオロギー注入の重要な効果的方法となったのである[9]。毛沢東は述べている。

　　康生同志が数日前動員した大会で話した批判と自己批判とは、批判は他人を批判し、自己批判とは自己を批判することだ。批判は全体について言うのであり、自己批判とは主に指導者の自己に対する批判を主とするものである。[10]

これらのやり方は、後の思想改造運動において、知識人に無理やり押し付けられた。知識人が強大な圧力の下で行なった思想報告や自己批判のパターン（それは無制限に自己破壊的であるのを基本的特徴とする）は、延安整風運動や幹部審査運動から生まれたのであり、当時王若飛、呉玉章、王思華、範文瀾などが書いた反省文は、後の知識人の手本となったと言える[11]。思想改造運動で最もよく知られたいくつかの表現も、延安整風運動から生まれている。例えば「ズボンを脱ぎ、しっぽを切る」というのは、まさに毛沢東の発明だった。

　楊絳の長編小説『風呂』は知識人の思想改造運動を反映した重要な文学作品である。小説ではあるが、事実を記録した部分も多い。彼女は小説の前書きでこう書いている。

　　この小説は解放後の知識人が初めて経験した思想改造──当時は「三反」と通称され、「ズボンを脱ぎ、しっぽを切る」とも呼ばれていた──のことを書いている。これらの知識人たちは耳が繊細で、「ズボンを脱ぐ」という言い方になじめず、このため「風呂に入る」と言い換えていた。これは西洋人が言うところの「洗脳」に相当する。

　　知識人の改造について書くには、彼らの改造以前の状態を書かなければならない。そうでなければ何から改めるのだろうか。何によって改めるのか。改まったのか。

　　私はかつてある木版画の線装本（訳者注：手作りで糸で綴じる本のこと）を見たことがある。中には挿し絵があり、それには多くのきちんとした身なりの人が毛のふわふわした長い尾を垂らして、人の集まっているところに混ざっていた。たぶん肉眼ではしっぽは見えないのだろう。それで傍らの人は気がつかないかのようであった。私は「ズボンを脱ぎ、しっぽを切る」運動を想起するたびに、挿し絵のあの多くの人が垂らしていたしっぽを連想する。もししっぽが知識あるいは思想に生えているのであれば、洗い流すことによって、取り除くことができるはずだ。もし体の尾部に生えているのであれば、背中や皮や肉

とつながっていることになる。風呂に入り、たとえ濃いアルカリ水を使っても、しっぽは洗い流すことができるのだろうか。みんなの前で風呂に入ることは当然みんなの前で服を脱がなければならない。しっぽは必ずしも誰の目にも明らかであるとは限らない。洗い流したかどうか、いったい誰にしっぽがあって誰にないのかは、すべて知る由もないのである。[12]

「ズボンを脱ぎ、しっぽを切る」というこのまったく品性のない言い方は、毛沢東の延安講話のスタイルと完全に一致しているが、後に毛沢東選集に収められたいくつかの講話は品位に欠けることばを削除した。

1942年3月9日、『解放日報』に胡喬木の書いた社説「教条とズボン」が載っている。その中で次の一節がある。

> 例を一つ挙げる。毛沢東同志は二月一日の演説で、今日の党の指導路線は正しいと述べていた。しかし一部の党員の間では、まだ三風（学風、党風、文風——翻訳者注）上の誤りという問題があり、そこでおまえもおれもと叫び、皆が主観主義、セクト主義、党八股のしっぽを切り落とせとひとしきり行ない、しっぽの件が片付いたら、我々の党は完全無欠になるではないだろうか。だが残念なことにしっぽは叫ぶだけでなくせないのだ。皆がズボンを脱ぐのを恐れるのは、まさに中にしっぽが隠れているからであり、ズボンを脱ぎ下ろしてこそ見えるのである。更に刀で切らなければならず、また血も出さなければならない。しっぽの太さはまちまちであり、刀の大きさもまちまちであり、出血の量も異なるが、しかし総じて必ずしも気持ちのいいことではない。これははっきりわかることである。抽象的な言い方を避けるため我々は延安のあやしい現象を見てみることにしよう。

胡喬木は更に述べる。

我々がズボンを脱ぐことを主張するのは、我々には充分な自信があり、自分は大体においては健全であることを知っているからである。ただ局部的な個別的な欠点があるだけであり、しかもこれらの欠点はすぐに取り除くことができる。一部の人たちは逆にこのような自信がなく、よって彼らのズボンを脱がせようとする大衆といつも意見が合わないのである。[13]

　このような毛沢東式文体は、後の中国知識人の心情を非常に深刻なまでに傷つけた。1949年以後、中国社会に流行した新しい文体は、実際には毛沢東が作り出したものであり、後に延安の知識人、陳伯達、艾思奇、胡喬木、周揚、胡縄、于光遠、林黙涵などが模倣して用い、形成されたものである。60年代の中ソ関係が決裂した時のいわゆる「九評」で集大成に至った。その最大の特徴は、ヘ理屈をこねて、自説を展開することである。

　いわゆる思想改造工作は、見たところ国民全体を対象にしているようであるが、実際には知識人を主な目標としていた。この運動は比較的まとまりがなかったが、継続した期間は長く、1956年1月、中共中央が知識人問題会議を開いた時にようやく一段落したが、前後あわせて4年の長きにわたっていた。思想改造の目的とは、ブルジョア思想を持っている人間が、批判と自己批判を通じて、常に自覚的に自省を行ない、ブルジョア思想を捨て、労働者階級思想と共産主義思想を樹立することを指す。すなわち知識人に元々持っていた非マルクス・レーニン主義思想を捨てさせ、マルクス・レーニン主義思想と毛沢東思想を学ばせ、このような立場、方法、観点によって実際問題を解決させる。概括して言えば、思想改造の最終目的は、つまり思想を統一し、思想を一元化させ、個性を喪失させ、個人の生活に属するいかなるものも集団化させることである。その最も直接的な結果とは、知識人がいかなる独立性も持つことができず、いかなるプライベートな空間も持つことができなくなったということである。

　具体的に言えば、知識人改造の目的には次の三つの目標があった。

　知識人のブルジョア思想を取り除くこと。即ち、「思想改造運動」を通じ

て、知識人のブルジョア、及びプチブルジョア思想、つまりいわゆる個人主義思想、自由主義思想、絶対平等主義思想、無政府主義思想、民族主義思想、及び中国数千年の伝統学術や倫理思想を徹底的に根絶し、根本から新政権と知識人の間の矛盾と対立を取り除き、旧社会の知識人を新社会に適応させ、そして積極的に新社会のために奉仕させる。

　知識人の不満を打ち消すこと。思想改造にはある基本的な考え方があり、それはつまり、全ての階級的異分子を徹底的に消滅させ、社会主義革命のために道を切り開くだけでなく、「利用、制限、改造」という政策を採用し、紆余曲折の欺瞞的手段によって、社会全体を全て計画経済の体系に取り込もうとするものだった。知識人はこのような措置には不満であったために、思想改造で知識人を従順に命令に従う道具にするのである。

　人民の思想をコントロールすること。即ち、社会思想領域全体の根本的改革を達成させるために、教師や教育に携わる人々が皆過去の考え方を改めたと人民に意識させる。経済、文化教育の建設のため、知識人の科学技術や専門知識を利用し[14]、各分野の幹部が深刻に足りないという困難を解決する。

　思想改造は通常以下のような五つの手順で行われ、基本的には延安整風運動におけるものをそのまま模倣したものである。

　第一は学習である。政治学習、理論学習という名目で、マルクス・レーニン主義や毛沢東思想を教え込まれ、それをただ受け入れることができるだけで、疑ってはいけない。一般に二つの方式を取り入れた。その方式の一つは「大課を聞く」というものである。大課とはマルクス・レーニン主義の政治の授業を指し、全ての大学の教師は必ず参加しなければならなかったが、講義を行なう者はみな教条の暗誦に長けてはいるが知識水準の低い幹部たちだった。

　第二は、政治的、歴史的な問題があるとされた高級知識人が臨時に成立した「華北革命大学」、「華東革命大学」へ学習に行かせる。「革命大学」での学習とはどのような状況だったのだろうか。

　劉乃元は1945年に上海聖ヨハネ大学英文科を卒業し、1940年代には中国駐在のアメリカの軍事調査処で通訳をしたことがあり、過去にアメリカ人と

関係があったために、1949年以後は信用されず雇用もされなかった。1957年に彼は右派となった。後に中国新聞学院で教授となった。1949年6月以後、彼は華北人民革命大学で学習した。その晩年の回想から、当時の知識人への態度を分析してみる。劉乃元は次のように述べている。

　その軍服を着た幹部は、我々に今はすでに華北人民革命大学に引き渡され、半年間革命理論を学んでから外語学校にもどると言った。その幹部は兵舎の前で我々に別れのあいさつをした。彼が言うには、あなたたちは全国各地から来ており、過去の職業も異なるが、皆マルクス・レーニン主義や毛沢東思想を学習したことがない者ばかりだ。革命をするには革命理論がわからなくてはいけない。現在のこの革命大学はかつて皆が熟知していたどんな大学とも違う、これは恐らく中国有史以来初めての本物の大学であろうと言った。彼が言うには、毛主席の教えに、「大学とは、皆が学ぶという意味である」とある。人が多ければ多いほど大学と呼ぶにふさわしいのだ。「これは我々偉大なる首領の偉大なる思想であり、諸君が過去に熟知していた大学は全てが腐った古いもので、全て改造しなければならないのだ」。彼の話し方はとても厳かで、それを聞いていた我々は皆粛然として襟を正した。
　この講話は私にとても深い印象を与えた。このような大学の定義は、本当にこれまで聞いたことがなく、偉大なる首領を除いては恐らく誰も考えつかないだろう。しかし私はこのことで、なぜ新入生は一律に試験で入学させることをしないのかという道理を理解することができた。人が多いというのが最も重要であり、その他のことはこだわる必要はないのだ。私は4年間大学で学び、卒業して4年後に更にこの新式の大学に入ったが、以前の大学は腐った古いものであったことに気付いたのだ。[15]

劉乃元の回想では、ある班の担任が、皆がここに来たのは思想を改造するためだが、思想を改造するには何としても肉体労働をしなければならない。

皆は革命の理論の学習を始めなければならないが、もし勤労大衆の感情がなければ、理論は役に立たないのだ。感情を改造するには肉体労働を必ずしなければならない、と言った。

当時のいわゆる「大課」とは、主に解放区の著名な理論家である艾思奇の講ずる社会発展史に基いていた。学生は誰もが艾思奇の『大衆哲学』を一冊手にし、マルクス主義弁証法的唯物論の基礎テキストとした。学習の重点となる問題の一つは、集団主義の重要性を明らかにすることだった。多くの事を学ばなければならなかった。なぜなら多くの新しい事柄が理解できず、学んできた多くの事も誤っているか或いは時代遅れのものだったからである。今学んでいる理論の一つは、いかなる偉大な業績も全て集団の力で完成されるものであり、いかなる個人も偉大な事を成し遂げることはできないというものである。更に言えば、ブルジョア階級は個人主義を尊ぶが、プロレタリア階級は集団主義を主張するのである。劉乃元は述べている。

> 革命大学に来た初日に、指導者は我々にはっきりと説明した。我々は思想を改造するためにここに来たのだ、革命理論によって我々の頭脳を武装し、過去に学んだ資本主義の理論を捨てなければならないのだと。同時に確定的なのは、革命理論は無条件に受け入れなければならず、古い理論は全て徹底的に捨て去り少しも躊躇してはいけないということだ。……革命大学に参加して以来、革命大学と私が以前よく知っていた大学とは全く共通点がないということを、私は初めて理解した。私は元々ここで学ぶのは政治理論だと思っていた。それは以前大学で歴史や地理、或いはイギリス文学を学んだようにするのだと思っていた。だが今思えば私は余りにも愚かだった。私はここで実際には本当の政治に巻き込まれたのである。もしこれも学習と呼ぶのであれば、それは実に非常に特殊な学習方法だった。

当時の革命工作はいつでも総括をしなければならなかった。戦闘、土地改革、建設であろうと、たとえどんな任務であろうと、終わる時にはみな総括

しなければならなかった。革命大学の学生も例外ではなく、一期学習の卒業時にはどの学生も皆「思想改造総括」、略して「思想総括」を書かなければならなかった。要求に従って、思想総括は半年以来何を学んだか、思想と観点にはどのような変化があったか、つまり思想改造にはどのような収穫があったかについて書かなければならなかった。各自の思想総括は全て保存書類として終身保存され、革命に参加して以来初めての思想改造の成績記録と見なされる。劉乃元は、1950年初めの革命大学でのこの体験は、悪夢のように彼の記憶に刻まれ、永久に消し去ることができないと述べている。その後長い間彼は自信を失い、何かにつけすぐに責められ、自分がいつもまちがっていて、彼を批判する人々がいつも正しいのだと考えていた。

　第三は自白である。会議での発言、自伝あるいは学習成果の報告を書くなどの方式によって、知識人に思想上の非プロレタリア的要素の存在を検査させ、思想の反動的な一面を明らかにさせ、それによって自分の元々ある思想を否定するよう強要し、そしてマルクス主義や毛沢東思想を誠心誠意受け入れることを表明させるのである。

　第四は批判と自己批判である。「批判と自己批判」は、延安整風運動が知識人に対して行なった思想改造の主な武器である。民主評議の名を借りて、公開闘争を繰り広げ、知識人に先ず自己批判をさせ、それから大衆が批判をする（例えば学生が先生を告発する、娘が両親を告発する、および妻、友人、隣近所の者などの告発があった）。繰り返し闘争を行なうようにするために、闘争が盛り上がるのを奨励し、それによって大衆を操作する方式を用い、それが進歩的であるかどうかや関門を通ることができるかどうかを決める。さらに改造がある。知識人に「社会活動や政治闘争」への参加を強制し、知識人の思想、観念やイデオロギーを徹底的に改造しようとした。例えば彼らを組織して土地改革、反革命鎮圧運動、抗米援朝運動、三反・五反運動などに参加させた。

　第五は総括である。プロレタリア階級のために奉仕するのか、それともブルジョア階級のために奉仕するのか、これは社会主義革命の時期の知識人の根本問題であった。知識人に対して思想改造を行なうのは、つまりはこの問

題を解決させたいということであり、ゆえに知識人に自己の学習や改造の過程を総括して報告させ、思想上の悪い部分を粛清させ、誰のために奉仕するのかをはっきりさせたのである。もし自覚の程度が十分でないことがわかれば、再度改造を行ない、補習を強要するのであった。

　いわゆる思想改造とは、欧米諸国で翻訳している「洗脳」のことである（劉青峰は、思想改造は欧米の「洗脳」とは異なると考えている。胡平はこの言い方は専ら中国の思想改造を指すと考えており、その根拠は二人のアメリカ人の1950年代初頭の著作にある。ここではただ習慣的な意味でこの言い方を使う）。古い封建主義思想や資本主義思想、まとめると非マルクス主義思想を排除し、正統な思想であるマルクス・レーニン主義をこれに替えなければならなかった。

　土地改革運動は地主をつるし上げ、反革命鎮圧運動は社会で影響力のあった人をつるし上げ、抗米援朝運動では欧米諸国との関係や影響を清算した。三反・五反運動では商工業界をつるし上げた。それでも残りの一部の人間は社会で大きな勢力を持っている。これらの人間がすなわち知識人である。特に高級知識人に対しては利用せざるを得ないが、しかしまず屈服させてから利用するという手順にならざるを得ない。それには大規模で激しい運動という手段をどうしても用いなければならなかった。

　思想改造運動は主に学校で行われ、方式も小グループを作り、小グループ内で個人が自己批判し、他人が批判を加えるというものだった。重要な人物は大会の場で自己批判をし、大衆が再度批判し意見を述べる。いわゆる思想改造とは、実際には決して抽象的な思想観念に限定されたのではなく、実際と結びつけなければならなかった。思想の面で自己批判を行なった人は、そのような活動はどんな思想に基いていて、なぜそのような思想を持っていたのかというように、これまでの経歴や活動を報告した。ゆえに思想改造は学校においては、教師たちが経歴を説明し、その思想的な源を説明したのだった。当時中国の3、40歳以上の高級知識人は、皆旧社会で育った人間であり、彼らの経歴、活動、思想は当然旧社会と関係があった。今日マルクス・レーニン主義の尺度から評価され、批判され、非難されれば、彼らはあちこち問題だらけで、ことごとく適合しないのだ。よって教師たちが思想改造の関門

を突破することは非常に困難で、苦痛を伴うものであり、彼らの身に加えられた抑圧や陵辱は耐え難いものであった。

　思想改造は自己批判をし批判されればそれで済むという訳ではない。自己批判は必ず小グループ或いは大会で通過して初めて関門を突破したと見なされる。よって一部の教授は8、9回の自己批判を行ない、涙を流して泣き叫ぶ結果になっても、依然として関門を突破できなかった。批判の度合いが重大な者は多くは政治問題に及んでおり、そうなると反革命分子の鎮圧運動にまで引き出され、逮捕されて裁判にかけられるか、労働改造を科される可能性もあった。よって文化機関、学校、芸術団体などにおいては、思想改造という上品な表現の偽装の下で、この運動に参加している者は抵抗できない暴力的な弾圧に直面していたのである。少なくとも知識人の心中では、もし思想改造という関門を通過できなければ、自分の生活の問題は想像できない程深刻だった。当時の社会では、知識を売って生活していた知識人は、どんな生存の手段があるというのだろうか。思想改造は恐怖を伴うものでもあったが、そこで蹂躙された知識人は主に大学教授だった[16]。

　思想改造運動のねらいの一つは、知識人の独立した人格を壊し、超然として物事に介入しないような考えを許さないことであった。どんな事にも階級性があり、思想にも階級性がある。階級を越えた行為や思想は決してありえない。もし超然として物事に介入しないのであれば、それはつまりプロレタリア階級の指導者に反対していることであり、他方ではブルジョア階級の思想や政権を擁護していることである。必ず知識人の独立した人格を打ち壊し、自己批判させ、大衆にも批判させなければならなかった。そこで、皆の前で二度と人前に出られない程の醜態をさらし、衆人が見張っている中で、自己の尊厳が失われるのである。運動の一般的な形は、小グループの中でそれぞれが反省し、自己批判を行ない、出席している他の人間を批判するというものだった。

　つるし上げの対象は少数の人間に集中されるのではなく、彼らをモデルとして、大衆に思想教育を施すのだ。大会でのつるし上げは厳しく、

その狂気じみた度合いは、土地改革運動での地主のつるし上げや、反革命鎮圧運動での反革命分子の鎮圧に劣らない程だった。通常、大会の演壇の下に座っていたのはつるし上げられる者の同僚つまり教師であり、大衆は、自分が教えた学生たちである。鼻を指さして罵られ、おまえは汚い、頑固な旧時代の走狗だ、おまえの古い知識は人に害を及ぼす、毒がある。おまえは全身細菌だらけだ。なのにおまえはまだ恥知らずにも偉ぶっていて、誇らしげで、うぬぼれている。おまえの姿はまったく人間ではないなどなど。一人の大学教授にとって、このような侮辱はその人格にも激しく及ぼされた。教師たちは犯人となり、学生が裁判官となった。中国伝統の教師を尊敬する観念が思想改造によってすっかり失われてしまったのだ。[17]

　1950年代初期、人々はしばしば「思想改造」という言い方を耳にした。だがこれは旧時代から生きて来たそれぞれの人間に、新時代に普及した新語に適応するよう求めていたにすぎない。思想改造が一つの運動となるのは1年余り後のことである。「思想改造」から後の「思想改造運動」となったのは、もちろんその時代の政治、文化、精神が体現した必然的結果なのであるが、しかしこの転換の過程で、知識人自身も一定の歴史的責任を負わなければならなかった。つまり、後に起こった「思想改造運動」は、時代そのものの圧力と知識人の自発性が結びついて初めて知識人に災難という結果をもたらした政治運動となったのである。
　思想改造の前提がこのようにでたらめであったのに、それはなぜ30年間もずっと止むことがなく、皆が恭しく扱う対象となったのだろうか。胡平はまず歴史的な角度から思想改造運動の起点を解釈した。それによると、新政権は1949年の勝利について、理論の面では十分に合理性が備わっており、「勝てば官軍、負ければ賊軍」という結果を歴史の最終判決と絶対多数の中国人の選択によるものであるとした。それによって全ての人、とりわけ知識人に思想面で大きな圧力を加え、彼らが思想改造を受け入れるための社会的政治的環境を確立した。しかし、思想改造は終始自発的と受動的、自覚的と

無自覚という二面性があった。つまり外部の圧力があるだけで、改造される側の自発的な迎合がなければ、思想改造は効力を及ぼすことができなかったのである。当時利用されたのは人間が生命の意義や真理を探求し、道徳的レベルへと昇華させようという崇高な願いだった。それ以外に、心理学的な意義から、更に人間の大勢に従う性質を利用して、世論を一律にする環境を強化し、圧倒的に優勢なイデオロギーとは異なる考え方を個人が発展させたり堅持することを難しくさせた。もちろん、これらの思想や社会環境のあらゆる無形の圧力は、暴力という後ろ盾を離れてはその効果には限界があった。それらの動員、学習、討論、態度の表明の背後には、組織による処分から大衆による批判や下放労働といった懲罰的な措置があった。そして依然として独立した思考を堅持する人たちに対しては、独裁機関が世話をすることになる。よって「思想改造の実質は一種の馴化であり、個人を党の従順な道具、即ち'聞き分けのよい'人間に変えることだった。50年代と60年代には、党は個人に'腹の中まで打ち明ける'ことを要求した。……思想改造はますます形式主義的でその場限りのものに変わっていった」[18]。

　知識人が極めて短期間の間に、思想改造を全面的に認めたという事実がどのようにして起こったのか、これは中国の現代の知識人を評価する時に避けることのできない問題である。劉青峰は、中国の知識人の道徳的勇気は主に三つの源があると考えている。一つには道徳的勇気は心の中に源がある。二つには文化的知識に源がある。三つには外側の規範に対する誠実な気持ちに源がある。思想改造運動はまさに上述の三つの側面から知識人の道徳的勇気を攻撃したのである。劉青峰は次のように述べている。

> 知識人の道徳的勇気を打ち壊すのに最も効果的な方法は、伝統的な道徳的勇気の三つの源を否定して、彼らにこれらの資源を二度と利用できないようにさせることである。そして伝統的な道徳的勇気は人々の潜在意識の中に存在する伝統的な思惟方式の助けを借りて打ち負かされるのである。思想改造運動が非常に短期間で絶対多数の知識人を征服したのは、まさにこのような方法を採ったからである。[19]

この論述はとても啓発的であるが、更に次のような問題がある。知識人は必ず思想改造を経なければならないと誰かが予想していたのだろうか。それとも知識人は時代が転換する際に、内心でも確かにそのような要求があったのだろうか。そうであれば知識人の思想転換が起こったのは何年からだったのかということの解釈が求められるだろう。もし1951年からであれば、圧力の下で選択を迫られたと解釈することができる。だがもしこの時期よりも早ければ、圧力説は必ずしも充分な説得力を持たない。多くの資料に基いて判断すると、中国の知識人、特にあの自由主義知識人の転換は、50年代初期に発生したわけではなく、もっと早かった。40年代の聞一多、呉晗を代表とする知識人の極端な左傾も、まさに自由主義知識人の、後の歴史的選択や悲劇的運命を前もって示していたのかもしれないが、これら全ては彼らが早期に社会主義思潮に賛同したことと関係しているのかもしれない。以下では1949年秋に数人の知識人が書いた反省文という性格の文章について分析を試みる。

　裴文中は「私は何を学習したか」を書き、1949年10月11日の『人民日報』で発表された。文章には1949年9月23日の日付が明記されている。彼は文章の中でこう述べている。

　　　　北京が解放されてから現在までのわずか半年の期間に、私は多くの貴重な学習の機会を得た。私の思想を転換させてくれ、私のような典型的なプチブル階級の人間を脱皮させつづけてくれた。
　　　　　私はまず数人の若い友人に感謝しなければならない。彼らは北京が包囲される前に、私にたくさんの文書を渡してくれ、先に読む機会を与えてくれた。北京が解放されて後、彼らは更にすぐさま学習会を自発的に組織した。私も参加して、彼らと共に学習した。我々は共に一ヶ月余り学習し、私自身多くのものを得た。その時の私は、まるで夢から覚めて、寝ぼけまなこで朦朧として、全てがはっきりしているようで、はっきりしていないかのようだった。（中略）
　　　　北京に戻って後、六月初めに私は行政関係者の訓練班に参加し、そこ

で短期間学んだ。その後更に技術者の学習会に参加した。この三ヶ月の正式な学習で、すでに初歩的な段階は終わり、これからは業務を長期で学ぶことになっている。正式な学習以外に、私はまた多くの会にも参加した。私は会があれば必ず出席し、出席すれば必ず最後までいた。つまり私は'会'の中で学ぶということをした。どの会でも、多くの人の話を、私は全て注意して書き取った。このことによって私は次第にいくらか政治的な認識を持つようになったのである。[20]

　裴文中は古生物学者であり、政治に熱中していたわけではないので、彼の自己批判はある程度代表的なものではある。彼は新社会の全てをまだ完全には理解していなかったが、彼の基本的な判断は、自分の過去には問題があったということであった。公平に言えば、1949年においては、現実の政治的な考えから、新政権は知識人をまだ比較的尊重していた。これは主に彼らの生活においても一定の配慮があったということに表れていた。もちろんその配慮は主として40年代に新政権を助けたあの知識人たち、そこには一部の国民党の高官も含まれていた——に向けられたのであった。

　「どのように改造したか」は張治中が1949年12月6日に当時ウルムチに駐留していた蜂起軍部隊に対する演説である。張治中はこう述べている。

　　ほどなく、中共統一戦線部は私のために北平に住居を準備してくれたが、そこはかなり凝った造りの洋風の平屋建てで、庭や芝生や新式の設備があり、ここの'新大楼'よりもよかった。その建物は以前あるドイツ人が建てたもので、後には交通部門の総裁をしていたある日本人に住まわせていた。抗日戦争後は孫連仲の公館となった。そこに私は6ヵ月余り住んでいた。(中略)
　　この頃……中共の友人たちもよく私の家に来て世間話をした。周恩来、林伯渠といった諸先生方、特に毛主席や朱総司令は多忙な中自ら訪ねて来て下さった。彼らはいつも私が北平で何か不便なことがないか、招待の行き届かないところがないか、それだけが気がかりだというこ

とを述べておられた。このような友情、このような真心に、私は本当に感動した。

呉晗も「私は'超階級'的観点を克服した」を書いた。これは少しも不思議ではない。なぜなら呉晗の転換は比較的早かったからである。

注目に値するのは、馮友蘭、兪平伯や王芸生のような知識人である。馮友蘭は次のように述べている。

> 解放後、私は過去の私の哲学思想について、真剣に批判をしたわけではなかった。それはやはりほぼもとのままで私の心に存在していた。私はそれにもう二度と構いさえしなければいいと思っていたが、実際にはそれではだめだったのだ。こちらが構いたくなくても、向こうは構って来る。私がこの思想体系を持っていて、それを批判していない時は、その思想体系こそが私の世界観なのである。一人の人間には一つの世界観があり、その人は必然的にその世界観によって世界を見ることになる。それはあたかも色眼鏡をかけているかのようだ。その人が見ている全ての事柄は、みな必然的に歪曲されてしまうのだ。私は以後中国哲学史を専門とし、私の哲学思想には構わないつもりだった。しかしこのような色眼鏡をかけて中国哲学史を見ても、ゆがんだ中国哲学史でしかないのだ。[21]

馮友蘭は中国文化にたいして深い理解があると言うべきだが、50年代初めの転換は最も速かった。その転換は郭沫若とも異なっていた。郭の転換はもっと早い時期に行われていた。

更に兪平伯についてである。兪は「回顧と展望」の中で述べている。

> 五四運動の当時は勢いが盛んだったが、ほどなく内部は思想の面で分化を引き起こし、外部では反動的な残余勢力がいて抑圧を受けていた。これらの人々は変革をしようとし、する準備をしても、ずっと真剣に

やらなかった。(もちろんある意味ではまたすでに一部のことは行なったが)今では中国共産党の同志たちによってずば抜けた忍耐強さで成し遂げられた。この大変革の時代が大変革であると言えるのは、大変革が実際に実行されたからであり、思想的な指導の正確さはもちろん根本的なものであり、言うまでもない。あたかも民国8年5月4日に小切手を切ったかのようだったが、当時にしてみればまるで不渡り小切手のようであり、30年後の今日に現金に引き換えられたかのようである。私のように北京でおおよそ半生を移動せずに暮らした人間は、光明の到来を座って待つのは、当然奇跡のようだった。[22]

当時『大公報』の総編集長王芸生は、「私は解放区に来た」の中で4つの句でまとめている。「古い習慣を捨て、古い先入観をなくす。全てを新たに学び、全てを初めから行なう」。費孝通は当時すでに欧米に何度も訪問したことがあり、欧米の政治に関する文章をいくつも書いていた。彼は1949年に初めて解放区に行き、後に一回北平の人民代表会に参加したが、これで人民が真に民主を得たとの結論を出した。すでに40歳になった知識人として、費孝通の転向はあまりにも軽率のように見えた。「買弁文化試論」は蕭干が1949年の暮れに書いた文章であり、1950年1月5日の『大公報』で発表された。蕭干は述べている。

> 国家全体で理解しなければならないのは、社会主義の先鋒であるソ連が切り開いた道であり、作り上げた模範である。なぜならソ連を知ることは、我々の眼前の道をはっきり認識することに等しいからである。しかし買弁文化に染まった中国人は、これ以外に、更にソ連を知る理由がある。それは、ソ連の真相によって英米が我々の血液に注ぎ込んだ反ソの毒素を徹底的に洗浄することである。そして、堕落して退廃的な、大衆から逸脱している資本主義文化を、輝かしい社会主義文化に代えることである。これは買弁文化を消滅させるのに最も積極的で最も根本的な道である。[23]

思想改造がまだ始まっていなかった頃でも、多くの知識人はすでに自己の尊厳を捨て始めていた。彼らの文章には一つの特徴があったが、それは、自分に最も具わっているものを特に批判しなければならないということだった。蕭干は元々最も西洋化した知識人だったが、彼は心の奥底から人々に買弁思想の持ち主だと言われることを特に恐れていたので、このような文章を書いたのである。次に沈従文について見てみる。
　1951年11月8日、四川の内江で土地改革運動に参加した作家の沈従文は、妻の張兆和に宛てた手紙の中で述べている。

　　　出発したら、心の中には一つの事しかなかった。真に毛沢東の小学生となるために、思想的な重荷を下ろし、感傷を捨て、国家のために立派に懸命にやっていくということだ！　なぜなら国家は本当に余りにも偉大で、人民が解放後表している潜在力は、どこでも見えない所はない程だ。共産党が人民のために行なっている仕事も、本当に至る所に及んでいる。多くの場所で小作料を減らし土地の占有に反対する中で、すでに封建的武力や地方のボスの特権を打ち破った。多くの場所で人民が皆立ち上がり主人となった。青年たちは更に愛すべきだ。道で何人かの貧しい者は僕らが北京から来たと聞き、皆「毛主席は貧しい人間を気にかけ、全国の貧者は一つの家族のようだ」と言っている。このことばは人民の信頼を表しているだけでなく、本当にやはり比べるものがない程の力だ。僕ら北京の中で暮らしている人間は、見聞が本当に狭すぎる。愛国主義の愛の字についてもだ。もしここに来て見てみなければ、国家の人民がいかに愛すべきかを深く理解することもできなかっただろう。努力して働かなければ。君は必ず努力して懸命に働かなければならない。もっと重要なのはやはり改造しなければならないことだ。君は改造して、全ての力を使ってこそやっと国家に申し訳が立つのだ。労働者・農民幹部にもっと謙虚に学ばなくてはならない。学生には特に熱心に。国家は本当にあらゆる分野の幹部にこのように進歩するよう要求している。

1951年11月19日、沈従文は妻への手紙で述べている。

　　金は少なめに使って、多くの事をしなさい。長い間人民とのつながりがなかった罪を償うのに使いなさい。ここの幹部の生活が質素で、仕事は苦労してがんばっているのを見てほしい。三姐、僕らは都市で生活してきて本当に恥ずかしい。本当に罪なことだ。人民に近づくように学び、抽象的な話をしても役に立たないので、具体的行動で、少なめに食べて金は少なめに使い、国家からもらったものは半分を返すことが、本当に必要だ。もし北京大がすぐには引っ越す必要はないと言うなら、ぜひとも張文教同志に相談に行って、給料を半分もらっても多いと言いなさい。余った分は抗米援朝運動に寄付してもいいし、国家に返してもいい。私は君が理解し、やり遂げられると信じている。それに比べると、僕は本当に国家のこの金を使う資格がない。僕らは国家の金をこんなに多く使う資格はない。その資格はないのだ。君が来てみればすぐわかることだ。

同じ手紙の中で更に述べている。

　　僕らはここで、3人が毛沢東選集を持って来ていて、一つの机の一つのランプの下で共に読んでいるのも、極めて感動的な事であり、或いは極めて意外な事だ。それぞれが得るものがあり、それぞれが理解するものがあった。だがまた全く共通する点は、つまりこの重要な歴史的文献を更に深く理解したということだ。三人のうち一人は北京大哲学部の鄭昕で、我々の団長だ。もう一人は国民党機関にいた査汝強、我々の秘書長だ。周小平と同じでまだ26歳。15歳で仕事についた。もう一人は僕で、政治のことは少しもわからないが、文学がいかに歴史と結びつき、人民やある階層と結びつき、どのような方法で表現されているかは深く理解している。つまり極めて高い政治的効果を得ることができる土地改革運動隊の中の固定した職務のない作業員だ。

ここ数日村では一人の大地主をつるし上げているところで、全村の農民が10、20年前の1、2斤のサトウキビや似たような些細な事から、青年や妻を拉致して死亡させた大事件に至るまで、一人一人訴えた。特におばあさんの郷の保長兼地主に対する訴えは、事件が事細かになればなるほど厳粛な雰囲気を感じさせた。なぜならこれが階級闘争であり農民革命だからだ。封建的なものは徹底的に滅ぼす。新国家の基礎的な建設は、みなここから始まるのだ。またこの厳粛で残酷な闘争が発展する中で、毛沢東選集の「実践論」やここ数日来の北京方面の文芸工作者による自己批判の文書を読んでこそ、個人が政治を学習する認識を高めることの重要性を更に深く理解するのだ。[24]

　これらの知識人の変化は、確かに文化的伝統が打撃を受けたという原因があったからかもしれないが、しかし同時にその変化にもある事実に注意しなければならない。つまり40年代において、欧米へ留学した経験を持つあの自由主義知識人たちは、いったいどの程度中国伝統の読書人の資質を残していたのだろうかということである。同時に彼らは西洋の知識人の独立した品格を真に学び取ったのだろうか。黄仁宇は彼の晩年の回想録『黄河青山』において、特に聞一多、羅隆基や民主同盟を批判している。その中でも彼らが中国の実際を理解していないということ以外に、彼ら個人の資質についての評価も暗に述べている。これは陳寅恪のある見解を思い出させる。陳寅恪は述べている。

　　史書を縦覧すると、凡そ士大夫階級の変化転向は、往々にして道徳基準や社会風習の変遷と関係がある。その新旧移り変わる際に、よく入り乱れて錯綜した状態が現われる。即ち新道徳基準と旧道徳基準、新社会風習と旧社会風習が併存し混用されている。各々が自分を正しいとし、互いには相手をまちがっているとするのである。これも実にどうすることもできない実状である。とはいえ、この道徳基準、社会風習が入り乱れ変化していく時には、この変化転向する士大夫階級の

中にも、賢、不肖、拙、巧の区別があり、そしてその賢者、拙者とは、よく苦痛を感受し、終には消滅してしまう。その不肖者、巧者とは、即ち多く歓楽を享受し、往々にして富み栄え、身分は安定し名を遂げる。それは何故であろうか。この二種以上の異なる基準や風習をうまく利用したりあるいはうまく利用しなかったりすることによって、この環境に対処しているにすぎない。例えば町中の商店において、新旧異なる度量衡が併存し混用されていると、そのずる賢く素行の悪い連中（巧者、不肖者）は、長、大、重の度量衡で品物を仕入れ、短、小、軽の度量衡でその品物を売り出す。善良な者や不器用な者（賢者、拙者）がやる事はちょうどこれとは正反対である。そこで両者の得失や成功と失敗は、これによって決まるのである。[26]

50年代初期に、知識人の転向におけるもう一つの現象は、年長で、中国文化について比較的深い認識を持った知識人たちが容易に転向しなかったことである。例えば梁漱溟、陳寅恪、鄧之誠、顧頡剛などであり、転向が早かったのはほとんどが40歳以下の知識人であった。これは年齢、個性や伝統の影響を受けた程度と関係があるのかもしれない。もちろんこれは一つの感覚的な判断にすぎず、正確であるとは限らないが、陳垣、金岳霖などはこうではなかった。銭穆は「荘子纂箋・序」における一節で、当時思想改造運動における知識人の様子をめぐり、わき上がった感慨を次のように書いている。

> 北平、天津の大学教授は、まさに思想改造に集中し、争って自白する者が六千人を越えたと新聞に載っている。これを見てこらえきれずに本や筆を放り出して嘆息せざるを得ない。思うにもし荘子が生きていれば、彼はどのように身を処するのだろうか。逍遥として気ままに遊べるのだろうか。……斉物論を唱えても、その行き先は塞がるし、その生を養えるものもなくなり、人の世に身を処するすら無理である。たちまち無情にして、渾沌も必ずやうがつものなり。徳符が充分でも、

桎梏は解きがたし。ただ鼠や虫のごときで、命令に従うしかない。か
つては他人の宗師を自任しながら、今や如何にして飄然と旅に出ら
れ、また魚を鑑賞する時の楽しみを再び得られようか。天地は広しと
いえども、一人の存在すら許そうとしないならば、如何に天地の精神
と相交通することができようか。……この六千人の教授の自白は、一
言で言えば、墨子が正しく、楊朱が間違っているというだけのことか。
……天は文の道を絶たなければ、後からの読者なら、その苦心は実に
朱子が『離騒』を注釈した時よりも甚だしいものがあると知るべきで
あろう。[27]

　銭穆のことばには、中国知識人と伝統の関係を理解する上で啓発させられ
るところがあろう。
　黄平によれば、各類型の知識人は皆前後して思想改造運動に巻き込まれた
とはいえ、この運動が主に照準を合わせていたのは、非体制的な知識人だっ
た。毛沢東やその同僚たちは、新中国建設の初期には科学技術の人材が相対
的に言えば極度に不足していたので、「旧知識人」が持っていた知識や技術
は新中国建設に使われるべきだと考えた。また、新体制やその代表的人物の
巨大な影響力により、旧社会からやって来た知識人もそうすることができる
と判断した。これが彼らを全員一括りに受け入れた主な原因である。他方で
は、新しいイデオロギーの解釈によると、これらの知識人はその出身或いは
受けた旧式の教育により、頭の中にブルジョア階級或いはプチブルジョア階
級の精神世界が存在していた。それ故にもとのままでは使えず、必ず思想改
造を経て立場や感情を転換させなければならなかった。
　思想改造運動の第一段階は、新式の表現を理解するという段階である。著
名な学者から普通の教師に至るまで、政策に関する文書や「経典的著作」を
連日一文一文厳粛に真剣に読んで理解するという、強制的で受動的な傾向を
持った学習の中へ皆が参加して行った。学習を通じて、これら旧式の非体制
知識人は、彼らにとって全く新しい思想観念や思惟用語のセットを注ぎ込ま
れたのであった。第二段階は元々もっていた考え方を整理する段階であ

り、これらの知識人は学んだ文書や著作に基づき、自分の頭の中にある様々な非プロレタリア階級的な「汚い思想」を掘り起こした。その中には個人主義、自由主義、進歩に対する精神的負担、名誉と利益を重視する思想などが含まれていた。中でも特に親米、アメリカ崇拝思想が「汚い思想」とされた。最後の段階はイデオロギー上の自己批判の批判段階であり、学び、整理したものを書面で自己批判の批判文にして異なる規模の場で読み上げるか発表し、それによって「風呂に入り身を洗い清める」ことで完成を求めた[28]。

　1951年9月30日から1952年12月26日まで、『人民日報』や『光明日報』などの主要な新聞は、多くの著名な知識人が書いた思想改造に関する文章を発表した。内容から見ると、これらの文章は主に自己批判的な内容であり、その上大部分が非体制知識人の手によるものであった。体制知識人が思想改造運動において発表したものは、主に権威を代表して運動の意義や必要性を詳しく解釈したものであった。例えば、胡喬木、周揚、艾思奇、郭沫若、範文瀾などは、皆『人民日報』、『光明日報』及び多くの『学習』雑誌のような定期刊行物に署名入りの文章を発表し、思想改造の重要性を論述した。また民主的人士はだいたいにおいて著名な社会的名声のある人物、或いは民主党派のリーダーという立場から思想改造運動に加わるよう知識人に呼びかけるものだった。これは黄炎培、章乃器、陳叔通、李済深、鄧初民、譚平山、周建人などの文章で見ることができる。本当に改造対象として新聞や雑誌に自己批判文を発表したのは、旧式の非体制知識人であり、それは馮友蘭、梁漱溟、金岳霖、張東蓀、沈従文、銭端昇などである。これらの非体制知識人の自己批判文は、ほとんどが自分や自分が過去に受けた教育、従事した仕事についての自己批判である。例えば「旧い協和医学院の全てを批判する」、「過去を否定する」、「始めから学ぶ」、「アメリカ崇拝思想を粛清する」、「私のアメリカ崇拝奴隷化思想を批判する」、「私が反動統治階級のために奉仕した教育思想を批判する」、「私が教授の名誉と地位を追求した思想を点検する」、「私の高潔思想を一掃する」、「私の搾取思想を批判する」、「旧い協和医学院の全てと関係を断ち切る」、「進歩に対する精神的負担は思想の敵である」、「名誉や地位が私に与えた害毒」、「私はアメリカ帝国主義のために宣伝

した」、「私の反動的買弁思想を批判する」などである。

　これら著名な知識人の手による自己批判は、ほとんどが学ばれた文献の方針にしたがって自己批判し反省したものであり、当然ながら文章にはこれといった精彩も見られず、逆に相当多くが文書から写した政治色の強い、政府筋の公式な政策的な用語で埋められていた。自己批判を行なった者は強制されたか、或いは本当に自分を公開しさらけ出したいと望んだかどうかに関わらず、自分が何をしているのかわからないはずはなかった。このように行なった結果に至っては、例えば、このままでいけば知識人は、このような強烈な政治色のある政府筋の言語を使用することに自覚的であろうがなかろうが慣れてしまい、各種の政治運動に対処したり、他の人或いは自分を批判し、日常の政治学習や評論に参加し、同時に日常的な思考や交流を行なって、自分が元々作り上げ確立した思惟言語を改めたであろう。これらは、かなりの程度において彼らが当時予期できなかった事であったと言える。まさにかつての学会の著名人士の口から出たこれらの自己批判が、一般大衆の知識人に対するイメージ形成に関係したのである。以前は大家と尊ばれた人物が、自分にもこんなに多くの汚い思想があって、皆の前で「ズボンを脱ぎ、しっぽを切る」必要があることを認めるという過程で、自分の後日の大衆イメージを、自ら筆を取って描き上げたのである。たとえ思想改造運動が、後の運動と比較して、どんなに温和であろうとも、また知識人が協力した程度や運動の直接的な結果から見ればどんなに成功したとしても、長期的観点で論じれば、思想改造運動は中国知識人が新中国建国後に経験した初めての大規模な意識と観念、そして言語形態の転換であり、自ら進んで行なったか否かに関わらず、彼らが新式の政治色の強い公式言語を使って自らの過去を否定した時、権威と支配を代表する公式言語そのものを構築する過程に身を投じたのである。同時にこれも知識人自身の参与の下で、初めて一般大衆の前で知識人の政治、即ちイデオロギーを新たに確立したのである[29]。

3. 統一戦線と宣伝工作が思想改造に及ぼした影響

　延安整風運動を経て、新政権は知識人に対して改造しようとしたが、将来の中国社会における彼らの役割については、かなり認識していた。これまで知識人を切り捨てることはなく、新政権の知識人に対する統一戦線工作も比較的うまく行われたし、早くから行ってきた。もちろん統一戦線工作がうまくいったのは、40年代の知識人の思想状況全体と密接な関係があったからである。当時延安に向かうことも青年知識人の願望であり、特に燕京大学は後に多くの学生を新政権の外交的人材として輩出した。更に『大公報』のような影響力のある、自由主義を基本傾向とする新聞は、40年代末には実際すでに多くの共産党員がその中に存在していた。例えば、範長江、楊剛、李純青、徐盈などである。よって政権が移った時に、文化部門に対する接収はいずれも非常に順調であったし、当時北方局都市工作委員会の指導下にあった清華地下党も多くの役割を果たした。1949年以後、彼らの中の蒋南翔、袁永熙といった中堅の人たちが皆新政権教育部門の重要な指導者となった。清華大学接収の中から当時の状況の一部がわかる。

　1948年12月、光未然は北平軍事管制委員会文化接収管理委員会の先遣人員として、北京に到着した。彼が当時昆明にいたのは、大学教授らに働きかけることを主としていたからであり、聞一多の転向においても、彼は華崗に協力して多くの仕事をした。彼が北京に行った任務は、清華、燕京両大学で中国共産党の政策を宣伝し説明することだった。彼は12月28日の日記でこう記している。

> 　栄高棠と共に張奚若や曹靖華（二人は教授で知人）に会いに行き、手短に挨拶をした。学生たちが来て、大講堂で話をするように求められた。私と高は合わせて一時間話をしたが、その話の要点は、北京が解放する日はもう間近まで迫っているので、皆は急いで組織して政策を学習し、町に行って宣伝する準備をした方がよいということだ。話の後で燕京大の学生たちの招待に応じて、更に燕京大へ行き同様の宣伝を行

なった。陸志韋校長と会見した。両大学の大講堂では席が全て埋まり、扇動が始まった。学生たちはその夜討論を始め、町へ宣伝に行く組織が作られた。[30]

12月30日の日記の内容は以下の通りである。

午前は清華大の学生に宣伝の要点を説明したが、やはり市党委員会宣伝部の宣伝大綱をよりどころとした。正午は燕京大の翁独健教授の家で食事をし、厳景耀（燕京大教務長）、雷潔瓊教授夫妻に会った。午後は燕京大の学生たちに対し、彼らの学習で出された政策に関する質問に答えた。大講堂の中はまたもや満席で、演壇には拡声器が据え付けられた。

1949年元旦の日記の内容は以下の通りである。

午前、私と張宗麟同志は厳景耀の家へ行った。昼食をすませてから、厳は燕京大の進歩的及びノンポリの教授十余人が新年座談会を行なうことを約束した。教授たちは若干の問題を出し、我々が答えたが、教育方面の問題は、張が答え、一般的な政策の問題は、私が答えた。宗教方面の問題は、私が比較的具体的に詳しく答えたので、宗教学院の趙院長の首肯を得た。彼はチェコ教会の宣言を一通り朗誦し補足とした。会の後で彼は厳景耀に、今日聞いたことに基づいて、自ら町に行って広く宣伝すると伝えた。

以下は1月10日の日記の内容である。

朝食前に、張奚若、李広田、銭継昌教授に来てもらい、我々の初歩的な接収管理方案について彼らの意見を求め、彼らはほぼ同意した。このように行なうのがとても穏健な方法だと考える。十時に清華大に行

き、馮友蘭及び校委員会の責任者全員が揃い、銭俊瑞が彼らに初歩的接収方法について説明した。1、新民主主義的教育方針を実行する。2、組織機構は暫時元のままとするが、ただし（国民党の）指導制度は取り消し、国民党の団の公開活動および秘密活動は停止する。3、経費は我々が完全に責任を負い、職務や給与は元のままである。馮友蘭は同意し受け入れ、引き続き責任を負うことを表明した。彼らの所で昼食をとった。

午後二時に全体会議を開いた。馮友蘭が議長で、彼が'今日から清華大は人民の清華大となった。'と言うと、演壇の下では拍手の音が鳴り響き、数分間続いた。銭俊瑞同志は初歩的接収方案について説明し、約三十分間で散会となった。

散会後は図書館を見学し、すぐに教授会に参加した。銭はその会で我々の基本政策をある程度説明した。張も少し話をしたが、私と李は話さなかった。続いて当校生活委員会に参加し、給料を出す具体的方法について論じた。夕食後に清龍橋にもどった。

今日はとても順調に行われた。銭の話はとても具体的なので、当校の教員や学生にきっとよい印象を与えただろう。

昔の昆明では、光未然は西南連合大学の多くの教授をよく知っていたので、彼に清華大学の接収に来させたのは適切な人選だったと言うべきである。その他に当時の政策や軍隊と幹部の態度も確かに新しい気風があり、これが知識人に比較的よい印象を与えた。馮友蘭は当時の情景を回想した時に述べている。

清華大の教員や学生もみな海甸まで足を運び解放軍を歓迎し、彼らと話をし、とても親しくしていた。叔明も海甸まで行き、もどって来て言うには、校門で歩哨に立っていたあの解放軍同志は、裸足で靴を履いていた。彼女は彼に靴下を一足贈るつもりだと言う。私は'行って試してごらんなさい、たぶん彼らは受け取らないだろう。'と言った。

彼女は靴下を一足持って行ったが、ほどなくもどって来て、'やっぱり彼は受け取らなかった'と言った。解放軍のこのような行ないによって、各階層の人民は、共産党に対する限りない敬服の気持ちを抱くようになったのだ。本では、何々軍の行った所は'わずかたりとも犯すところなし'とあるのをよく目にするが、それは過分のほめことばで、本当にそんな軍隊がいるわけではないと思っていた。以前にはなかったかもしれないが、解放軍は本当に'わずかたりとも犯すところなし'だった。

馮友蘭は述べている。

> 接収後に私が聞いたところによると、北京を解放する以前、党中央は各大学を処理する政策をあらかじめ定めた。その第一歩は'接収はするが干渉しない'というものだった。後に私は、この政策はそのまま実行されたことがよくわかった。文化管理接収委員会が初めて清華大に来たときに、本来ならば軍の代表を派遣するはずだが、派遣せずに、元々の人たちに校務の維持を続けさせ、連絡員だけを派遣して業務上の連絡を行なわせた。まず一般の職員を二人、後にもとは清華大生物学部で教員をしていた呉征鎰が業務を行なった。これが'接収しても管理しない'ということだ。しばらくしてからようやく軍の代表が派遣された。これで本当の接収管理になった。これによって党中央は北京のこれらの大学をとても重視していて、これらの大学の処理についてもとても慎重であることがわかる。[31]

馮友蘭、銭端昇、費孝通、張奚若などの有名な教授は後に、程度こそ異なるが、皆清華大の校務指導に参与した。政権が移る時に特に重視されたこれらの知識人たちは、後の転換の中でも、先頭に立つという役割を果たした。だが、彼らの最終的な運命もまた先頭に立つ役割と相関し、1957年の「反右」の「文革」において、彼らの中の多くの人間がそれぞれ、異なる程度に

おいて大きな損害を被った。

　宣伝工作に至っては、新政権は更に優勢だった。延安時代から、陳伯達、胡喬木、艾思奇、周揚、範文瀾、胡縄、于光遠、田家英などは、特に政治宣伝工作を行なうのに長けていた。彼らの多くは有名大学の出身であり、彼ら自身もまた学術的関心や相当の技量を持っていた（50年代に翦伯賛、呉晗、陳垣はいずれも陳伯達に対する印象は悪くなかった。しかし文革中の翦や呉の不遇はいずれも陳と関係があった。陳は呉承仕の学生だった）[32]。よって宣伝の面でも、成果があった。

　知識人の思想改造について、比較的早く理論の面から詳述したのは、まさにこれらの理論家たちだった。陳伯達は「五四運動と知識人の道」という文の中で次のように述べている。

　　前の歴史段階において、労働者・農民運動とマルクス・レーニン主義が中国の思想領域において起こした大革命は、すでに多くの知識人が相次いで人民のために奉仕する隊列に加わることを促進した。今後の新しい歴史段階において、人民は更に多くの有用な知識人を切実に求めている。そして人民解放軍の勝利は、全国の知識界が人民のために奉仕するという空前の新しい高まりをまさに促進している。このような新しい高まりと共に、旧知識界もまた宇宙観や人生観に関する思想の大革命を起こす必要がある。知識人は必ず百年来の、――それは特に三十年来の中国人民革命の実際的な経験であり、毛沢東思想の新しい観点であり、新しい方法でもある、――マルクス・レーニン主義を用いることによって、また弁証唯物論や歴史唯物論という新しい観点、新しい方法を用いることによって、全ての学術部門で（それは哲学、経済、政治、歴史、文芸及び様々な自然科学の部門に関わらず）、自己に対して'改めて全ての価値を見積もって定める'ことを行なわなければならず、批判と自己批判を行なわなければならない。[33]

　範文瀾は次のように述べている。

今日、大規模で勢い盛んな革命の勝利は明らかであり、その広がりは大きく猛々しい泰山の何倍であるかわからない程だ。多くの知識人が革命陣営に傾くか、或いは一斉に加わったが、これは決して偶然の現象ではない。しかし一部の人間にはまだ古いものを捨てられず、自分の立場、観点、方法を改めたくないと思っている者がいる。ある者は自ら老年になったということで、改造する努力を怠っている。この二つの考え方はいずれも正しくないのである。新中国の偉大なる建設作業——それは経済、政治、文化、軍事の領域に及ぶ——はまさに始まったのであり、この仕事に参加しさえすれば、遅れているとは見なされない。重要なことは、立場や観点、方法の更生は早いほどよいことだ。もし改めたければ、改める時期を把握すべきだ。だがもし遅々として改めなければ、それは遅いと言わざるを得ないだろう。私も一人の知識人であり、改造を経てはいるが、改造がまだ足りない。私の仲間たちと共に努力し、時代に遅れないように、永遠に前進して行きたい。[34]

　1952年、周揚は「毛沢東同志の『延安文芸座談会における講話』発表十周年」という文章で述べている。

　　思想改造とは労働者階級の先進的思想によって全ての遅れた思想を克服することであり、これには一人の人間の世界観、人生観の全てを改めること、思想、感情、心理、習慣、興味の全てを改めることが含まれる。改造を受ける者にとっては、必然的に相当な時間を要し、激しく苦しい内心の闘争過程を経なければならない。この過程の時間的な長さ、苦しみの大きさは、個人の主観における自覚の程度や努力の程度によって決まる。[35]

　思想改造の必要性や合理性については、多くの知識人は皆「五四」運動と結びつけて理解した。それはあたかも「五四」の精神は労働者・農民に学ば

なければならないかのようであった。これは中国の知識人があまねく持っていたナロードニキ主義的傾向と関係があるのかもしれない。彼らはいつも自分が知識によって得た社会的地位に自信がなく、不合理なものだと考えており、いつも後ろめたい気持ちがあった。それはあたかも労働者・農民の地位にもどってこそ、彼らはやっと安心するかのようであった。陳学昭は「『五四』精神と知識人の思想改造」の中で次のように述べている。

> 革命はすぐにも全国で勝利し、革命の力は農村から都市へと進んでいくだろう。都市には多くの知識人がいるが、中国の文化は遅れているので、知識人は国家の貴重な財産である。しかし知識人は必ず自己の思想を改造し、傲慢不遜な態度、労働を軽視する観点を捨て、なおかつ革命的人生観を打ち建てなければならない。そうしてこそ革命事業のため、広大な人民のために奉仕できるのだ。幸い今日革命の力が強大であることは、知識人の思想改造にとって好都合の条件である。知識人が努力をし、自己を革命的隊列から外れることのないようにし、その上自発的に前方へ進み出さえすれば、思想改造の過程はきっと短縮できるし、苦痛も減らすことができ、時間も浪費しなくてすむ。都市には多くの知識人がいるが、更に多いのは工場や工場労働者、及びその他の勤労大衆である。工場労働者の中に入り、勤労大衆の中に入り、労働者の文化の向上を助け、彼らの娯楽運動を展開すること、これは自己の思想を改造し、労働を体験する上で、最良の実践である。[36]

羅常培の「'五四'の三十年目を記念する」でもこう述べている。

> しかし我々は真剣に検討してみると、この三十年来、科学者の科学に対する貢献は、民族自身の知能を発揮し、人民大衆の必要に応じることのできたものはいったいどれ程あっただろうか。民主についても、多くの人は偽りの民主を尊んでいる。ブルジョア階級の偽りの民主で

飾り立て、その上人民大衆の反帝国主義的、反封建主義的、反官僚資本主義的新民主主義を徹底的に理解し、推進することができない。もちろん、この三十年来我々には尊重するに値する科学者や革命家がいないと言っているのではない。それとは逆に、確かに職務を厳守する科学者たちがいて、実験室の中で没頭し、単独で自発的な貢献を行なっている。更には自ら体験し努力している多くの革命の志士たちがいて、広大な労働者・農民大衆と結びつき、体を酷使して自らを犠牲にすることもいとわずに、人民大衆の福利を実現させようと努力している。しかし、依然として一部にはただ口先で叫んでいるだけの、実際に基づいて正しく行動することをしない者がいる。言論は民主的だが、行為は民主的ではない者の実例も少なくない。このような小児病は成人にはあってはならない。[37]

欧陽予倩は「追憶と感想」という文章で述べている。

中国の人民は立ち上がった！　中国全体はもうすぐ解放されるのだ。毛主席は、これはただ万里の遠征の第一歩だとおっしゃった。この呼びかけによって、我々は今後の責任の更なる重さを感じた。確かに、独立自主の新中国を建設することは、本当に複雑で問題が多い。このため、各々が自らの努力する方向を確定させ、一定の歴史段階において新民主主義の建設をやり遂げなければならない。よって中国共産党の指導には疑いを抱くことがあってはならない。[38]

知識人はほとんど一夜のうちに、自らの独立性をすべて差し出してしまった。彼らはこのようにしたことの結果がどうなるのか予想できなかった。この後、中国社会は文化のため、人の守るべき道のために独力で責任を負う能力がなくなってしまったのである。

　思想改造の最も理想とする目標は、以下のようであった。

党の指導を受け入れる。具体的に言えば、全て党の言う事に従う。党の言うことをよく聞き、党が行なえと言うことは行ない、党が行なうなと言うことは行なわない。同時に運動において、党が我々にこのような事を行なわせる意図は何かということを、真剣に把握しなければならない。これが政治レベルを高め、思想レベルを高め、労働者階級の立場にしっかりと立ち、まちがいを犯さないために最も頼りになる方法であり、思想改造を行なうすばやいやり方でもある。党の言う事を聞き、党の指導を受け入れることは、具体的であり、抽象的ではない。党中央や毛主席の言うことを聞かなければならないだけでなく、自分の所属先の党の組織の言う事も聞かなければならない。何かあれば党の組織に報告し、困難があれば党の組織に教えを請う。これこそが真に党の指導を受け入れ、党の言うことに従うということだ。[39]

　劉再復がかつて指摘しているが、20世紀の中国知識人は理性的側面と社会の実践的側面において、農民への盲目的崇拝が、不必要な自己抑圧や自己の過小評価を生み出したと言う。その結果「改造」という命題を受け入れてからは絶えず自己を踏みにじり、自らを奴隷のように酷使することになり、これが自ら更に知識人の独立した本性を失わせることになり、知らないうちに革命王国の従順な臣民へと変わっていった。劉再復は述べている。

　　中国知識人の改造は、農民化の過程以外に、国有化の過程もあった。国有化は経済の国有化と同時に、精神文化の国有化や個人の心の国有化を要求する。このような国有化の基本内容は、'個人主義'に対する批判を経て、知識人の個性、個人の生活空間や自分で考える能力を次第に摩滅させ、彼らを国家という機械の中のねじに変え、政治に奉仕する道具に変えてしまった。1949年の後、'知識の私有'を絶えず批判し、個人主義を絶えず批判し、知識人の仕事を全て国家計画に納めてしまった。[40]

4. 思想改造運動の形成

　政治運動としての「思想改造」の出現は、二人の人間と直接的な関係がある。一人は馬寅初で、もう一人は周恩来である。
　「思想改造運動」の起源は 1951 年 9 月 3 日からであると言える。この日、周恩来と北京大学長の馬寅初は初めて話をした。『周恩来年譜』の記載によると、

> 北京大学学長馬寅初と話をし、北京大の湯用彤、張景鉞、楊晦、張龍翔など十二名の教授が周恩来の八月の思想改造を行なおうという呼びかけにこたえ、北京大教師政治学習運動を発動したという状況の紹介を聞き、また、中央の責任者を招いて北京大教師学習会のために報告を行なうという馬が提出した立案について、意見を交換した。九日、毛沢東、劉少希に手紙を送り、今月より馬寅初が口頭や書面で、周恩来やその他の中国共産党中央の責任者を招請し、北京大教師会のために報告を行なうこと、そして思想改造の推進を目的とした学習運動の展開状況について報告した。[41]

　当時北京大学長の馬寅初は国務院総理の周恩来に手紙を一通送った。馬はこの手紙の中で述べている。

> 北京大の教授には、新しい思想を持った者がいます。それは、湯用彤副学長、張景鉞教務長、楊晦副教務長、張龍翔秘書長など十二名の教授で、思想を改造せよという周総理の呼びかけにこたえて、北京大教員政治学習運動を発動しました。'彼らは、毛主席、劉副主席、周総理、朱総司令、董必武先生、陳雲主任、彭真市長、銭俊瑞副部長、陸定一副主任、そして胡喬木先生に教師になって頂くよう懇請することを決定しました。以上十名の先生方にお伝え頂きますよう先生にお願い申し上げる次第です'。[42]

馬寅初は北京大学長という身分で、政界の高官たちに北京大の教師になってもらうよう要請したが、これは知識人の本音とは言えない。馬寅初の手紙は最後には毛沢東に届けられた。1951年9月11日、毛沢東は馬寅初が周恩来に宛てたあの手紙に指示を書き加えた。「このような学習はとてもよいので、数名の同志に講演に行ってもらうようにしてよい。私は行くことはできない」。

　馬寅初が周恩来あての手紙の中で言及した「思想を改造せよという周総理の呼びかけにこたえる」とは、1951年8月22日に周恩来が全国18の専門会議や政府各部門の責任者のために行なった「目下の形勢と任務」と題する報告を指す。周恩来はこの報告の中で述べている。

> 旧社会からやって来た知識人は、過去には封建思想の束縛を受けているのでなければ、帝国主義奴隷化思想の侵蝕を受けています。今は新中国のために奉仕し、人民のために奉仕しなければならないので、思想改造は避けることができないのです。このようであってこそ、我々は進歩することができるし、我々の思想や感情、我々の行動、我々の生活様式は初めて人民の利益に合致することができ、人民の利益に背かないようにすることができるのです。[43]

　50年代初期、その場に残った全ての知識人の心理状態はとても複雑であり、強大な圧力の下で、彼らは恐怖感を持っていたが、同時に新政権に対しては幻想も抱いていた。彼らは自らの思想を改造することを求めたが、これには全く主体性がなかったとは言えない。だが主としてはやはり外在的な圧力があったことによる。この点については、当時の有名な教授である顧頡剛、楊樹達と鄧之誠の日記からもはっきりわかる[44]。

　鄧之誠の日記では張東蓀の思想改造運動での状況について言及している。一人の有名な学者の真実の境遇の記録と見なすことができる。張東蓀は一回目の自己批判を終えたが、大衆の不満は多く、風向きは彼に不利であった。引き続き二回目の自己批判を行なったが、この時学校ではすでに張東蓀のこ

れまでに関する多くの歴史的資料を準備していた。例えば彼はある人のために本の表に西洋のある作家の、「もし共産主義と絞首刑で、私が選ぶよう言われたら、私はむしろ絞首刑を選びたい」というようなことばを書き記していた。これらの資料はみな燕京大学の校内新聞に張東蓀の特集号として掲載された。彼については、中国民主同盟の旧友である周鯨文の回想では次のように述べている。

> ある日の晩、彼は燕京大学から町にやって来て、彼の長男の張宗炳の家で会った。彼は言った。'こんな状態になって、私はどうしたらよいかわからない。'私は当時の共産党が彼を扱った状況を理解していたので、とても冷酷に尋ねた。'あなたは今年何歳になりますか。'彼は'63だ。'と言った。私は、'もう63になるのだから、あなたはまだ何を恐れると言うのですか。'と答えた。彼は私の意図することを理解し、うなずいて見せた。続いて私たちはしばらく語り合った。私は死に直面した気持ちで旧友に接した。別れる時、私はやはりこれは残酷で悲しいと感じた。だがこのような悪魔の世界を前にして、我々は何を言えばいいと言うのか。[45]

　張東蓀先生は更に燕京大学の大会で三回目の自己批判を行なったが、大衆はやはり彼を許さず、彼に対して激しく批判しなじった。周鯨文は回想して述べている。

> この時大会の外では、統一戦線部部長の李維漢や徐氷が民主同盟主席の張瀾と毛沢東の間を奔走していた。毛沢東は、'こんな人間——悪質分子である張東蓀と、我々は同じ会議の席につくことはできない'と言った。張瀾先生は、'東蓀先生の問題は、やはりゆっくり処理するのがよい'と言った。李維漢はわざと険しい表情で言った。'我々はこのような悪人と協力することはできない。彼は国家の情報を売っ

たのだ'。張東蓀は思想改造運動において反革命分子という罪名が決まった。その後、張東蓀は燕東園の小部屋で軟禁生活を送り、友人たちが彼に会いたくてもそれはすでに不可能となってしまった。

張東蓀がつるし上げられていた同じ頃、燕京大学では更に二人の厳しいつるし上げの対象者がいた。一人は燕京大の責任者陸志韋、もう一人は宗教学院院長の趙紫宸で、この二人がつるし上げられた状況の激しさは張東蓀よりもひどかった。運動の期間中、この二人は停職し反省する生活を送った。

北京大学では多くの教授のつるし上げを行なった中で、周炳琳先生に対するつるし上げが最も激しかった。彼は北京大学法学院の院長を務めたことがあり、学術界ではとても有名で、人柄も正直だった。彼の自己批判は元々とても率直なものだったが、ただ自己破壊的な自己批判であり、自らの祖先三代を罵ることさえした。大衆が彼を攻撃したとき、彼はそれらの悪口や無実の罪を決して認めなかった。こうして行きづまり状態になった。彼は旧文化界の頑固なとりでと見なされた。一方では無実の罪を着せられたという誤りを断固として認めず、他方ではとりでと見なして攻撃を加えた。こうしてやめるにやめられない状態となった。よって数回の自己批判とつるし上げでも、問題の解決にならず、最後には彼の家族が動員された。子どもたちと妻で、息子たちは多くが共産党員や共産主義青年団の団員だった。学校は彼らを動員してつるし上げ大会で周炳琳の罪を告発し、同時に帰宅してからも説得を行なった。このように長期間行われ、周炳琳はすでに孤立状態となってしまった。友人はいなくなった。──友人たちは運動の中で皆「敵と味方の境界」をはっきりさせてしまったのである。凡そつるし上げられている者は、敵であり、誰も彼に同情することは許さなかったし、彼を敵と見なさなければならなかった。同時に家族も失い、周炳琳はそこで沈黙して語らなくなった。運動の高まりは過ぎ、彼の事件はうやむやのまま終わってしまった。周鯨文によると、後に彼は周炳琳に再会したが、彼は終始不愉快な表情をしていたという。

『北京大学紀事』という本の中には当時の状況が言及されており、周鯨文

の回想とつきあわせると、信憑性が高いと言うべきである[46]。

　周炳琳が最後には関門を通ることができたのは、やはり毛沢東が指示したからである。1952年4月21日、毛沢東は北京市高等学校三反運動の状況に対する指示の中で述べている。

　　　彭真同志：送られた学校の思想問題と自己批判に関する文書は全て読みました。見たところ張東蓀のようなわずかな者や極めて深刻な敵のスパイ分子を除いては、周炳琳のような者はやはり関門を通るのを助けてやるのがよく、時間も少し延ばしてよろしい。最近の周炳琳に対する北京大のようなやり方がよい。各校でも同様に処置することを望みます。これは多くの反動的或いはノンポリの教授たちを味方に引き入れる上で必要なやり方です。[47]

　初期の知識人の思想改造運動は、原則的には温和なやり方で行ない、激しく批判したりはしなかったが、具体的にそれぞれの所属先になると、全てが同じである訳ではなかった。汪敬虞は回想して述べている。

　　　私は科学院で運動が始まって間もなくの頃、北京大学の周炳琳教授の批判大会に一度参加したことがあるのを覚えている。それは千人も収容できる大講堂で行われた。その時私は無表情の周先生が壇の下の中央に座り、その両脇に彼の親族が座っているのを見た。あれは彼の連れ合いと子どもたちだと誰かが教えてくれた。大会では大衆が次々と壇上に上がって批判する以外に、周先生の親族からの摘発もあった。彼らも壇上に上がり、憤激の表情で自分や肉親に対して激しい調子の摘発や批判を行なった。このような場面は、後の反右派闘争などの運動で何度も見たので、もう不思議だとは思わない。だが建国初期に初めて見た時には、慣れていないので、普通ではないと感じた。
　　　しかし、後の科学院の思想改造運動の全過程においては、私はこのような慣れない場面に再び出くわすことはなかった。それとは逆に、

二つの感動的な情景が相前後して私の眼前に現われた。

　科学院は思想改造運動の期間中、院全体の学習は区ごとに行われていた。私がいた経済所と近代史、考古、言語などの研究所は共に町の東南にあったので、東南区という名称で一緒に大会を開き学習をしていた。私は考古学所の鄭振鐸所長が行なった思想検査の大会で、一部の大衆がやや興奮し、彼の発言を遮ったことを覚えている。鄭先生も少し不愉快な様子で、話をしながら眼鏡を外し、ハンカチで涙をふいていた。会場の空気はやや張り詰めていた。この行き詰まったちょうどその時、元々会場にいなかった範先生（範文瀾同志）が突然あたふたとやって来た（範先生は大会会場の近くに住んでいたのだ）。彼は息を切らしながら立って発言し、鄭先生の経歴の進歩的であることや学術的な貢献について積極的な評価をした。範先生の話は会場の雰囲気をたちまち和らげた。会場内の荒々しい表情は消え、鄭先生の顔色もずっとよくなった。散会の時には、絶対多数の同志たちがみな満足しているのがわかった。

　もう一つの場面も考古学所の学習会で現われた。考古学所の梁思永研究員は当時肺病を患っていて、ほとんどがベッドで横になったままの生活だった。規定によれば彼は自習をすればよく、小グループの学習に参加する必要はなかった。しかし梁先生は皆と一緒に学習に参加したいと言い続けた。こうした状況で、小グループの学習会は時には彼の家で開かれた。ある時私はこの学習会に参加したが、梁先生が寝椅子にもたれかかり、皆が順次取り囲んで座った。梁先生は横になってはいるが、学習する文書を手に持ち真剣に考え、発言していた。彼の親族も側にいて、時折少し話しかけるが、学習とは関係がなく、ただ梁先生の耳元で小声で話し、心を尽くして梁先生の世話をしていた。この場面に出会い、当時私は思った。これは周炳琳先生の批判大会での場面とはなんと鮮明な対照をなしていることか！　しかしその最大の違いは、やはり周先生、梁先生、そして全ての知識人に対しての思想改造の実際の効果にあると言うべきである。[48]

当時科学院の思想改造運動の実際の執行者は劉大年であり、運動は穏やかではあったが、運動に対しては忠実であったことがわかる。梁思永は重病で床についている身でも見逃されることはなく、彼は程なくこの世を去った。
　清華大学の思想改造運動における二つの特殊な例は、一つが華羅庚先生のつるし上げであり、もう一つは潘光旦先生のつるし上げである。華羅庚は国際的に有名な数学者である。アメリカから戻り祖国に身を寄せ、程なく思想改造運動に出くわした。このようなアメリカに留学した学者は、共産党の目には当然問題だらけに映ったので、大衆に彼のつるし上げを指示した。彼は正直な気持ちで全てをさらけ出してはっきりと自白したので、問題は別に深刻ではないようであった。最後に彼が以前からの出国パスポートをまだ保管していて、燃やしていなかったため、これが引き金となって彼に対する際限のないつるし上げが展開された。彼には「帝国主義の手先となる思想」があり、「いざという時の逃げ道を残しておく」もくろみがあると批判され、つるし上げ大会では言えない程の苦しい立場に立たされ、すっかり「罪人」にされてしまった。彼はこの情もなければ理もない、善悪を問わない世界を目の当たりにし、自らの災難は限りないもので、このような社会で生活することに何の意味があるのかと考え、自殺を図った。さいわいに発見が早く、命は助かった。彼は民主同盟の同盟員だったため、自己批判の場は民主同盟北京市支部に移されて行われ、清華大の前線から逃れた。こうして華羅庚はどうにか関門を通過した。
　清華大学にはもう一人のつるし上げの対象がいて、それが潘光旦だった。彼は全国でも有名な社会学者であり、人柄は誠実で温厚であり、民主運動のために奮闘し全力を尽くした。若い頃に民主同盟に加入し、何年も中央常務委員の地位に就いていた。思想改造運動において、彼の自己批判は大体が正直で、誠実なものであり、何ら隠し事はなかった。その上彼の経歴は多くの人が知っていることからも、何かを隠す必要もなかった。彼は自己批判をしたが、大衆は無理やり彼の「思想的暗流」をつるし上げるよう要求した。「思想的暗流」の意味は、表面的な思想以外に、他に何か隠している思想があるということである。こうなれば、自己批判すればするほど、はっきりし

なくなり、潘光旦は前後して8回の自己批判を行ない、つるし上げられて涙を流して泣き叫んだが、この「思想的暗流」ははっきりしなかった。最後にはやはり運動は打ち切られ、彼も民主同盟北京市支部で自己批判をした後に関門を通過したのである。

　1951年9月29日、周恩来は北京、天津単科・総合大学教師学習会において報告を行なったが、これが有名な「知識人の改造問題について」である。周恩来の報告は彼個人の経歴から始まり、報告は非常に影響力があった。彼は特に南開大学学長張伯苓の事を語った。次のように述べている。

> 張伯苓先生は晩年は国民党政府の考査院の院長でしたが、重慶が解放された後、自覚を持つようになり、後悔しました。後に彼は北京にもどり、また天津へ移りました。彼と私は師弟関係だとも言えるし、親しくもありますが、私は彼に強制的に文章を書かせたことは全くありません。後に彼は徐々に新中国を認識するようになり、人民中国の長所を認識するようになり、彼が最も賛成し、最も嬉しい事を私に話してくれるようになりました。でも私はやはり彼に文を書いてもらうことはしませんでした。私は一人の人間の進歩は、その人が自覚的に認識するようになってからこそが最も信頼できると考えていました。このように遅らせていましたが、彼が年をとり病気で亡くなるとは思いもしませんでした。臨終の前に彼は遺言を書きましたが、皆さんは新聞で見たかもしれません。これが私の欠点かもしれません。早めに彼を助けて自覚を高めるようにしなかったのです。もし彼の体があんなに悪かったのを私が知っていて、早めに彼に注意していたら、彼も進歩的な表現を多めに行ない、人民に彼をもっと理解してもらえたかもしれません。これは私が申し訳なく思ったことです。

　周恩来が挙げた二つ目の例は翁文灝である。彼は述べている。

> 翁文灝は、皆さんもよく知っていますが、新華社が彼を戦犯の一人だ

と公表しました。しかし彼はヨーロッパで新中国に戻って来ることを望み、アメリカに行って教授になることはどうしても望まないとの意向を示しました。彼がこのような意向を示したので、我々も帰国を歓迎しました。彼が戻った後、ある友人たちは人民に理解してもらえるように、彼は声明文を書くべきだと考えました。しかし私はやはりあまり無理強いしてはいけない、彼が徐々に自覚し、主体的に書くようにしなければならないと考えました。

　50年代初期には、周恩来は知識人の間では人望があり、彼のその時の講話は知識人を非常に感動させた。更に梁漱溟について次のように述べている。

梁漱溟先生が初めて北京に来た時、いくつかの問題について観察してみたいと私に言いました。彼はこの点ではとても率直で、我々も彼を尊重していたので、彼にそれぞれの場所へ視察に行くように紹介しました。彼は戻って来るたびに確かに進歩しており、この点は我々も歓迎すべきです。彼がしばらく観察すれば、その都度新たな認識が得られるのです。これはとてもいいことではないですか。[49]

　周恩来の知識人の問題についての講話の後に、全国各地の思想改造運動が始まった。この時期に、全国のほとんど全ての有名な知識人は、記者の取材を受けたり、自己批判の文章を単独で発表することによって、自分が過去とはっきり一線を画したいという意思を示した。
　50年代初め、朝鮮戦争やその後に行われた土地改革、反革命分子鎮圧運動、三反・五反運動などの政治運動と知識人の思想改造運動は時期的に重なっていたため、明らかに恐怖を伴っていた。1951年1月21日、毛沢東は中央人民政府を代表して署名入りで「中華人民共和国反革命懲罰条例」を公布し実施した。翌日、『人民日報』は「なぜ反革命を断固として鎮圧しなければならないか」という社説を発表したが、この社説は語気が非常に強硬だった。その中にこのような一節がある。

一部の同志たちは反革命の鎮圧が人民民主主義革命の完成に必要なことであるのを理解せずに、革命が勝利した後は、なんと過ちを悔い改めようとしない反革命分子に対しても'仁政'を行なわなければならないと考えている。彼らはあたかも無数の烈士が血を流し命を捧げた結果、やっと我が国の人民が封建的買弁的ファシスト独裁政治の国民党反動政権を打倒し、人民民主独裁の革命政権を打ち建てたということを忘れてしまったかのようである。これは広大な抑圧された人民が立ち上がり、かつて長期にわたり人民を抑圧した少数の抑圧者を抑圧するということだ。国家の政権はこうして元々は少数の抑圧者の機関から、今日の最大多数の人民が少数の抑圧者を抑圧する機関へと変わったのだ。我々人民の革命の対象とは、帝国主義、封建主義、国民党反動派及びその共犯者というひと握りの反革命勢力である。革命と反革命は両立不可能である。人民は、反革命の陣営を離脱し、改心して人民のために奉仕する全ての者に対しては、すでに寛大に対処している。革命と反革命の境界線は、今ではますますはっきりしている。今引き続き反革命活動を行なっている過ちを悔い改めない反革命分子は、自ら死を望まない以上、徹底的にその息の根を止め、絶対に彼らに人民の命を奪うことを許してはならない。[50]

　1951年2月に発動され、1953年まで持続した反革命分子粛清運動であるが、1951年夏と秋の幹部の腐敗に反対する三反運動から、当時尊重されていた民族ブルジョアジーに照準を合わせた五反運動や知識人に照準を合わせた思想改造運動に至るまで、これらの運動は極めて激しく行われ、また社会に深刻な緊張と憂慮を生じさせた。農村と同様に、政府当局の暴力も、特に反革命分子鎮圧運動においては、大規模に行われた。しかし三反五反運動での暴力の程度はずっと小さかった。これ以外に、様々な措置が強烈な心理的圧迫を作り出したが、その中には小グループでの自白や数万人が参加する民衆裁判（これはまた数百万人に向けて放送された）を強要することも含まれていた。これは一種の不信感のある雰囲気を作り出し、すでにあった個人的関係

を壊しただけでなく、また更には多くの自殺を引き起こした[51]。これ以後、知識人は小心翼翼の状態になってしまった。この思想改造運動は1952年の秋にほぼ終結したが、知識人の心に与えた傷は重かった。

　中国の知識人は元々「文人相軽んじる」という傾向（文人は互いに認めたがらない）があったが、思想改造運動を経て、互いに摘発することによって知識人同士の関係に深刻な悪化を招き、そのため知識人のモラルと人格的力量がほぼ打ち砕かれた。冼玉清は当時、1949年以後大会に出くわすたびに、皆スローガンを叫び、女子も男子と同じようにこぶしを高く挙げているような一触即発の状態を目にし、彼女にはみていられないような感じがして、世界は本当に変わってしまったと感じた。冼玉清はこう述べている。

> ある人は私が香港へ行って情報を流したと告発したが、多くの告発の材料はいずれも個人の恩や恨みによって作られたものだ。私は風習の良し悪しは人の心に優しさがあるかどうかによると思う。告発の風潮が起こってから、人心の貧しさは極まった。[52]

　思想改造運動以後、知識人の間で嘘を言うのが一般的になった。これは圧力の下での迫られての選択であった。しかし、それは長い時間の経過で、一つの風習となり、中国文化を激しく破壊したのである。胡適が劉紹唐の『赤い中国の反逆者』に序文を書いた時、金岳霖が思想改造運動において書いた自己批判文を読んだ。胡適はこう書いている。

> 毛沢東と彼の政権はすでに不可能な事をうまくやり遂げたのではないか。つまりこの最も意志の強い個人主義の中国哲学者の脳をきれいに洗ってしまったのではなかろうか。それとも我々は金教授がこのような屈辱的な自白をした後はもう'学習会'には参加しなくてよいように認めて下さいと神に祈るべきであろうか。[53]

　胡適は次のように考えた。これは全て「話さない自由がない」ということ

から引き起こされたものであり、真に有効であることはあり得ないが、短期間は有効であるかもしれない。もしこれが全体的に長期間続くのであれば、状況はまた違った様子になるだろうと。「文革」中の知識人の間の殺し合いは、思想改造運動の結果と関係がないとは言えないのである。

　胡適は述べている。

　　今我々の多くの友人は北京で抑圧を受け、自白の文章を書いている。去年（民国40年、つまり1951年）八月下旬から、思想改造運動が起こり、特に高等教育機関の教師を対象にしていた。多くの我々の友人たちは北京大学の伝統を公に否定している。これは日本の残虐非道な行為の下でも経験しなかった苦痛である。我々のあの古い友人たちは、思想改造の時期に、強制されて土地改革を行ない、自己批判を行なった。そのうえ'自己批判'に対する大衆による批判もうけなければならない。更に、彼らは'胡適の思想は敵の思想である'と宣告した以外に、更に蔡元培先生の思想を批判した。蔡先生の思想は、一つは自由思想であり、もう一つは学術の平等である。彼らは言う。'これはまちがい極まりないものだ。まさか資本主義思想と人民の思想が平等であり得ると言うのか'。全てのこれら'胡適思想'を公に否定したり、'蔡元培思想'を反省した友人たちは、皆非人道的環境での生活の中で、抑圧されてこのようにしたのである。我々は深い同情に基づいて、彼らが話す自由がなく、話さない自由もないということを知るべきである。我々は、彼らが自白したことは、決して彼らの心中で言いたかったことではないということを理解しなければならない。私は、皆さんはきっと私と同感であると思う。

　　この時期に、私はあえてあまりに楽観的なことは言わない。だが、私はこれまでずっと楽観的な人間であり、この局面も長く続くはずがないといつも思っている。彼らは北京大学を清算したが、私は彼らが清算すればするほど、ある思想への追憶に気づくと思う。あの時の学術の平等を思い出し、あの時の自由な空気を思い出し、それらを更に

深く感じ取れるだろう。彼らが'胡適思想'を清算することは、すなわち胡適の本を復習しているのと同じことである。[54]

　胡適は思想改造運動が中国の知識人に具わっているすぐれた伝統を壊すことはできないと考えたが、彼のこの見通しは余りにも楽観的であった。なぜなら彼は1949年以後の政治運動の残酷さを想像できなかったからである。思想改造運動は、設計者の観点から考えれば、大変成功したと言えるが、しかしそれが成功すればするほど、中国の知識人が受けた傷はそれだけ大きかったのである。

注

1) 中央文献研究室編（1988）『建国以来毛沢東文稿』2冊、北京：中央文献出版社、448頁。
2) 陳平原（1998年）『老北大的故事』、南京：江蘇文芸出版社、61頁。
3) 中共北岳区党委（1948）『中共中央関於一九三三年的両個決定』、太原：中共北岳区党委翻印、14、51頁。
4),5) 解放社編（1950）『整風文献』、北京：新華書店、12、290頁。
6),7) 白嗣宏の文章：2001年2月18日、『亜洲週刊』2001年7期、香港。
8) 中国人民政治協商会議文史資料研究委員会編（1984）『五星紅旗従這里昇起』、北京：文史資料出版社、489頁。
9),10) 高華（2000）『紅太陽是怎様昇起的』、香港：香港中文大学出版社、302、304、305、396、399頁。
11) 高華（2000）『紅太陽是怎様昇起的』の中で、これについての論述がある。また楊中美（1989）『遵義会議与延安整風』、香港：奔馬出版社、140頁の関連する論述も参照、。
12) 楊絳（1993）『洗澡』、北京：三聯書店、1頁。
13) 胡喬木（1992）『胡喬木文集』第1巻、北京：人民出版社、48、49、50頁。
14) 唐勃（民国77年）『中共与知識分子』、台北：幼獅文化事業公司印行、275頁。
15) 劉乃元（1998）『歴劫不悔』、鄭州：河南人民出版社、43、47頁。
16),17),45) 周鯨文（民国51年）『風暴十年』、香港：時代批評社、228、231、232、

233 頁。
18) 程黙（1999）「思想改造尚未成為歴史」、『開放』、1999 年 12 月号、95 頁、香港。胡平（1999）『人的馴化、躲避及反叛』、香港：亜洲科学出版社、5、22 頁。これに「洗脳」に関する説明がある。
19) 劉青峰（1990）「試論文革前中国知識分子道徳勇気的淪喪」、『知識分子』1990 年冬季号 38、39 頁、ニューヨーク。
20) 中国民盟中央宣伝部編（1950）『我的思想是怎様転変過来的』、北京：五十年代出版社出版発行、1、2、16 頁。裴文中、張治中、呉晗、馮友蘭、王芸生、葉浅予、費孝通、羅常培、蕭干、李子英、謝逢我の文章が収められている。
21) 馮友蘭（1959）『四十年的回顧』、北京：科学出版社、57 頁。
22),23),33),34),35),36),37),38)　「五四」三十周年紀念委員会編（1949 年）『五四三十周年紀念専輯』、北京：新華書店、176、54、92、20、34、73、183、194 頁。
24) 沈虎雛編（1996）『従文家書』、上海：遠東出版社、172、182、190 頁。
25) 黄仁宇（2001）『黄河青山』、台北：聯経出版社、223、225 頁。
26) 陳寅恪（1958）、『元白詩箋証稿』、上海：古典文学出版社、82 頁。
27) 余英時（2001）「新亜精神与中国文化」、『新亜生活』28 巻 3 期 2 頁、香港中文大学新亜書院出版、非売品。
28),29)　黄平（1994）「有目的之行動与未預期之后果——中国知識分子在五十年代的経歴探源」、『中国社会科学季刊』1994 年秋季巻、40、41 頁、香港社会科学報務中心。
30) 光未然（1999）「北京解放前夕西郊工作日記」、『北京観察』、1999 年第 4 期 49、50 頁、北京市政協。
31) 馮友蘭（1998）『三松堂自序』、北京：三聯書店、123、125 頁。陳垣が 1949 年に胡適に宛てた手紙は、彼の周りにいた数名の若い党員の助けで書き、範文瀾の手で『人民日報』に渡り発表された。手紙の起草者は、後に陳垣の長期の学術助手となった劉乃和である。この事については、専門に扱った文章がある。鄧瑞全（1999）「陳垣発表『給胡適之先生一封公開信』的前前後後」、『黄河』雑誌 1999 年第 5 期、山西作家協会。
32) 陳伯達（1998）『陳伯達遺稿』、香港：天地図書有限公司、91、92 頁。
35) 周揚（1985）『周揚文集』第 2 巻、北京：人民文学出版社、146 頁。
39) 陳静波（1958）『知識分子思想改造的関鍵——立場問題』、長春：吉林人民出版社、50 頁。
40) 劉再復（1991）「歴史角色的変形：中国現代知識分子的自我迷失」、『知識分子』1991 年秋季号、42 頁、ニューヨーク。

41),42) 中央文献研究室編（1997）『周恩来年譜』上巻、北京：中央文献出版社、179、175 頁。

43) 中央文献研究室編（1988）『建国以来毛沢東文稿』第 2 冊、北京：中央文献出版社、448、526 頁。

44) 顧潮編（1993）『顧頡剛年譜』、北京：中国社会科学出版社、343 頁。顧潮（1997）『歴劫終教志不悔――我的父親顧頡剛』、上海：華東師範大学出版、247 頁。顧頡剛（1998）「日記中的思想改造運動」、『万象』第 1 巻 1 期 47 頁、遼寧教育出版社。鄧之誠（1999）「思想改造時期的燕京大学」、『万象』第 1 巻 3 期 93 頁、遼寧教育出版社。楊樹達（1986）『積微翁回憶録』、上海：上海古籍出版社、332、347、348 頁。

46) 王学珍等主編（1998）『北京大学紀事』上冊、北京：北京大学出版社、446-450 頁。

47) 中央文献研究室編（1989）『建国以来毛沢東文稿』第 3 冊、北京：中央文献出版社、422 頁。陳新桂（1957）「対過去幾陣暴風雨的批評的建議」、参考消息組編（1952）、『内部参考』225 期、新華社。陳新桂は述べている。「思想改造は、つるし上げによって改められるのか、どれ程の効果があるのかは、大いに研究すべきである。李景漢教授は思想改造において初めて弁明し、攻撃されたが、二回目に彼が罪を認めたら、関門を通ってしまった。これで思想を改めることができるだろうか。人を陥れて、反論することを許さず、"何もなければ気をつければよい"と言う。人を反革命と言ったら、それがどのようにして"気をつける"ことができるのか。潘光旦は三反運動で重点的につるし上げられ、最後には彼の妻や娘が泣くという方法で彼に誤りを認めるよう説得した。三反運動の後、彼は図書の補修に没頭し、口をきかなかった。人は彼はよく改造されたと言うが、これは笑い話ではないのか。潘は図書館の主任であり、図書館には反動的な本があるが、これがいけないということがあろうか。今ではもう全てが明らかになったが、潘はやはり語ろうとはしない。これが典型的な例である」。

48) 汪敬虞（2000）「記憶猶新的回憶」、『近代史研究』2000 年 6 期 5、6 頁、中国社会科学院近代史研究所。

49) 中央文献研究室編（1984）『周恩来選集』下巻、北京：人民出版社、59 頁。

50) 人民出版社編（1951）『堅決鎮圧反革命活動』、北京：人民出版社、2 頁、1951 年 5 月。

51) 費正清主編（1990）『剣橋中華人民共和国史』、北京：中国社会科学出版社、90 頁。

52) 陸鍵東（1995）『陳寅恪的最后二十年』、北京：三聯書店、49 頁。

53),54) 胡頌平編著（1990）『胡適之先生年譜長編初稿』第 6 冊、台北：聯経出版公司、

2293、2188 頁。

ユートピアの実験

毛沢東の「新人と新世界」

呉 迪

　近代史において、およそ強権政体の創始者は、皆新しいタイプの人間や新世界を創造しようというロマンチックな情熱を持っていた。洪秀全は太平天国で「十新」[1]を実現しようとしたし、ムッソリーニはイタリアで「新たに人を形作る」[2]ことを目指した。レーニンは土曜日の義務労働に喝采をおくり、「新しい人間」の誕生[3]を呼びかけ、スターリンはソ連を一つの「新世界」、つまり初めて社会主義を旗印とする強権国家に作り上げた。しかし、理論的にも実践的にも、いずれも毛沢東とは比べものにならない。青年時代から、毛沢東はすでに「根本的に全国の思想を変える」[4]という志を立て、「新村」[5]計画に心酔していた。この理想のために、人間性を改造することを生涯の事業とし、一切の代価を惜しまずに一枚また一枚と「最新で最も美しい絵」を描き出した。この理想のために、彼は73歳の高齢で毅然として文化大革命を発動し、少しも容赦することなく自らの手で創造した赤い政権を打ち壊したのである。

　毛沢東が文革を発動した動機の一つは「新人と新世界を追求する」[6]ことだったと考えられる。「五・七指示」は新世界を建設する綱領であり、文革の謎を解く一つの鍵であるが、その実質は空想である[7]とある文革史家は考える。この空想は1958年の「三面紅旗」から始まり[8]、毛の「新村」計画と新人、新世界は同工異曲の妙がある[9]と中国共産党史の専門家は指摘して

いる。これらの論断から、次のような二つの結論が得られる。1、毛のこの「追求」は彼の一生を貫いている。2、毛は早くも文革前から新人と新世界の実験を始めていた。これに伴い以下の問題が生じる。毛沢東が追求した新人と新世界の基礎はどこにあるのか。彼はこの追求のためにどのような必要条件や方法を創造したのか。

上述の問題に答えるために、本稿では延安整風運動、雷鋒と紅衛兵、新民主主義論、合作化運動と「五・七指示」を重点的に分析し、それによって毛沢東が新人を錬成する方法、毛式の新人の特徴、及び毛が行なったこの実験の政治的基礎や経済モデルについて検討する。これらの問題を検討する前に、毛沢東の青年時代の思想について紹介し、分析する必要がある。

1.　思想道徳：宇宙の「大本大源」

1917 年、青年毛沢東はある大きな発見をした。それは宇宙の大本大源は哲学と倫理学の中に存在するというのである。「哲学、倫理学から着手し、哲学を改造し、倫理学を改造すれば、全国の思想が根本的に変わる。これは軍隊の司令旗が翻るや、万人が集まる、或いは雷電が起こるや、曇った空が晴れ渡るかのようであり、その勢いはおさえることができない」[10]、と。彼の言う哲学とは、思想を指し、彼の言う倫理学とは、道徳を指す。「そもそも思想は人の心を決定し、道徳は人の行ないの手本となる。両者が清くなければ、至る所汚れてしまう。両者の勢力が、行き渡らないところはない」[11]。全国人民の思想、道徳を変えてこそ、「国民に長く積み重なった弊害が余りに大きく、思想が余りに古く、道徳が余りに悪い」という現状を変えられるのであり、それこそが中国の根本的な活路なのである。ここから、人を改造すること、一代の新人を創造することが、毛沢東が終生追求した偉大な目標となった。

人を改造することの前提は人間性を洞察することであるが、青年毛沢東は人間性について独特の理解があった。「人とは、動物であり、動くことはなによりだ。……動くことによって生活を営む、これは初歩的な話であり、動

くことによって国を守る、これは大きな意味での話であり、いずれもその本来の意義ではない。動とは、われの生を養い、われの心を楽しませるにつきる。……愚見では、天地はただ動くのみである」[12]。動は人の本性であり、更には豪傑の士の「人格の源」でもある。しかし人が動くというのは、必ずしも客体によって動かされた被動の動ではなく、主体の客体に対する自発的な挑戦や闘争のことである。「抵抗がなければ動力はない、障害がなければ幸福はない」というのが「真理であり、突き詰めた結論である」[13]。このような闘争は客体からの障害や束縛に伴って増加し、強大になる。青年毛沢東は、天と闘い地と闘い人と闘うことを人生の最高の楽しみと見なしたのが実にここからきている。

　主体の人格的力量を高揚させるということは、主体の道徳精神を尊ぶことでもある。青年毛沢東によれば、道徳は主体自身から来るものであり、客体からの強制ではない。「道徳とは外部によって備わるものではなく、そのようなものは客観の道徳律である。独立にして備わるものは主観の道徳律である。我々は自らそなえている天性をつくし、自分の心を完成させ、そうすれば最も尊ぶべき道徳律を備えられよう。世界にはもとより人や物が存在するが、しかしそれらは皆私によって存在しているのであり、私が目を閉じると、当然物は見えなくなる。故に客観の道徳律はまた主観の道徳律でもあるのだ」[14]。このような主観唯心主義的道徳観が強調するのは、明らかに主体的に道徳を自覚することである。

　道徳の自覚から出発すれば、当然性善説という結論を得るだろう。「故に私は言う、天下に悪は無く、あれば次善である。天下に悪人はいない、いても次善の人である」[15]。このような理念を抱いていたので、青年毛沢東は、自分が聖賢になれるばかりでなく、「その時すべての人は皆聖賢となる」[16]。「六億神州舜堯に尽きる（六億の中国の民がみな舜や堯のような聖人である）」、「遍地の英雄夕煙に下る（至る所英雄が夕煙の中を歩く）」は、必ずしも一時的な詩興だっただけではないようだ（訳注：この句は、いずれも晩年の毛の詩である）。

　思想史研究者は毛沢東の上述の観念を「動、闘の宇宙観と人生観」、「我を

貴ぶ道徳律」というように概括した[17]。それらの観念は毛沢東が人間を改造する思想的な基礎と心理的なエネルギー源となっている。そして彼の心の中の新人の基準も、ここから手がかりを見出せる。第一に、思想的には、新人は古いものを捨て新しいものに替えるべきである。第二に道徳的には、新人は新しい道徳を持つべきである。第三に、人格的には、新人は主体性、闘争性が備わっているべきであり、また自発的に自分を改造できるようにすべきだ。

　全国の思想を変える決心をしたのと同時に、毛沢東は他の同志たちと新世界の試みを始めた。──1918年6月、彼は蔡和森などと岳麓山のふもとに「工読同志会」を設立し、誰もが平等である新村をつくろうとした。翌年毛沢東は北京から湖南省にもどり、新村建設計画を立案した。『毛沢東伝』の作者は次のように記述した。「毛沢東はその理想社会をこう設計した。新しい学校を作り、新しい教育を実行し、学生たちに農村で働きながら学ばせる。またこれら新しい学生の手で新しい家庭を作り、いくつかの新しい家庭がいっしょになれば、新しい社会を創造することができる。この社会で、公共の育児所、公共の幼稚園、公共の学校、公共図書館、公共銀行、公共農場、公共工場、公共劇場、公共病院、公園、博物館などをつくる。後には、これら一つ一つの新社会が一つにつながれば、国家も次第に一つの大きな理想的な新村へと根本から改造することができる。毛沢東は次のように書いた。"今はあえて模範的な国、模範都市、模範地域とは言わないが、模範村となれば、まさに大言壮語ではなく、実行しやすいのではないか"と」[18]。

　毛沢東はこの「大言壮語ではない」「模範村」の政治的経済的文化的体制を論じている訳ではないが、その無政府主義的な衣の下に、以下のことが見うけられる。第一に、この新社会が実行するのは万能主義的な政治体制である。そうでなければ、農村で肉体労働に参加し、働きながら学ぶといった措置は実現できない。第二に、この新社会は経済においては共有制を実行し、分配は必要に応じて行なう。そのため、ここでは商品の交換や私有財産はない。換言すれば、これは財産が均しく分配された、誰もが平等な社会である。第三に、この新社会の文化はその政治や経済と一つの統一体を構成すべきで

あり、その基礎は新しい学校と新しい教育にある。ここでの新しい学校、新しい教育は必ず一元的でなければならず、多元的ではない。そうでなければ、新しい学校や教育は思想、道徳、気風、習慣などの面で高度に一致した新人を養成することはできないのである。その他、注目に値するのは、この新しい社会は都市にあるのではなく、農村にあった。それは閉じられた、外部の世界から隔絶された社会のようだ。

　しかし、計画者の哲学によって、この新社会は明らかに一つの内在的な、解決できない矛盾が存在しているように思われる。つまり、毛沢東が尊ぶ「動、闘」の理念と彼が追求する新村の理想は水と火のように相容れないものなのである。運動、対立、衝突、闘争が永久不変の宇宙法則である以上、この「大言壮語ではない」新社会はどうして静かで安定した状態で存在し続けることができるだろうか。主体の客体に対する抗争は人の本性である以上、ここで生活する新人たちはどうして本性をなくし、新村の現状に満足することができるのだろうか。この文章が『湖南教育月刊』に発表された時に、毛沢東はあるいはまだ次の点に気がつかなかったのだろう。つまり、緊迫した国内情勢のもとで、現実を直視せざるをえないという点だ。彼は全国をめぐり、武装割拠し、政権を奪い取ろうとした。彼の新人と新世界の壮大な理想は、革命が成功してからやっと日程にのぼってくることができるのである。少なくとも、一つの安定した根拠地、高度に組織化され一体化された社会環境、完全に彼によってコントロールできる思想や道徳の改造運動が必要だった。

2.　延安整風運動：新人の初めての鍛練

　延安はこの条件を提供した。ここで、彼は「根本から全国の思想を変える」一歩を踏み出した。それが延安整風運動である。毛沢東がこの運動を押し進めるのには二つの目的があった。一つは王明、博古を代表とする「国際派」の党内の基礎を打ち砕き、彼らのロシア式マルクス・レーニン主義の影響を一掃し、これによって自己の党内での最高権威を確立させることである。

二つには、毛式マルクス・レーニン主義、つまり後に言われる毛沢東思想によって、徹底的に中共（中国共産党）を改造し、中共の党員を改造し、これによって「自己の思想を核心とする中共の新しい伝統を構築し、またこれを党の身体に注入する」[19]ことである。身体は細胞からできているが、細胞としての党員や幹部は、異なる経歴、出身、思想や文化的背景を持っている。自らの思想を一人一人の党員や幹部の血液に浸透させるには、必ず彼らの魂に触れなければならない。二十年後の言葉で言えば、つまり各党員に「魂の深部で革命を爆発させる」ということである。こうしてこそ、彼らは心から望んで改造を受け入れることができる。この身も心も入れ替え、新たに人をつくるという極めて困難な工程を完成させるため、毛沢東がこの改造運動のために制定した基本原則の一つとはつまり以下のものであった。「宋明新儒家の"内側に力を及ぼす"という観念を共産党党内闘争の理論に融合させ、思想的感化と暴力への恐怖という手段を交互に使い、忠実な精神と戦闘的精神が一体となった共産主義的な"新人"という理想的人格を大いに養成する。そしてこれを基礎として党の思想や組織を作り上げる基本モデルを構築する」[20]。

　基本原則を確実に行なうには、有効な操作方法が必要である。その方法は浅い所から深部へ、表面から内部へと次第に人の心に浸透させなければならない。高華は『赤い太陽はどのようにして昇ったか——延安整風運動の経緯』という本の中でこれについて以下のような生き生きとした、詳細で正確な描写をしている。

　第一に、三風（学風、党風、文風）を正すことを中心に、主観主義、教条主義、セクト主義に反対することを呼びかけて、党全体に毛の著作を含む22の文献を学習するよう要求した。ざっと目を通して、さらに精読した後、毛沢東は自ら試験問題を点検し手直しをした。出題の原則は、学習者に文献の内容を使って党のやり方を対照して検査し、また自分の仕事と密接に関連づけることを要求した。

　第二に、全ての参加者に自己批判的性質を持つ「反省ノート」を必ず書くように命令し、また幹部の反省ノートを取り出して読む制度を作り上げた。

これはまさに毛沢東の賢いところだった。聖賢の思想に照らし合わせ自己の言行を反省する「われ日に三度吾が身を省みる」、「克己復礼」、「正心誠意（心を正して懇切に）」は中国の伝統であるからだ。毛のこの施策は、中国哲学における「内省」、「修身」とレーニン主義の「新しい人間」の概念を一つに融合させたものだった。この融合は伝統の支えがあり、「時代に即して発展変化する」という先進性もあった。それは少なくとも二つの利点がある。1、情勢に応じて有利に導くため、党全体がこの新概念を受け入れている程度を随時把握することができる。2、反省ノートの中で異端を捜し、その典型的な者を選んで攻撃し、党全体を戒める。文献を学習し、反省ノートを書くことは「思想的感化」であり、異端者を選んで攻撃することは「高圧による威嚇」である。

　第三に、「極度に党に危害を加えるひどい厄介者」、つまり「小放送」を粛清する。いわゆる「小放送」とは、党の思想や政策を宣伝する「大放送」と対照して言ったものである。「小放送」は個人の間で党の政策や人事関係を議論し、個人の友情を重視し、人情や個人的な交際を重んじることで、毛沢東の言う「自由主義」に属している。自由主義に反対せよというスローガンの下で、整風運動の責任を負う中央総学習委員会は「小放送」の五種類の表現を書き連ね、各部門に「三種類の人間」について厳密に注意するよう求めた。自白させるのに都合がよいように、総学習委員会は各党員に「小放送調査表」に記入するよう要求した。反省ノートで白状させるのが個人の思想や認識だったが、「小放送表」は人々に自分の私生活について白状するようにと強制した。このような基本的人権やプライバシーに対する公然の干渉や侵害は、実際に個人の感情や個人的な交際が違法であると宣言しているに等しかった。これは毛の思想改造の野蛮で強制的な一面を反映していると同時に、毛の念頭にあった新人の基準も明らかにしている。

　第四に、自白運動を発動し、党員と幹部に書面形式で詳細に個人の歴史を自白するよう命令した。個人の歴史を自白するのには主に二つの形式があった。1、幹部の履歴表に記入する。2、詳細な個人の自伝を書く。毛沢東は後者をより重視し、個人の自伝は「必ず何度も書き、満足できるまで書く

こと」「問題の肝心な点は、幹部が"何度も"自伝を書く過程で、必ずよりいっそう自己を否定し、そして党の指導者や各等級のリーダーに対してはいっそう畏敬の念を持つようにならなければならないということだ」[21]。これがまさに毛沢東の思想、道徳から人を改造するという戦略的な手順である。党に心の中をさらけ出し、個人の自伝を書くという過程は党員の自我意識が日増しに失われ、個人の透明度が日増しに高まる過程である。つまりは古い人間が新人へと変化し、「昇華する」過程であり、この過程を経て、「毛は党員の良知と共産党の道徳的判断の最高の存在として、すでに党員の精神世界の中でしっかりと支配的地位を占めていた」[22]。「幹部は個人の歴史を説明し、ついに新人を鍛える砥となった」[23]。

　三年近くの整風運動で、新人はついに鍛えられ誕生した。謝覚哉の次の七言詩は、古い人間が身も心も入れ替えて新人に変わっていく過程を生き生きと描写している。

　　　　緊火煮来慢火蒸、煮蒸都要工夫深。不要捏着避火訣、学孫悟空上蒸篭。
　　　　西餐牛排也不好、外面焦了内夾生、煮是暫分蒸要久、純青炉火十二分。
　　　　（強火で煮たらとろ火で蒸す、煮るのも蒸すのも火加減が大事。孫悟空がせいろうにのせられた時のように、火を避けるようなまねをしてはいけない。洋食のステーキもよくない、外は焦げても中は生だ。煮るのは短く蒸すのは長くし、ちょうどよい火加減で。）[24]

　この強火で煮てとろ火で蒸すことで出来上がった新人は、以下のような特徴を持っていた。彼らは毛の信徒となり、「毛の思想で世界を観察し、それを自分の言行の基準とすることを習得した。その態度は行動においては、ブルジョア階級の人間性論や温情主義を徹底的に捨て去るというものである。党の性格を持たないことは言ってはならないし、聞いてはならない。党の性格を持たないことには動いてはならない。指導者、組織、上級の命令や指示には絶対服従する」[25]。毛沢東は人間を改造し、新人という理想を実現させる万里長征の第一歩を踏み出したのである。

3.　新人の模範：雷鋒から紅衛兵まで

　戴晴の統計によると、1957年の反右運動（反右派闘争）は建国以来の12回目の政治運動である[26]。反右運動の後文革に至るまでの間どれほどの政治運動が発動されたのかは、まだ誰も統計を取っていないようである。想像上の政治的ライバルを攻撃する以外に、毛沢東がこれらの政治運動を発動した基本的な目的は、「六億神州尽舜堯（六億の中国の民がみな舜や堯のような聖人である）」という理想の境地に達するために、人間を改造することであり、人々の思想や道徳を改造することであった。延安整風運動は毛沢東のためにこのような思想改造を行なう基本モデルを提供したにもかかわらず、この運動はただ党内のみに限られていて、その鍛え上げた「新人」も党員や幹部の中に限定されているにすぎないことを、彼は知っていた。「根本から全国の思想を変える」には、延安の経験以外に、更に模範を立てる必要があった。彼らに学ぶことを通じて、思想改造を盛んにしてひとつの気風とし、全国に広めることができるかもしれない。

　延安の時期に、毛沢東はこのような試みを行なったことがある。彼はかつて二人の人物——ベチューン（白求恩）と張思徳——のためにわざわざ文章を書いて、彼らに学ぶように人々に呼びかけたことがある。毛がこの二人を模範としたのは、彼らにはいずれも「大公無私」（滅私奉公）という美徳があったからである。毛から見れば、「無私」は新人の必須条件であり、人間を改造する基礎である。この二つの文章が後に「老三篇」（毛沢東の解放前の三つの論文——訳者補注）に入れられ、全国人民の必読書となったのは、このためである。

　大公無私は必要ではあるが、それだけではまだ足りない。個人が道徳的に立派になることはただ新人の基礎にすぎず、基礎の上には更にもっと重要な、更に「全国の思想」を統一することができる「上部構造」がなくてはならない。新政権樹立後、国内外の情勢の変化に伴い、毛沢東の新人の基準も「時代に即して発展変化」し、雷鋒を選んだのである。中国共産党が政権を奪取し、政権をつくり上げる過程において、多くの英雄が出現したが、雷鋒を選

んだのは、この解放軍の普通の一兵士がベチューンや張思徳をはるかに超越しており、彼らの全てを具えていただけでなく、なかったものまでも具えていたのである。

そのなかったものとは、『雷鋒日記』の中で充分に展開されている[27]。まず、『日記』には党や指導者に対する限りない感謝、崇拝と忠誠の気持ちが溢れていた。「偉大なる党よ、英明な毛主席、あなたがいてこそ、私の新しい命があるのです」(1960.11.8.)、「私は党と階級の最高の利益のためにいつも準備をしていたい。命に至るまでの個人の全てを犠牲にして」(1960.12.27.)というような表明は、日記の中の至る所にある。恩に感謝するのと忠誠を尽くすというのが日記に貫かれた永久に変わらない主題であり、それが「雷鋒精神」の心理的基礎である。

次に、『日記』には「喜んで革命のねじとなる」という絶対服従の精神が満ち溢れている。『日記』には次のような格言がある。「一人の役割は、革命事業にとっては、一台の機械についている一本のねじのようなものである。……ねじは小さいけれども、その役割は計り知れないものだ。……私は偉大なる革命事業の中で永久にさびないねじになりたい」(1962.4.17.)。このような絶対服従の精神は、毛沢東が雷鋒同志に学ぼうと呼びかけた後に、極めて大きい社会的影響を生んだ。それは一時的な社会的流行を作り出しただけでなく、一つの人格をも形作ったのである。

第三に、『日記』の主人公は自ら進んで自己を改造することを誓っている。ねじであってしかも永久にさびないためには、絶えず積極的に自己を改造しなければならない。雷鋒が自己を改造する方法とは毛の著作を学習することであった。──「戦うには武器がなければいけない。自動車の運転にはハンドルがなければいけない。革命をするには毛主席の著作がなければいけない」(1961.4.12.)。『雷鋒日記』の中のかなりの部分が毛の著作を学んで会得したことについての内容である。その特異な点は、彼が学習と実践を緊密に結びつけ、毛主席の教えを彼は血液の中に溶かし込み、行動にまで貫徹したことである。その短い一生の中で、雷鋒は多くの自発的ボランティア活動を行ない、人助けを喜びとすることの代名詞となった。

毛沢東が雷鋒を顕彰したかった理由については、『雷鋒日記』にその答えがある。雷鋒は「少しも私利私欲の心を持たない精神」を更に徹底的で更に揺るぎなく発揮し、「喜んで革命の愚か者になる」（1960.8.20.）ことを誓うに至った。更に重要なことは、彼は「強火で煮て弱火で蒸す」ことによらずに、「党の性格と違うことは言ってはならないし聞いてはならない。党の性格と違うことをしてはならない」とまでできるようになったのである。延安整風運動で力の限りを尽くしてやっと得た成果を、この普通の兵士はただ主体的な自己改造によってのみ成し遂げてしまったのである。

　毛沢東が雷鋒のために題辞を書き記したのは1963年のことである。その五年前、毛沢東は新世界へ向かって初めてのラストスパートをかけた。──総路線、大躍進、人民公社という「三面紅旗」が次々に誕生し、国民経済は全面的に衰退し、国内や党内に不満が広がり、毛の威信は下がった。国際的には、フルシチョフが毛沢東の言う「修正主義」を大々的に行なっていた。国内外の変化に直面し、毛沢東は「階級闘争は必ず毎年重視し、毎月重視し、毎日重視しなければならない」という結論を出した。毛にしてみれば、中国が修正主義を出せば新人や新世界の理想が実現できないことを意味する。この理想を堅持するには、毛個人の権威を再び振りかざすと同時に、彼の新人の基準を改めて審査し決定しなければならない。ベチューンや張思徳が持っている道徳主義はもとより不可欠であるが、再び権力を振るうには役に立たないし、修正主義に反対しそれを防ぐのにも役立たない。階級闘争にも役立たない。雷鋒の価値は、彼が毛のために社会主義の時期の新人の基準──心から恩に感謝し限りなく忠誠を尽くし、ねじのように服従し信頼すること。また自分の著作をむさぼるように学習し、完全に徹底的に自分の指示に従って行動し思考すること──を提供したことにあった。もし六億の国民が皆雷鋒のようであったら、修正主義は目的を達成できないし、階級闘争も消滅できない。そうすれば、新世界ははるかに遠いものではなくなるだろう。

　毛の呼びかけの下、全国で雷鋒を大いに学び、思想の革命化を強化する運動が巻き起こった。日記を書き、毛沢東の著作を学び、品行方正な人間になってよい行ないをすることが社会的な流行となった。毛沢東の人間を改造

する計画は更に一歩前進した。

　残念なことに、雷鋒には毛式の新人の最も重要な資質、——つまり闘争精神が欠けていた。闘争精神は、社会的な側面で言えば、現存の秩序に反抗するということであり、人間性の側面で言えば、自己の本性を絶えず発展させることである。「豪傑の士が天から授かったその本性を発揮し、その本性の中から最も偉大な力を伸ばす、よってそれが豪傑となる所以である。彼は本性にあるこの最も大きな原動力で以って、本性以外の、制裁や束縛の類を排除するのである。このような原動力は、最も堅実で最も真正な実体であり、その人格を完成させる源である……」[28]。これは青年毛沢東が『倫理学原理批語』の中で述べたことである。動、闘を宇宙真理の「大本大源」とみなす毛沢東[29]は、恩に感謝し忠誠を尽くし、絶対服従するねじでは満足できなかった。彼の念頭にあった新人は、服従と闘争というこの二つの資質を兼ね備えていなければならなかった。道徳的理想から言えば、毛の新人は聖賢であるべきだが、しかし人格的理想から言えば、毛沢東がより評価したのは、彼が以前『湖南農民運動視察報告』の中で賛美した「革命先鋒」だった。

　ゆえに、雷鋒のために題辞を書き記す前後に、毛沢東は一方全国人民が解放軍に学び、組織的命令と規定を遵守する習慣を身につけ、また、社会主義教育運動を展開させ、「この絶えず人を教育する運動において……、彼らの中の大多数を新人に改造する」[30]ことを要求すると同時に、もう一方では、内部講話を絶えず発表し、当時の学校教育制度を批判し、学生に自ら学習するように呼びかけ、教師・教育制度に対する造反を奨励した[31]。1964年7月14日、毛は「プロレタリア階級革命事業の後継者の五つの基準」[32]を打ち出した。この五つの基準の中で、フルシチョフは六回も名指しされている。後継者の基準を作るのは、政治闘争の必要のためであり、毛の新人の人格的力量に対する切望があったためでもある。——つまり闘争する勇気があってこそ、修正主義に反対しこれを防ぐことができるのである。

　この切望は、二年後にいっそう堅固なものになった。1966年6月、文化大革命が始まったばかりで、毛はすぐに提起した。「多くの人間を育成しなければならないが、これらの人間は革命の先鋒隊である。これらの人間は遠

大な政治的見識を持っている。これらの人間は闘争精神と犠牲精神で満ち溢れている。……中国にもしこのような大勢の先鋒分子がいれば、中国革命の任務は順調に解決することができる」[33]。毛が闘争精神と犠牲精神を革命先鋒隊の最も重要な条件にしたのは、この先鋒隊が旧世界の勇士を打ち破るだけでなく、新世界の先駆者を創造するからでもある。

二ヶ月後、毛沢東が呼びかけた革命先鋒隊——紅衛兵が突如として出現した。清華大附属中学紅衛兵の「三論」（三篇の文章）「プロレタリア階級の革命造反精神万歳」では、毛沢東は二つの「偶然の一致」を見出した。

一つは、それは雷鋒の忠誠、服従と新世界の先駆者の闘争精神、犠牲精神を完璧に一つに融合していた点である。——「革命は造反であり、毛沢東思想の魂は造反である。それを実行するには精一杯努力しなければならない。……造反する勇気があるという一言だ」[34]、「我々、毛主席の最も忠実な紅衛兵は、限りなく毛主席に忠誠を尽くす。プロレタリア階級文化大革命の最高指示——毛主席の造反に関する最高指示を必ず最も決然と、必ず最も勇敢に、最も忠実に実行する」[35]。

二つには、紅衛兵の造反の名目と毛がつくり上げた新世界の「破、立」理論が全く一致していた点である。「革命者とは孫悟空であり、……我々は大きな棍棒を奪い、腕前を発揮し、神通力を使って、旧世界を天地がひっくり返るほど打ちのめし、……プロレタリア階級の大騒動を起こし、プロレタリア階級の新世界を作り出すのだ」[36]。

1966年8月1日、毛沢東はこれらの紅衛兵たちに手紙を送った。420字余りの返信の中で、毛は三回も「熱烈な支持」という言葉を使った[37]。毛の紅衛兵に対する支持はただ政治的な必要があっただけでなく、更に彼を感動させたのは、紅衛兵の道徳的修養（忠誠と服従）と人格的力量（闘争と造反）という「対立」した資質が完璧に「統一」されていることだった。毛の構想によれば、新世界は決して俗世間外の桃源郷ではなく、そこでも「ブルジョア階級を批判しなければならない」[38]。この任務はこのような新人こそがやり遂げることができる。毛沢東が紅衛兵に手紙を出したその同じ日に、『人民日報』は「全国が毛沢東思想の大学校となるべきである」という社説を発

表した。社説は毛沢東が新世界のために描いた最後の「青写真」――「五・七指示」を世間に発表し、また、この大学校が「高度の政治的自覚を持ち、全ての面で発展した億万の共産主義の新人を育成することができる」と人々に告げた。

4. 新民主主義論――新世界の政治的基礎

「新民主主義論」は毛沢東が1940年に書き上げ発表したもので、それはそれまでの毛沢東による国内外の情勢及び中国共産党の任務についての総括と発展であり[39]、また後の「連合政府を論ず」や「中国人民政治協商会議共同綱領」の思想的基礎でもある。「新民主主義論」の基本的観点は、以下のものである。アヘン戦争から始まり、中国はブルジョア階級民主主義革命の段階に入った。十月革命の後、社会主義国家が出現し、世界の構成が変わった。中国革命は世界のプロレタリア階級社会主義革命の一部分となった。ブルジョア階級の先天的な脆弱性のため、中国革命はプロレタリア階級による指導のみ可能だった。中国は植民地・半植民地と半封建社会でもあるので、プロレタリア階級が指導する革命は二段階に分けて実行しなければならない。初めにつくり上げる独立した民主主義の社会は、欧米式のブルジョア階級独裁の国家とは異なり、ソ連式のプロレタリア階級独裁の国家とも異なる。それは新民主主義共和国をつくるという第三の道しかない。国の体制としては各革命階級の共同独裁であり、その政体は民主集中制であり、その経済は国営と私営との共存である。その文化は「プロレタリア階級が指導する人民大衆の反帝国主義的反封建主義的文化である」。毛沢東は人々に注意を促す。「最初の段階は時間的にかなり長く、決して一朝一夕に完成できるものではない」。このため、彼は「政治革命と社会革命を一挙に成功させる」という考え方が「全く主観的」であり、「空想」であると批判した。

この、人を引きつける理想上の景観は、かつて非常に多くの善良な人々を惑わした[40]。それは毛の青年時代の「新村」計画や、晩年の「新人と新世界」の理想とは少しも関係がないかのようであるし、今に至っても、まだ多

くの人が、新民主主義の終息は早すぎたと考えている[41]。しかし、少し分析をしさえすればわかるように、この理想上の景観の中に新世界を完成させるもとが隠れていた。——それは新世界へ通じている、まだ竣工していない橋にすぎない。

　第一に、毛の述べている「各革命階級の共同独裁」という国体は、実はプロレタリア階級独裁の過渡的形式にすぎず、新世界が必要とする全能主義はすでにその中に隠されていた。「新民主主義論」において、毛は「各革命階級」を三つの等級に分けた。——プロレタリア階級（中国共産党）が長男、農民階級が次男、知識人やその他プチブル階級はありがたくも末席が与えられている。この等級の序列の中で、プロレタリア階級は疑う余地もなく指導する側の勢力であり、その他の各階級は、無条件にプロレタリア階級の指導を受け入れる以外は、共同独裁に加わることができなかった。帝国主義は資本主義の発展した最高段階であるということに関するレーニンの論断は、上述の等級序列の理論的基礎である[42]。五十年来の歴史は証明しているように、レーニンの立論は完全にフィクションの命題だった。——資本主義は危機を乗り越えてきただけでなく、社会が安定し、経済も繁栄した。それとは逆に、没落した、堕落した、瀕死の状態であると人に宣告した政党や国家は、解体するものは解体し、転向するものは転向した。残った数名の堅持者は、社会主義という名目で、資本主義の実質を行なわざるを得なかった。そして解体し、転向した原因は、たとえ中国の支配的論調であろうと、一党独裁と関係があると認めざるを得ない[43]。

　第二に、毛の述べた民主集中制の政体とは、実は一党独裁の代名詞にすぎなかった。それは全能主義の組織原則であり、毛式新世界の権力の基礎である。民主集中制は中国共産党が十月革命後のソ連から学んだものであり、毛は中国共産党内の組織原則を新民主主義の政体の中に移したのである。いわゆる民主集中制とは、毛の述べる「民主という基礎の上に集中し、集中的な指導の下での民主」ということである。王若水はこれについて鋭い分析をしたことがある。「ここでは、いわゆる"民主"とは、ただ大衆にいくつかの意見を発表させることにすぎないし、しかも意見の発表も党の指導的なコン

トロールの下で行なわれなければならない。大衆の意見について、受け入れるかどうか、どの意見を受け入れるのかに至っては、つまりそれが党の権力なのである。大衆には進んでいる、遅れているという区別があり、彼らの意見も正しい、誤っているという区別がある。必ず党によって選び、判別し、かつ決定をする。これがいわゆる"集中"("大衆の中から来る")である。その後、党は大衆を教育するが、党の意見を"大衆の意見に変え"、党の決定で思想を統一する。これが"指導"("大衆の中に行く")である」。「この"民主集中制"によって、党はいつも正しいのであり、永遠に大衆よりも優れているのである。……"民主集中制"の中では党の構造や機能を制約するものはなく、党がもし誤った決定をしたり、或いはその決定が大衆の望んでいることと一致していなくても、いつも通りに最後まで執行されるだろう。そして大衆の中の異なる意見は、強大な圧力を受けるために伝えることが難しい。こうして党の誤りは正すのがとても難しいのである」[44]。

　第三に、毛は中国革命の性質を曲解し、高く持ち上げた。中国革命の主体は農民であり、マルクスの観点によれば、農民は小生産者に属し、遅れた階級であり、新しい生産力を代表しない。農民が革命をする根本的な要求は「耕す者には土地を与える」ということである。毛が「新民主主義論」で述べた「独立した民主主義社会をつくり上げる」ことは、「決して農民の目標ではなく、市民階級の要求である。農民運動とブルジョア階級の民主革命を同列に論じることは、根本的に間違っているのである」[45]。毛の述べる太平天国は、「旧式農民戦争の終結段階」にすぎず[46]、ブルジョア階級民主革命とは無縁である。「中国共産党が指導するソビエト区土地革命でさえもブルジョア階級民主革命だと見なすことはできない。それが土地制度を改革し、耕す者に土地を与えることを実行するのは、歴史上のこれまでの農民運動の要求と何らの区別はない」[47]。「中国の現代革命においては、農民は自らの伝統的立場を決して離れなかったし、プロレタリア階級の隊列に入るのは、なおのこと問題外であった。逆に、"プロレタリア階級"（共産党）が農民階級の隊列に移り、農民階級の立場に立つことになった」[48]。事実は証明している。このような農民化したプロレタリア階級が実現できるのは小農式の原始

共産主義だけであり、これがまさに毛式新世界の経済モデルである。

　第四に、同じ道理で、毛の述べる「プロレタリア階級が指導する人民大衆の反帝国主義的反封建的文化」は少なくとも半分が空想となってしまった。農民階級の本性は保守的で、王政を支持するものであるから、封建主義を擁護するものでもある。マルクスは『ルイ・ボナパルトのブリュメール十八日』ではっきりと述べている。「(彼らは)自分を代表することはできず、必ず他の人間が彼らの代表となる。彼らの代表は必ず同時に彼らの支配者でもあり、彼らの上に高く立っている権威であり、制限されることのない政府の権力である。このような権力は他の階級の侵犯を受けないように彼らを保護し、また上から彼らに雨水や陽光を与えてくれる」。「農民階級の立場に立った」いわゆるプロレタリア階級に頼って反封建的文化を指導するのは、虎に皮をよこせと言うような、できない相談をするに等しい。

　「新民主主義論」の主な思想は中国人民政治協商会議（1949年9月21日）で満場一致で採択された『共同綱領』の中の重要な内容となった。この「人民民主の建国綱領」、「新中国の臨時大憲章」[49]と呼ばれた『共同綱領』はたちまち紙屑に変わってしまった。四十年後、「建国以来の党の若干の歴史問題に関する決議」の指導の下、国内の学者たちはついに大胆に指摘した。本来、「『共同綱領』が規定している国の体制とは、労働者階級が指導する各民主階級の共同独裁であり、"実質的にはプロレタリア階級独裁である"というようなことではない」[50]。「民主集中制は我が国の国家政体組織の原則である。これは我が国の政体においては、党の権力が政権よりも高位にあったり、個人が集団よりも高位にあったりするのは元来許されないことを表明している」[51]。「我々の国家の任務は、民主革命の任務を引き続き徹底してやり遂げることであり、すぐに"社会主義革命"を始めることではない」[52]。

　残念なことに、このようなしゃなりしゃなりと遅れてやって来た批判は依然として事の根本には触れていない。——なぜ各民主階級の共同独裁はプロレタリア階級独裁に変わったのか。なぜ民主集中制では党の権力を政権よりも高位に置き、個人を集団よりも高位に置くことが可能だったのか。なぜ毛と彼の党は民主主義革命をわきに捨て、社会主義革命を強硬に発動したのか。

ユートピアの実験　　295

「決議」が出した理由——中国の長期にわたる封建的伝統、毛沢東個人の資質など——はこれらの問題を根本から説明することはできないのである。事の真の原因は、毛沢東が始めた時からもう誤った道を歩んでいたことにある。上述のように、新民主主義が依拠した理論は歴史の発展法則に反しており、その政治体制（国の体制と政体）は明らかな強権的性質が具わっていた。新民主主義が依拠した主要な力では、既定の経済的文化的目標を達成することはできなかった。従って、「各民主階級の共同独裁」は順調に「プロレタリア階級独裁」に変わることができたし、「社会主義革命」は少しもためらうことなく、中国共産党がその年長期的に堅持するという誠実な誓いを立てた「新民主主義革命」を追い払うことができた。「民主集中制」は少しも恥じ入ることなく「党の権力を政権よりも高め」、「個人を集団よりも高めた」。「根本から全国の思想を変える」志を立てた毛沢東にとっては、誤った選択は最良の基礎であり、革命の主体は最強の隊伍であり、強権体制は最大の資本である。この基礎や隊伍や資本があってこそ、彼は詩人の想像をうまく駆使して最新で最も美しい絵を構想できたのである。

5. 合作化運動——新世界の経済モデル

　最新で最も美しい絵のはじめは社会主義の改造であった。毛は一度ならず次のように述べた。「1949年のあのように大きな勝利でも私は喜んだ訳ではなかった。1955年になって、私はあんなに多くの農民が合作社に参加するのを目にし、続いて私営の商工業の改造を見て、うれしくなってきた」[53]。国内のある党史専門家の解説では、毛がこの時喜んだのは、「1949年の勝利は、彼が立てた作戦通りだったが、社会主義の改造の高まりが猛烈に速く、進行が順調だったことは、彼の予想外だったため」[54]である。このような意見は半分程度が正しい。一部の党員、幹部や大衆による盲目的急進はこの高まりの形成をあおり立てる役割を果たした。しかし、主な役割は下の者にある訳ではなく、戦略を決定する者にある。換言すれば、いわゆる「社会主義の改造の高まり」は毛沢東が巻き起こしたものであり、その勢いが猛烈だっ

たのは、毛の支持があったからである。しかし決して順調ではなかったのは、抵抗勢力が幾重にも存在したからであった。

抵抗勢力は主に劉少奇を始めとする実務派によるものであった。七期二中全会の決議と『共同綱領』の精神に基づき、劉少奇は資本の調節、私営を助ける経済理念[55]、「新民主主義秩序を強固なものとする」[56]ことの堅持に執着した。彼の思想や主張は次の四つの面に概括できる。

農民の個人経営を奨励し、中農経済を提唱し、少数の者を先に豊かにさせる。「1950年1月23日、劉少奇は安子文らと話をする中で、当時東北には70％の農家が集団的労働互助組織に参加したことに対して、次のように指摘する。党内では多くの人がこれに対して喜びに沸き立ち、それは社会主義の積極性の表れだと考え、また馬三頭、鋤一本、荷車一台の農民を富農の左傾的気分だと見なしているが、今日、東北の集団的労働互助組織は破産した、貧しい個人経営経済の基礎の上に打ち建てられており、これはよくない基礎だ。集団的労働互助組織に参加している農民がこんなに多いのは、個人経営経済の破産で、農民が労働互助をせざるを得ないからである。将来の発展で、個人経営経済は独力で生産できるようになれば、集団的労働互助組織は、きっと縮小するだろう。これはよい現象であり、経済が発展したと証明され、中農となる農民が更に増え、個人経営ができるようになる。これは起こるべき現象である」。「このような馬三頭、鋤一本、荷車一台の裕福な農家を、数年後には80％にまで増やすべきであり、そのうちの10％が富農であるようにする。このような基礎があってこそ、将来は集団農業を経営しやすくなる」[57]。

社会主義に直接入っていく急進思想を批判した劉少奇は、多くの講話の中で、農村の条件だけに頼っては社会主義を実行することはできないし、農業の社会化は工業に頼らなければならないと指摘した。国家による工業化があってこそ、農民に大量の機械を供給することができるし、その後土地の国有化や農業の集団化を実行することも初めて可能になるのだ。今合作社を組織すればすぐに中国の農業を改造することが可能になり、個人の小農経済を社会主義の農業に移行させることができると考えるのは、幻想である[58]と

指摘した。1951年7月3日、劉少奇は山西省省委員会への報告で指示を加えた。「次のような意見を出した人がいた。"私有の基礎を次第に動揺させ、弱め、ついには否定されるようにしなければならないし、農業生産互助組を農業生産合作社へと高め、これによって新たな要素とし、農民の自然発生的要素を克服しなければならない"と。これは誤った、危険な、空想的な農業社会主義思想である」[59]。

個人企業を保護し、労働によって裕福になることを提唱した。1951年5月13日、劉少奇は政治協商全国委員会民主人士学習座談会で講話を発表した。「比較的進歩的な近代生産方式は、中国では10％しかない。10％のうち、一部は国営経済で、一部は私営経済である。よって中国の近代的工場や個人の工場は進歩的な役割がある。資本家の工場にしろ、国営工場にしろ、中国の工場が少しでも多くなれば、中国の生産力は向上し、人民の生活は改善されるだろう。ゆえにそれは進歩的な生産方式であり、人民のために奉仕するもので、更に発展しなければならない。……農村の中で、我々はかつて労働によって豊かになる、つまり労働によって金持ちになると宣伝したことがある。農民は金持ちになるのが好きなのだ。……労働によって豊かになることを宣伝したのは、農民の生産への積極性を高めるためである。要するに、個人の工業者や個人経営の小生産者の生産への積極性を損なうのは、破壊的な作用であり、反動的であり、いわゆる"左"の誤りである。なぜなら、それは生産の積極性を損ない、生産力の向上を妨げるからだ」[60]。

「搾取には道理がある」と主張した。劉少奇は次のように考えた。「今は必ず搾取しなければならないし、搾取を歓迎しなければならない。搾取しなければ生活できない。搾取は人助けなのだ。今年関内（山海関以内の地——訳者補注）では多くの難民が東北へ行ったが、関外（山海関外の地、すなわち東北——訳者補注）の富農が難民を搾取できれば、難民は願ってもないことである。よって、富農が人を雇って馬を多く買っても、彼が人を雇うのを制限してはいけないし、これは成り行き任せなのではない。将来我々は富農に対しては方法があり、今は富農に発展を許しても、害はない」[61]。

劉少奇を除いて、新民主主義経済政策を堅持した者があと二人いた。——

鄧子恢と薄一波である。中南軍政委員会副主任鄧子恢は互助合作が生産の発展に不利であるのを見て、「四大自由」を提起した。——つまり政府が農民の土地財産所有権を保護し、自由経営や自由処理を許す。労働互助を提唱するが、個人経営を許し、自由に雇用人を雇うことを許す。貸し付けは自由意志で行ない、利息は直接会って協議するという政策は長く変わらないことを保証する[62]。財政部部長薄一波は私営によって国営を促進させ、公私平等に納税することを主張した。彼は次のように考えた。個人経営の農民が互助合作を経て集団化へと至る道は「全くの空想である。なぜなら今の互助組は個人経営経済を基礎としているのであり、それはこのような基礎の上で次第に集団農場に発展していくことはできないし、このような道を経て全体規模で農業を集団化させることは尚更できないのである」[63]。

これらの抵抗勢力の中核的思想は「新民主主義秩序を強固なものにする」というものであり、これは本来毛沢東の主張だったが、この時毛は考え方を変えていた。彼は新民主主義を越え、資本主義を否定し、直接社会主義に入ろうとした。合作化を推進し、党内の反対派を打ち破るために、毛沢東は二つの事を同時進行させた。すなわち、一方では自己を否定し、綱領を再び訂正し、新民主主義段階を削除した。他方では思想改造と経済躍進を結びつけ、全力で社会主義の高まりを盛り上げた。

1951年9月、毛の主催で「中共中央の農業生産互助合作に関する決議」(草案)を制定し、名指しをせずに劉少奇などが右傾の誤りを犯したことを批判した。三ヶ月後、彼は党全体に、「農業互助合作を一つの重要な事柄として行なうように」[64]という通知を出した。毛の命令が下るや、各省は遅れまいと先を争った。1952年上半期、農業工作部は指示を出し、比率を定めた。その年の秋、農村は党内整頓を行なった。党内整頓の重要な内容の一つは、党の農村政策——つまり資本主義の道を歩まないこと、団結して互助合作の道を歩むこと——を貫徹するというものであった。互助合作における右傾思想は批判される重点となった。

指導者の意向に迎合する。盲目的な急進や強制と命令の下、互助合作運動は全国的な規模で「高揚」が巻き起こり、「共産風(全てを共同所有とするや

りかた——訳者補注)」や「大鍋飯(全ての人が同じ生活待遇を受ける——訳者補注)」もそれに伴って始まった。二つの例を挙げたい。長治専区が新たに建設した千余りの農業生産合作社のうち、76％が家畜や農具など全てを合作者の公有とし、ある者は棺桶や粗末な羊皮の上着でさえも合作社のものとした。これによって思想の混乱や生産の損失が生じた。多くの場所ではひと冬に誰も肥料用の糞を拾う者がなく、副業生産を行なう者がなく、広場や畑の作物を片づけるものがなく、家畜に餌をやる者がなかった(飢えて痩せ、死んだ家畜さえいた)。ある場所では家畜を売り、木を切り、豚を殺して、思う存分飲み食いするという現象がすでに発生した[65]。中南局は気付いた。「(互助合作の)自由意志と相互利益政策は貫徹が不十分で、残存する農業社会主義思想もまだかなり深刻に存在している。主に個人の財産権を尊重しないということに表れており、多くの合作社では家畜に対して現金に換算して合作社に入れる方法を取っているが、実際には長期に代金を支払わず、形を変えた公有に等しく、大衆は"ひそかな共産"と言っている」[66]。

　これは毛が合作化運動の中でぶつかった初めての下層からの拒絶である。このような拒絶に対して、毛が採用したのは模範的と言えるやり方であった。——それはまず盲目的な急進を批判し、それから再び更に急進的なことを行なうものである。「共産風」を批判すると同時に、毛は自ら巻き起こした高揚から自己否定の必要性を見出した。1953年6月15日、毛は中国共産党中央政治局会議で過渡期の総路線を提起した。これは「一化、三改造」(国家による工業化及び農業、手工業、資本主義商工業の社会主義的改造)と略称された総路線で、毛沢東が新人や新世界に向かって突き進んだ最初の一里塚となった。この政治局会議で、毛は再び名指しをせずに劉少奇を代表とする党内の実務派を批判した。「ある者は民主主義革命が成功した後も、依然としてもとの場所に留まっている。彼らは革命の性質が変わったのを理解せずに、まだ彼らの"新民主主義"をやり続け、社会主義の改造を行なおうとしない。これは右傾の誤りを犯そうとしているのだ」[67]。鄧子恢は「物事の本質にふれず、目先の利益しか考えない」という右傾の代表となった[68]。薄一波は「マルクス・レーニン主義を離れ、党の過渡期における総路線を離れ、資本

主義へと発展する」急先鋒となった[69]。

　全てが変動の中にあり、全てが矛盾と闘争に満ちていた。よって、総路線以外に、いかなることも確立することができなかった。たとえ毛が三年前誠実な誓いを立てて堅持した新民主主義の段階を確立しようとしても、「もとの場所に留まる」ことになり、右傾になってしまうのである。このことで我々は青年毛沢東の「動、闘哲学」を連想せずにはいられない。「天地はただ動あるのみである」ことを信奉し、天と闘い地と闘い人と闘うことが人生の楽しみになると考える彼の頭では、事物の安定や平衡をどうして許すことができようか。矛盾と闘争をつくり出す道理を止めることがどうしてできるだろうか。

　総路線の確立は矛盾と闘争を挑発する初めての戦場であり、この年の12月には、毛は「党の過渡期における総路線の学習と宣伝大綱について」を自ら制定した。この大綱の権威的解釈を経て、国内の主な矛盾はすでに封建主義と民主主義ではなく、資本主義と社会主義ということになった。「これは七期二中全会が決定した新民主主義から社会主義へと変わる戦略と比較すると、疑いもなく重大な変化である。二中全会の決議は、工業化を実現することで——生産力の発展を中心とする。総路線では、生産関係を改めることで——生産手段の私有制度をなくすことを中心とする。二中全会の決議では、新民主主義社会の発展を経て、再び社会主義へと変わる。総路線では、直接社会主義へと移行し、新民主主義社会の発展段階を削除する」[70]。

　方向はすでにはっきり示され、道もすでに選定された。残ったのは、いかにしてこの平均主義を特徴とする社会主義を更に大きな高まりに押し上げるかであった。1953年10月26日から11月5日まで、中国共産党中央は第三次農業互助合作会議を開いた。毛は会議前と会議期間中に農業工作部の責任者と二回談話を行なった。その要点は三つあった。1、合作社を作る速度を上げ、多量で素早く、良質な上に節約し、大々的に作ること。2、私有財産を保護せず、農民に合作社へ入ることを強制する。3、社会主義を盛んにし、資本主義を滅ぼし、私有は違法とする。この談話の中で、毛沢東は「網挙目張」を提起した[71]。この「網」は五年後の更に大きな社会主義の高揚に政

治路線、思考モデルや活動方法を提供した。「三面紅旗」時代のやり方やスローガンは皆ここを源としている。

　第三次農業合作会議は中国現代史や、毛沢東思想を研究する上で重大な意義を持っている。この会議は中国の農業が互助組から合作社に昇級する関門であり、中国経済が建設される中で出現した初めての大躍進であった。同時に、それは毛沢東が空想へと向かい、再び「新村」計画を構想することを示す標識でもあり、毛が描いた「最新で最も美しい絵」の最初の一筆であり、毛が数億人を実験材料にして、「新世界」に邁進した第一歩であった。

　この後、二年も経たないうちに、中国農村の合作社は至る所で開花し、早くも互助組は合作社に地位を譲り、初級合作社は高級合作社に地位をゆずり、高級合作社は人民公社に地位を譲った。いわゆる「分担させても強制しない」、「自発的に行なうことは双方に利益がある」は、正真正銘の強制命令に変わってしまった。ここから、中国共産党中央が推定した数字と下部が提供した数字は競って大きくなり、ひたすら上昇を続けた。その年の夏季には、農業合作社は22万に達し、上部は再び計画を訂正することを決定し、「30万或いは35万の数字を、1955年春の耕作前には60万にまで発展させる」[72)]とした。

　毛沢東の考え方によると、生産関係が変わると、生産力も必ず向上する。つまり、農民は一旦合作社の成員になると、労働の積極性は空前に高まり、これによって、食糧も必ず大増産し、国家は農民の手から更に多くの食糧を統一買い付けする理由ができる。実際には、このような人間性を無視した、苗を引っ張って伸ばすように焦って失敗してしまう生産関係は、生産力が向上しないばかりか、反対に強制されて「生産力が暴動を起こす」[73)]ことになった。暴動の表れの一つは、農作物を大量に売りに出したり、大量に家畜を屠殺したことである。二つには生産を放棄し、仕事を怠けたことであり、三つには人々の恨みがたぎり、政府や共産党を罵ることであった[74)]。

　これは毛が合作化でぶつかった二度目の下層からの拒絶である。初めての時と同様に、彼はまず農業工作部が出した措置に同意し、またその概括を「三字経」、──「停、縮、発」とした。つまり、浙江と河北の両省ではいく

らか縮小させ、東北や華北では一般に発展を停止させ、その他の地区（主に新区を指す）では更に適宜発展させる[75]というものであった。情勢が少し安定してから、毛はすぐに更なる情熱でもとの道にもどった。──彼は1955年から1956年の間に、65万の合作社を基礎に、数を倍にして、130万にまで達するように鄧子恢に要求した。毛はなぜ数を倍にしたかったのだろうか。それは、「土地が不足し、生活が貧しいか、或いはまだ豊かではない状況のために変革を望んでいる広大な農民の心理状態を利用し、速やかに彼らを社会主義へ移行するよう導くべきである」[76]と考えたからである。この「貧しさへの移行」を認めない鄧子恢はすぐに追放され、「様々な方法を使ってそれを後退させる」「纏足女」[77]とされた。

　1955年10月4日から11日まで、中共中央は七期六中拡大全会を開き、11日、毛沢東は全会のために総括した。この総括で、彼は合作化推進の深い動機を明らかにした。「我々の目的はつまり資本主義を絶滅させることであり、資本主義を地球上から滅ぼし、歴史上のものに変えることである」[78]。

　「資本主義を絶滅させる」というのが、毛沢東が終生奮闘した目標であり、毛式新世界の根本の特徴である。ゆえに、毛沢東は「貧しさへの移行」を経て資本主義を飛び越え、直接社会主義に入ろうと企てた。よって、十一年後、「新人と新世界」の綱領──「五・七指示」において、毛沢東が片時も忘れなかったのは「ブルジョア階級を批判すること」であった。毛にとっては、一に貧窮、二に空白はよい事であり、「資本主義を絶滅させる」特効薬であった。換言すれば、豊かさは資本主義を自発的に生み出すが、貧しさは社会主義の最後の保証なのである。50年代に実行された農村改革を見れば、農業合作化運動が「発展」なのかそれとも無茶な急進なのかは一目瞭然である。この無茶な急進は毛沢東の空想の産物であり、彼が新世界の実験を行なった基礎でもある。

　経済躍進と思想改造が互いに影響し合ったことで、毛沢東は満足すると同時に、国内で唯一まだ共産党と勝負することのできる資本を持った知識人に目を向けた。社会主義改造の高まりがまだ終わらないうちに、反右派闘争が始まった。「百花斉放、百家争鳴の方針」は歴史の風刺となった。思想改

造の面での「勝利」は、新たな経済建設の高まりを引き起こした。「そこで、"共産風"を主な特色とし、"一に規模が大きく、二に集団所有制である"ことを基本形式とする人民公社化運動が全国で展開された」[79]。新たな自己否定がそれに伴って行われた。――「見たところ、共産主義が我が国で実現することは、すでに何ら遠い将来の事ではなくなった」[80]。それでは、毛沢東の共産主義とは何であろうか。北戴河会議で、毛はこれについて説明している。「空想社会主義のいくつかの理想を、我々は実現しなければならない」[81]。

中国現代化紆余曲折の道は、空想が「三面紅旗」の魂[82]であるだけでなく、毛沢東時代全体の魂でもあることを証明している。空想を理想と言い、またそれを強力に押し広めていくことこそが毛沢東の貢献であった。毛沢東時代の二つの顕著な特徴としては、一つは思想改造と経済躍進が同時に、或いは交替で発生したことである。両者は互いに依存し、互いに因果をなし合っていた。――つまり、思想改造は経済躍進のためであり、躍進の結果によって毛はいっそう思想改造を盲信した。二つには、理論と実践が絶え間ない自己超越と自己否定の中に置かれていた。――つまり、社会主義によって新民主主義を超越し否定し、共産主義によって社会主義を超越し否定した。プロレタリア階級とブルジョア階級の階級的矛盾によって、生産力と生産関係の矛盾を超越し否定した。要するに、空想によって現実を超越し、否定した。毛沢東の「不断革命論」は、まさにこのような自己超越や自己否定行為モデルに対する理論的な概括だったのである。国内の大方の見方によれば、毛の空想は1958年の八期二中全会から始まったと考えるが[83]、このような「建国以来の若干の歴史問題に関する決議」を指針とする結論は、必ずしも事実と一致していない。事実は、早くも50年代初めに、毛沢東が空想を始めていたのである。

この二つの特徴の形成は、毛沢東の「新人と新世界」の内容と密接に関係している。――つまり、思想改造は新人を鍛えるためであり、経済躍進は新世界を創造するためなのである。改造は農民から始まり、続いて知識人に移り、その後党内へと移った。自己超越と自己否定の目的は「純化」と「加速」であった。「純化」とは、絶えず革命の隊列の中で対立するものを捜し、

作り出し、それを取り除き、純潔化しようとしたことである。——つまり、まず買弁ブルジョア階級に反対し、続いて民族ブルジョア階級に反対し、続いて知識人に反対し、続いて党内の走資派に反対した。それは、「新人と新世界」を創造する歩調を速めるためであった。

6. 五・七指示——新世界の真の様相

　人民公社については、人々はすでに多くのことを語っているが、ここで強調したいのは、人民公社は毛沢東にとって独特の意味を持っていたということである。——つまり、人民公社は毛式の「新世界」のために模倣できる社会構造を提供した。1958年、全国人民が「駆け足で共産主義に入った」時、陳伯達は毛沢東に代わって人々にこのような情報を伝えた。「我々の方向は、一歩一歩順序立てて、工、農、商、学、兵を一つの大公社に作り上げ、それによって我が国の社会の基本単位を構成するようにすべきである」[84]。
　「公社」は、名称においては、マルクスによって称賛されたパリコミューンがもちろん連想されやすいが、しかしなかなか意を尽くせない所も少なくない。まず、「公社」は一つの生産単位であり、それはただ一つの「生産隊」であることは可能だが、「戦闘隊」や「工作隊」という任務を負うことは難しい。次に、生産単位として、「公社」は軍隊や学校といった機関の組織機能が欠けていた。第三に、一般に、「公社」とは農村のことであり、このような新型の社会単位を全国に広げようと思えば、別に特別の方法を考えた方がよかろう。そこで、大躍進の八年後のある日——つまり1966年5月7日、毛沢東は林彪に宛てた手紙の中で、次のような「大学校」の理念を提起した。

　　　人民解放軍は一つの大学校であるべきであり、この大学校は、政治、軍事、文化を学ばなければならないし、また農業と副業生産に従事しなければならない。またいくつかの中小工場を経営し、自分たちが必要な若干の製品や国家と等価交換する製品を生産することができる。この大学校は、更に大衆に働きかける仕事に従事したり、工場や農村

の社会主義教育運動に参加することができる。社会主義教育運動が終わったら、随時大衆に働きかける仕事が可能で、軍隊と人民を永久に一体とさせるのだ。またブルジョア階級を批判する文化革命闘争に随時参加しなければならない。こうして、軍隊と学生、軍隊と農民、軍隊と労働者、軍隊と人民というものそれぞれがまとまることができる。もちろん、適切に配置しなければならないし、主と従がなければならない。農民、労働者、人民の三種では、一部隊はそのうちの一つか二つだけを兼ねることができるが、同時に全てを兼ねることはできない。こうして、数百万の軍隊が果たす役割はとても大きいのだ。

　労働者は工業を主とし、軍事、政治、文化を学ぶことを兼ねなければならない。また社会主義教育運動を行ない、ブルジョア階級を批判しなければならない。条件のある場所では、農業と副業生産にも従事しなければならない。例えば大慶油田のように。

　公社の農民は農業を主とし（それには林業、牧畜業、副業、漁業が含まれる）、軍事、政治、文化を学ぶことを兼ねなければならない。条件のある時には、集団によるいくつかの小工場も経営しなければならない。またブルジョア階級を批判しなければならない。

　学生もこのように、学業を主とし、他を学ぶことを兼ねる。つまり文章を学ぶだけでなく、工業、農業、軍事も学ばなければならないし、ブルジョア階級批判もしなければならない。修業年限は短縮しなければならないし、教育は革命が必要である。ブルジョア階級の知識人が我々の学校を統治する現象を、これ以上続けてはならない。[85]

　1966年8月1日、『人民日報』は「全国はみな毛沢東思想の大学校となるべきである」という社説を発表し、初めてこの「五・七指示」と呼ばれる勅諭を人々に公表した。社説は述べている。「人民の軍隊を革命の大学校にする、これは毛沢東同志の一貫した思想である」。「毛沢東同志は、我が国の工場、農村の人民公社、学校、商業、サービス業、党・政府機関もみな解放軍のように、革命化した大学校にしていかなければならないと全国人民に呼び

かけた」。「毛沢東同志が提起した、各業種がみな工業と農業を兼ね、文武を兼ね備えた革命化大学校という思想が、我々の綱領である」。

　学校の基本的な機能は教育に従事すること——つまり、計画的に、組織的に、目的を持って人を教育することである。「工、農、商、学、兵を一つの大公社に作り上げる」から、「全国はみな毛沢東思想の大学校となるべきである」に至るまで、毛沢東が実施した人間性を改造する工程での並々ならぬ苦心を、はっきりと見出すことができる。「その時天下は皆聖賢となる」という偉大な理想を実現するために、毛沢東は四十年余りの模索を経て、ついに「全国の思想を根本から変える」という最良の道を探し当てた。ゆえに、『人民日報』の社説で、「毛沢東同志の言うことに従って行なえば、……高度な政治的自覚を持った、全ての面で発展した億万の共産主義の新人を養成することができる」と人々に予言した。この大学校は一般の教育機関とは異なり、また生産のみに従事する人民公社とは更にその趣が大きく異なる。もし人民公社を「社会の基本単位」とすると、それは学校の機能が欠けているだけでなく、厳密な組織も欠けており、鋼鉄のような規律や、命令に服従することを天職とする美徳が存在しない。従って、中国を「根本から改造して一つの大きな理想的新村にしよう」と思えば、最も理想的な社会の基本単位は二つのことを備えていなければならない。第一に、それは解放軍のように、「戦闘隊であり、工作隊でもあり、生産隊でもある」べきである。第二に、それは学校の機能を備えているべきである。つまり、それは軍隊と学校の結合したもの、或いは軍隊式の学校でなければならない。ゆえに、『人民日報』の社説は、次のように人々に要求した。「全国の工場、農村の人民公社、学校、商店、サービス業、党・政府機関は、全て解放軍を手本として、毛沢東思想の大学校にしなければならない」。要するに、毛の心中では、この基本単位は新人を養成する温床でなければならないし、新世界の細胞でもなければならないのである。

　多くの研究者がこの新世界の特徴について語ってきた。——それは階級闘争をかなめとする、政治的には等級制や特権制に反対し、経済的には貧富の差をなくした、平均主義の社会である。それは社会的分業を制限し、次第に

消滅させ、商品生産を制限し消滅させる、自給自足の、小規模だが全てが備わっている、閉じた社会である。またこの新世界の性質を、軍事共産主義、農業社会主義、空想社会主義などと定めた[86]。しかし、人々はあたかもこの新世界の二つの大きな基本的特徴を見落としているかのようである。その特徴とは以下のものである。

　極端な専制性。この社会は高度に一体化された、全能主義の社会となり得るにすぎない。さもなければこの社会は「階級闘争をかなめとする」ことはできないし、「分業と商品」を「制限し次第に消滅させる」ことはできない。

　永久不変の闘争性。この社会は絶えず革命をし、闘争に満ちた社会である。なぜならその社会のどの成員も皆「ブルジョア階級を批判」しなければならないし、皆思想を改造し、道徳を純化させなければならないからである。このことは、この社会では、ブルジョア階級の人物或いは思想が絶え間なく生まれることを意味する。つまりは、「ブルジョア階級を批判する」ことは、永久に止む事のない戦闘なのである。

　この二つの基本的特徴は、新世界における新人のモデルを決定した。そのモデルとは、つまり雷鋒と紅衛兵の結合体であり、喜んで革命のネジとなり、工業と農業の両方に従事し、文武両道であり、また「造反」する勇気（ブルジョア階級を発見し、「ブルジョア階級を批判する」ことを行なう）もある。つまり、換言すれば、ここで生活する新人は自己を失い、人間性をなくし、絶対的に忠実であり服従をする政治の道具であり、労働の道具であり、学習の道具である。——このような人間は新人と言うよりは、むしろ「道具の人間」と言ったほうがよい。

　しかし、たとえ毛の「不断革命」の論理によっても、このような新人と新世界はこの世に永久に存在することはできない。——ブルジョア階級が永遠に消滅しない以上、また世界にはいつも抑圧される人間がいる以上、革命は止むことはないのであり[87]、新世界は平穏を得るはずはないのである。一方でブルジョア階級——毛の言い方によれば、「政治的、思想的なブルジョア階級」は、どこから生まれるのだろうか。見たところ、新人または「道具の人間」の中からのみ生まれることが可能なようである。つまり、ここの新

人は、いつでも敵や批判の対象に変わるかもしれないのである。延安整風運動で鍛えられて生まれた新人、例えば丁玲は、後に反革命に変わったではないか。整風運動の指導者で、天然の新人、劉少奇も、後に「三反分子」に変わったではないか。見たところ、新人の隊列は、文革の時の造反派組織のように、絶え間ない更新と純化の中に置かれ、純潔な「道具の人間」が純潔の足りない「道具の人間」を摘発し、更に純潔な「道具の人間」が純潔な「道具の人間」を摘発するというように、漸進は繰り返され、永久に終わる時がない。

この永久に終わる時のない戦闘では、勝利者はなく、失敗者だけがいる。土地改革では、地主、富農は打倒され、人民公社の合作化では、貧農及び下層中農はいっそう貧しくなった。商工業の改造では、資本家や小規模な不動産の所有者が工場や店舗を差し出すと、すぐさま社会の賤民となった。反右派運動では、知識人が改造される対象となった。社会主義教育運動（四清運動）では、末端幹部が粛清の重点となった。文化大革命では、党内の実務派全員がつぶされ、軟禁小屋に入るか、監獄に入ることとなった。これらの人間が全員敗れた後、毛沢東が驚異を感じつつ気がついたことは、彼が決して勝利者ではなく、旧世界が打ち壊されても、新世界は決して出現しないということであった。——新世界では「さらに八級賃金制度、労働に応じた分配、貨幣交換を実施したが、これらは旧社会と大した違いもなかった」[88]。

「安定と戦乱が繰り返し、平和と戦争が相交互するのが、自然の法則である。古来より、一度安定があればその都度必ず戦乱が訪れる。私は常に戦乱を嫌い安定を望むが、実は戦乱も歴史上生活の一過程なのである。自ずとそれなりの価値がある。私が歴史をひも解く時に、いつも戦国時代や、劉邦と項羽の争いの時代、漢の武帝と匈奴の争いの時代、三国の争いの時代は、局面が変化に富み、人材が輩出したことに賛嘆し、好んで読むのである。太平の時代に至っては、特につまらなくなる。これは乱世が好きだというのではなく、安逸で穏やかな場面は長続きができないし、人生としては耐えられるものではない。むしろ、めまぐるしく変化するところに人生の喜びを感じるのである」[89]。太平を嫌い、乱世を愛し、大乱の中で人の最高の本質を発揮

ユートピアの実験　309

する。天と闘い地と闘い人と闘う、その闘いは死体が至る所に散らばり、ただ茫々とした大地が残るまで続く。この世界は確かに史上前例のない新世界であるが、それは長く続くことが可能だろうか。

　「五・七指示」は決して新人と新世界の青写真ではなく、現実の縮図と昇華である。それは毛沢東が文革の前夜に突然思いついた突飛な考えでは決してなく、その長期的革命の実践の産物なのである。それは何か未来の「綱領」に関するものではなく、延安整風運動から始まって、もうすでに次第に普及され、また部分的には中国の現実の思想モデルや文化的伝統へと変わった。——反右派運動は延安モデルの延長であり発展である。延安整風運動は正面から新人を鍛えたが、反右派運動は反面から新人を鍛え、54万人の右派が倒され、無数の新人が立ち上がった。雷鋒精神、紅衛兵運動は天から降ってきた奇跡ではなく、長期の思想改造が生んだ奇形児だったのである。大躍進や人民公社は合作化運動の継続と輝かしさであり、後者は前者のために思想改造と経済的躍進が相結合する操作方法を提供し、自己超越、自己否定という思考方法を提供した。食糧の１ムーあたりの生産高が千斤、一万斤、十万斤と絶え間なく更新したのは、上述の思考方法が普及化され具体化されたものにすぎない。またこの全てが現実となり得たのは、銃の巨大な力以外に、『新民主主義論』の賜物でもある。『新民主主義論』が提供した「資本主義は必ず敗れ、社会主義は必ず勝つ」という革命理論がなければ、またそれがあらかじめ設定した一党独裁の政治体制がなければ、毛沢東の新人と新世界の理想はせいぜい刊行物に発表された計画や、本のページの空白部分に書かれたでたらめにすぎなかったのである。

　よって、現実の縮図や昇華として、新人と新世界は神秘的でもなければ遥か遠いものでもない。それは毛沢東時代に生まれ育ったすべての中国人の心の中にも存在し、中国の五十年近くの現実の中に存在するのである。中国人はまだ完全に新人に改造されてはいないが、新人のいくつかの資質がすでに具わっている。中国社会は新世界から遥かに遠く離れているが、この新世界のいくつかの要素はすでに頑固で変わらない中国的特色となっている。

　「根本的に全国の思想を変える」から「一瞬でも個人の利益を考えること

と闘う」に至るまで、「新村」計画から「五・七指示」に至るまで、無政府主義的空想から全能主義的ユートピアに至るまで、毛沢東はその一生を使って一回りしたのである。

　この一回りのために、彼は三十年の時間を費やし、国民の鮮血と命を使って、中国の麗しい山河に一枚また一枚と最新で最も美しい絵を描き、新人と新世界の実験を一回また一回と行なった。あげくの果てには、国家は危うく民は困窮し、様々な弊害が続出し、至る所被害の跡ばかりで、禍根が尽きないという始末である。時代は、鄧小平が資本主義を改めて拾い上げ、少数の豊かになり始めた人間が再び原始的蓄積を行なった時になってから、「吃二茬苦，受二遍罪（解放前の苦しみをもう一度味わい、再び苦難を耐え忍ばざるを得ない）」という言葉に込められた真の意味を、中国人はようやく理解したのである[90]。

注

1) 「十新」は洪秀全が太平天国を宣伝するために創作した詩であり、詩の全文は次の通りである。「上帝基督住人間、天地新；爺哥帯朕幼作主、朝廷新；父子公孫同作主、天国新；爺媽哥嫂同下凡、天堂新；太平天日照万方、世界新；天将天兵斉輔佐、爵職新；在地如天聖旨行、山海新；蛇獣伏誅人安妥、臣民新；一統万年万万年、景瑞新、風調雨順天恩広、万象新（上帝やキリストが人間の世界に住むようになり、天地が新たになる。天父と天兄が朕を導き幼主を立て、朝廷が新たになる。父子公孫が共に主となり、天国が新たになる。天父母や天兄夫妻が共に下凡し、天堂が新たになる。太平の陽光が万方を照らし、世界が新たになる。天将天兵が一斉に補佐し、爵職が新たになる。地上で天の如く聖旨が行われ、山海が新たになる。蛇や獣が殺され人が平穏になり、臣民が新たになる。統一が一万年、一億年と続き、景瑞が新たになる。雨風が時にかなって順調で、恵みが広く、万象が新たになる）」（太平天国歴史博物館編（1979）『太平天国文書彙編』、北京、中華書局、54頁）。

2) 杜美は『欧州法西斯史（ヨーロッパファシスト史）』と言う本で、欧米の学界では全体主義に対する認識は六つの側面が含まれていると述べている。第一の側面とは、「革命に似た全体主義のイデオロギーで、それは強権統治の目的を確定

し、またこのために弁明する。その目的は完全であり、急進的であり、また国家や社会の改造に対して、'新しいタイプの人間'を創造するまで、そして平和の究極状態（ユートピア式）に至るまで、永久的に革命的である」。ムッソリーニはこの面においては明確で確固とした思想を持っていた。彼は次のように考えた。「ファシズムはただ法律の賦与者や機関と組織の創立者というだけでなく、精神生活の教育者や促進者でもある。それは人々の生活の各種の形式を新たに創造することは望まず、その内容を新たに創造しようとし、人間や性格や信仰を新たに形作ろうとする」（杜美（2000）『欧州法西斯史』、上海：学林出版社、28頁、及び19-20頁、参照。）。

3) 列寧（レーニン）「在全俄工会第二次代表大会上的報告」、『列寧全集』第28巻、403頁。
4) 毛沢東「与黎錦熙書」、1917年8月23日、金冲及主編（1996）『毛沢東伝（1893-1949）』、北京：中央文献出版社、26頁からの再引用。
5) 同上、53頁。
6) 李沢厚（1987）『現代思想史論』、北京：東方出版社、192頁。
7) 王年一（1988）『大動乱的年代』、鄭州：河南人民出版社、2-6頁。
8) 同上、11頁。
9) 蕭延中（1989）『晩年毛沢東』、北京：春秋出版社、178頁。
10) 毛沢東「与黎錦熙書」1917年8月23日、中共中央文献研究会、中共湖南省委『毛沢東早期文稿』編輯組編（1990）『毛沢東早期文稿（1912.6-1920.11）』、長沙：湖南出版社、86頁。
11) 同上。
12) 毛沢東「体育之研究」1917年4月1日、『毛沢東早期文稿（1912.6-1920.11）』69頁。
13) 毛沢東の泡爾生（ポールゼン）『倫理学原理』を読んでの評言、『毛沢東早期文稿（1912.6-1920.11）』182頁。
14) 同上、148頁。
15) 同上、250頁。
16) 毛沢東「与黎錦熙書」、1917年8月23日、金冲及主編（1996）『毛沢東伝（1893-1949）』、中央文献出版社、26頁からの再引用。
17) 李沢厚（1987）「青年毛沢東」、『中国現代思想史論』、北京：東方出版社、122-134頁。
18) 金冲及主編（1996）『毛沢東伝（1893-1949）』、北京：中央文献出版社、53頁。
19) 高華（2000）『紅太陽是怎様昇起的：延安整風運動的来龍去脈』、香港中文大学

20) 同上、305 頁。
21) 同上、422-423 頁。
22) 同上、421 頁。
23) 同上、423 頁。
24) 謝覚哉（1983）『一得書』、長沙：湖南人民出版社、85-86 頁。
25) 注 19) に同じ、436 頁。
26) 戴晴（1989）『毛沢東在 1957』、『東方紀事』1989 年第 1 期。
27) 『雷鋒日記（1958-1962）』（1963,）北京：解放軍文芸出版社。
28) 毛沢東の泡爾生（ポールゼン）『倫理学原理』を読んでの評言、『毛沢東早期文稿（1912.6-1920.11)』218 頁。
29) 同上、123 頁。
30) 毛沢東「無産階級専政的歴史教訓」1964 年 7 月 14 日、『学習資料』119 頁。
31) 毛沢東「春節対青年的指示」1964 年 2 月、「同毛遠新同志的第一次談話」1964 年 2 月、「関於学校課程和講授、考試方法問題的批示」1964 年 3 月 10 日。『学習材料』99 頁、100 頁、101-102 頁参照。
32) 毛沢東「無産階級革命事業接班人的条件」1964 年 7 月 14 日、『学習材料』122-123 頁。
33) 毛沢東「要造就一大批这様的人」1966 年 7 月 13 日、『学習材料』233 頁。
34) 清華大学附属中学紅衛兵「無産階級的革命造反精神万歳」、『紅旗』1966 年第 11 期。
35) 清華大学附属中学紅衛兵「三論無産階級的革命造反精神万歳」、『紅旗』1966 年第 11 期。
36) 注 34) に同じ。
37) 王年一選編（1988）『文化大革命研究資料』（上)、北京：中国人民解放軍国防大学党史党建教研室、62 頁。
38) これは毛沢東が「五・七指示」の中で何度も強調した内容である。
39) 1937 年 5 月、毛沢東は「中国共産党の抗日時期における任務」で、「政治制度における国民党の一党派一階級の反動的独裁政体を、各党派各階級が協同した民主政体に改造する」と提起した。
40) 李慎之は「革命圧倒民主──『歴史的先声』（港版）序」の中で、彼のように、多くの進歩的な青年は、毛が『新民主主義論』で提起した思想については「擁護」、「敬服」以外は、何ら自分の考えがなかったと述べている。『当代中国研究』米国普林斯頓大学（アメリカプリンストン大学)、2001 年第 4 期、109-110 頁。

41) 黎澍は次のように考えた。「毛沢東の言い方に従えば、共産党が指導するのは新民主主義革命であり、勝利の後に新民主主義社会を打ち立て、各条件が備わった時に、更に社会主義へと移行する。……しかし実際には我々は決して新民主主義の段階を経ていない」。「この意見は理論検討会において概括的に語られたが、主として述べたのは新民主主義が終わるのは早すぎたということである。于光遠は後に、その時の黎澍の話は本当に聴衆を驚かせ、一部の権威も不満に思ったと語った。しかし今日ではすでに人々の共通の認識になっている」(丁守和 (1998)「科学是為真理而闘争的事業——憶黎澍的学術生涯」『黎澍十年祭』、北京：中国社会科学出版社、131-132 頁を参照)。

42) 毛沢東は『新民主主義論』で、レーニンの『帝国主義は資本主義が発展した最高段階である』における、「帝国主義は瀕死の資本主義である」という言葉を引用している。また、「今の世界は、革命と戦争の状態に置かれた新時代であり、資本主義が必ず滅び、社会主義が必ず興隆する時代である」という言葉を何度も出している。

43) 江流、陳之驊主編 (1994)『蘇聯演変的歴史思考』第四章、北京：中国社会科学出版社。

44) 王若水「整風圧倒啓蒙："五四精神"和"党文化"的碰撞」、『当代中国研究』美国普林斯頓大学（アメリカプリンストン大学）、2001 年第 4 期、145 頁。

45) 李慎之「革命圧倒民主——『歴史的先声』序」『当代中国研究』美国普林斯頓大学（アメリカプリンストン大学）、2001 年第 4 期、104-105 頁。

46) 注 44) に同じ、142 頁。

47) これは黎澍の観点である。黎澍紀念文集編輯組編 (1998)『黎澍十年祭』、北京：中国社会科学出版社、181 頁を参照。

48) 注 44) に同じ。145 頁。

49) 林蘊暉ほか (1989)『凱歌行進的時期』、鄭州：河南人民出版社、26 頁。

50) 同上、27 頁。

51) 同上。

52) 同上、312 頁。

53) これは 1958 年 2 月 28 日と 7 月 22 日に毛沢東がソ連中国駐在大使ユーキンと会見した時の話である。石仲泉「艱辛的開拓——毛沢東在"文化大革命"以前対中国社会主義建設道路的探索」、蕭延中編 (1989)『晩年毛沢東』、北京：春秋出版社、130 頁より再引用。

54) 同上、130 頁。

55) 『共同綱領』第三十条には、「凡そ国家の経済と人民の生活に有利な私営経済事業

は、人民政府がその経営の積極性を奨励し、またその発展を扶助しなければならない」とある。

56) 1951年3月、中国共産党第一回全国組織工作会議で、劉少奇は次のような報告をした。「中国共産党の最終目的は、中国で共産主義制度を実現させることである。中国共産党は現在新民主主義制度を強固なものにするために闘争しているが、将来は社会主義制度に変えるために闘争し、最後には共産主義制度を実現させるために闘争するのである」(『劉少奇選集 (1899-1969)』下巻 (1986)、北京：人民出版社、62頁)。1951年6月30日、中国共産党成立30周年祝賀大会で、劉少奇は次のような講話を発表した。「我々は必ず努力して"新民主主義の建設事業を完成させ、中国を農業国から工業国へと発展させなければならない。その後、更に社会主義や共産主義社会へと発展させなければならない"」(『新華月報』1951年7月号に記載)。

57) 林蘊暉ほか (1989)『凱歌行進的時期』、鄭州：河南人民出版社、296頁。

58) 同上、296頁。

59) 国家農業委員会辦公庁編 (1982)『農業集体化重要文件彙編』(上冊)、北京：中共中央党校出版社、33頁。

60) これは1951年5月13日の政治協商全国委員会民主人士学習座談会における劉少奇の講話である。林蘊暉ほか『凱歌行進的時期』298頁からの再引用。

61) 同上、296頁。

62) 同上、299頁。

63) これは薄一波の「加強党在農村中的政治工作」という文章で述べられている。『毛沢東選集』第五巻、93頁より引用。

64) 『毛沢東選集』第五巻、59頁参照。編集者はこの文章に以下のような注釈を付けている。「これは毛沢東同志が、劉少奇の農業合作化反対に反駁して起草した、重大な歴史的意義を持つ党内通知である。1951年7月、劉少奇は毛沢東同志や党中央に隠れて、個人の名義で一通の手紙を書き、農業生産の互助合作を発展させることに関する山西省委員会の報告を思う存分非難し、各地に送った。劉少奇は指示の中で、毛沢東同志の農業社会主義改造に関する路線に反対し、それを"誤った、危険な、空想的な農業社会主義思想"だと中傷した。同年9月、毛沢東同志は自ら主宰して『中共中央の農業生産互助合作に関する決議』(草案)を制定し、また12月15日には、決議草案を印刷配布するためにこの通知を書き、党全体に農業互助合作を一つの重要な事柄として行なうよう指示した」。

65) 国家農業委員会辦公庁編 (1982)『農業集体化重要文件彙編』(上冊)、北京：中共中央党校出版社、150頁。

66) 国家農業委員会辦公庁編（1982）『農業集体化重要文件彙編』（上冊）、北京：中共中央党校出版社、145-146 頁。
67) 毛沢東「批判離開総路線的右傾観点」、『毛沢東選集』第五巻、81-82 頁。
68) 「言うことが物事の本質に及ばない者は、社会主義を語らない。目先の利益しか考えない者は、四大自由という目先の利益にとらわれる」（『毛沢東選集』第五巻、209 頁）。
69) 毛沢東『反対党内的資産階級思想』、『毛沢東選集』第五巻、90-91 頁。
70) 林蘊暉ほか『凱歌行進的時期』312 頁。
71) 同上、120 頁。
72) 同上、534-535 頁。
73) 「生産力が暴動を起こす」とは、毛沢東の述べた言葉である。『三中全会以来重要文献彙編』（下冊）、955 頁、参照。
74) 政府や共産党を罵ることについては、以下の記述がある。「多くの農村幹部を含む農民は、党や人民政府に対する不満の気持ちを表した。広東新会県、高要県、東莞県の農民は、次のように批判した。"今政府はどのようであるかわからず、共産党は人をいじめ殺そうとしている。"、"一年苦労しても食べ物が手に入らない。"、"共産党は態度を変えた。"、"毎年食糧の統制購入があり、これからどうやって暮らしていけばいいのか。"農民の不満の気持ちが言葉や表情に溢れていた」（高化民（1999）『農業合作化運動始末』第五章第三節、北京：中国青年出版社）。
75) 林蘊暉ほか『凱歌行進的時期』545 頁。
76) 同上、558 頁。
77) 毛沢東「関於合作化問題」、『毛沢東選集』第五巻、168 頁。
78) 毛沢東「農業合作化的一場弁論和当前的階級闘争」、『毛沢東選集』第五巻、198-199 頁。
79) 王年一『大動乱的年代』11 頁。
80) 同上。
81) 蕭延中編『晩年毛沢東』178 頁。
82) 注 79) に同じ。
83) 同上。
84) 『紅旗』雑誌 1958 年第 4 期、参照。
85) 『文化大革命資料』（上）61 頁。
86) 例えば、王年一『大動乱的年代』5 頁、王禄林「五・七指示初探」、席宣「文化大革命与平均主義」、胡長水「烏托邦荒原："三面紅旗"剖析」を参照。後の三篇

の文章は、『晩年毛沢東』所収。
87) 毛沢東は1975年10月から1976年1月までの講話の中で次のように述べた。「百年後にはまだ革命をしなければならないか。千年後には革命をしなければならないか。いつでもやはり革命をしなければならないのだ。いつでも一部の人は抑圧されていると感じ、小官、学生、労働者、農民、兵士は大人物に押さえつけられているのを好まない。ゆえに彼らは革命をしなければならないのだ」(『晩年毛沢東』296頁からの再引用)。
88) これは毛沢東が1974年10月20日にデンマーク首相ポール・ハートリングと会見した時の言葉である。『晩年毛沢東』116頁からの再引用。
89) 毛沢東のポールゼン『倫理学原理』第4章「害及び悪」を読んでの評言。中共中央文献研究室、中共湖南省委『毛沢東早期文稿』編輯組編（1990）『毛沢東早期文稿（1912.6-1920.11）』、長沙：湖南人民出版社、184-187頁参照。
90) この観点は北京大学国際政治学部教授印紅標先生によるものである。

1973年の梁漱溟と馮友蘭

干春松

　梁漱溟と馮友蘭は20世紀の中国思想界を代表する人物である。しかし、この論文はこの二人の学術観念上の異同を検討することに重点を置いたものではない。この二人は「批林批孔」運動という特定の歴史的事件に際して異なる態度を示した。そのことを通して、伝統の影響を強く受けた中国の現代知識分子の現代中国での役割・位置取りを検討し、また何がこのような位置取りの違いを生み出したかという思想的淵源を検討したい。同時に、現実の背景からこれらの知識人の行為の論理を探り出し、さらに進んで、中国の知識分子が権力と真理との前でおちいった矛盾した境遇を検討したい。マンハイムのことばで言えば「私たちは、当然、知識分子個人が歩いた道について彼を譴責することはできるし、彼らがつねに動揺していたと責めることもできる。だが、私たちのここでの唯一の関心は、社会全体の構造のなかでの知識分子の地位を通じて、彼らのこの種の行動を解釈することにある」[1]。

1.　1973年の梁漱溟と馮友蘭

　林彪の乗った飛行機が墜落した事件——「九・一三」事件が発生した後、人びとは毛家湾の林彪の住居で、孔子、孟子を肯定する林彪の言論を整理して[2]、それを毛沢東のところに持ちこんで毛沢東に見せた。中国の歴史を熟

知している毛沢東は、法家が進歩的であると一貫して主張し、儒家の往古偏重の歴史観に賛同していなかった。そこで、毛沢東は林彪批判と孔子批判を結合するよう主張した[3]。1973 年 8 月 7 日、『人民日報』は毛沢東が発表を指示した中山大学歴史学部教授楊栄国の文章「孔子——頑固に奴隷制を擁護した思想家」を発表した。9 月 8 日から 11 日まで、国務院教科組は「全国教育系統批孔座談会」を開催し、つづいて新聞・雑誌上に多くの「批孔」の文章が出現することになった。これと同時に、江青らは北京大、清華大に指示して専門の「大批判組」を設立させ、「批林批孔の道」の資料を編集させた。編集が終わると、1974 年 1 月 12 日、王洪文と江青は毛沢東に手紙を出し、この資料を全国に指示とともに転送することを要求した。その手紙の内容は次のようなものだった。

> 主席
> 　私たちは北京大、清華大が編纂した林彪と孔孟の道の資料を読み、この資料はいま批林批孔を継続・発展させるために大きな助けになると感じました。各地からもこの種の簡明簡潔で要を得た資料を切実に求めてきています。
> 　私たちは、この資料を全国各省・市、各大軍区、各省軍区、軍事委員会各総部、国務院各部などにに転送して、批林批孔の参考にするよう具申します。資料を同封いたしますので、主席のご指示をお願いします。
> 　王洪文、江青
> 　1974 年 1 月 12 日

　毛沢東が「転送に同意する」と指示した後、1974 年 1 月、『林彪と孔孟の道（資料一）』は、中共中央一号文件として全党に転送され、「批林批孔」運動は全国規模で展開されることになった。
　「批林批孔」運動が発動された真の原因は多方面に渉るに違いない。この政治運動の動機の多様性と複雑さは多くの資料によって証明されつつある。

たとえば「周公」批判を利用して周恩来に当てこするなどである。しかし、一般に、「批林批孔」運動は、林彪事件の衝撃を受けた後にも「文化大革命」は依然としてその合理性を持っていることをこの運動を通して証明しようとしたものととらえられている。このことは、当時の『紅旗』誌評論員の次の文章からもはっきりと読みとることができる。「孔子反対か孔子尊崇かをめぐる、私たちの党の林彪との闘争は、実質的には、社会主義時期の前進か後退か、革命か反革命かの二つの階級、二つの路線の闘争だ」。批林批孔運動をより深く発展させることによって「はじめて、さらに進んでプロレタリアート文化大革命の必要性を認識することができるし、プロレタリアート文化大革命の偉大な成果を強化し発展させることができるのである」[4]。同時に、私たちは、運動を発動した者たちがこの「焚書」「坑儒」に近い運動を通して、知識分子の心のなかになおも残留している中国伝統思想観念の影響を消去しようと希望していたことを認めることができよう。

　1949年以後の大多数の政治運動の被害者として、知識分子の「批林批孔」に対する態度はきわめて複雑なものだった。これはさらなる改造を受けるのか、それとも新しい現実政治に参与する機会としてとらえるか、そのような矛盾と焦燥が知識分子の胸中に満ちていた。

　旧中国を経験してきた、また、一貫して孔子に同情と敬意を持ってきた梁漱溟と馮友蘭は、明らかにさらに直接にこの種の圧力を感じたのである。

　実際、梁漱溟と馮友蘭は、運動の正式な開始の前に、大きな圧力を感じていた。二人を較べると、梁漱溟が感じていた圧力はやや抽象的なものかもしれない。というのは、梁漱溟の当時の主要な活動の場は全国政治協商会議（政協）であった。ただ参加しているという態度を示すだけの学習であっても、また、もしそう望むならば、運動を支持すると表明するだけでも、万事無事にすませることができた。梁漱溟先生はこのようなごまかしを望まなかったのだが、少なくとも、梁漱溟は、そのような機会と場をもっていた、あるいはそのような選択をする可能性と機会を持っていたと言えるのである。

　梁漱溟の自述や他の伝記・史料の記載によれば、1973年10月、「批林批孔」運動が開始されると、持続的な学習の過程で、楊栄国らの観点に基づい

て、多くの人がすでに孔子を「頑固に奴隷制を擁護し」、「歴史を逆転させようとした」陰謀家だったと論じ始めていた。これについて梁漱溟は終始態度を表明しなかった。

　ところが、思いがけないことに沈黙をつづけることも「有罪」とされた。グループ全体の二十余人が次々に「態度を表明」し、積極的にこの運動に参加し、思想を改造する努力をした後も、私は依然として沈黙していることについて、批判されるようになった。ある人が会合で名指しせずに「重大な政治問題について沈黙をつづけることそのことが一種の態度である。そのなかには感情の問題があり、立場の問題がある」と警告した。つづいてある人が名指しで発言した。「何日か前に、北京大学のある教授が、新聞紙上で公開で文章を発表した。この教授は、一貫して孔子尊崇の立場だったのに、孔子批判支持に一転して、全国に影響を与え、大衆からの歓迎を受けた。聞くところによれば、その教授は五四時代にはやはり北京大の学生で、梁先生はそのときすでに北京大の講壇上でインド哲学と儒家哲学を講義していたという。もし、いま、梁先生がこの教授に学び、批孔支持の態度を公的に表明すれば、影響はさらに大きいだろう。みなあなたの転向を歓迎するはずだ」。それを聴いて私はすぐに手を振り、思わず言った。「その教授の文章は私も拝読したし、私はよく知っている人で、この前会ったばかりだ。私はこの教授がその文章で述べていることが内心からのものなのかどうか疑わしいと思っている」。すると、出席していたある人がすぐに反撃し、厳しい口調で言った。「あなたは何の根拠で彼を疑うのか？　いまの話から、あなたがこの現在の運動にどのような態度をとっているか、余すところなく暴露されてしまった。どのように態度を正すかはあなた自身にかかっている。私は梁先生に再び運動に対立する側にお立ちにならないようにお勧めしたい」。[5]

　明らかに梁漱溟は運動に対立する側に立とうなどと考えていたのではな

かったに違いない。1950年代の「反抗」で、梁漱溟は対立する側に立つことの苦しみを知っていたからである。だから、梁漱溟が沈黙を守るという態度で対応したのである。しかし、江青が首都体育館で開かれた批林批孔会議で、何かのついでに「梁漱溟というのは何者なのだ」と批判したのを聴いたとき、性格が屈強な梁漱溟は、自分の態度をはっきり話すことに決めた。1974年2月22日、梁漱溟は半日ずつ二日間、約8時間の時間をかけて、「今日、われわれはどのように孔子を評価すべきか」という長い発言を行った。その主な内容は、

> 現在の批孔運動のなかで広く流されている意見の多くには私は同意できない。たとえば、孔子が奴隷制を擁護したという説だが、これも事実に合わない。この説は社会発展史を五段階に分かつのが世界の通例であると見なす点から誤っている。そのことにこだわりすぎるべきでないということがわかっていないのだ。世界史上、すべての地域のすべての民族が奴隷制の段階を通らない例は一つか二つではないこともそうだが、私の見るところ、中国社会の歴史発展は、およそインドと同じように、マルクスの言うアジア社会生産方式に属するものであり、ほかとは特に違うのである。[6]

> 　時下の批孔運動は批林から引き起こされたものだ。「克己復礼」は林彪がいつも心に念ずることのようにされており、そこで現在の議論は孔子の「克己復礼」批判に集中して、孔子が周の礼を復活させようとしたように、林彪も資本主義を復辟させようとしたのだ、というわけだ。林彪が復辟させようとしたかしなかったかなどは論ずるに足りないが、孔子が復古後退思想を抱いていたという誤った考えこそ、論じなければならない。[7]

さらに、梁漱溟は、歴史上、革新・変法を行った人物の多くが儒門の人であるとして、「復辟、後退などの罪名を強いて儒家に押しつけるような議論

にどうして納得することができようか」と論じた。これにより、梁漱溟に対する一年以上の批判が起こった。その批判に応えて語った「林彪自身はなんら路線も存在しないし、路線ほどのものもないのではと私は考える」、「私は林彪批判をしても孔子は批判しない。林彪は党に叛き国家に叛き、毛主席を殺害しようとして自滅したのであるが、林彪が孔子の道を進んで、孔孟の主張通りに行おうとしていたといえば、私には信じられない。林彪が孔子に毒されていたとも思わない」などといった発言[8]が、さらに梁漱溟批判を激しいものにしていった。ただし、1974年9月23日、梁漱溟に対する批判の終結の際に本人に感想が聞かれると、梁漱溟は「三軍も帥を奪うべきなり、匹夫もその志を奪われべからず」と語ったということであった。

　ここからわかるように、書生気質に満ちた梁漱溟は「ある教授」に倣うこともせず、ひそかにその教授のこの種の行為に批評を下してさえいた。

　「批林批孔」運動が始められて間もなく、私は彼が新聞に文章を発表しているのを見つけた。それは、自身のこれまでの主張を翻し、潮流に棹さして百パーセント孔子を否定するものだった。私は非常に不愉快に感じ、手紙を書いて彼を批判して、なぜこんなことをしたのか私に答えよと求めた。しばらくして、彼は娘に付き添われて悄然として私に会いに来て、その苦しい胸の内を含めたその理由を語ってくれた。私はそれでも自分の見かたを変えず、彼がまちがっていると糾した。ただ、彼が私に向かって言いわけをしてくれたことで、私の気分はいくぶんか落ちついたものになった。人はそれぞれ志を持っている、そしてそれぞれ困難を抱えている。自分を律することはできても、それをどうしてむりやり他人に求めることができようか！

　いまではそのすべてが歴史となった。その教授がいまふりかえれば、彼自身も満足し、他人もまた公正だと思うような答えを出すことができるであろう。[9]

　梁漱溟のいう「ある教授」がすなわち馮友蘭である。1973年10月になっ

て、北京大・清華大グループ（四人組の御用文人組）の顧問だった馮友蘭は、すでに最初の緊張のなかから抜け出していた[10]。『三松堂自序』で描かれているところによれば、

> 1973年、批林運動は批林批孔運動に向きを変え、孔子批判の上に孔子尊崇も批判されなければならないことになった。そのころ、私はまた心配してきた。また「衆矢の的」にされるだろうと。ただそのあとには、私はなぜ大衆と対立する側に立たなければならないのだろうと思うようになった。党を信じ、大衆を信じればよい。私が大衆とともに孔子を批判し孔子尊崇者を批判すればそれで問題はないはずだ。そんな思想に導かれて、私は二篇の文章を書いた。その二篇の文章を会で読み上げると、果たして大いに歓迎を受けた。……この二篇の文章を発表して以後、各地方の大衆は私に激励の手紙を書いて来た。その手紙は続々とやって来て、毎日、何通もの手紙が私のところに届いた。手紙の主には、青年もあり、老人もあり、男も女も、学生も解放軍も、農民も労働者もいた。黒竜江省からも新疆からも手紙が届いた。長い手紙、よい手紙、真摯な感情、まじめな希望をこめた手紙もあった。指導者と群衆の激励の下で、私はしばらく批林批孔の道を進みつづけた。[11]

『光明日報』に転載されるまでにつけ加えられた編者のことばについて、これは毛主席がみずから書いたものだとする種々の推測も、当然、さらに馮友蘭に大きな特別な感銘を与えたことだろう。

　繰り返されてきた思想改造運動のなかで、常に自らを否定し、情勢になんとかついていこうと努力することが多くの知識分子の政治運動に対する基本態度になっていたことは否めないだとう。そして、こういった態度が形成された以上、ある程度の誠実な部分もあった。このような誠実さは、後からの回想のなかで、その心の深いところに痛みを生じさせることがある。この種の痛みは知識分子の「職業病」でさえある。もう少し馮友蘭自身の反省を読

んでみよう。

> 私たちが一言のことばを発し、一篇の文章を書くにも、私たちは自分のほんとうの見解を表明しなければならない。自分の見解のとおりに話し、そのとおりに書かなければならない。それでやっと「誠実だ」と呼べるのだ。自分の見解は、まちがっていたり、偏っていたりするかも知れない。でもそれが確かに自分の見解であるならば、言ったり書いたりしたことが誠実だと言えるのだ。自分が確実な見解を持ち、また虚心に他人の意見を聞き、その誤りを改め、その足りないところを補う。もし誤った点・足りない点があれば改め、なければさらに努力する。それでこそ大衆路線といえるのだ。もし自分にほんとうの見解がなかったり、それがあっても隠蔽してしまったりしたら、暫時流行している意見に付和しているだけだ。持ち上げてくれる人たちが現れたとしても、それはにせものなのだ。それは人気取りというのだ、……私は、当時の思想のなかで、じつは何の実事求是の気もちもなく、ただ人気取りに走る心だけがあった。誠実にふるまうのではなくうそをついてしまったのである。[13]

2.　「気節から人を批評するのは残酷」か？
——道徳的評価の必要性とその限度

歳月は流れ、いまでは「批林批孔」運動も歴史的事件の一つになっている。しかし、この事件が馮友蘭と梁漱溟の二人に残した遺産はまったく異なるものだった。梁漱溟について言えば、批林批孔事件で独立独行の道を貫いたことと、1953年に政協会議で毛沢東に楯突いた事件とは、その大きな声望を得る上で大きな要素になっている。梁漱溟は馮友蘭とは対照的な種類の人と見られるようにさえなり、ある種の現実に対して批評的な態度を持つ知識人の代表、ある種の気節のメルクマールにもなった。逆に、馮友蘭は、「批林批孔」事件によって、現実政治の求めに迎合して学術と人格の尊厳を顧みな

い者の典型と見なされるようになり、猛烈な批判にさらされたのである。多くの学者は、馮友蘭は「批林批孔」の時期に、江青に迎合し、四人組の顧問になったことは百パーセントの無恥だと考えている。それは王永江・陳啓偉が 1977 年に『歴史研究』に発表した「北京大・清華大グループのある顧問を評す」に代表されている。この文章は、馮友蘭が江青に対して人を貶めたり媚びたりして迎合する醜態を見せたと指摘しているだけでなく、過去の馮友蘭が蒋介石の「御用哲学者」であり「謀臣策士」であったことを説明してもいる。文章は最後に馮友蘭に「偉大な領袖・導師である毛主席が解放初年に貴方に教え諭したことをよく守り、人間として、やはり誠実な態度をとるのがよろしかろう」と勧めている。

　馮友蘭に対する批評はじつは 1950 年には始まっている。その批評は二つの方面から来ている。一つは、馮友蘭の過去の歴史と思想に対する学者たちの批評である。たとえば、1950 年 10 月 8 日の、「平之」の署名入りの「「新理学」について」という文章は、「新理学は中国の過去二千年三千年の社会思想の総括ではない。中国のあらゆる階級の社会思想でもない。それはただ五四運動以来の改良主義自由主義の思想をまとめただけである。それは被圧迫階級を代表するものではなく、統治階級内で統治・圧迫を受けている者を代表するものである。それは統治集団のために役立つ思想でないわけではなく、実際にも統治階層のために役立つもので、被統治階層内の統治集団にも珍重されたこともあった。それは革命的でないだけでなく、反動的でさえあった。その哲学的基礎は唯心論である。その表現は学術的で厳格であり、論理も厳密である。その作用は革命的目標を混同したものであり、帝王に応じるものであった」、「馮友蘭の新理学が発表されたことで、馮という人は帝王の友から帝王の師に成り上がった」などと指摘している。このような批評は相当に厳しいものであり、馮友蘭にとって大きな圧力となったことには疑問の余地もない。そこでこれ以来馮友蘭は新しい政治情勢に迎合することを始め、「私は革命に参加した」、「私はマルクス-レーニン主義を探し当てた」[14]などの文章を公に発表した。また、毛沢東に手紙を書き、マルクス主義の枠組に照らして中国哲学史を書き直したいという意思を表明した。

ところがこれが別の方面からの批評を引き起こした。この種の批評は張君勱が1950年8月に香港の『再生雑誌』に発表した「投函しない手紙——馮芝生を糾す」を代表とすることができよう。馮友蘭が1950年に発表した「学習と誤り」の一文を読んだ後、張君勱は「身に冷や汗が発し、まことに何を言っているかわからないという感を抱いた」。そして馮友蘭が「人間には恥というものがあることを知らないのか」と厳しく非難した。張君勱は、その文章で、馮友蘭が生命と学問を一つの統一体であると見ていないことを非難している。

　　　足下は中国哲学を一種の知識、一種の技術であり、生活に便利な道具であると見ておられる。歯科医が歯を治療し、電機エンジニアが電灯や電線を配置するようなものであると見て、けっして身体力行安心立命の準則にしようとなさらない。材料を集め、脈絡を通そうとしていることには力を使っておられるが、足下の心身とは何の関わりも成り立っていないからである。[15]

　私たちは、気節によって人物を批評するのが儒家の基本的な出発点であることを知っている。これに対して、一貫して宋儒の「あとつぎ」ということを自分の任としていた馮友蘭は、自ずとその心胆を知ったであろう。この一点は現代の新儒家の基本的態度でもある。たとえば徐復観は「一人の人の学術上の価値は、その人の研究成果だけによって決まるのではなく、その人の学問に対する誠意とその品格の如何によっても決定されなければならない」[16]とはっきりと書いている。こういった明らかに道徳的理想主義の色彩を帯びた鑑定モデルの下で、馮友蘭はその「変節」によって多くの学者からその学術的貢献を軽視されることになった。たとえば牟宗三ら[17]の例で、馮友蘭の『中国哲学史』に対する評価はきわめて低い。これは儒門の「判教」意識の一つの現れと考えることができよう。
　梁漱溟の「今日われらは孔子を如何に評価すべきか」に倣っていえば、今日われわれは「批林批孔」運動での馮友蘭と梁漱溟の言動をいかに評価すべ

きなのだろうか？　道徳主義的な立場とイデオロギー的立場を別にして、私たちは別の角度からこの事件についてさらに合理的な解釈を打ち出すことはできるのだろうか？

　どのような人格モデルでも、その文化的・歴史的要因がその形成のなかで役割を果たしているものである。たとえば私たちがさらに多元的な視角からこの二人が同じ時代に見せた異なった言動を分析するならば、そこから得られる評価はおそらく単純に気節から見るよりもずっと広いものであろうし、馮友蘭と梁漱溟の権力との関係のしかたに見られる表面上の大きな断絶の向こうに、私たちはさらに多くの共通点を発見することができるかも知れない。そこで、この意味で、私は周質平氏の「気節から人を評価するのは残酷だ」[18]ということばに同意する。あるいは、もっと具体的に、気節から人を評価するのは必須だが、しかし単純に気節だけから人を評価するのは残酷だと言ってもいい。周質平は明らかに学術を政治と区別したいと考えている。周質平は次のように言っている。

> 　中国人、とくに知識分子の言っている気節のうち、その絶大な部分は権力者に対する態度にのみ表れざるを得ないものである。人の褒貶を決めるためにこの点に頼りすぎると、知らず知らずのうちに、学術を政治の附属物にしてしまうだろう。一人の学者の学術上の成果がどんなに大きくても、もしいったん政治上で妥協をしてしまえば、その人は論じるに足りないとするとなると、それはまさに「人を以てその言を廃す」という古い規準ということになりはしまいか？
>
> 　1949年以後、中国の知識分子が受けた迫害は、実に三千年来未曾有のものであると言っていい。気節から見て十全な生きかたをその苦難の時代の知識分子に求めようとすれば、それはどうしてもあの暴虐な政権のために言いわけを作ってやることにならざるを得ない。厳格な態度であの時代の知識分子の「無恥」を批評する前に、もし彼らのおかれていた客観的環境についてささかの理解があれば、馮友蘭のような学術的にも何度かの変遷をたどっている学者についても、より

多く「同情的に理解すること」ができるのではないか。

　このような悲惨な状況の下で、もし昔と同じような気節をもって十全に生きよと知識分子に要求するとすれば、それは彼らに「捨て身になれ」と言うのと同じであろう。こうしたもっともらしい批判は、表面から見れば正しいようだが、じつはその骨身は同情も思いやりもない冷厳さと残酷さに満ちているのだ！　このように人に烈士になることを要求するような正義派の批評は、まさに戴東原のいう「理を以て人を殺す」であり、五四時期に打倒しようとした「人を食う礼教」そのものである。人間味のある社会とは、人が烈士にならない自由を許す社会のことではないだろうか。[19]

当然ながら、周質平が、1949年以後の客観的環境をよく認識するように、多くの学者の行動をさらによく同情するようにと要求していることは「人間味」にあふれた要求には違いない。だが、もしここから人物評価のなかの道徳基準と価値基準を否定してしまう方向に行くとすれば、それは一方の極端から他方の極端に走ることになってしまう。というのは馮友蘭は程朱の道学について新たな解釈を示し、「道学の気象」を継承しようと試みたが、道学は本来道徳的人格養成に重点を置いてそれで以て政治に役立たせる学だったはずである。しかし結果的に政治の変動により、人格・品位をもっとも大事にしているような道学から人格と尊厳をとりはらってしまった。当然これが「道学中の人」には受け入れがたいものだった。とはいえ、道徳的評価が必要だとしても、避けようのない限度はある。したがって単純な道徳基準による評価法は多くの歴史の「客観的環境」を隠蔽することになってしまう。馮友蘭と梁漱溟についてはなおさらそう言えるだろう。

3.　学術と政治——現代知識分子と伝統的知識エリートの役割の入れ替わり

　梁漱溟と馮友蘭の「批林批孔」期の異なる言動と、それに対して出てきた反応は、学術と政治の関係という問題に帰結する。ある点でこの二人は驚く

ほど似ている。馮友蘭も梁漱溟も政治に対して大きな熱情をもって接したことはまちがいない。彼らの学術的使命は学術自体で終わるものではなく、現実政治に対して働きかけるものであった。もし表向きにはっきりと相反する面が看取できるとしても、私たちは梁漱溟と馮友蘭の政治に対する熱情に何らの本質的な違いはないと考える。彼らは二人とも新式教育の発祥の地であった北京大で学び、教師を務めた。けれども、二人とも古い官僚の家庭の出身であって、十分に質のよい旧式学問の教育を受けていた。だから伝統的な士人の政治的な情誼の影響も同じように大きかった。梁漱溟の一生を追ってみると、純粋に学術に身を捧げた時間は短い。そのことについて梁漱溟自身は次のように語っている。

> はっきりさせておこう。私は子どものころからずっと学問をして今に至っているけれど、それは書物にかじりついてきたということではなく、私の生きている環境のなかのすべての事物と見聞を重んじてきたということだ。私は学問のための学問をしてきたのではない。ほとんどは社会生活のなかの切実で実際的な問題を解決するために知を求めてきたのだ。[20]

晩年、文化ブームのなかで中国の人たちが梁漱溟を文化的大家と見なそうとした時期がある。ところが梁漱溟は内心ではじつはそれにまったく甘んじていなかった。梁漱溟にとって、自分自身の人生のメルクマールになりうるものとしては、いわゆる東西文化の長短などではなく、中国革命の進む過程に絶えず参加しつづけた自分自身であった。私の友人の景海峰氏は、三度、梁漱溟を訪問したことがある。当時、景氏は、湯一介氏とともに梁漱溟の全集を出版しようと企画していた。その景氏は梁漱溟の政治的熱情を大いに意外に感じた。

> 私が当時受けた印象では、梁先生は自分の文化的な著述には特別な執着を持っておられないようだった。むしろ国共両党のあいだを奔走し

ていたときの筆墨文章を後世に伝えることをけっして忘れないようにと、何度も何度も念を押された。梁先生は社会の世論がその文化的創造ばかりを重んじて政治活動を軽んじていることに不満を感じておられ、社会の政治活動家としての自分がこの先ずっと忘れられてしまうことに不満を持っておられたのかも知れない。だから、談論のあいだにも自然とその点に強くこだわられたのだろう。[21]

それに対して馮友蘭の経歴はもう少し単純であったが、政治に参加したいという熱情は少しも弱くはなかった。馮友蘭の学術的な志向は、馮友蘭自身のことばで言えば、「旧邦をあきらかにして新命をたすける」というものであった。馮友蘭がその著書『新理学』・『新原人』などを著作した理由について語ったところによれば、

> 「天地のために心を立て、生民のために命を立て、往ける聖人のためには絶学を継ぎ、万世のためには太平を開く」、これが哲学家の自らに期するところである。いわんや、わが国家民族が終わりと始まりのあいだにあり、断絶か継続かの瀬戸際にある、そのようなときに、天と人とのあいだのものごとに通じ、古今の変を達観して、内聖外王の道を明らかにした者は、どうして、その言いたいことを尽くして、わが国家を太平にし、幾多の人びとの安心立命の役に立たないでいてよかろうか？ もしそれができないとしても、心はそちらに向かってしまう。それができるというのではない、そのように学びたいと願っているのである。これが『新理学』・『新事論』・『新世訓』およびこの書をあらわした動機である。[22]

中国の伝統的知識エリート階層について言えば、彼らにはあるいは「純粋学術」という観念はなかったのかも知れない。士は政治に関心を持ち、政治に参加する。それが、農民が畑を耕すのと同じように、天地から与えられた当然の役割であったからだ。「士の仕うるや、なお農夫の耕すがごときなり」

というわけである[23]。そのため、伝統的中国社会の知識エリートは、ある種の経世という心理をもっていて、具体的な科学知識を奇妙でいやしい技巧と考えていた。このような心理は現代の西洋式教育体制の下の中国でも依然として根本的には変わっていない。銭穆の議論がその例証となるであろう。

> 中国の学者はいったいなぜ西洋の自然科学の道を進もうとしないのだろうか？　なぜ天文、算数、医学、音楽などの知識を軽視し、それをたんなる一技術と考えて、研究に専念しようとしないのだろう。これは、中国の学者のあいだでは、それがある種の博聞の学とされているからだ。さらに大きな活動に従事し、社会や人生にさらに広範な貢献をしようとしているとき、聡明でその上に心にもたまたま余裕があったばあいに、余力を及ぼして行うことにすぎないとされているのである。それは全人生のなかでは枝葉末節のものごとであって、そのようなものに熱心に打ちこもうものならば、それは楊枝で重箱の隅をつつくようなもので、それを不要不急の仕事だと考えるのである。[24]

だから、近代の知識分子の代表的な人物は、すべて政治に熱心に取り組んだ人たちであり、学問に集中した人はいない。銭穆は言う。

> この四十年来の知識分子のうち、だれ一人が政治を忘れることができただろう？　だれ一人が終生学術界に没頭しようとしただろう？　たまたまいたとしても、それはじつにめずらしい人物である。王国維や欧陽竟無のように、それも乾嘉の流れで、社会と群衆の中心には立つことがなく、社会に対しては大きな影響は持てなかった。その他の人びとはただ西洋化を追い求めたが、じつはほんとうに西洋化できた学者はわずかであった。彼らはまず翻訳の仕事に従事しようとしなかった。唯一の例外は厳復である。厳復は終生翻訳に尽力し、自分の著作を軽々と書かなかった。しかし、厳復も後には政治の荒波に巻きこまれてしまった。それに次はもっぱら西洋の学術の一家一派について学

問を行おうとしなかった学者たちだ。しかし、一家一派について学ぶのも難しいことなのに、それ以上の創造を行うのはさらに難しいことで、学ぶのもたやすいことではなかったのである。[25]

当然、知識人の政治的情熱はものごとの一つの方面であって、私たちの問題の中心は、こういった関係が順応型のものか抗争型のものかというところにある。

知識者と統治者のあいだの関係には、一連の内在的矛盾が常に存在している[26]にもかかわらず、典型的な「カリスマ」型統治の下では、知識階層に対する依存は欠くことができない。だから、中国では、とくに大一統の政治が徐々に成熟してきていた漢代、「独り儒術のみを尊ぶ」というイデオロギーが一元化して確立した後には、官僚の選抜制度と儒家の理想のあいだには徐々にある固定した繋がりが成立していった。この固定的な繋がりの成熟した形態が「科挙制」である。政治に参加する機会をこのように少しずつ儒家が独占して行った。そのために儒家と政治とのあいだの繋がりには思想的一致が生まれ、さらに制度上の保証も生まれることになった。つまり、現代の知識分子のイメージを使って儒生のイメージを改めようと試みつづけている杜維明も認めているように、

> 儒家は完全に成熟した教士制度を樹立したことがなかった。選択によるものであれ偶然によるものであれ、儒家文化のなかに政教分離が存在したことはなかった。儒家は、知識上・精神上に自我を定位して発展してきた政治的風格を、ある種の混淆的なアイデンティティのように見なした。ある面では、儒家は政治を道徳化する能力を持ち、厳しい刑罰や厳格な法を尊ぶ社会や軍人統治の社会を道徳社会に変えてきた。私たちは、そういう歴史書の記述に接して、深い印象を受けることだろう。しかし、私たちはまた、儒家の道徳価値は常に政治化されつづけ、暴虐な専権統治のために奉仕してきたことにも注意しなければならない。同時に、儒家の政治道徳化は中国政治文化の顕著な特徴

である。儒家の記号は専権主義が作り上げたイデオロギーを形式として政治化し、一貫して中国政治史の重要な伝統になったのである。[27]

　私たちは当然儒家の経典から「道に従いて君に従わず」のような独立の姿勢を探し出すこともできる。しかし、儒家が一貫して、ある種の「経」と「権」との関係から、儒家の立場と現実政治のあいだの関連を調節しようとしてきたことを私は認めたいと思う。とくに、大一統の秦・漢時代の後、天と君主のあいだの関係にはちょうどよい落としどころが見出された。

　　こう言ってもまちがいではないだろう。中国の知識分子は、知識分子の自主性と君主の無上の権利という二つの関係のあいだに矛盾があるなどと疑ってみたこともない、と。（彼らから見れば）ただ全能の政府であってはじめて完璧な政治を実現できるのだ。[28]

　このような政治的伝統の下で、現在の知識者が政治的熱情を表に出すのはじつは自然なことである。同時に、彼らが新政権とのあいだにある程度の協力関係を築きたいと努力するのも、やはり内心から発したことなのである。たとえ、現代の知識体系の構成から言っても、政治が社会活動の中心であるような状況の下で、知識分子が政治から距離を保持しようとするのは困難なことなのである。人文社会科学の理論は生まれつき実践的性格を持っている。理論の効率と意義は実践からの検証を求められることが多い。だから、社会科学の理論と社会的実践のあいだの転換は、私たちが常に注意を払っていなければならない問題なのである。なぜなら、私たちが社会科学の純粋な学術的研究について議論しているとき、私たちは自然科学者が感じるような着実さを感じることは難しいだろうからだ。

　客観的に言うと、社会理論が実践の局面へと転換しようとするとき、実践対象の複雑さから生じた多元化構造が、自然に知識群体自体の多元化をもたらす。比較的純粋な人もいれば、政治との絡みが比較的多い人もいるというふうにだ。

さらに、現代の学術制度の下では、知識分子は何らかの組織・機構に帰属していることが多い。彼らがその機構に対して持つアイデンティティーがたとえ低かったとしても、「権力の牽制、利益的な依存、感情的なアイデンティティー」がどうしても生じてしまう。またさらに組織機構そのものが官僚政治システムのコントロールの下にあることも多い。そのために、知識分子は、政権の批評者と、政権の擁護者と、政権から疎外された者とに自然に分化してしまうのである。

私たちは、現在の啓蒙運動後の知識分子のイメージから、現代中国の知識者を批評し判断する場合、実質的には、現存の秩序から独立した批評者の役割という基準から中国の知識分子を評価すること求めることになる。そのために、複雑な知識分子の構成を理想的なモデルとして抽象して構成することになる。しかしこのようにして中国の知識階層の全体のイメージを得られるかどうかは疑わしいところだ。まるで抗争型を真の知識分子だとされ、順応型は一顧の価値もないことになる。梁漱溟の「崇高さ」と馮友蘭の「卑小さ」という評価もこのような基準が作りだした決まりきった型だ。しかし、じつは梁漱溟にも順応的だった時期がある。たとえば建国初期にはいくつかの思想改造の文章を書いている。また馮友蘭も抗争的だった時期がある。たとえば、1958年発表の「一つの対立面を樹立せよ」や「抽象継承法」の提出は、どちらも主流の立場とは一致しなかった。この二人は二人とも複雑な一面を持っていたのだ。

文化的伝統と現実的政治の構造から見るならば、啓蒙的態度から現代の独特の境遇に置かれている知識分子を評価しようとすることそのものを、私たちは考え直してみたほうがよいようだ。異なる文化的土壌の下で生まれた基準を使って、非常に長い伝統を持ち、すでに中国人の血液をその身に採り入れている知識者の価値を問うとすれば、それはやはり残酷な基準と言わざるを得ないだろう。

4. 梁漱溟・馮友蘭と毛沢東

　私たちがこの種の基準を疑うと同時に、考えるに値する重要な背景があることを指摘したい。それは、建国後の、梁漱溟と馮友蘭のまったく違った政治的背景と毛沢東との交際のあり方である。

　伝統的な中国の知識階層の認識は、一般的に言うと、自分の考えの実現を聖明な君主への期待に寄託するというものであり、これは「明君を得て道を行う」「上行路線」[29]と呼ぶことができる。家と国家との合一という政治枠組のなかで、このような策が形成されることには自然とある種の合理性があった。たとえ中華民国・中華人民共和国の時期に入った後でも、人民の認識のなかでは、帝王と現代国家の指導者とのあいだの違いは十分に明確なものではなかった。とくに、1949年以後、毛沢東の役割とその地位に対する尊崇が、知識分子に「名君にめぐり逢うを得た」という感覚を生み出したのはこのためである。そのため「明君を得て道を行う」ことを期待する観念が非常に明確に表れたのである。この点について、私たちは、梁漱溟・馮友蘭の回想録の多くの紙幅が、主に毛沢東との交際の回想にあてられているという証拠から説明を得ることができよう。

　当然、梁漱溟と馮友蘭のあいだには違いも存在した。

　梁漱溟は1949年以前にすでに名を知られた民主人士であり、中国共産党の重要な政治的盟友である民主促進同盟の秘書長を務めていた。また、二度も延安を訪れて、毛沢東と長時間の会談を交わしたこともあった。こういう事情が梁漱溟が1950年に重慶から北京に出てきた後の政治的環境に特殊な優越性を生み出したのである。何よりも、1950年以後、毛沢東は何度か梁漱溟を中南海に招いて政府に参加するよう熱心に求めた[30]。それに対して、梁漱溟は「政府の外側にとどまる」ことを希望したのである。しかし馮友蘭は違っていた。馮友蘭は国民党代表大会の代表に加わっていたことがあり、国民党政権ともよい関係を保っていた。だから、解放後すぐに「政治上の理由」から清華大学校務委員会委員と文学院院長の職務から辞任させられたのである。そのために、馮友蘭は、1949年10月に毛沢東にあてて、「私

は過去に封建哲学を講義し、国民党をたすけてきましたが、現在、私は過ちを正し、マルクス主義を学習し、五年以内にマルクス主義の立場・観点・方法を用いて新しく中国哲学史を書きたいと思います」という手紙を送った。毛沢東はすぐに返事を送った。「拝復、友蘭先生、十月五日の来書拝受しました。私たちは人びとの進歩を歓迎します。あなたのような人が、過去に過ちを犯し、現在はその過ちを正そうとしておられ、もしそれを実践できれば、それはたいへんよいことです。ただし、急いで結果を出す必要はありません。少しずつ改めればよろしい。何よりも誠実な態度で取り組まれるのがよろしいかと存じます。毛沢東。十月十三日」[31]。明らかに馮友蘭の態度はへりくだったものである。その原因は、ある問題についての認識が、双方で一致していたことにある。つまり馮友蘭は過去に過ちを犯したということだ。それが馮友蘭の1949年以後の政治活動の基調を決定してしまったのである。

　しかし、梁漱溟のこのような感覚は、その「発言権」を「蕩尽」してしまった。1953年の大会で毛沢東に楯突いた後、梁漱溟は客観的立場に立って多くの方面のために発言をするという最初の志が、新しい政治的構造のもとでは明らかに少しばかりぜいたくすぎたということにすぐに気づいた。梁漱溟自身のことばで言えば、「個人的な関係でいえば、私の当時の感覚では、やはり毛主席と交わりが長いと自ら思っていた。もし「五四」時代に彼が楊懐中の家にいたころから言うならば、私は彼とは古い友人といってもいいほどだ。古い友だちであれば、当然、対等な立場で、嬉しいことがあればともに喜び、議論すべきことがあれば、耳までまっ赤にし、テーブルを叩き、目を見開いて議論してかまわないはずだ。だから私は怒りにまかせて毛主席が中国共産党と新中国を作り上げた偉人であることをほとんど忘れていたのだ」[32]。こういう気もちの影響で、梁漱溟も毛沢東の偉大さを感じていたと言っても、それは徹底して身を捧げるような状況になることはまずあり得なかった。

　　いつも私が、中国が一百年以上も悪運に沈みつづけたのを思うたび、そしてついに共産党と毛主席の指導がそれを逆転させたことを思うた

び、私は一千回一万回も「毛主席万歳」を叫んでも、それは多すぎるとは感じない。惜しいことに体じゅう旧社会の習気に満ちた私は、雑念が多すぎ、自分の身体のどんな熱情も覆い隠されて出てこない。私はそれでもずっとそれを「屈強な精神」と「気骨」にしてうぬぼれていた。[33]

　馮友蘭の状況は違っている。1949年に毛沢東に手紙を送り、「誠実であれ」と教えられた馮友蘭は、この一点だけを琢磨して10年近くを送ったのである[34]。馮友蘭自身の表現によれば、「解放以後、私はいささかのものを書いたが、その内容の主なものは悔悟だった」[35]。『三松堂自序』から私たちが看取できるのは、馮友蘭は毛沢東と会うことに非常に重きを置いていたということだ。毎回、その記録を非常に詳しくつけ、詩を書いて記念にすることも多かった。たとえば1964年には「尊の前に向かわずして老大を悲しみ、日月に随いて余光を得んと願う」という詩を作っている。もし詩が心の声だとするならば、馮友蘭の反応は至って正常な反応と言える。
　もし私たちがウェーバーの理論モデルを借用するのであれば、毛沢東と共産党が正統性を得た主要な道筋はおもに「カリスマ」型統治の基礎の上にあったといえる[36]。カリスマ型統治が形成されたのは、宣伝系統の意識的な宣伝と、カリスマ型統治が中国人の心理的習慣に比較的受け入れられやすかったということがある。しかし、とくに根本的な原因は、毛沢東を代表とする中国共産党人が近代以来の中国人の恥辱の歴史に幕を下ろし、中国人を率いて国際的に払われるべき敬意を獲得したということにある。この点については、梁漱溟も馮友蘭も十分に一致していた。梁漱溟は、1951年の中国人民政治協商会議で行った「中国共産党の指導に信従して自己を改造しよう」という発言のなかで、「二年来、対内・対外を問わず、私たちの国家は共産党の指導の下で何ごともうまく行っている。……だから私はここで声明したい。今後、政治上、私は中国共産党の指導に信従すると」と、はっきりと言っている[38]。
　馮友蘭も同じだった。馮友蘭は、1982年、コロンビア大学から名誉博士

の学位を授与された際の儀式で、自分の人生について総括的な発言をしている。これは馮友蘭の内心を比較的忠実に映し出していると思われる。

> 中国革命は勝利した。革命はマルクス主義の哲学を運んできた。知識分子を含む絶対多数の中国人は革命を支持し、マルクス主義を受け入れた。この革命こそが帝国主義の侵略を制止し、軍閥と地主の搾取と圧迫を打倒し、半封建半植民地の地位から中国を救出し、新たに中国の独立と自由を獲得させたのだと人びとは深く信じた。人びとはマルクス主義が真理だと信じた。……どのように言おうとも、50年代の中国共産党の威信は高かった。それは政治の面だけではない。もっと重要なのは道徳の面であった。知識分子たちは、革命の勝利に鼓舞されて、一斉に努力し、社会主義建設をたすけたのである。[38]

これについては、梁漱溟と馮友蘭のあいだには、一種の観念上の交流もあった。馮友蘭の記録によれば、

> 1971年、中国が国連に加盟すると、梁漱溟は私に手紙を送ってきた。私と相談したい大事な話があるという。私は彼をわが家に招いた。彼はやって来て、私に言った。中国が国連に加盟したことは、中華民族が全世界のその他の民族と平等な地位に達したことのメルクマールだ。これは私たちが十歳二十歳であったころからの目標だった。毛主席の功労はどんなことばを使っても形容しきれないだろう。たしかに毛主席と共産党が中国人民を指導して、中国人民を立ち上がらせ、たしかに三つの大きな山を打ち倒して、大きな山の下敷きになっていた人びとをみな解放したのだ、そして中華民族のみながそのことを信じ、毛主席と共産党に対して心からの無限の崇敬と熱愛を抱いている。私はそのことが説明したかったのだ。これは個人の迷信ではなくて、孟軻のいう「心服」、「七十人の賢者（孔子の弟子たち）が孔子に服するがごとし」だよ。これは迷信ではない、これは実践によって証明されたこ

とだからだ。[39]

　馮友蘭は自分の仕事の重点を探し当てた。それは新しい強力な政府に新しい理論的武器を提供することだった。1982 年、コロンビア大学から名誉博士の学位を授与された際の儀式での演説で、馮友蘭は語っている。

> 中国の歴史を通観すると、国家が統一を完成し、強力な中央政府が樹立され、各族人民が互いに睦みながら共存している時に、それにつづいて自然・社会・個人生活の各方面を含みこむ広範な哲学体系が出現することがある。それは国家の統一が人の思想への反映でもあるのだ。儒家も新儒家もそのような哲学体系である。中国は、今日、国家の指針として、新しい文明の各方面を包みこむような広範な哲学体系を必要としている。総じて言えば、私たちはすでにマルクス主義と毛沢東思想を手にしている。マルクス主義は中国的マルクス主義へと変化し、毛沢東思想もさらなる発展を遂げようとしている。[40]

　これまでの分析のなかで、私たちは毛沢東の「カリスマ」と功績が知識分子に新しい秩序を受け入れさせたことに非常に重要なプラス要素であったことを見た。しかし問題はもちろんそのように簡単なものではない。私たちは、同じように、1949 年以後に知識分子が遭遇した苦難について、さらに多く知ることができるからである。このような苦難は知識分子の選択に対してある種の警報であった。それは、別の方面から数多くの自覚的・非自覚的な権力への協力者を生み出すことを促進したのである。
　1949 年以後の歴史から、知識分子が受けた苦難が必然的にはその政治的立場と直接の関係がないことを私たちは看取することができる。なぜなら、たとえ一貫して共産党と同じ陣営にいた知識人であっても、自ら作り上げた観念によって傷を受けることがあったからだ。あるときには、形勢の変化が異なった観念モデルを必要とすることもあったかも知れない。このように、古い観念モデルの創造者は、その築き上げた観念が形勢の要求するものに適

合しないということによって批判を招くことがあった。しかもその批判は常に破滅的なものだった。

　だから私たちは言うのである。現代中国では、知識分子と権力体系とのあいだの関係は、「立法者」から「解釈者」への転変がもたらす矛盾を表しているだけではなく、新しい権力組織モデルの下で、知識分子が伝統と現実とのあいだでその適切な位置を見出すことの困難を表してもいるのだと。そのことを具体的に次に述べよう。

5.　現代権力メカニズムの下での知識階層の困難

　ますます多くの人が認識してきているように、政治構造と統治形式の変動をもって思想発展の座標を確定するというやり方は十分に妥当するとは言えない。しかし、そのあいだの関連性はやはり相当に明らかなものである。近現代中国社会について言えば、多くのばあい、統治権の変動は政権組織モデルの大きな変化を意味していた。たとえば、辛亥革命後の中華民国の樹立と、1949年以後の中華人民共和国の成立とのあいだには、統治理念においても、知識分子の特性に対する認識においても、大きな違いがある。このような違いの原因は多方面にわたる。制度化によるものもあろうし、知識者の社会的機能と「階級」的性格に対する統治者の側の違いによるものもあるだろう。これらはどれも知識分子が現代社会のなかで自分の社会的役割を探し当てる際に大きな影響を与えるものである。

　当時の国際的環境の影響を受けて、中華人民共和国は、その政権組織の形式において全面的にソ連を模倣していた。同時に、国民党との長期にわたる闘争の中で実施して有効だと認められた組織モデルも参照していた。遊撃戦争のなかで、党組織を中隊単位で組織する方法は、生産隊や生産小組や職場などの基本的組織に党支部を設置するという方法に有効に移植された。このような基本的な生産単位であっても、政府の行政序列のなかに位置づけられないものはなかったのである。ソ連の完全な計画経済体制については参考にし、戦時組織方式についてはそれを移植した。その直接の結果は行政系統の

突出した発展であった。つまり、それは、生産・消費などを含むすべての社会的なものごとがすべて国家の厳格なコントロールの下に置かれたということである。このような背景の下、知識分子と権力とのあいだの関係にも多くの変化が発生した。これは、私たちが馮友蘭と梁漱溟のような知識分子の1949年以後の活動の軌跡を分析する上で、大いに参考にしなければならない点である。

　知識階層の生存基盤の一つは、その住んでいる社会のためにある種の正統性の根拠を提供することである。そして、理論的に言えば、政権変動の過程のなかで、イデオロギーの要求は特別に強いことがある。それは政権樹立の初期にこのような正統性への要求が非常に強烈であることが多いということでもある。

> 権力の正当性・正統性は権力エリート自身の戯言から生まれるものではない。政治権力の外側から、信頼される権威的な存在によって、肯定されなければならないのである。知識分子が、社会のなかで象徴的意義に対して解釈を加えるという合法的な役割をはたしているため、政権を掌握した者により全力で取りこみや丸めこみの対象になるのは至極当然なことだ。政権を掌握した者が彼らの支持を獲得できるかどうか、彼らがいかに政治権力の正統性を説明してくれるかは、政権を掌握した者の関心事になる。これは、ごく自然なことであって、いわば、社会的役割が分化した後には避けられない結果なのである。[41]

　ただし、このような説にかかわらず、現代国家の統治技術の発展と官僚行政系統の完全化によって、これまでの単純な権威型統治のイデオロギーへの依存性は徐々に低下している。「全方位監視型コントロールの技術の発展と社会権力のいっそうの浸透化によって、また、イデオロギーの正統性が徐々にそれらに取って代わられ、最後には事実上システムの整合性を維持することがイデオロギーの正統性との関係を喪失するにつれて、国家の権力基盤は

決定的に変化した」[42]。また、権威のシステムもイデオロギーの形態を借りてその正統性を論証していた時期には、イデオロギーの自らの権力に対する制約作用を考えに入れる必要があった。多くの状況の下で、イデオロギーの宣伝者は、普遍主義の立場からの自我感覚に基づいて、現実の権威システムに対してある種の批評的な立場、ときには攻撃的な立場をとることがあり得た。そのため、イデオロギーの宣伝者と権力者とのあいだには、一見したところ非常に緊密な相互依存の関係にあったとしても、矛盾が発生し得たのである。

だから次のように言うこともできる。1949年以後、毛沢東と毛沢東の新政権は、知識分子の役割に対して、終始、一種の矛盾した心情で、それを警戒するような状況にあったと言える。そのために、さまざまな形式の思想改造運動が開始され、それが知識分子が新社会に適応するための必修科目にされたのである。たとえば、建国初期には、知識分子の「階級属性」についての認定も矛盾している点があった。ある面からは、知識分子は労働者階級または労働人民の一部分とされた。しかし、他の面からは、また、世界観問題から見たならば、知識分子はブルジョワ階級に属していると認定されたのである。1949年に始められた知識分子に対する思想改造は、内容は「団結、教育、改造」と確定されていたけれども、実際の重点は教育と改造に偏っていたことは明らかである。これは主に毛沢東の観点を体現したものだった。毛沢東の見るところ、「大多数の知識分子は旧社会からやって来た者たちであり、労働人民の家庭の出身ではない。一部には労働者・農民の家庭の出身者もいるけれども、解放前にブルジョワ教育を受けており、その世界観は基本的にブルジョワ階級のものであるから、これらの者たちもやはりブルジョワ階級の知識分子に属している」[43]。このような階級属性の認定によって、知識分子がその後の歳月におちいる困難な境遇が決められてしまった。1957年9月18日の『人民日報』の社論は「元の地主階級、官僚ブルジョワジー、旧国民党の軍人・政治家などは、名誉もすっかり失われて、労働人民の資本に反対する資本もなくなってしまった。このような状況の下で、それでも労働人民の資本に反対しようとする社会的な力は何かというと、それは

ブルジョワ的党派とブルジョワ的知識分子である」。このような認識が存在したため、「陽謀」によって誘い出すことで数十万の知識分子を政治的に自らと異なる存在——「右派」にする必要があったのである。

　社会をコントロールする手段の多様化、さらには残酷化が、組織に附属するという特性を持つ知識分子に、新しいイデオロギーと行為規範を受け入れさせることになる。宗璞は馮友蘭を弁護して「鉄板の上に座らされて、だれも彼もがやってきて、その下に火をつけるようなものだ」と言った。このたとえは、知識者が権力と暴力の前に立たされたときに表れるもののイメージでありうるだろう。

　　　人類の歴史から私たちが見出すのは、政治権力の正統性が成立し、とくにそれが有効に武力を掌握した後には、政治権力によって制度化された組織の行政権が運用されるようになり、政治権力は武力を動員することで監視や圧政や懲罰を行うこともできるようになって、権力は自主性を生み出して過度にその正統性を膨張させ、濫用するに至るという現象である。この情勢は、社会のなかに自主独立の有効なチェック・アンド・バランスの体制が欠けているときにとくに強く現れる。このとき、政権を掌握したものは、社会行動を決定する正統性のすべての力をその手に握り、さらには一部の知識分子の支持の下に、既得利益を守るために、またはそのイデオロギーを誇るために、立法規範を無視したり、法律の内容を歪曲して改変したりして、新しく「真理」と「正義」の内容を定めるのである。その歪曲の程度がどの程度かは、権力が形成した社会的基盤と関係がある。つまり権力の有効なコントロール能力、社会のなかのイデオロギーの主流勢力の大小、経済水準、一般国民の知識程度などの要素と関係があるのである。[44]

　だから、生存しなければならないという圧力と信念の前で、知識分子は多くのばあい従順な選択をしてしまうのである。

　それでは、なぜ多くの知識分子が、最初は強制されていても、後には自覚

的・自発的に思想改造運動を受け入れるように変化するのだろうか？　これは現代社会の組織形式によって決定されたものである。現代的組織の効率と機能は知識分子の参加を得てはじめてその可能性を発揮する。しかし、知識分子の才能と努力は、その組織の力から抜きん出て、はじめて発展の機会を得るのである。このような二重の関係は組織の存在とその影響の必然性を肯定する。ただし、それは、知識分子全体の重要性を肯定するだけであって、知識分子個人個人の価値には何の保証もない。これは、組織化することの難しい人文知識分子には相当に不利である。だから、国家が社会に対して全方位監視的コントロールを開始した後には、知識分子が社会に参加するには一筋の道しか残されていない。つまり新しい規則を受容するという道だけが残されているのである。

　知識分子の「実績」の追求と、新しい権力体系の知識分子に対する全体的な拒絶によって、知識分子は社会的アイデンティティーを獲得するためにより多くの犠牲を必要とするようになっていく。このような犠牲には二種類がある。新しい権力と対立する側に立つか、新しい権力の手下に成り下がるかだ。

　1949年以後に樹立された新政権は、一つの新しい権力体系として、過去の社会との完全な断絶を強調した。だから、新しい権力体系の生長する時期に何の関係も持っていなかった思想家には、自然とある種の矛盾した、しかし互いに関連しあった心理的反応が生まれることになった。一方では、彼らはこのような権力体系が、中国社会を近代的な方向に押し進めるための力量感を表現しているような状況の下で、新しい権力に引きつけられる状態になる可能性がある。だから、彼らは自分のこれまでの経典や伝統に対して持っていた解釈や立場を放棄し、何らかの自発性を身につけていくのである。他方では、彼らはこの権力体系が持っている思想体系やイデオロギー体系の前で、ある種の力の欠乏感を感じる。何らかの政治的権威と思想的権威を併せ持つ突出した権威の力は、「旧社会」からやってきた思想家たちには、嘆いてみたところでどうにもしようのないものである。彼らは、現代思想の論理から、自分の過去が、伝統思想の論理を解読する役立たずの知識人のやり方

にのみ限られていると感じ、また、現実から遊離しているという距離感を感じるかも知れない。彼らがもしそのような伝統的な解読方式にまだ未練があり、しかし新しい権力の手先になることで自分を治療し救出できるという感覚が生まれるのに抵抗しきれなかったならば、彼らはやむを得ず自分の旧説を放棄し、新しい権威の要求に一致するような解釈や説明を構成していくことだろう。この立場から言えば、馮友蘭が積極的に批孔を行ったことにも十分に合理的な論理発展の道筋があったわけである。殷鼎によれば、馮友蘭の孔子批判にも無自覚から自覚への過程があったのである。

> 彼は批孔の最初の段階で、また批判闘争に遭遇するのではないかという恐れから、保身のために余儀なく文章を書いた。まず自ら彼自身が過去に孔子を尊崇してきた歴史を批判し、つづいて当時の政治的な需要に応えるために、孔子と儒家を批判した。しかし、馮友蘭が中共当局に重視され、さらには利用されるに及んで、彼は自発的ならざる自己批判から、積極的・自発的な批孔活動へと移っていき、中国共産党のために働いていることの快楽を感じるようになったのである。馮友蘭は毛沢東や江青らがその器量を褒めそやしたことに感動した。しかし、それだけではなく、馮友蘭は長いあいだ儒家思想の薫陶を受けていた。その志は統治者のために忠義を尽くして尽瘁することにあるべきだという意識が非常に強かった。だから、いったん権力者のお褒めにあずかり重用されると、彼の批孔への熱情はますます高まっていった。自分は国家のために力を尽くしていると感じ、それが彼の生命に意義と価値を生じさせたのである。このことには諷刺的な意味があろう。[45]

梁漱溟と馮友蘭は1973年の「批林批孔」で異なった言動を見せた。それは、私の見るところ、ただ一種のメルクマールであるにすぎない。儒家観念の影響を受けた「現代」知識分子として、現実の社会的存在は、彼らを実績と道徳の二つの儒家のもっとも重視する項目のあいだでバランスをとらせな

かった。この儒家的な背景と残酷な現実は中国の特殊な時期の特殊な現象にすぎないが、私はこれを中国特有の問題と考えようとは思わない。いかに現在中国の知識階層のためにその終局的価値を設定しようとするとき、私たちは何を堅持すればいいのだろうか？　それともそのすべてを捨て去ればいいのだろうか？　これは長期間にわたり存在しつづける難題なのであろう。

注

1) 曼海姆（2000）『意識形態和烏托邦』〔マンハイム『イデオロギーとユートピア』〕北京、商務印書館、162頁。
2) 当時広く伝えられた「悠悠たる万事」、「ただこれを大と為す」、「克己復礼」などのことばは『論語』と関係のあることばである。
3) 「批林批孔」の発動には複雑な政治的・社会的背景がある。現在のところ、それを確実な資料から説明することはできないが、私たちはここで毛沢東がこの運動を支持したことだけは押さえておこう。1973年5月、毛沢東は自分の詩を江青に読んで聞かせた。その内容は「君に勧めることは、秦の始皇帝をあまり罵らないようにと、焚坑の事も議論の余地はある。始皇帝の魂死しても秦はなお在るが、孔学の高名は実は粃糠なり、百代すべて秦政を行う、「十批」は良い文章にあらず、唐人柳宗元の「封建論」を熟読すべきだ」。この詩のことは当時はだれでも知っていた。
4) 「広泛深入開展批林批孔的闘争」〔「広範に深く批林批孔の闘争を展開しよう」〕、『紅旗』誌掲載、1974年2月。
5) 汪東林（1988）『梁漱溟答問録』〔『梁漱溟、問いに答える』〕長沙、湖南人民出版社、176頁。
6) 梁漱溟（1993）『梁漱溟全集』第7巻、済南、山東人民出版社、304頁。
7) 同上、310頁。
8) 汪東林（1988）、182頁。
9) 同上、186頁。
10) 馮友蘭の娘宗璞の話によれば、馮友蘭が屈従を選んだのは運動を避けて著述の空間を得るためだったという。「批孔の声が高まりを見せ、また黒雲が街々を覆い、抵抗しきれない気分が高まってきた。馮先生がまた衆矢の的になるのは明らかだった。鉄板の下で火が燃えている。みるみるうちにその火は大きくなってき

ている。馮先生は脱出しようと考えた、丸焼けになる前に脱出することを考えたのだ。――注意してほしい、何かを追求していたのではない、脱出したかったのだ！それが一時的なものであってもだ。馮先生が逃げ出したかったのは、受難が恐ろしかったからではない。先生には時間が必要だった、『中国哲学史新編』を書く時間が必要だった。そのとき先生は80歳になろうとしていた。私は母に言われたことがある、こんど改造小屋に送りこまれたら二度と出てくることはできないよと。先生の逃げる方法は順応することだった」。宗璞（1995）「向歴史訴説」〔「歴史に訴える」〕（『馮友蘭先生百年誕辰紀念文集』）清華大学出版社、12-13頁。宗璞の論法には明らかに強い「かばう」意識が見られる。馮友蘭自身ですらその追求していた目標を否認してはいないのだ。

11) 馮友蘭（1984）『三松堂自序』北京、三聯書店、187-188頁。
12) 1974年、『光明日報』編集部が開いた座談会での発言原稿「従個人体会談批林批孔同団結教育改造知識分子的関係」（「個人の体験から批林批孔と知識分子の団結・教育・改造との関係を語る」）の一文で、彼は「編者按ずるに」の項目は「党が知識分子に対して、とくに老年知識分子に対して普遍的に抱いている関心事だった」と認めている（『光明日報』1974年2月1日）。
13) 馮友蘭（1984）、189頁。
14) 『人民中国』（英文版）一巻六期、後に多くの言語で広く伝えられた。
15) 香港『再生雑誌』1950年8月。
16) 徐復観（2001）『中国人性論史』（先秦巻）、上海、三聯書店、6頁。
17) 牟宗三は馮友蘭が西洋思想の枠組で中国の思想を総括し、とくに「宋明の儒者の問題については根本から立ち入ることができていない」とする。牟宗三（1997）『中国哲学的特質』〔『中国哲学の特質』〕上海、上海古籍出版社、3頁。
18) 周質平（2001）「気節和学術」〔「気節と学術」〕（『二十一世紀』2001年6月）。
19) 同上。
20) 汪東林（1988）。
21) 景海峰（1999）『梁漱溟評伝』北京、東方出版社、270頁。
22) 馮友蘭（1984）、277頁。
23) 『孟子』「滕文公下」。
24) 銭穆（2001）『国史新論』北京、三聯書店、138頁。
25) 同上、173頁。
26) コーザーは次のように言っている。「知識分子の普遍的な抽象価値への専念と、社会的な常識的制度とのあいだの基本的な衝突は、非常にわかりやすいものである。知識分子は政策決定者が一日また一日と妥協し調和させることに没頭してい

る実際の事務について一顧だに与えない。権力者のほうは知識分子が実際を知らず現実感を欠いているのではないかと心配している。権力者と知識分子は互いに少しも相手を信用しようとも理解しようともしない。短い間の蜜月はあったかも知れないが、堅固な連合関係が成立したためしなど一度もない」。科塞 (2000)『理念人』北京、中央編訳出版社〔Coser, Lewis A (1970) Men of ideas : a sociologist's view., New York, Free Press,〕、148頁。

27) 杜維明 (2000)『道・学・政, 論儒家知識分子』〔『道・学・政——儒家知識分子を論ず』〕上海、上海人民出版社、10-11頁。

28) Thomas H. C. Lee, Acaemies: Official Sponsorship and Suppression, Imperial Rulership and Cultural Change, ed. Friedrick P. Brandauer and Chun-Chieh Huang. Seattle, University of Washington Press, 1994, p128.

29) 「君を得て道を行う」という論法の分析は、余英時「現代儒学的回顧与展望——従明清思想的基調的転換看儒学的現代発展」〔「現代儒学の回顧と展望——明清思想の基調の転換から儒学の現代的発展を見る」〕（余英時 (1998)『現代儒学論』上海、上海人民出版社、28-45頁）。しかし、余英時は明らかに宰相の専制政体のなかでの抑制作用を強調しすぎている。これはいくぶんかは儒生の期待を現実の存在と見なしてしまったためであろう。

30) 梁漱溟は、当時、自分が政府に参加しない理由を、中立の身分を保持するためだと説明していた。汪東林 (1988)、114頁。

31) 馮友蘭 (1984)、156-157頁。2001年末、私は陳来にインタビューした。陳来はその際に「まじめに」のことばについて自身の解釈を語ってくれた。陳来によると、湖南方言で「まじめに」ということばは「こつこつと着実に」というような意味であって、警告の意味を含む「まじめに」ということばとは違うということである。参考まで。

32) 汪東林 (1988)、144頁。

33) 同上、143頁。

34) 1957年、馮友蘭は招待に応じて中国共産党の宣伝工作会議に参加した。馮友蘭と毛沢東は同じグループに入った。毛沢東は馮友蘭を激励して「十分に発言しなさい。……あなたの書いたものはぜんぶ読んでいます」と言った。馮友蘭は感動して「ここ十年来」、彼はやっと「旧社会からやって来た知識分子と知り合いになれた。思想改造を通してこそやっと新しい社会のために働ける」と言ったという。馮友蘭：1984年、161頁。

35) 同上、280頁。

36) この面では、ウェーバーのモデルは大きな影響力を持っている。「正統な支配に

は 3 種の純粋類型がある。その正統性は次のような性質を持っている。1. 合理的性質。統治者の法が定めた制度への信頼の上に成り立ち、指令する権利の正統性から言えば、彼らは合法的に命令を受けて統治している（合法型統治）、次に、2. 伝統的性質。歴代適用してきた伝統的な神聖性への一般的な信頼の上に成り立ち、その伝統から与えられた権威によって統治者の合法性を獲得する正統性（伝統型統治）、最後に、3. カリスマ的性質。非凡な一個人に身を捧げ、彼によって黙示された、または創立された制度の神聖性により、または英雄的気概による（カリスマ的統治）」。マックス・ウェーバー（1997）『経済与社会』〔『経済と社会』〕、北京、商務印書館、241 頁。

37) 梁漱溟（1993）、第六巻、875-876 頁。
38) 殷鼎（1991）『馮友蘭』台北、東大図書公司、199-200 頁。
39) 馮友蘭（1984）、165 頁。
40) 同上、373 頁。
41) 葉啓政（1984）『社会文化和知識分子』〔『社会文化と知識分子』〕、台北、東大図書公司、115 頁。
42) 斉格蒙・鮑曼（2000）『立法者与闡釈者』、上海人民出版社、211 頁。
43) 1957 年 3 月 12 日「在中国共産党全国宣伝工作会議上的講話」〔「中国共産党全国宣伝工作会議での講話」〕（『毛沢東文選』第七巻、273 頁）。
44) 葉啓政（1984）、111-112 頁。
45) 殷鼎（1991）、上掲書、192 頁。これに対して、馮友蘭の娘婿にあたる蔡仲徳は非常にすばらしい分析を見せている。一方で、「「旧邦を闡らかにしてもって新命を輔く」という「平生の志事」は、馮友蘭という一代の知識分子が強烈な愛国的熱情を持っていたことを示している」。他方、「彼らは群体と個体、国家と個人の関係について、前者を重視して後者を軽視する傾向があり、それが行きすぎると祖国と政権を区別しなかったり、政権の性質を考慮しなかったりすることになり、だいたいにおいて国家主権を強調して個人の人権を軽視することになってしまう。……この種の国家至上の観念から、彼らは国家の独立・統一を何者よりも高位のものと見てしまう。それによって、国家の強権の前に、知識分子が持つべき独立した思考と独立した人格を放棄してしまうのである。自分自身は国家がもたらす侵害を甘受して反抗せず、国家が他人を侵害する現象に対しても沈黙を守るのである」。宗璞・蔡仲徳（1998）『解読馮友蘭親人回憶巻』〔『馮友蘭の身内による回憶録を解読する』〕深圳、海天出版社、57-58 頁。

1949年以後の朱光潜
自由主義からマルクス主義美学へ

単 世 聯

　1949年、天地は覆った。卓然として名を成していた学者にしてみれば、もしこの新体制下で学術や文化に対し発言権を維持しようとするならマルクス主義を受容せざるえを得ない運命にあった。しかし政治思想としてマルクス主義を受容する前提のもと、多くの学科、学者には、「科学」としてのマルクス主義についての理解と解釈に大きな差異が認められ、そこに構築された学術境地の様相も各々趣を異にしていた。本稿では朱光潜先生のマルクス主義への道を遡る。

1. 全面批判　なぜ朱光潜なのか？

　1948年3月、文芸方面における共産党の指導者が編集した『大衆文芸』が香港で世に出た。綱領的な文章として最初に公表されたのは邵荃麟の筆による『当面の文芸運動についての意見』であった。彼ははっきり宣言していた。「我々は今日の文芸思想上の混乱状態は、主に個人主義の意識と思想が群衆の意識と集団主義の思想に置き換わったことによると考える」。徹底して「反動文芸思想」を暴露、攻撃し、「アメリカ帝国主義の中国に対する直接的文化侵略」を除去する他に、

次に、これも更に重要であるが、地主資産階級の御用文芸である。
　　　この中心にいるのは朱光潜、梁実秋、沈従文らの「芸術のための芸術
　　　論」である。……¹⁾

　朱、梁、沈はみな文芸方面の自由主義の代表的人物である。40年代中期、自由主義およびその政治上の主な代表「民盟」と共産党とは緊密に協力しており、その共闘による国民党との「民主をめぐる争い」は政治的にきわめて活発な時期があった。両党の覇権争いが戦場に場を転じてから中間派の利用価値も次第に失われた。1947年10月、すでに守勢に転じていた国民党は民盟を非合法団体と宣告した。ほとんど同時期、反撃に転じた共産党もある文書の中で指摘している。

　　　蒋介石反動集団が打倒されたならば、我々の基本的な攻撃方向は自由
　　　資産階級とりわけその右翼を孤立させなければならない。……自由資
　　　産階級の希望する欧米式の旧民主は、今日の世界では永遠に過去のも
　　　のである。およそ共産党との協力、共産党の指導を受け入れない全て
　　　の人々は、必ずや大地主、大資産階級専制を支持するであろう。[2]

　1948年革命の勝利を目前として、自由主義に対する批判も激しさを強めた。「48年春、香港文化界の使命は、自由主義に対する批判である」[3]という回想があった。1949年3月、毛沢東はまた「さらば、スチュアート」等の文でその運動を加速させ、『大衆文芸叢刊』で朱光潜らに加えた批判は、まさに政治的粛清の一環だった。
　自由主義と美学の関係はかなり複雑である。審美と文芸は想像的な情感の体験であり、極端に言えば、囚人でさえ高踏な詩を書くことができ、専制社会においても審美的な傑作が生まれることが出来るのである。その反面、通常自由と切り離せないと思われる民主社会は、かえって一部の芸術家からは文芸の障碍と見なされるのである[4]。よって二つの自由を分けるべきであろう。一つは形而上学と倫理学上の意志の自由であり、それは特定の社会政治

条件とは直接関係がない。二つには政治的自由であり、それは主に一定の政治経済のもとで、法律が保障する個人の権利であり、それは個人の行為が意図的な束縛と強制を受けないということを意味する。欧米の美学史上、カントは審美経験を「利害と切り離す」著名な分析において審美と認識、倫理との間に境界を定め、自由主義美学のために哲学的基礎を与えた。この後西欧の主流美学と文芸理論において、審美的行為と文芸活動は個人的権利の一部分と見なされ、ふつう政治関与と道徳的束縛を受けず、また一連の文化体制や法律制度がそれを保障している。

　王国維に始まる近代中国美学は、主にカントの流れを汲んできている。20年末には、自由主義文芸はすでに中国に根付き開花していた。それは「胡適派」を中心として徐志摩、梁実秋、陳源を代表とする「新月派」、「現代評論派」周作人、沈従文、楊振声を代表とする「京派文人」および林語堂の「論語派」等に見られる。1932年、まさに自由主義と左翼革命文学が緊張対峙するとき、朱光潜は海外から8年ぶりに北京に戻った。彼の知識背景は、学術観点と社会関係など全ては彼を自由主義の側に規定するものであった。西欧美学への深い理解と外国文芸への深い学識と教養を携え、朱はカントとクローチェ主義を基礎とし、「直覚」「距離」「移情」などの概念を道具として、審美と人類のその他の生きた区分を出発点として、文芸と人生の関係を中心とし、中国の自由主義に最も完璧な美学理論をもたらした。注目すべきは、朱は詳らかに、審美は実用的なものでなく、審美には概念も思考もなく、美的経験は極端に精神を集中する心理状態であり、美感の対象は独立自足した世界であると、形式主義美学の基本的理念をくりかえし強調しながらも、その中国美学への独自の貢献が、まさに形式美学に対する「欠陥を補う」ものであったことである。

　　　私たちは審美経験を分析するのにほとんどカントからクローチェに伝わる態度を採用する。この態度は形式主義を偏重し文芸と道徳との何らかの関係を否認し、審美経験を独立したエリアとして確定し研究するものである。「形象直覚」「意象孤立」および「とらわれない鑑

賞」などの諸説はおおかた非難すべきところがない。しかし根本的問題は、審美経験を独立したエリアとして切り取り、その因果関係を問わないで済むだろうかということである。芸術と人生の関係は審美経験の小さな範囲で決定されるのだろうか。形式派美学の根本的な誤りはこのような重要な問題をなおざりにしたことにある。[5]

朱の形式主義に対するもっとも重要な修正は次の二点である。まず、審美は人生から独立し得ないという指摘である。

> 形式派美学の弱点は過去の機械観と分析法を信任するところにあり、またそれが人を科学、実用（倫理を含む）そして美感という三つの区分に分析することであり、「人の美的感性」についてのみ検討するところにある。それは「美感の人」を忘れると同時に「科学の人」「実用の人」も忘れる。科学の人、実用の人、美感の人三種の思想活動は理論上分けられるとしても、実際の人生においては分けることはできない。[6]

二つ目には芸術は単に審美だけにあるのではない。

> 私たちは美感が芸術活動全体のごく一部であることを承知している。審美経験は純粋な形象の直覚であり、直覚は瞬時に消え去る動きにすぎないが、芸術の完成には長期間にわたり努力を続ける必要がある。…審美経験は直覚にあり、意志と思考にあるのではない。しかしすべての芸術活動には実は意志と思考が必要であるのだ。[7]

審美の独立は何も目新しい議論ではない。朱が1957年にのべているように「この考えは私一人の考え方ではなく、きわめて普遍的な考え方である。以前中国の多くの知識分子はそう考え、多くの外国の知識人もそう考えた。今に至るもイギリス、フランス、アメリカなどの資本主義国家の多くの文学

家と芸術家もやはりこのように考えている。この考え方は長い期間において、奇抜でもなければ荒唐無稽なものでもなく、至極あたりまえな道理とされてきた」[8]。形式主義の偏り及びそのイデオロギー性に対する批判も朱光潜に始まったわけではない。朱光潜美学の現代中国における意義は、単に彼が率先して審美独立論を完全なかたちで導入し、中国文化現代性の建設に参加するのみならず、さらに彼が審美の独立、芸術の自律と政治的自由、人道主義という二大歴史主題を関連づけ、中国における自由主義の文芸領域での主要な発言者となったことにある。

1948年に「自由主義と文芸」という一文において朱は、自由と奴隷は相反し、自由主義を擁護するなら奴隷制度に反対することになり、生物学と心理学からいうならば、自由と「抑圧」「虐待」とは相反し、自由主義を擁護するなら抑圧と虐待に反対しなければならないと指摘した。「自由の二つの意味は互いに成り立っている、奴隷は抑圧から逃れられない、自主的であってはじめて自由な発展がある。つきつめて言えば、私の理解する自由主義と人道主義は骨子において同じことである」。いわゆる文芸の自由は、第一には文芸は自主であり得る、それは奴隷の活動ではない、第二に文芸の要求は人性においてもっとも尊い一点であるためにそれは自由に展開すべきである。だから問題は文芸が自由であるべきかということではなく、私たちに真に文芸が必要であるか否かである。自由は文芸の本性であり、文芸である以上、必ず自身の創造性が備わっている、それはすなわちその自由性に他ならない。創造性もしくは自由を失った文芸はもとから文芸にはなり得ない[9]。現代中国という文脈において朱光潜の美学は次の三つの内容を包含している。

第一に、審美の独立から文芸の自由を求めている。自由主義は左右の両極端に反対する。国民党にも文芸政策があったが創作活動を積極的に組織化することはなかった。文芸を有効に党統治の道具とすることはあり得なかった。それはさらに多くは消極的な禁止、野蛮な審査、その党化の強度と範囲はおしなべて限度があった。知識人に対する管理もそれほど緻密ではなく、文芸はその統治下においても一定の自由空間を維持し、左翼文学もまたこの自由を利用して国民党の「不自由」を批判したほどである。30年代から40年代

末、朱は依然として政府の独裁専制を批判したが、多くは左翼文学が甘んじて「政治の蓄音機」「スローガンのメガホン」になっていることを批判した。

朱はもともと温厚な人柄でその文章も親しみやすいが、ひとたび革命文学について語ると、きわめて感情的になる。「付和雷同のやから、文芸の美名を騙り突貫する下っ端役人、道徳的にも芸術的にも低級な趣味の陳列」。「小資産階級の生活をしながら、そのやり口はブローカーや悪徳地主とかわらず、口先では社会の暗黒を呪詛し、少しばかりの主義を論じ、幾つかのスローガンを叫ぶだけで、もう革命家きどりだ。数えてみればきりがない。まるで見掛け倒しの人非人だ」[10]。

第二に、審美の自律に基づき人生哲学を唱導した。度々大変動に見舞われてきた中国で、美学者たちは現実社会の重みに打ちひしがれた人間への関心は特別なものがあった。彼らはいずれも功利を超越した形式派の美学に人間性を救済し、民族文化再建の内容を賦与していた。現代美学の特性はそれがしばしば人生哲学に転化することにある。「青年に与える12の手紙」から「修養を語る」まで朱は現代美学の「花」を中国道家思想の「木」に接ぎ木し、「人生芸術化」の人生観を唱導した。消極的な意味では、このような人生観は冷徹な理知とあからさまな功利が人生を統治することに反対するものである。積極的な意味では、それは人を本位となし人が知と情と意をもって、また様々な本能によって合理的な自由発展を得られることを希望するものである。これがまさに積極的な意義である。朱が言うには、

> 私は中国社会がこれほどまでに混乱をきわめているのは、すべては制度だけによる問題ではなく、大方は人心の頽廃によるものと堅く信じている。私は情感は理知より重要であり、人心を刷新すると堅く信じている。道徳家の二言三言でけりをつけるのではなく、「精神修養」からはじめて、衣食足りて、高官厚禄を求める以外に、もっと高尚で、より純粋な追求でなければならないと信じる。人心を浄化しようとするならまずは、人生を美化しなければならない。[11]

第三に、審美の自律を根拠に民主政治を要求している。国民党が部門の長となる人物はすべて入党するよう規定したため、1939年に武漢大学で教務長に任じた朱光潜は国民党員となり、のちに国民党中央監察常務委員になる。しかし国民党のゆるやかで軟弱な思想のコントロール能力のもとでは朱光潜が長きにわたって堅持してきたその自由の立場を変えなくてすんだ。国民党員として、朱は政治的抑圧下での知識分子の苦痛も深く感知した。

> 与党は左よりだと彼を嫌い、野党は彼が右よりだと嫌った。政治において尊くも最も得がたい徳行は寛容であり、今日の中国の政党では寛容など語れるものがない。自分の友人でなければ、即仇敵なのだ。仇敵である以上、打倒しなければならないのだ。これは与党でも野党でも一致して見られる考え方である。彼らは自由分子に対していずれも目障りで、いつ何時でもそれを取り去りたいのだ。[12]

　朱のすべての時評・政論はすべて「合法秩序の擁護者」の立場から、執政党、革命党を問わず批評し、いかなる民主憲政への妨害、言論自由への制限についても反対するものだった。比較的、彼は既成の秩序に一定の寛容さをしめしていると言える。

> 動乱の局面においては人々は気持ちが苛立ち、容易に全ての災禍を執政党になすりつけたが、これは公平な評価が必要な歴史的洞察と客観的な態度を損ねるものである。[13]

　1948年に至ってもかれは国民党に、「社会の賢達と自由分子」を含む「第三党」を「善意から扶助し」以て難局をのりきると進言した。大多数の自由分子は国共が地位を入れ替えた現実に鑑みて政治上の自由主義からすでに思想文化上の自由主義への後退と考えたが、朱は依然としてはっきりと政治上の自由主義の立場を堅持していた。
　朱の思想は美学、人生観、政治的立場という三つの側面を内包していた。

共産党から見ればそれらは全てが「反動」の性格である。文芸自由の要求は、すなわち革命文学への反対である。人生修養をもって制度革命に代えるのは反動統治の擁護となる。政治自由の主張は共産党の政権奪取に反対することになる。かつ「抗戦前後の約 10 年間、わたしの論著は市場でベストセラーであった。私が手にした読者の手紙からは、青年たちがわたしに夢中になったというのが特に多かった」[14]。なるほど魯迅が彼の「静謐」の美学観を批判して以来、革命文学家の周揚、茅盾、巴人、阿垅らが彼の美学思想をこぞって批判したのも怪しむに足りない。1948 年、新政権がまもなく誕生する情勢のなかで、朱の三つの領域での影響に対しての批判も、美学的観点、人生観、政治的立場という三つの領域に関連しながら展開された。

美学観点においては、蔡儀が 1944 年に出版した「新美学」においてすでに朱を「旧美学」の代表として学術上の批判を加えた。1948 年 9 月にはまた命を受け「論朱光潜」という文章を著して、朱の美学が学術上の「中体西用」（「和魂洋才」のたぐい）であると指摘し、「没落した地主階級の士大夫意識を主として——西洋の大家を後ろ盾とし、看板にかかげた」としてさらに、重ねて朱が「調和と折衷」によって作り上げた理論は「いたるところ矛盾だらけで、破綻に覆われている」[15]と批判した。

人生観については、郭沫若が「反動文芸に反駁する」の一文を書き、朱を国民党の「藍色文芸」の代表と認定した上、集中して朱の人生観を告発している。朱はかつて「人生には二つの類型がある。生まれついての観客と、生まれついて劇を演ずるものと」との観点を提出している。郭の文はここにおいて際限なく原則にのっとって言葉もぞんざいに「私自身がどちらの類型に属するのかわからないのだが、自らも昨今この大文芸思想家を「傍観」してきた。彼は重慶で訓育を受けていたとき、康沢に対して特に「恭しく」軍令を執り行っていたのは「観劇」なのかそれとも「演劇」だったのか。私はここでもう一歩踏み込んで訊ねたい。今、国民党が政権の座についていて、恣いままに人民を搾取していたのは、党のお偉方たちがみな「生まれつき劇を演じる」人々であったためであり、民衆たちが「生まれつきの観客」だったからなのか？　朱教授のロジックに照らせば、答えとしては「そうだ！」

としか言いようがない。本当にこれこそ偉い朱教授の「思想」の核心となっているのだ。彼の文芸思想もまたここから出発しているのである」[16]。

　政治的立場については邵荃麟が「朱光潜の卑怯と残忍」の中で朱の「群衆観」を批判している。

> この一年来、私たちは多くの御用文人の無恥な文章を見てきた。しかし私たちは朱光潜が『周論』第五期に発表した「大衆が臆病と残忍さを養成することについて」ほど卑劣、無恥、悪辣な文章を他に見ない。この国民党常務監察のお偉方は、厳然としてゲッベルスの姿態で出現したのである。[17]

　49年に成功した革命は、政権の転移だけでなく、未曾有の社会文化に対する徹底した改造であった。48年の批判はその後の学術思想発展のモデルを予告していた。それは政治批判と思想闘争が大前提であり、基本的方式となっていた。朱のような自由主義者が新政権下で執筆を継続しようとするなら、換骨奪胎の改造は必須となった。

2.　デッドラインの攻防、政治から思想、学術へ

　郭沫若の文章は1948年「五四」記念夜会の席上において、北京大の進歩的学生によって公開された。朱は「恐れと憂い」を感ぜざるを得ず、二度にわたって出国をこころみたが、成功しなかった[18]。このとき、国民党が手を尽くして彼を台湾へ連れて来ようとした「学者の緊急移送」計画において朱は三番目に入っていた。もう一方で共産党と関係のある北京大の化学教授袁翰青は積極的に遺留を勧めた。朱は最終的に大陸に残ったが、心理的には疑念と恐れに充ちていた。1974年に回想しているように「北京大の同僚である陳雪屏が出国のときに私の家にきて出国を勧めた。わたしはどこに行くのかとたずねた。かれはまず南京に行くと言った。情勢をみたところ、南京も安全とはいえない、そのあとどうするのかと訊ねた。かれは最後には台湾に

行くという。私は大陸ほど大きな土地さえまもれないのに、たかだか台湾という孤島で身が守れるだろうか？　と訊いた」[19]。国民党への信頼を喪失していた以外に、朱は学者であることを自覚し、たとえ波乱万丈の1948年にあっても、文芸鑑賞から社会評論にいたるまで、学者としての本分を余裕をもって尽くしていた。この年に『朱光潜文集』に収められた文章は40篇あまりにものぼる。大陸に残った理由として「どのような党派にあろうと、教育を行わなければならないし、学問と教育に身を投じる学者でなければならない」。「時局がいかに変化しようとも、学問研究だけをして、政治的色彩に染まらなければ、大丈夫だろう」[20]という考えだった。

　歴史は朱の判断を裏付けていない。台湾は長期にわたって国民党が支配した。新政権も当然教育を行っているが、それは党が創造した完全に刷新された教育であった。朱は自ら政治的色彩に染まらないと自認しても、その政治的身分により、北京が解放されたのち、「歴史問題」のために八ヶ月もの管制を受けることになった。

　49年以後知識分子改造のやり方は、間断なき政治運動であった。最も重要なのは最初の三回であり、1949年2月から1950年下半期にわたる政治学習運動。1951年秋から1952年夏にかけての思想改造運動。1954年にはじまる資産階級学術思想批判である。三回の運動は互いに関連し、それぞれに偏重しており、政治的立場、思想観念、学術思想という三方面から徐々に深まり、その意図するところは全面的な旧知識分子の思想改造にあった[21]。朱光潜は、罪を認め、懺悔するしか生まれ変わる方法がないことを心得ており、そこでどの運動においても、いつも率先して自己批判し誠意ある態度を取る一人だった。

　政治学習運動中の49年11月、朱光潜は『人民日報』に「自己批判」という文章を発表し旧教育が彼を「一人の自由主義者に育て上げたこと」、政治的には改良の態度を取り、学問上は現実を離脱していたと認め、まじめに学習して「時代と人民大衆に追いつく努力をする」ことを表明した。運動の期間、彼は西北に赴いて土地改革を視察し、戻ってから『西北土地改革を見学して新中国の偉大さを認識する』を書き、毛沢東の承認を得て1950年3

月 27 日の『人民日報』に発表した[22]。

　思想改造運動の厳しさは前回を遥かに凌いでいた。教授たちは出身家庭から、受けた教育、研究の成果まで群集の前で懺悔して、共産党の組織と「群集」が認めればようやく難を逃れることができるように。朱光潜と北京大学法学院の周炳琳は北京大学の重点となっていた。常風先生の回想によれば、運動は「始まったときはまだ朱先生に触れることは無かった。やがて小組長と指名され西洋語学部の教師の学習指導者となった。その後彼が調査対象となり、西洋語学部唯一の主な標的となった。最後には北京大学全学で重点的な批判対象の一人となり、まず全学部の会議の席上で、また全校の教職員学生の大会の席上で批判を受け続けた[23]。朱光潜の学生朱虹は数十年後に会場の情景を思い出して述べている。「一晩で彼の髪は真っ白になった」[24]。会議での批判ばかりか、彼を侮辱する漫画展も開かれた。

　この展覧会がどれほどの時間と労力を費やして構想されたものかはわからないし、どれだけ多くの画用紙と絵具を使ってこしらえた漫画かもわからない。その一連の漫画は、小さな辮髪を引きずり、天地や先祖を祭る位牌の前に跪いてその生涯が始まるのであった。学部の同志が言うには、朱光潜先生にも見てもらって意見を聞くと、朱先生は「たいへん結構」と言った。しかし数日過っても展覧会開展の布告は公示されなかった。上層部から許可をえられず、続いて展覧会室も撤去された[25]。

　朱の懺悔が態度がよいと認められ、1952 年の「大学改組と調整」後、朱は北京大学に遺留されたが、一級教授から七級教授に降格された。北京大学が移転してから、彼は他人の住居裏の台所の裏部屋に住まわされ、1956 年に友人の常風が会いに行ったとき、「そこで見たのは大雨の後、天井に貼った紙は雨水に濡れて崩れ落ち、半分しか残っていなかった。寝室のベッドには二つのたらいが雨水を受けていて、外の客間も水漏れしていた」[26]。当時の手紙の中で、彼はいつも「生活は何とか維持できている」「研究はすでにゆきづまった」と繰り返している。以前の革命文人による彼に対する批判が言論闘争の域を出なかったとすれば、この時の批判は、すでに権力の意志に基づく圧迫であり、収奪であった。

1954年10月、毛沢東はすでに『紅楼夢』研究問題で、資産階級唯心論を批判する動員令を発して、資産階級学術思想批判の幕開けとなった。1956年6月『文芸報』は朱の「私の文芸思想の反動性」という一文に編者注解として次のように指摘した。

> 朱光潜先生の文芸思想は唯心主義のものである。彼は全国の解放以前に、長年にわたって美学研究に力を注いできた。前後して出版された彼の『文芸心理学』『美を談ず』『詩論』などの著作は、系統的に唯心主義の美学思想を宣伝し、知識青年の間に大きな影響をもたらした。ここ数年、特に去年知識界が展開した胡適、胡風に対する思想批判以来、朱先生は自己の過去の文芸思想に対して批判を開始した。今のこの文章で、彼がさらに古い観点を放棄し、新しい観点を得るために努力すると表明している。——我々は本刊において引き続き美学問題に関する文章を発表する予定である。その中には朱光潜先生の美学観点に対する批評やほかの美学問題に関する文章も含まれている。十分に、自由に、真摯に互いに討議、批判してこそ、真に科学的マルクスレーニン主義の原則に則った美学を徐々に打ち立てることが出来ると考えている。

　朱を胡適、胡風の後に名を連ねること自体が、きわめて危険な兆候である。しかし明らかに言えるのは朱に対する批判は新美学を打ち立てるためであり、火薬のきな臭さはそれほどではない。50年代に朱光潜批判に始まった美学討論の性質について、二つの評価がある。比較的代表的な見方というのは、これは当時の環境下では民主的な雰囲気が最も強かった学術討論であり、「これは建国以来、わが国の学術界が最も徹底して百家争鳴を貫徹した突出した現象であった」[27]と。もう一つの評価は80年代に張隆渓が提出したもので「50年代以来度々の思想改造運動と同じく、このような美学討論も単純な学術論争ではなく、政治闘争であり、政治的動物としての人間が闘争の最後の分野である」[28]。朱本人の言い方は些かあいまいである。「美学討

論は党の指導のもと、『文芸報』によって1956年に組織的に始まった」。「美学討論が開始される以前、胡喬木、鄧拓、周揚と邵荃麟がそれぞれ私に声をかけた。彼らが言うには今回の美学討論は思想浄化のためで、個人を粛清するためではない」[29]。

党による指導は細心に仕組まれ、賀麟、蔡儀、黄薬眠、敏澤らによる朱批判の文章は早くに準備されたものである[30]。政治至上の時代にあって純粋な学術討論などとうていあり得ないのだ。胡喬木らが声をかけたのは、彼らの朱に対する善意としても受けとれるが、ただ政策方針を伝えただけかも知れない。学術思想批判の公のスローガンはいつも「思想浄化」ということであったが、それがいつも粛清となった。しかしながら、比較して言うなら、今回の美学討論は確かにおだやかだった。朱が批評に反駁する文章を発表することもできた。討論期間にはまた一級教授に引き上げられ、政協委員にも任命された。かつ、マルクス主義の名義のもと、さまざまな美学観点が呂熒の主観論さえも含めて公に公表できた。最後には指導者により判官式の結論が下されることもなかった。これは1949年以降やすまずに行われた「思想批判」「学術討論」の中で実に珍しいことであった。

美学討論の特殊性について、銭念孫は、ちょうど「双百」方針が提出されたことと、朱光潜を批判する陣営の内部に意見の分裂が生じたためであると考えている[31]。前の一点は四日前に発表し、陸定一が中央を代表して行った『百花斉放・百家争鳴』という報告のことで、美学討論は幸いにもこの雰囲気の中で開始された。後の一点は、朱批判の中心人物となる蔡儀は、同様に朱を批判した黄薬眠もまた唯心主義であったと気づき、その黄に対する批判により、客観的に組織者のスケジュールを攪乱するおもわぬ結果となり、比較的自由な討論となったという意見もある。この見解は幾つかの問題を解釈することはできるが肝腎な部分については説明できない。つまり、「双百」方針は「右」のあとまじめに実行されることはなかったし、また美学討論も60年代はじめに至ってもつづいた蔡儀の黄薬眠に対する批判は異なる観点のやりとりを誘発することは可能であっても、運動の方向を攪乱するとう言うならば、それは組織のコントロール能力を明らかに見くびっていたといえ

る。この討論の背後で画策されていたのは組織であり、朱に対する政策方針は今もはっきりしない。多くの材料がまだ発見されていないので、十分考慮すべきは、かつて朱の学生であった胡喬木や、何其芳、それに1939年に朱に手紙を送っていた周揚らが、朱に比較的友好的であったという事実である[32]。

　本当に重要なのは、三回の運動が異なった性質を備えていることである。政治学習と思想改造は明確な目標を持ち、線引きもはっきりしていた。それは「三座大山」に対する否定、共産党と社会主義（政治）を擁護して、資産階級唯心主義を批判し、マルクス主義を受け入れることであった。これは指導層にとっても容易に把握でき、旧知識分子も比較的受け入れやすかった。共産党の天地を覆す偉大な功績の面前で、遍く行き渡る権力の監督のもとで、彼らがいかなる反抗もできなかったからである。その上政治思想の同化が畢竟、抽象的で、原則化して容易に批判をかわすことが可能だった。しかし、学術思想批判の段階では経典著作であろうと政治権威であろうと具体的な学科に確固とした答案を与えることはなかった。そこで批評の対象は明確であるのに、批評の基準と達成すべき目標は明確とは言えなかった。たとえばマルクス主義はどのように美感を分析すべきか。いかにプラトンの美学を評価するのか。これらの問題は討論を要するものである。運動の組織者や指導者に言わせれば、学術思想上の敵と我とは境界線がはっきりせず、曖昧模糊としている。政策的な掌握はむしろ慎まなければならない。学者にとってみれば自由の立場や「唯心主義」に比べて専門の学術は自分のよりどころであるはずだ。それゆえ、政治や思想に比べ、学術は過去との決別はより困難なことであった。よって以前の二回の運動とは異なり、学術思想批判は客観的に見て、何年も発言の機会のなかった学者たちに限られた制約のもとで言論空間が提供され、ここから彼らのそれぞれ異なる「後期」の生涯が始まるのである。

　三回の運動の性質について朱は深く理解していて、ゆえに運動で異なった表現をしていた。政治学習段階で、彼は少しも学術思想上の誤りについて述べていない。49年末蔡儀は比較的婉曲な言辞でふたたび朱の「移情論」「距離論」を批判してきた。翌年一月、朱は『美感問題について』を発表し、旧

説に誤りがあることを承認し、勢いに乗じて反問している。「無産階級革命の今日、過去の伝統の学術思想はすべて打倒され奈落の底に落ちてゆくべきだろうか。それとも歴史の発展には連続性があるとみとめ、弁証法の高い段階はたとえより低い段階を否定するものであっても、同時に低い段階のものを一部保留し融合するものではないだろうか」。「この見方によれば、美感経験とは心象的観照であるという説も決してマルクス主義の観点と融合できないとは限らない。しかしこれは十分に熟していない模索にすぎず、ここにその概要を提示して、マルクス主義の学者にご一考願いたい」[33]。彼は政治上の新しい認識が必ずしも旧学術を否定するものとは考えていなかった。むしろ旧学術はマルクス主義と融合できると考えていた。このような考え方の人もほかにもいるであろう。しかし公に表明したのは朱一人だけであった。

　新しい時代は朱の自信と自立を容認するはずが無かった。『文芸報』は矢継ぎ早に蔡儀、黄薬眠の文章を発表し、朱は「芸術と現実の人生との関係を否認し、文芸と現実の人生の最も主要な一面である政治との結びつきに反対し、よって彼はこれまでも革命文学に悪辣で痛烈な叱責をもって対してきた」と批判した。「朱先生の学説は、今日のマルクス主義思想と直接に衝突する位置にあり、われわれの今日の文芸運動と背反するものだ」[34]。1954年11月7日、文聯と作協主席団の会議で、周揚らとあらそっている胡風は、『文芸報』が「資産階級に投降する」と批判したときに、ついでに朱光潜も加えられ、先に旧事が再度出されて「反動統治の長い期間、われわれは朱光潜という名を目にするたびに心を痛めた。——彼は資産階級唯心論をもって美学の領域に深く侵入し、広大な戦場を開拓して、単純な青年および文学教授の間にきわめて危険、有害な影響を及ぼした。彼は胡適派の旗幟の一つで、胡適派学閥の大黒柱となった。彼はこの基礎に立って、相変わらず蒋介石のために働いた」とした。さらに朱光潜の1950年における蔡儀への反論をマルクス主義への挑戦と見なし、

　　彼は純粋な学者をもって自認し、自分の理論の真価を歴史的還元せよと人にせまった。彼はほかの人を執今責古（今で以て古きを責める）と

罵り、毒された読者に批判していない責任を取らせようとした。人々が自分の理論をすべて打倒して奈落の底に投げ込もうとしていると罵り、その上に、自分の学説が必ずしもマルクス主義の観点と融合できないとも限らないとまで言った。さらに示威的に、マルクス主義者の人々にご一考願いたいという。これが挑戦でなくして何であろう。[35)]

　思想改造はついに朱を屈服させた。「去年蔡儀諸氏は『文芸報』で私の美学思想に批判を加えた。当時わたしは心の中で不服だった。この一年わたしは新文芸理論についていささか研究を行ってみて、ようやく私の基本的立場と観点がすべて誤りであることがわかった。わたしはここにおいて読者と批判してくれた方々にお詫び申し上げたい」[36)]。一年の学習は数十年の立場と観点を覆し、心にもないことを言うのも、実は消極的抵抗であった。1957年に朱は素直にみとめているように、「五、六年もの時間をかけて私は一篇もの学術的な文章を書かず、一冊もまともな美学書籍を読まず、あるいは美学上の問題に思考をめぐらすこともなかった。このような状況になった理由は、わたしがしたくないのではなく、おそろしくてできなかったのである。(中略)あのような万人が立ち上がって攻めてきたという形勢のもとでは、わたしは心中、日に日に深い罪の意識を持つようになり、頭をあげることもできず、当然口を開くこともままならなかった」。「口を堅く閉ざしても、心は従わず。美学において、わたしを説き伏せようとするなら自ら美学を理解しなければならず、私が理解するところの道理で私を説得しなければならない。ただわたしにあるレッテルを貼ってきめつけるだけでは、問題を解決したことにはならない。「マルクスレーニン主義美学によれば」という切り口上で私を脅すのも問題の解決にならない」[37)]。言い変えれば、猛威を振るって、人々に畏怖の念を抱かせた「政治学習」「思想改造」運動などは、決して朱光潜を美学において屈服させることはできなかったのである。

　「学術思想批判」では「学術」の名がある以上、朱は大きく譲歩したと同時に、依然として学術上の自己弁護と釈明の権利を保持していた。かれは自分が過去において政治上「人民の革命事業に甚大な危害を与えた」こと、思

想上「主観唯心主義」であることを承認した。しかし、美学上は前期の「混乱乱雑」「自己撞着」を自己批判したが、「主観客観の統一」の基本観点を放棄しようとはしなかった。こののち、朱は政治上、党と意見の同調を保ち、たとえ1957年の「鳴放」の期間においても「右派」の言論をださず、思想上はマルクス主義を信仰し、1983年に香港でも「私は共産党員ではないが、マルクス主義者である」と公言した。この条件のもとに、彼は慎重に政治と思想、学術のとの間のきわめて限られていた隙間を利用して、積極的に学術上の発言権を争った。売りことばに買いことばで、批判されたらかならず弁護し、多くの著作と美学論文を書き、自ら鮮明に烙印を押した「マルクス主義美学」を打ち立て、さらに学術から思想へと、長期にわたり被改造者の身分でありながら、同時代の思想運動に参与したのである。

3. 主観の救済——旧観点と新しい解釈

49年以後、真理を独占したイデオロギーとして、マルクス主義は中国において権力操作の一部分そのものであり、また最高指導者を除いては、何人もマルクス主義を解釈する権利を持てなかった。朱光潜のような「旧知識分子」は、敬虔に誠意を持ってマルクス主義を受容し、マルクス主義の権威を認める以外のいかなる態度も許容されなかったのである。しかし、こうした学習と受容の過程でも、朱はイデオロギー論を以て反映論を補足し、また、実践論を以て、認識論に代えることで、部分的に自主創造性と自由を発揮する空間をかちとったのである。

朱自身の言によれば、たとえ抑圧された環境の中にあっても前期の美学を完全に否定しなかった。「誰しも過去の歴史の中から何かを学ばざるを得ない。もしこれを批判的に継承するなら、過去のものは一方で一部が保存され、もう一方で必然的に新しいものに転化するのだ」[38]。前期思想は彼のマルクス主義の受容に直接関与し、新旧の間には継承転換の可能性があるのは、まず朱がマルクス主義に対して決して完全に理解していないのではなく、社会主義に対しても悪い感情は持っていなかったからだ。彼の理想はアメリカ

式の民主政治とソ連式の社会主義経済の統一であり、世界の出路は「アメリカのグループはその経済的作風を放棄し、その政治における理想を保つこと、ソ連グループはその政治的作風を放棄してその経済における理想を保つこと」[39]にあると考えていた。中国の自由分子は多くが計画経済を認めており、それが彼らが40年代末に大陸に残った根拠でもあった。次に学術思想上においては朱は前期において主観と客観の統一を信じ、しかし彼は審美経験の中の「情趣と意象の符合」に決してとどまらず、充分に哲学的な解釈を得ることを希望していた。40年代、彼は仔細にクローチェ哲学を研究した後、カント、クローチェの流れにある唯心主義によって、心物二元論を打破しようとの意図は惨敗を喫した。そうであれば、カント、クローチェを基礎とする前期美学もさほど頼みにはならない。マルクス主義が政治的な権威をバックとして彼にそれを信奉するように要求してきたとき、まさに「痛惜と失望」の心情を抱いた朱光潜はすでにうけ容れる空間を用意し、最低限度受容可能性を持っていた。朱の前期の美学研究が基本的に「全ての哲学的先入観を捨て去り、文芸の創造と鑑賞を心理的事実として研究し、その事実から文芸批評に適用できる原理を帰納しようとした」[40]のであるとするなら、一方でマルクス主義の特徴はすなわち、マクロな哲学系統を持ちながらも、文芸に対する具体的な論述はきわめて少ない。これによって朱は前期部分の経験的成果をそこに接木することができるようになった。後期思想の中に彼自身に属するものもあったのである。

　マルクス主義から言うならまず、それは多種多様の伝統と歴史を含んでいる思想的体系であり、多くの組織立った共産主義運動のみならず、様々な知識グループもそれぞれ独自のマルクス主義を有する。たとえばカウツキーらの科学的マルクス主義、レーニン・スターリン主義、「西方マルクス主義」などなどである。マルクス主義の歴史は、事実上様々な異なった解釈学的実践であり、多様な論点と多様な論争は決して消えることはなく、マルクス主義受容において理解の差異は避けられなかった。次にたとえマルクスが社会構造とその変動の一般理論において、文芸実践に対する理解に強力な論理的な力を有していたとしても、マルクス主義経典作家は畢竟、完成された美学

モデルを提示することはなかった。まさに朱が言うように「マルクスレーニン主義美学は依然として美学を研究する人たちの奮闘の目標に過ぎず、構築を待たれる科学に過ぎなかった。今や全ての人が堂々たる看板を掲げているが、しかしどの人も薬籠の中身は違うのだ。「マルクス主義美学」の看板のもとでは、「百花争鳴」があるのみだ」[41]。マルクス主義が全ての美学領域を覆ってはいない。それはその信奉者たちに基本原理に沿ってある程度の自由な解釈を許しているということになる。

　しかしイデオロギー的な雰囲気の中での「百花争鳴」は必ず「一つの派」を基準とする。具体的に言えば、流行しているマルクス主義の観点について批評も、修正もできる。しかしその前提になるのはマルクス主義経典の「原義」にさらに近づけることである。このような「原義」に対する追求は現代解釈学が歴史的経験と言語現象をたのみとして「原義」の束縛を解くのとはまったく相反するようだが、思想統制のもとでは、創造性を発揮する場合の合法性の源泉となるのである。朱の後期のマルクス主義に対する受容と理解はこの様に典型的な解釈学の実践であった。1956 年、朱はマルクス主義に対して期待を述べている。

　　　美の問題に関して、――このような答案が出されている。美は物にだけあるのでも、心にだけあるのでもなく、それは物心の関係にある。ここで話をやめれば、わたしは今に至るも美についてこのように考えている。やはり美の問題を解決してこそ、主観と客観の統一に達するのだと考えている。しかし話は決してここで終わらない。続けて私は言う。しかしこの関係はカントと一般の人が想像するものとは異なる。物に在っては刺激となり、心に在っては受容となる。それは心が物を借りたイメージで情趣を表現するからだ。この世界は所与のものではなく、いたるところに美を発見するのは、凡ての美が心霊を通じて創造されるためだ。（中略）美は情趣のイメージ化あるいはイメージの情趣化によって覚える「調和の」快感である。私がもともと言いたかったことは「美は心と物の関係にある」。わたしが実際に説明

したのは「凡ての美は心霊の創造を経るのであり」、物とは関係ない。
——そうすると、美は畢竟、直覚にあり、そして心にあり、結局主観的なものだ。

　答案は誤りない。誤っているのはこの答案に対する説明である。「私は今に至るも美に対してこのように考える。やはり美の問題を解決しようと考える。必ず主観と客観の統一に行き着く」[42]。「客観論」が喧しい時代にあって、この答案を重ねて説明しようとするなら、肝要なのは審美活動における位置付けを確立することであり、審美活動における「主観」の機能について、マルクス主義的論証、解釈することである。

　これは難題である。50年代美学討論の指導的思想は主にレーニンの反映論で、存在は意識を決定する、意識は存在の反映であるというのが基本的内容である[43]。ここから推論すると美は客観的存在であり、美は美感を決定する、美感が美の観点を反映するのというのがマルクス主義美学の結論である。現実には反映論はマルクス主義の観点ではない。その起源を見ると、それはプレハーノフと早期のレーニンが18世紀唯物主義から無批判に借用してきた機械論の思想である。20世紀マルクス主義哲学理論の大きな発展は、すなわちこのような受動的な、直観的な認識論の克服であった。内容から見ると「反映論は思想に受動的な影響を与える。よって意識はただ恭順に現実の後ろにつき従うばかりとなり、社会を改造する過程で積極的に働きかける力も失う。受動性以外にも、この観点は二元論を含んでいる。よってそれが存在と意識の間に、思想と現実の間に「反映」という楔を打ち込む。この二つは切り離せない。それらは創造性と実践がともなった行動によって統一された形に合わさるのである」[44]。しかし50年代の中国マルクス主義哲学はマルクスとレーニンの区別もつかなかったし、ルカーチ以後のマルクス主義の新発展に触れることもなく、反映論が全てを覆い尽くし、反映論を運用する美学界は「唯物崇拝」に満ち満ちていた。ただあくまで主観客観の統一の信念に従う朱光潜のみが非常な勇気をもって指摘する。「美学家たちは主観というカテゴリーに対してきわめて大きな疑念を抱いている。——人々は主観

と聞くや、唯心主義を連想してしまう。しかし、誤りはただ客観的事実を抹殺する主観のみであり、哲学上はそれが唯物主義であろうと唯心主義であろうと主観というカテゴリーが永遠に消滅しないことを忘れているのだ」[45]。1957年に発表された『美の客観と主観の統一を論ず』では朱光潜は、マルクス主義美学は四つの原則を持つべきだとして、（1）感覚は客観的現実を反映する（2）芸術はひとつのイデオロギーである（3）芸術はひとつの労働生産である（4）客観と主観との統一。朱のマルクス主義美学に関する多くの論述は、反映論から始まり、イデオロギー論と実践論を経て、美は客観と主観の統一との結論に向かっている。それはすなわち彼が「物を見て人を見ない」という反映論を克服し、主観の救済と連結させるための二つの段取りであった。

　第一歩は、イデオロギー論を以て反映論を補足する。朱は当時において「反映論」を拒絶する勇気がなかった。しかし彼はマルクスとエンゲルスを用いてレーニンを矯正していた。

> レーニンが『唯物主義と経験批判主義』の中で討論していたのは、一般的感覚と科学の反映で、社会イデオロギーとしての芸術あるいは美感の反映には一言も言及していない。われわれの美学家はレーニンの反映論を鵜呑みにして、審美のあるいは芸術の反映に当てはめようとする。よって、彼らはきれいさっぱりイデオロギーの美と芸術に対する影響を断ち切ってしまっており、文芸は一つのイデオロギーであるというマルクス主義の基本原則に違反する。[46]

「存在が意識を決定する」というのはただ反映論の一面であって、もう一面は「意識もまた存在に影響する」ということである。その根拠となるのは、マルクス主義が世界観、階級意識などの審美と芸術の創造的作用を強調していることであり、また美感を以て芸術、法律、政治、宗教などと並べて社会イデオロギーとなすことである。イデオロギーと反映論とを結び付けてこそ、弁証法的唯物論であり、自然科学とは異なる審美と芸術の社会性を見出すこ

とができるのである。朱はまず二つの反映論を区別している。それは感覚的あるいは科学的反映と、審美的あるいは芸術的反映の二つである。前者は主観と関係なく、後者は「主観条件」（情趣、イデオロギーなど）の介入がある。その上で、審美的反映が科学的反映より大きいと指摘した。審美的反映には二つの段階があり、一般的感覚の段階では感覚が客観現実世界に対する反映である。本格的審美的段階では、イデオロギーの客観現実世界に対する反映である。レーニンの反映論は第一段階に適用され、マルクス・エンゲルスのイデオロギー論が第二段階に適応する。その違いはやはり主観があるのかないのか、どれほどあるのか、である。美学に敷衍するなら文芸は一つのイデオロギーであり、美は文芸の特性であり、よって美は必然的にイデオロギー的であり純客観ではあり得ない。イデオロギー論と反映論を綯い交ぜにする目的は、反映論の前提のもとで反映論を拡大し、主観的、イデオロギー的要素を審美的反映の過程に参入させ、審美的特性と複雑性を弁護するためである。しかしまず、当時のマルクス主義のディスクールにおいて、反映論が規定しているのは、認識過程における意識と存在の関係である。しかし、イデオロギーは歴史的唯物主義の理解するところの上部構造の一つで、それは反映論の中の「主観意識」ではない。二つの論は審美的反映の中で統一することはできない。当然のことながら「反映」を二つの異なった段階に分けることもできない。その批判を受けた後、朱本人も自分の誤りを認めた。それからイデオロギー論を以って反映論を補充する、というのは実際には狭義の認識論のしばりを破り捨てられなく、依然として客観現実の第一性質と決定性を脱却しておらず、朱が強調したい主観性は有効に論証されていない。この二つの原因によって、朱は50年代から60年代にかけてますますイデオロギー論から実践論に転じていった。

　第二に、実践論を以て認識論に代える。生産労働を主とする実践は自然を改造することで人の物質的な目的を実現する行為。それは世界を認識するためだけでなく、さらに世界を改造しようとする。もし認識過程において客観現実が主観意識を決定するなら、その実践過程において主観は客観現実に影響を及ぼし、改造することとなる。意識は常に積極的な精神として創造的現

実の中に介入する。生産実践の中に在ってのみ主客体は真に互いに対象化し、互いに作用し、互いに豊かになる。朱は50年代の文章において既にマルクス主義の創始者が常に生産労働の観点から芸術を見ていたことを指摘し「単に反映論から文芸を見れば、文芸はひとつの認識過程に過ぎない。生産労働の観点から文芸を見るなら、文芸は同時に実践の過程となる」[47]。しかしここでの実践とは主に文芸家の「創意工夫」を指し、さらに認識過程における主観能動性に帰依する。数年の下準備を経て、朱は60年代全面的にマルクスの実践論を打ち出した。第一にマルクスは美の対象（自然あるいは芸術）を認識の対象とは見なしておらず、主に実践活動と見なしている。第二にマルクスは生産労働および審美過程における主観世界と客観世界の対立と統一の弁証法原則を解き明かしている。人は自然を「人的に」ならせたのであり、自然もまた人を「対象化」させたのである。80年代に至って、朱はマルクス主義の実践観点に最終的な理解を示した。

　　マルクス主義の美学観点と過去の美学観点の基本的差異はここにある。過去の美学家は大方単純な認識角度から問題を見るが、マルクス、エンゲルスは実践と認識の関係を正しく引き戻し、実践こそ認識の基礎であり真偽を判断する規準であると考えている。実践とは取りも直さず生産労働であり、文芸は精神的な生産労働であって、物質生産と一致し緊密な関係にある。芸術は過去の美学家たちが言うように遊戯（娯楽）を起源とするのではなく、労働に起源があるのである。労働は人が肉体と精神両面での「本質的な力」を発揮し、自然を改造し自己を改造するものである。人（主体）と物（対象）両方面において日増しに高度に豊かな発展を遂げ、共産主義社会に到達する。徹底した人道主義と徹底した自然主義が手を携えて進むのである（人はその能を尽くし、物はその利を尽くす）。人の本質的な力の発展なくして物の潜在的な発展はない。よって主体と対象とは偏頗な扱いはできない。この道理は芸術にも適応されるものである。それはすなわちマルクス主義美学の実践的観点である。

朱は40年代に唯心主義で心物二元論を打破しようと試み惨敗を喫してから、長期にわたり機械的唯物論の圧迫を受けてきたが、ようやくマルクス主義の実践的観点を通して、歴史的唯物主義で心物二元を打破するという成功の喜びを享受したのである。もしこれ以前彼のマルクス主義概念に対する援引と運用に矛盾が絶えないと言うのなら、それはその実践的観点が形成された60年代初めに始まり、彼はマルクス主義の受容にもはや何の障碍もなく思うがままに運用していた。まさに銭念孫が言うように「朱光潜の前半生は、カントからクローチェに至る唯心主義美学に追随し、霊魂の安らぎを得ることがなかった。しかし最後にはマルクス主義に帰依し、衷心からマルクス主義に服膺したために、マルクス主義が時代を画する意義を持つと認めたのである」[49]。

　文化的環境と言説の文脈に根本的変化が生じて以降も、朱は手を尽くして経典の中から自分の前期の観点の根拠となるものを探しつづけていた。その動機と動力は「前理解」の導く以外に、彼が芸術に忠実であったことにもよる。前期の朱は、なんらかの哲学的主張から簡単に演繹的推論を導き出すことに満足していなかった。そして常に芸術と審美経験の総括と分析に立脚し、終始芸術を対象としていた。彼にしてみれば、芸術を解釈することの出来ない理論は美学の基礎になり得ない、芸術の領域に立ち戻ってはじめて、主観の作用が立ち現れるのである。朱光潜の「唯心論」を批判する李沢厚も認めるように「科学は現実に対する冷静な、理知的な、抽象的な認識である。芸術はむしろ情緒的、感性的、具体的な理解である。よって、ほとんど反映ではなく、情感の表現のように見える」[50]。他の論者も「主観唯心主義」が文芸の領域では特に頑強であることを認めている。前期、後期を問わず、朱美学の要義は審美、芸術と科学の認知とを区別することであり、反映論はその区分をすることができない。そこで客観論者たちが美学の対象はまず「現実美」（蔡儀）あるいは「美感」（李沢厚）と言う時、朱は譲歩することなく美学の対象が芸術であるとはっきりと主張していた。「正直に言って私が最も関心を持つのはまず芸術を探索し、その次は美を探索するのだ」[51]。そのため、政治思想上マルクス主義を受容してのち、彼は流行りの弁証唯物主義系

統から美の答案を獲得しようとしたのではなく、マルクス主義の芸術理論を探索したのである。反映論は、主観を軽視し芸術を解釈することができなかったので取るにたらない。イデオロギー論と実践論は主観を強調し、芸術創作と審美鑑賞の規律に適合するもので、美学の哲学的基礎となり得る。朱には、すでに前期思想とマルクス主義の「視界融合」に達したと考える理由があった。「わたしは存在が意識を決定するという唯物主義の基本原則を受容した。これは根本から私の過去の客観創造形象の主観唯心主義を覆した。わたしは芸術をイデオロギーと為し、また芸術を生産労働と為すこの二つのマルクス主義の文芸に対する基本原則を受け入れた。これによって私が過去に主張した、芸術形象は孤立絶縁のものであり、道徳政治実用などとは関係しないという頽廃主義の美学思想体系を覆した」[52]。これによって二つの問題を討論することができよう。第一に朱の観点はどのような類型のマルクス主義に属するのだろうか。第二に「旧観点」に対する「新しい解釈」はどの程度美学を開拓したのだろうか。

　第一の問題について言えば、朱はマルクス主義に対して確かに自分なりの発見をしていた。マルクス主義からはじめたとき、朱にはすでに挑戦的な心理があった。「当時私の論敵であり、現在私のよき友人である、ある同志は、わたしが答弁においてマルクスレーニン主義から学ぶという決心を表明したとき、公に宣言した。「朱某は、マルクスレーニン主義を学ぶ資格がない」。これはわたしの自尊心を刺激し、ひそかに彼に対して「わたしがいかに学ぶか見ていただきたい」[53]と答えていた。学習の過程で朱はとりわけ経典の「原義」と様々な解釈の相違に注意をはらい、中訳本に「殆ど全頁問題がある」ことを発見したばかりでなく、しばしばロシア訳本とソ連の学者との間の理解の偏差にも気がついた。さらに重要なのは彼があえてマルクス・エンゲルスの権威を借りて、レーニンを批判したことである。それが明確なのは反映論への批判である。本来、反映論もレーニン哲学であり、マルクス・レーニン主義の基本原則でもあると考えるのが、スターリン主義の誤導であった[54]。『唯物主義と経験主義批判』を著したレーニンは基本的にプレハーノフ式の形而上学唯物主義者であり、彼は「反映」を人の感覚の外物に

対する「複写」「撮影」と解釈し、本のどこにも「実践」(Praxis) ということばを使っていない。しかしレーニンにはもうひとつの反映論があり、それはヘーゲルと融合した『哲学ノート』で、その中では人の頭脳はすでに受け身の受容者、一枚の写真から事実を感知する積極的な解釈者に変わっている。「人の意識は客観世界の反映にとどまらず、客観世界を創造する」[55]。美学討論において少なからぬ人が苦境を見出し、まさに李沢厚が言うように、「美感を反映と言うなら多くの人は異論があろう。多くの人は哲学的認識論の公式を不適切に美学問題に、美と美感の関係に適用したと考えるだろう」[56]。しかし 1957 年においては朱だけがレーニン主義の内的相違を読み取っていた[57]うえ、婉曲に批判を行っている。マルクスの実践に関する観点を発見したあと、朱は常に直観的観点と実践的観点を対比していた。「前者は単純な認識活動で美学問題を見ており、後者は認識と実践の統一、実践を基礎とする原則から問題を見ていた」[58]。反映論は認識論として当然「直観的観点」に属する。朱が「直観的観点」を非マルクス主義観点として理解したとき、彼が『唯物主義と経験批判主義』を書いたレーニンに対して行った批評はかなり厳しいものだった。もし直観的観点が消費者の観点であり、実践の観点が生産者の観点であるなら、レーニンの反映論の政治的本質を疑わざるをえないと、述べた。

　朱の解釈手法は訓練をつんでおり相当に熟練していた。彼は前期においても経典を盲信せず、師にも盲従せず、カント、クローチェその他のいかなる巨匠の観点であろうと、彼は自己の体験と文芸実践に照準を合わせ重心を改め、構造の調整、意味の拡充をはかりながら理解し、その主要な著作はいずれも各家の説を融合して「不足を補正する」よう折衷、調和して完成したものである。後期にマルクス主義の美学を解釈するに当たり、彼は実際に反映論、イデオロギーと実践論の間において、それぞれの不足を補正し、折衷、調和した。早くも 1957 年には彼はすでに反映論で美学を論じることはしなくなったが、文章の中ではいつも反映論、イデオロギー論、実践論をともに取り込んでいた。「文革」以前に彼が批評したのは美学家たちの反映論に対する「誤用」にすぎなかった。たとえば「美学中の唯物主義と唯心主義の争

い」という重要な文章の中で最初から述べているように「マルクス・レーニン主義の文芸理論と美学とはその出発点を同じくしていた。それはすなわち反映論である。文芸は現実の反映である」[59]。その後反映論の枠組みのもとで認識と実践を補い、主観と客観の「対立物の統一」の関係を補充した。これは当然思想禁錮の時代における反主流的観点の言説戦略である。しかし長期にわたり「三論」が絡みあう中で、ついには恒常的な概念の混乱を惹起する。例えば認識論の「主観意識」を「イデオロギー」と同等に置く。すでに反映論の立場から「存在は意識を決定する。」ということを承認しながら、またイデオロギー論を以て「意識が存在に影響する」ということを強調する。しかるのちそれらの解釈を二つの並列あるいは継続の段階とする。すでに実践の観点を形成していたとしても朱はなおも反映論を放棄していない。さらには反映論によって実践論を包括している。例えば「反映の芸術観点は実践と認識の結合であり、客観と主観の弁証法の統一である」[60]という。李沢厚は当時すでに注目していたのだ。朱は「「主観」という概念のもと、二種類の厳密に区別すべきものが混同されている。すなわち人の意識（認識）と実践である。社会意識と社会的存在も混同されている」。事実上、芸術実践を以って生産実践を併呑し、精神生産（労働）を以って物質生産（労働）を併呑しており、依然として唯心主義である[61]。このような誤解が生じた原因は、朱の「誤読」にもよるが、また反映論の制約もあった。のちに「文革」後の思想解放時代に、朱はようやく反映論の制約を決然と乗り越えたのである。

　ここからもまた朱の後期美学への評価とつながってくる。朱が公に前期の結論を部分的堅持できると表明していた以上、重要なのは彼と前期との関連ではなく、前期との相違である。これはすなわち唯物主義が確実に「主観と客観の統一」における客観性を強め、その主観性もまた前期個体性の「情趣」がマルクス主義の「世界観」「イデオロギー」に転換することで、主観と客観の統一もまた前期の情感的な「物我交流」が後期の生産「実践」に転ずるのである。言うなれば、主体と客体の対立統一の枠組みの中で、審美と文芸に対する最善の理解はやはり主観と客観の統一であり、それはいかなる客観論と比べても、文芸の主観的創造の特性をよく理解していた。しかしな

がら、ただ美が客観と主観の統一であることを論証するのみで、審美と文芸に対する理解を一層促しているわけではない。朱は1958年に蘇軾の詩を引用したことがある。「若し琴に琴声有りと言はば、放ちて匣中に在るに何ぞ鳴らざる。若し声が指に在りと言はば、何ぞ君の指より聞こえざる」。朱は自分は蘇軾と同じく、琴の音を主観（指先）と客観（琴）の統一の産物と認識している。蘇軾に早くからこのような論があった以上、朱が後半生において心血を注いだ主観と客観の統一論は単なる常識の再演ではなかっただろうか？　事実、実践論を受容して以後、朱の理論著作は主に労働実践を説き、審美的実践と生産的実践の相違を区別することは殆ど無い。主に審美がいかにして労働実践の過程で生成発展するかを述べており、審美と文芸の内部に分け入ることは少ない。カント以来、美学の主題はすでに「美とは何か」という本体論の問題ではなく、いかに美を認識するかという心理学的問題になっている。20世紀以降、美学の主題はさらに「芸術とは何か」という批評以前の問題に置き換えられた。しかし、中国という文脈で、朱は逆に前期の「文芸の心理学」から「美とは何か」という「プラトン主義」に後退しており、彼の博学と奮闘を以て、美学の最前線に切り込むことはできなかったのである。1979年に朱は手紙で述べている。「私が美学を研究したのは主に解放前のことである。質の面から見ても、量の面から見ても解放前の著作が比較的重要である」[62]。これは遺憾に思われることである。

　当然、これは朱の前期の審美と芸術の論題に対する大量かつ精緻な研究と相対的に比較して言うのであり、客観的に観察すれば、朱はマルクス主義を受容した後にもなお創造的な貢献をした数少ない学者の一人である。マルクス主義美学から言って、当時の中国にはすでに二つの伝統があり、その一つはプレハーノフらの唯物論であり、二つ目は、レーニン、毛沢東のイデオロギー論である。前者は文芸を認識論に服従させ、文芸の審美的特性を抹消した。後者は文芸を政治の道具、階級闘争のバロメーターとみなした。この二つの伝統によって敷衍された美学観念は、その実践の過程で、文芸の発展を束縛する戒律に転じた。その未だ広く公認されていないマルクス主義美学の論著の中で、朱は一貫して審美と文芸の特殊性、および創作と鑑賞におけ

る主観能動性を擁護し、50年代における「物を見て、人を見ない」美学に反対し続けた。60年代には実践論を根拠に芸術と生産労働を関連づけ、中国美学を受動的反映論の制約から脱却させた。80年代にはイデオロギーと上部構造の関係についての討論で学術思想に独自の問題を提起した。マルクス主義者としての総体的観点から、前期の「移情論」「内模倣」等の観点を「復活」させ、毛沢東の形象思惟論を借りて、審美の特殊性などを再び提議した。これらの全てが、前述の二つの伝統をはるかに凌駕していたために、中国のマルクス主義美学は相当な理論的活力と創新の品格を具えることになり、当時の状況下で最強の学術性を具えた。朱本人について言えば、実践論は審美と芸術を人類の生産実践と文化発展のマクロなパノラマの下に置き、人と自然との弁証法的関係、人の歴史的実践活動の中から審美探索の謎についての解答を見つけ、長年彼を悩ませた主観客観統一の問題を解決するだけでなく、彼が早くから懸念していたカント・クローチェ美学の狭隘な空間から脱却させた。その後期の美学研究の成果は審美と芸術の経験・心理に対して微視的な「閉鎖的な」研究を行うのではなく、その歴史・実践的な関係において審美と芸術の歴史的形成と曲折的な発展を遡及し、審美とその他の人類活動の複雑な関連を詳らかにするものであった。その理想とするところは、その構想によって「ポストカント」の美学理論を構築することにあった。事実上、20世紀美学の重要な趨勢の一つは、審美を独立して、モダニティ芸術の自律というモダニティ自体が、市場原理と自己の利益に基づくところの新興の資産階級の虚構のイデオロギーにすぎない、と考えることであった[63]。朱がこのことについて詳述していないとしても、基本的枠組みを構築し、いくつかの重要な原則を提出し、当時の環境のもとで到達しえる最良の理論的成果を獲得し、一応整えられた「後期美学」を自ら擁することになった。

　マルクス主義はひとつの総体であり、その美学観点に対する解釈はその思想全体に対する解釈とつながるものだ。まさにこの一点において朱はきわめて稀有な存在として、学術から思想へと、中国マルクス主義の自己再生に参与することとなったのである。

4. 人道主義・発揚されたものと疎外されたもの

　自由主義の基礎のひとつは人間、特に個人の価値と権利への尊重と擁護にある。40年代はじめ、朱は「極端な唯物史観は私たちを満足させることはできない。なぜならそれは多かれ少なかれ運命論であり、人の自由意志を剥奪し、人の道徳責任や努力の価値を抹消するからである」。しかし1983年には「研究を通して、私はマルクス主義がきわめて高い学術価値を持つことを発見した。それは人の主観意志を否定しないばかりでなく、人道主義を最高の理想とするからである」[65]。前期・後期の基準は同じく人道主義でありながら、二つの異なる評価の淵源は、ひとつは朱光潜の思想認識の変遷にあり、もうひとつはマルクス『1844年経済学哲学手稿』の発見による。もし朱の実践論が具体的な美学の問題においてさほど多くの新しい貢献をしていないと言うなら、彼がマルクス像を刷新したことは後期における真の貢献である。

　それは人なき時代であった。暴力革命が成功したのち、個人に対する監視が日を追って厳しくなるにつれて、人性論、人道主義は長期にわたって資産階級、修正主義のイデオロギーとして批判を受けた。まさに文芸は主観性の頑強な堡塁のようなものであると同様に、文芸は人性論、人道主義の藩屏であった。1957年、巴人は『論人情』という一文とこれ以前の『文学論稿』という書物の中で、人性は階級性より広く、文芸は人情と人性を描くべきであり、「真の人性」を回復すべきであると述べている。同年銭谷融は『論「文学是人学」』の中で文学は人を中心とすべきであり、文学は「力を尽くして真の人道主義を守るべき」であると強調している。1985年以降、何其芳は『論「阿Q」』『論「紅楼夢」』などの論著において、成功した典型人物は単に一時代、一階級の現象だけではなく、人がみな共有するところの特性を有しており、典型はすなわち共名（普遍）であるとしている[66]。このような観点が世に出るや、すぐに無情な批判に晒されたが、審美と文芸領域において人性と人道の存在は頑強な一面があることを示している。

朱光潜の前期の自由主義は人性を尊重する人道主義をその特色としている。49年以降、彼があえて抑圧に耐え、苦心惨憺して主観を擁護した理由は、それこそ明言できなかったが、つまり人道主義の擁護であった。彼は後に述べている。「私は一貫して「主観客観の統一」を堅持した。おそらく5–60年代の間にそれは攻撃の目標となった。主観を軽んずることは、実は人を軽んずることであり、よって、人性論、人道主義もまた罪状となり得た」[67]。「主観」の名のもとに人性、人道を守るだけでなく、朱は時に明らかに自己の人性論を語っている。彼は1957年の「美の客観と主観の統一を論じる」において「人類普遍性」の問題を提出した。「階級性と党性は、普遍的な人性を排除するであろうか？　わたしは排除しないと考える。科学的論理から見ても多くの対象はすでに一つの類に属するなら、この類は必ずその共通性を有するのである。（中略）次に事実を見ても、いかなる時代の人もみな共通の理想を抱く。（中略）マルクス主義は事実を尊重するのだから、こうした人情の常を軽軽しく抹殺することなど、あり得ないと思う」[68]。60年代はじめ、階級闘争は主旋律となっていたが、朱はすでに1960年の書信のなかで同じ観点について述べている。「普遍的人性を批判することについての問題は、近頃、修正主義批判の対象のひとつになっている。私に言わせれば、この問題は複雑かつ困難である。（中略）修正主義者の誤りは人性の承認にあるのではなくて、階級社会における文芸の階級性を否定することにあるのだ」[69]。言うなれば、朱の60年代の人道主義に関する言論は単に理論的検討にとどまっている。1978年以降は、朱は新しい形勢のもとでこのような人性論を力強く主張し、あわせて「文革」を反省する政治的意向もあった。

　しかしながら、朱の後期の人道主義は主に前期思想の「焼き直し」ではなく、マルクスの『手稿』を手がかりに提出した実践論の人道主義である。人民出版社はすでに1956年に『手稿』の中国語訳を出版していた。それが晦渋で難解であるためか、あるいは流行していたマルクス主義とあまりに差異があるためか、50年代を通じて『手稿』は中国思想に取り入れられることがなかった。1957年、巴人が依拠したのはマルクス・エンゲルスの『聖家族』第四章の一節であった。銭谷融が頼みとしたのはゴーリキーで、朱光潜

が利用したのはレーニンの「人民性」であり、彼らはまだ『手稿』の思想を発掘するには至らなかった。1960年になって朱はようやく青年マルクスの人道主義に対する溢れる情熱を感じ取るに至り、その「生産労働と人の世界に対する芸術掌握」は、中国学術界で最初に青年マルクスを真摯に検討した文章であった[70]。

　平素とは異なり、一貫して文芸の特殊性に注目する朱光潜はこの文では文芸についてほとんど語らない。これは彼の真の意図が単にマルクス主義美学でなく、マルクス主義そのものの探索であったことを示す。文章はマルクスの『「政治経済学批判」序言』の中のこの言葉から始まる。「頭脳の中で思考内容の全体となって現われるような全体は、思考する頭脳の産物であり、その頭脳にとって唯一可能な方法で世界を把握するのであって、その方法はこの世界に対して、芸術的、宗教的、実践的精神的把握方法とは異なったものである」。この下りは長いあいだ、ソ連および中国において美学界の論争点となった。最も重要なのはマルクスがここで提出した把握方式はいくつだろうか。朱の解釈はそれを科学的、実践精神的の二種類に分け、芸術的、宗教的を後者に帰納する。「この言葉の重要性は、明らかに科学的な把握の方式と芸術的な把握の方式を分けているのみならず、最も重要なのは明らかに芸術的把握方式と実践精神的把握方式の関連を指摘していることである」[71]。なぜ二種類であって四種類でないのか、朱は論証していない。彼に言わせるならば、重要なのは芸術と科学を区別して、審美と芸術とを労働実践に取り込むことである。文章の主な内容は人類の労働について分析する原則的な問題である。労働が人類の歴史の始まりとするなら、労働はまた工具の製造から始まる。労働は自然の改造と同時に人の需要と願望を満足させ、同時に人の主観方面における豊かさ、客観世界における豊かさ等を実現した。朱は人の現実の実践把握と芸術把握の区別を全く等閑に付しているわけではない。しかし「それらの区別を略述」したとき、その実、朱が語ったのは労働の歴史であった。原始人の労働はすなわち芸術であり、それは資本主義の「疎外」において分離される。共産主義は芸術把握と実践精神の把握の統一を回復するのである。おそらく当時の人性と人道主義に対する批判の圧力に迫ら

れて、朱はこの文中において直接的にマルクスの人道主義に論及していないが、労働、実践、疎外、人の本質的な力の対象化、自然界の人工化、人の全面的な発展など『手稿』もまたマルクス主義実践観の主要な概念としてすべてが提出され人道主義が臨場感をもって語られている。

さらにこれらの経典を根拠に1979年3月、朱は「人性、人道主義、人情味と共通の美の問題」を発表して、明確にマルクス主義も一種の人道主義であると提出した。

マルクスの『経済学・哲学手稿』の著作全体の論述は、すべて人性論から出発し、彼は人の本質的な力量を力の限り発揮すべきことを証明し、「人の肉体と精神両面の本質的な力」が人性であることを強調した。マルクスはまさに人性論から出発して、無産階級革命の必要性と必然性を論証するとともに、人の本質をして、その力が充分自由に発展したとき、必然的に私有制が消滅することを論証した[72]。

この後、朱はまた「マルクスの『経済学・哲学手稿』中の美学問題」など多くの文章を発表して、特に『資本論』第一巻第三編第五章が論じる「労働過程」とエンゲルスの「猿から人間になる転換過程にいける労働の役割」を例にとり、大成したマルクスが青年時期の人道主義思想を放棄せずそれを継続させていたことを論じている。

70年代から80年代にかけて、マルクス主義は中国において遅ればせながら「人道主義への転向」[73]を見た。先鞭をつけた者の一人として、朱は最も強力に人道主義を強調するだけでなく、実践論的人道主義の歴史的起源を遡及する中で、倫理主義を超えて、ヴィーコ・ヘーゲル・マルクスという思想系譜を構築した。朱は「いくつかの基本的な哲学の観念において（例えば人性論、人道主義および創造による実践観点、人類自らが創造した人類の歴史的観点など）ヴィーコは常にマルクス主義に接近していた」[74]と述べている。彼は体力の衰えをものともせず、驚異的な気力で『新科学』を翻訳した。ヘーゲルについては彼は前期において熟知していたし、60年代の『西方美学史』においても章を立てて論述している。しかし70年代に『美学』を翻訳した過程で、朱はまたその中に「実践的観点の萌芽」を発見したのである。「マル

クス主義以前には、ヘーゲルが実践的観点を重要な位置に置いた」[75]。「マルクス主義文芸理論の多くの観点はヘーゲルの『美学』に遡ることができる。たとえば人が労働過程において客観世界を改造すると同時に自己を肯定し、自己を改造する観点、人の全面的発展の観点、外化と疎外の観点、資本主義は人間の全面的発展に有益でない観点、典型環境と典型性格の観点など、すべてそうである」[76]。ヴィーコ・ヘーゲル・マルクスの核心は、実践的創造、自己実現、歴史発展である。そうであれば、マルクス主義は消極的、静観的な反映論ではない。階級闘争と無産階級専政を以て任じる社会科学でもない、それは生産労働を通じて、資本主義の疎外現象を克服し、人の全面的発展を実現する歴史主義であり、人道主義なのである。晩年の朱光潜はこの思索の果てに完璧な理論的成果を獲得するには至らなかったが、その簡潔な提示により、ほかの様々な形態のマルクス主義よりはるかに深遠で歴史哲学的性質を具えたマルクス主義的人道主義の輪郭を描いて見せた[77]。

　しかしながら、実践論的人道主義には自ずから限界があった。『手稿』を解釈したとき、朱は重要な発言をしている。「人道主義は西方の歴史的産物であり、時期に拠って、内容も異なるが、総じてその核心思想は、人の尊厳を尊重し、人をあらゆるものより高位に置くことである。(略)」[78]。彼は、人道主義は普遍的思想であると同時に特殊な内容を持ち、人道主義のスローガンは、多くの思想と関係を持つことを明確にしている。朱自身も二種類の人道主義を擁しており、その一つは前期の自由主義を基礎とする人道主義、もう一つは個人の政治的権利とは無関係の実践論的人道主義である。朱の思想と継ぎ合わせると、その共通項は普遍的人性の承認であり、人性の自由な発展が社会の理想であることの承認にある。その違いは、一つ目の人道主義が個人を主体とし、政治的自由を条件として、対立項として社会政治生活における人道の否定、非人道を問題とするのに対して、二つ目の人道主義は人類全体を主体とし、人の自然に対する認識と掌握を条件として、対立項として自然条件の限界を問題とすることにある。実践論的人道主義が個人の権利と個人の自由を内包しないがゆえに、人類のその他の種に対する優越を強調する点において、自然を改造して自我を創造すると同時に、それは容易に個

人の圧迫と現実に対する苦行の称揚に転じ、具体的個体を集団的機械のネジや歴史の進歩のための道具として疎外する面がある[79]。

　これはまさしく同時代の政治文化そのものである。マルクス主義の思想史において、毛沢東の地位は主にその主観を第一義的に強調したところにある。「毛沢東がいつマルクスの『フォイエルバッハに関するテーゼ』を読んだかを明らかにすることが不可能であったとしても、毛沢東の『実践論』中の方案はマルクスが『フォイエルバッハに関するテーゼ』の中で到達した唯物主義と人の関与とを結合した定義に非常によく似ている」[80]。毛沢東は『実践論』を著したが、「反映論」は書いていない。反映論に言及する時でも、実際に語っているのはやはり実践論である。たとえば「反映論は受動的な受容の対象ではなく、能動的なプロセスである」[81]。「最も重要な側面は能動性である」など。朱が「物的要因を見て、人的要因を見ない」美学を批判したとき、毛沢東もまたスターリンの「物的要因を見て、人的要因を見ない」経済学を批判していたのである。「彼は以前言っている。技術がすべてを決定すると。これは物的要因のみ見て人的要因を見ないことである。のちに彼はまた、幹部が全てを決定するという。これは幹部という人を見て、民衆という人を見ないのである」[82]。5、60年代において毛沢東は一面で実践論と能動性の観点から人が全てを決定することを論証し、人が最も最高の価値を付与された結論であり、「人の要因を第一とする」「政治工作を第一とする」「思想工作を第一とする」「活きた思想を第一とする」という類の「精神万能」のスローガンに賛同した。もう一方で、国家を実験場となし、制約条件も客観規律も無視した意志論の実践に従事し、大躍進から「文革」にいたる人間悲劇を惹起したのである。個体の価値は極度に拡張された人類全体の価値の中で徹底的に疎外されてしまった。毛沢東の詩に「為有犠牲多壮志、敢教日月換新天」（犠牲があるため大きな志が持て、敢えて日月をして新しき天に換えさせよう）とい句がある。個人の犠牲により集団の偉業がなし遂げ、人の頌歌はまさに犠牲の儀式となる。文芸において、反映論とリアリズムは宣伝な中で正統とされたが、毛沢東の文芸政策の核心は政治と階級闘争に奉仕することであり、よって不断に「真実を描く」論を批判し、リアリズムを批

判し、当代の文芸は長期にわたって絵空事を内容とし、欺瞞と騙りを効能として、社会や人生の現実が文芸に反映されることはほとんど無かった。餓死者が野辺に満ちて、「人が相食らう」60年代はじめに至っても、そこに響き渡る文芸の主旋律は依然として、歓びの頌歌であり、光明曲であった[83]。当然のことながら、朱の実践論は毛沢東が階級闘争を以て主とした「大衆運動」ではなかった。能動性は盲目的心服と詩化されたロマンではなかった。彼のイデオロギー論は階級闘争に服従するものではなかった。今のところ、毛沢東が朱の文章を読んで評論したことがあるかどうかわからないが、朱の主観能動性に対する強調、実践と人の価値に対する顕影などは、確かに毛沢東と似通っている。朱は明晰に語っている。「わたしは意識活動を否定し、世界観、階級意識、生活経験等の芸術に対する影響を否定してしまえば、この社会イデオロギーはどのように芸術作品の中に入り込むのかわからなくなる」[84]。1982年に共産党がすでに「文芸は政治に従属する」というスローガンを取り下げると決めたが、朱はある座談会で、政治的基準を強調しすぎれば偏りを免れ得ないが、しかし「階級闘争を廃止し、政治的基準も不問となるのだろうか。政治という言葉さえ使われないような現象は警戒すべきである」と逆に発言した。これが朱の「保守」であるということでもない。なぜなら彼は、経済上は生産責任制と商品流通という資産階級制度の名残がある以上、「ブルジョワ自由化」に対する否定も時期尚早と考えるのである[85]。その原因は彼が「政治」を利用して、その主観能動性、イデオロギー論、実践論を擁護しているためである。よって、朱の反映論に対する批評や、人の能動性や人道理想の強調などは、当時の主流哲学の言説と大きな衝突があるにもかかわらず、当時の政治文化全体とは、とりわけその政治文化の創造者である毛沢東の思想とは対立するものでなかったのである。それは言い換えれば、朱の解釈は経典の「原義」の支持をえられるのみならず、その環境とも折り合いをつけるものと言えよう。

　朱はこの二種類の人道主義の区別をはっきり自覚していなかったようだ。彼はマルクス主義の遠い未来像の中にしっかり取り込まれていたからだ。「マルクスの言葉を用いれば、共産主義とは「人が全面的方式を用い、よっ

て一人の完全なる人となり、その全面的な本質を掌管する」。これは即ちマルクスが常に強調していた全体的人の観点であり、物質的財産の創造も、精神的財産の創造も（文芸もそこに含めて）一律に適用されるのである」[86]。この理想の境地から言って、実践論的人道主義と朱の前期における人の全面的発展の思想は完全に一致するのである。朱本人がその間の矛盾を感じないばかりか、実践論的人道主義は畢竟、マルクス主義の西方人文伝統の部分的関連を明示しており、無産階級革命が労働者を苦しみの境遇から救う、という見方も社会主義の人性の面目を示している。欧米では1930年代から、東欧とソ連では50年代から『手稿』などマルクスの早期の著作に対する、マルクス主義の伝統における実践、人道主義、疎外などの問題に対する多くの探索が始まっており、経済唯物主義を中心とする第二国際の科学的マルクス主義、極権体制が合法化され硬直化したマルクス主義とは異なるマルクス主義を塑像し、世界的な社会的改革に基礎を提供した。朱がどの程度外来の影響を受けていたのか正確に見積もることは難しい。60年代初めには、『哲学訳叢』と『学術資料』（中国社会科学院哲学研究所『学術資料』研究室編）には『手稿』と青年マルクスに関する文章を発表している。朱の60年代の文章は「近年のソ連美学家たちの叙述を参考にして」書いたものであり、1978年にはまた「この40年来、全世界が常に論争してきた「疎外」問題は、マルクスの『経済学・哲学手稿』の特に「疎外労働」の章に詳述されている」[87]。世界的に見れば朱の観点は何ら斬新ではなく、その上疎外と社会主義との関連づけもしていない。しかし中国においては朱はたしかに東風の第一陣であり、彼がその輪郭を描いたヴィーコ・ヘーゲル・マルクスの思想路線は歴史主義を突出しており、李沢厚が主体性を重んじたヴィーコ・シラー・マルクスの伝統と相まって、美学をして20世紀末の中国マルクス主義の更新と成長する潜在的な基点とならせた。

　朱光潜のような学者は、本来当代の思想を形成するような力量を持てるはずがない。しかし、人道主義思潮が沸きあがった80年代には、彼はすでに衰弱した晩年にあり、かつて前期の時のように、学術から思想へ、さらに政治へと、完成された形の思想系統を提出できず、また李沢厚のように実践論

美学から「実践論主体性哲学」を展開することもできなかったにもかかわらず、同時代の人と比べて、朱は歴史的環境が許容する可能性を最大限に利用して、巧妙に学術と思想の間隙で、部分と全体の解釈学的循環という形でマルクス主義美学からマルクス主義へと進み、中国マルクス主義の現代化を推し進めたのである。

5. 余論

　美学界がよく提起した問題は、朱光潜の後期の「マルクス主義」とは、はたして「原義」の正確な理解による演繹であったのか、それともマルクス主義を借りて前期の思想を重ねて叙述していたのかということである。本稿ではその両者の間と考える。言い換えるなら49年以降、朱は「脱胎」していたが「換骨」していなかった。「換骨」していないというのは、彼が依然として前期美学観点と学術傾向を堅持していたことを指す。主観性と人道主義とは前期思想の要であり、彼がマルクス主義に分け入る起点でもあった。それらは、依然として朱の後期論著の主導的原則であった。「脱胎」は彼がマルクス主義の体系に入って、かつ真摯にマルクス主義の概念と方法で前期の観点に新しい解釈を加え、前期観点の意義と効能を刷新したことを指す。もし当代の学術思想主義が一般に経典著作自身の構造と観点に基づいて理解、受容されるのなら、朱光潜が体現したものは第二種の方法、すなわちもとから具わった思想と創造的手段に拠って、発展的にマルクス主義を理解し、注経式のマルクス主義学術をのりこえるのである。自己の観点はこれほど時流のマルクス主義と異なることを自覚しているからこそ、彼は、抑圧のもとで発言権を獲得するために、ますます第二種の方法から第一種に向けて発展させ、50年代にマルクス主義に接したのは遅すぎたと思い、60年代以降、特にマルクス主義に親近感を抱き、また熟知した上で、マルクス主義を自任して「反マルクス主義」的な観点への批判も頻繁に見られる。よって、朱の後期の思想は前期思想の「再建」であると理解できる。「再建とは理論を解体し、新しい形式でそれを組み立て、その理論が打ち立てた目標を首尾よく達

成することである」[88]。マルクス主義は朱の概念の道具でも文飾の美辞でもなく、前期思想を矯正し、それが主観論であろうと人道主義であろうと、朱の後期思想の基礎は集団的な生産実践であった。彼はまぎれもなく、自由主義からマルクス主義への転変を完成したのである。

　よって朱光潜後期の思想がマルクス主義かどうかという問題は、彼はどのようなマルクス主義を主張しているかという問題にきりかえるべきだ。高度な自我意識と社会的性格を具えた思想伝統として、マルクス主義が大きな時代の変遷と多くの思想の挑戦を受けてなお、驚異的な自己調整と発展の能力を保ったのは、主にそれが終始他の思想伝統と対話、論争を行い、異なる観念や理論を批判的に取り込んだためである。朱光潜もまたマルクス主義以外の思想を持ち込み、彼の参与はその実践によって、マルクス主義の開放的性格の生きた証ともなっている。美学から出発した実践論的人道主義がいかに当時のイデオロギー的押印を留めていようと、また当時の状況下で異端として批判を受け続けたとしても、中国マルクス主義の発展から見て、それは49年以後唯一の意義ある収穫である。もしそれが完全な論証系統を具えていないというなら、その責任は環境にあると言わざるを得ない。朱の後期思想の歴程は、いかなる苛酷な政治的圧力や、思想統制のもとでも、真の学者は何らかの創造的な仕事を為し得ることを示している。まさに朱光潜のような稀有な学者を通して、20世紀の中国学術思想は、辛うじてある程度の連続性を保持できたのである。

注

1) 邵荃麟（初出、1948）「対於当前文芸運動的意見」、『中国新文学大系・1937–1949　文芸理論巻二』（1990）、上海：上海文芸出版社.
2) 中共中央（初出、1947）『中共関於必須将革命戦争進行到底反対劉航琛一類反対計画的指示』、中央档案館編（1992）『中共中央文献選集』第16冊、北京：中共中央党校出版社.
3) 侯外盧（1985）『韌的追求』、北京：三聯書店、第201頁, 胡光（1989）『自由主

義運動的批判在香港」『中国現代史料選輯』第六冊「補編」1989 年、北京：中国人民大学出版社を参照のこと。

4) 単世聯（1999）『西方美学初歩』「結語」、広州：広東人民出版社を参照のこと。
5) 朱光潜（初出、1936）『文芸心理学』、『朱光潜全集』第 1 巻 1987 年、合肥：安徽教育出版社、第 314 頁。『朱光潜全集』20 巻、安徽教育出版社より 1987–1992 年連続して出版。以下の『朱光潜全集』では巻と頁のみを明記する。
6) 朱光潜（初出、1936）『文芸心理学』『朱光潜全集』第 1 巻、第 360 頁。
7) 朱光潜（初出、1936）『文芸心理学』、『朱光潜全集』第 1 巻、第 314–315 頁。
8) 朱光潜（1957）『読「在延安文芸座談会上的講話」的一些体会』北京：『文芸報』1957 年 5 月。
9) 朱光潜（初出、1948）『自由主義与文芸』、『朱光潜全集』第 9 巻、第 479–481 頁。
10) 朱光潜（初出、1936）『文芸上的低級趣味（上）：関於作品内容』、『朱光潜全集』第 4 巻、第 184–187 頁。1942 年、国民党中宣部長張道藩が発表した『我們所需要的文芸政策』（重慶『文化先鋒』創刊号、1942 年）は直ちに自由主義の反対に遭った。梁実秋は次のように指摘している。「文芸思想は政治主張、経済主張と釣り合いをとって打ち立てるべきであり（中略）それは文芸の領域から離れたところに立脚して、いかにそれを管理し利用しようかとする企てなのである」（古遠清、2001 年、『大陸去台作家沈浮録（一）——関於張道藩』、広州：『東方文化』第 5 期を参照のこと）。さらに重要なのは、張道藩がこの文を個人の名義で発表しており、国民党と関わる公式の文芸政策ではないことで、権力のバックアップや制度的な施政を得ることもなく、同年発表された毛沢東の『在延安文芸座談会上的発言』の及ぼした影響力とは大きな違いがある。単世聯（2000）「中国馬克思主義文芸理論：従瞿秋白到毛沢東」、汝信主編（2000）『美学的歴史：20 世紀美学学術進程』、合肥：安徽教育出版社、を参照のこと。
11) 朱光潜（初出、1932）『談美』、『朱光潜全集』第 2 巻、第 6 頁。
12) 朱光潜（初出、1948）『自由分子与民主政治』、『朱光潜全集』第 9 巻、第 305 頁。
13) 朱光潜（初出、1948）『国民党的改造』、『朱光潜全集』第 9 巻、第 518 頁。
14) 朱光潜（初出、1936）『文芸心理学』、『朱光潜全集』第 5 巻、第 38 頁。
15) 蔡儀（初出、1948）『論朱光潜』、『蔡儀美学論著』上（1982）、上海：上海文芸出版社。
16) 郭沫若（初出、1948）「斥反動文芸」、『中国新文学大系・1937–1949、文学理論巻二』（1990）上海：上海文芸出版社。郭はこれ以前に朱の数百万字に及ぶ著述を一字も読んでいない。「この文章を書くために、友人たちが二冊の『文学雑誌』を探し出してくれ、わたしはようやく彼の『観劇与演劇——両種人性理想』を拝

読できた」。

17) 邵荃麟（初出、1948）「朱光潜的怯懦与凶残」、『中国新文学大系・1937–1949、文学理論巻二』(1900)、上海：上海文芸出版社。1948 年、中国共産党の画策のもと、北京の学生運動は澎湃と沸き起こり、朱光潜は「談群衆培養怯懦与凶残」という一文で述べている。：大衆運動では個体が虚構された集団にその責任をなすりつけて、自分は何ら責任を負わない。これにより個人が法律、道徳的な拘束から逃れてしまい、その放縦劣悪な「自由」を復活させるのである。群衆の庇護のもとで個体は個別的状況下であからさまに出来ないような残酷さ野蛮さを露呈することがある。朱は言う。「社会の団結は本来なら相愛に基づいてきた。今や群衆は怨恨を借りて連帯を強め、誰もが怨恨に浸り、怨恨を晴らし、この怨恨を礼賛することに酔いしれている。この怨恨はついには社会を焼き尽くし、ついには怨恨者自身をも焼き滅ぼすであろう」。「この潮流に巻き込まれた人々が早く目を覚ますことを心から願っている」（『朱光潜全集』第 9 巻第 357 頁）。この文を厳しく批判し「怨恨を礼賛」した邵荃麟は「文革」の群衆運動の渦中で自ら死すことによって朱の観点を実証したのである。

18) 朱光潜の出国の情況に関連して、蒯大甲（2001）『朱光潜後期美学思想述評』（上海：上海社会科学院出版社、第 3–4 頁。

19) 朱光潜（初出、1974）『新春寄語台湾的朋友們』、『朱光潜全集』第 10 巻、第 423 頁。

20) 銭念孫（1955）『朱光潜与中西文化』、合肥：安徽教育出版社、第 411 頁。

21) 三回にわたる運動の詳細な情況については、鳳政（2000）『改造』、鄭州：河南人民出版社。

22) 毛沢東（初出、1950）『関於組織民主人士参観或参加土改鎮反工作』、『毛沢東文集』第六巻（1999）、北京：人民出版社。

23) 常風（1995）「回憶朱光潜先生」、『逝水集』（1995）、沈陽：遼寧教育出版社、第 88 頁。

24) 朱虹（初出、1955）「我的老師朱光潜先生」、『朱光潜紀念集』（1995）、合肥：安徽教育出版社。

25),26)　常風（初出、1955）「回憶朱光潜先生」、『逝水集』（同上）、第 89 頁。

27) 蒋孔陽（1980）『建国以後我国関於美学問題的討論』、『美学』第 2 輯、1980 年、上海：上海文芸出版社。

28) 張隆渓（初出、1955）「探求美而完善的精神」、『朱光潜紀念集』、同上。

29) 朱光潜（初出、1980）「作者自伝」、『朱光潜全集』第一巻、第 7 頁。指導者の「呼びかけ」があったとはいえ、厳しい批判は依然続いていた。1958 年「北京大

学中文系二年級魯迅文学社」は「朱光潜──反動統治者麾下的一員戦将」を題として朱の49年以前の二冊の本を批判した。「形式は変わっても本質は変わらない」として朱の1956年以降の論著を批判した。「朱先生は過去の誤りについて自分が騙されたと言っている。その騙されたという外着を脱ぎ捨て、マルクス主義に装いを改めたのである。そこで、朱先生の美学思想の面目見られることは重要な現実主義を具えたものである。多くの読者に解毒作用をもたらすと同時に朱先生に厳しい反省を促し、早くに反動的唯心主義の泥沼から離脱させたのである」（両文はいずれも『文学研究与批判専刊』第4輯、1958年、北京：人民文学出版社）。過激派学生は「組織上」の政策を代表するものではないが、この二つの文は朱が教鞭を取った北京大学の学生が執筆し、権威ある出版社が出版したものであるから、その圧力は甚大であった。

30) 賀麟「朱光潜文芸思想的哲学根源」の一文を例に挙げる。この文はもと1956年2月『文芸報』が組織した座談会上の発言原稿であり「書き上げたあと、わたしは特に蔡儀と馮至同志に初稿を提出して貴重な意見を求めていた。書き改めたあとすぐに『文芸報』雑誌に送って発表した。最後にこの文は胡喬木同志の意見により、あらためて『人民日報』に発表された」（『賀麟哲学和哲学史論文集』(1990年)、北京：商務印書館員書館、第428–432頁）。

31) 銭念孫（1995）、『朱光潜与中西文化』」、同上第428–432頁。

32) 1938年秋、四川大学が「党化教育」に反対したために学校側と摩擦を生じたので、朱はかつて彼の左派学生であった何其芳らに延安に赴く考えを示し、周揚が手紙で招待してきた。朱はまだ行くことが決まらないまま遠慮がちに返信している。「延安から戻った何人かの友人に私は会い、延安の事業について叙述した著作を何冊か読んで、私はそこに一縷の望みを見出したのである」。「私はあなた方の仕事に大変共感している」（朱光潜（1982）『致周揚』、『朱光潜全集』第9巻第19〜20頁）。

33) 朱光潜（初出、1950）「関於美感問題」、『朱光潜全集』第10巻、頁5。

34) 蔡儀（初出、1950）「略論朱光潜的美学思想」、『蔡儀美学論著初編』下；黄薬眠（1950）「答朱光潜先生併論治学態度」、北京：『文芸報』第一巻第8期。

35) 胡風発言記録『文芸報』1954年第22期（北京：1954年12月）。

36) 朱光潜（初出、1951）「最近学習中的幾点検討」、『朱光潜全集』第10巻、第21頁。

37) 朱光潜（初出、1957）「従切身経験談百家争鳴」、『朱光潜全集』第10巻、第80頁。

38) 朱光潜（初出、1961）「美学中唯物主義与唯心主義之争」、『朱光潜全集』第10巻、

第 21 頁。

39) 朱光潜（初出、1948）「『世界的出路——也就是中国的出路」、『朱光潜全集』第 9 巻、第 525 頁。
40) 朱光潜（初出、1936）「文芸心理学」、『朱光潜全集』第 1 巻、第 197 頁。
41) 朱光潜（初出、1957）「従切身経験談百家争鳴」、『朱光潜全集』第 10 巻、第 80 頁。
42) 朱光潜（初出、1956）「我的文芸思想的反動性」、『朱光潜全集』第 5 巻、頁 27–28。
43) 50 年代中期の反映論の権威が闡述している。艾思奇（1957）『弁証唯物主義講授提綱』第五章、北京：人民出版社を参照。
44) 約翰・霍夫曼（1975 ＝ 1988）『実践派理論与馬克思主義』、北京：社会科学出版社、25 頁。
45) 朱光潜（初出、1957）「論美是客観与主観的統一」、朱光潜全集』第 5 巻、第 71 頁。
46) 朱光潜（初出、1957）「論美是客観与主観的統一」、『朱光潜全集』第 5 巻、第 66 頁。
47) 朱光潜（初出、1957）「論美是客観与主観的統一」、『朱光潜全集』第 5 巻、第 69 頁。
48) 朱光潜（初出、1980）「対「馬克思恩格斯論文学和芸術」編訳的意見」、『朱光潜全集』第 10 巻、第 500 頁。
49) 銭念孫（1995）『朱光潜与中西文化』、同上、第 515 頁。
50) 李沢厚（初出、1962）「美学三題議」、『美学論集』（1980）、上海：上海文芸出版社、第 167 頁。
51) 朱光潜（初出、1961）「美学中唯物主義与唯心主義之争」、『朱光潜全集』第 10 巻、第 299 頁。
52) 朱光潜（初出、1957）「論美是客観与主観的統一」、『朱光潜全集』第 5 巻、第 96 頁。
53) 朱光潜（初出、1981）「我学美学的経歴和一点教訓」、『朱光潜全集』第 10 巻、第 571 頁。
54) 諾曼・莱文（1997）『弁証法的内部対話』、昆明：雲南人民出版社、第五章。
55) 列寧（1974）『哲学筆記』、北京人民出版社、第 228 頁。
56) 李沢厚（初出、1957）「関於当前美学問題的統一」、『美学論集』（同上）第 75 頁。
57) 朱光潜（初出、1957）「論美是客観与主観的統一」、『朱光潜全集』第 5 巻、第 66 頁。

58) 朱光潜（初出、1961）「美学中唯物主義与唯心主義之争」、『朱光潜全集』第 10 巻、第 302 頁。

59) 朱光潜（初出、1961）「美学中唯物主義与唯心主義之争」、『朱光潜全集』第 10 巻、第 289 頁。

60) 朱光潜（初出、1963）「表現主義与反映論両種芸術観的基本分岐」、『朱光潜全集』第 10 巻、第 401 頁。

61) 李沢厚（初出、1962）「美学三題議」、『美学論集』（同上）、第 153 頁。

62) 朱光潜（初出、1979）「致陳望衡」、『朱光潜全集』第 10 巻、第 461 頁。単世聯（1998）「朱光潜与徳国美学」、『学術思想評論』第四輯、沈陽：遼寧大学出版社、を参照のこと。

63) この方面について論著は非常に多い。主に伊格爾頓（1997）『美学意識形態』、広西師範大学出版社、比格爾（2002）『先鋒派理論』、商務印書館、を参照のこと。

64) 朱光潜（初出、1942）「個人本位与社会本位的倫理観」、『朱光潜全集』第 4 巻、第 38–39 頁。

65) 朱光潜（初出、1983）「答香港中文大学校刊編者的訪問」、『朱光潜全集』第 4 巻、第 38–39 頁。

66) 巴人「論人情」（天津：『新港』1957 年第 1 期）；巴人「文学論稿」（上海：新文芸出版社、1956 年初版、1959 年再版）第二編。銭谷融「論「文学是人学」」（上海：『文芸月刊』、1957 年第五期）。何其芳、『論阿 Q』（北京：『人民出版社』1956 年 10 月 16 日）『論「紅楼夢」』（北京：人民文学出版社、1958 年）『論文学芸術的春天』（北京：人民文学出版社、1964）「序」。

67) 朱光潜（初出、1982）「維柯的「新科学」及其対中西美学的影響」、『朱光潜全集』第 5 巻、第 93 頁。

68) 朱光潜（初出、1957）「論美是客観与主観的統一」、『朱光潜全集』第 5 巻、第 93 頁。

69) 朱光潜（初出、1960）「致滕万林」、『朱光潜全集』第 10 巻、第 187 頁。

70) 20 世紀の 70 年代より『手稿』の中国における地位は日増しに高まっていた。李沢厚は自分が 1956 年に書いた文章は「恐らく最も早くマルクスの『経済学―哲学』手稿について言及し、それを美の本質について探究するときの根拠と企図したものである」（李沢厚（初出、1979）「「論美感、美和芸術」補記」、『美学論集』第 51 頁）。しかし蔡儀は 1944 年に出版した『新美学』の第二章第五節の中ですでに『手稿』の文句を引用している。事実、文芸界の『手稿』のいくつかの部分に関して決してまったく知らないわけでもないものである。周揚は 1937 年に『我們需要新的美学』の一文で「マルクスの『聖家族』の手稿」として『手

稿』から「音楽の耳」の一部分を引用している（周揚（1984）『周揚文集』第一巻、北京：人民文学出版社、第 227 頁）。40 年代、周揚選編の『馬克思主義与文芸』の第一輯「意識形態的文芸」の第五節「馬克思論芸術労働与芸術創造及芸術感受性」の中から、再び『「聖家族」預備材料』の名を借りて『手稿』の「音楽の耳」を選び編纂しており、『哲学経済学手稿』の名義で「美的規律」に関する部分を選び所収している。『馬克思主義与文芸』は毛沢東の賞賛を得て、中国の文芸界では甚大な影響力を持っていた。それゆえ、わずかに一文の引用を以って先見の明があるとは言えまい。重要なのは、朱光潜だけが 1960 年にその中からマルクス主義の人道主義思想を導きだして論じていることである。

71) 朱光潜（初出、1960）「生産労働与人対世界的芸術掌握」、『朱光潜全集』第 10 巻、第 191 頁。

72) 朱光潜（初出、1979）「関於人性、人道主義、人情味和共同美問題」、『朱光潜全集』第 5 巻、第 389 頁。

73) 朱光潜「関於人性、人道主義、人情和共同美問題」を『文芸報』1979 年第三期に発表。同年王若水は『関於異化概念』の一文を『外国哲学史研究集刊』第一期に発表；翌年、王若水は『人是馬克思主義的出発点』（人民出版社より 1981 年出版の同名文集に所収）の一文を起草する。汝信は『人道主義就是修正主義嗎？』の一文を 8 月 15 日『人民日報』に発表する。これにより、人道主義思潮は中国を席巻する。

74) 朱光潜（初出、1982）「維柯的「新科学」及其対中西美学的影響」、『朱光潜全集』第 10 巻、第 718 頁。

75) 朱光潜（初出、1979）「黒格爾的「美学」訳後記」、『朱光潜全集』第 5 巻、369 頁。

76) 朱光潜（初出、1979）「西方美学史」、『朱光潜全集』第 7 巻、第 391 頁。

77) これと対応して、朱光潜は二度にわたり歴史主義の「開祖」であるドイツの哲学者ヘルダーを研究すべきであると述べている（朱光潜（初出、1983）「致郑涌」、『朱光潜全集』第十巻、637 頁）。

78) 朱光潜（初出、1979）「関於人性、人道主義、人情味和共同美問題」、『朱光潜全集』第 5 巻、第 390 頁。

79) ナチスの強制収容所の門には「労働は自由に通ずる」という標語が高々と掲げられている。単世聯の『地獄之門的勇気』（広州：『南方周末』2001 年 9 月 13 日）を参照のこと。実践論の論者である李沢厚は人道主義を以ってマルクス主義を解釈することに賛成していない（李沢厚（1987）『現代思想史論』、北京：東方出版社、第 200–201 頁を参照のこと）。

80) 諾曼・莱文（1984）『弁証法的内部対話』（同上）第 470 頁。
81) 毛沢東（1998）『毛沢東哲学批判注集』、北京：中央文献出版社、第 15、311 頁。
82) 鄧力群（1998）『毛沢東読社会主義政治経済学批注和談話』上、北京：中華人民共和国国史学会印、第 70 頁。
83) 長期にわたり唯物論的反映で美学を研究してきた蔡儀は事実上当局の承認を得られなかった。それどころか 50 年代から 80 年代にわたり周揚は彼に対して不満と困惑を抱いていた。銭中文「深切的懐念」、毛崇傑「有人信高潔」（楊漢池、王善忠等著（1998）『蔡儀紀念文集』、北京：中央編訳出版社）等の文、および蔡儀夫人喬象鐘（2002）『蔡儀伝』、北京：文化芸術出版社、等を参照のこと。

　　個人的怨念のほかに、その原因は当時の政治文化が堅固な唯物論を必要としていなかったことにあるのかも知れない。
84) 朱光潜（初出、1961）「美学中唯物主義与唯心主義之争」、『朱光潜全集』第 10 巻、頁 299。
85) 朱光潜（初出、1982）「懐感激心情重温「講話」」。この文は当時発表されなかった。商金林（1995）『朱光潜与中国現代文学』、合肥：安徽教育出版社、ではじめて「付録」の形で公開された。
86) 朱光潜（初出、1980）「馬克思的「経済学哲学手稿」中的美学問題」、『朱光潜全集』第 5 巻、第 425 頁。
87) 朱光潜（初出、1980）「馬克思的「経済学哲学手稿」中的美学問題」、『朱光潜全集』第 5 巻、第 412 頁。
88) 哈貝馬斯（1976）『重建歴史唯物主義』、北京：社会科学文献出版社、第 3 頁。

訳者解題

　　建国後 17 年（1949 年から 1966 年、中華人民共和国の成立から文革まで）の時期については文革終結後、今日に至るも、研究領域としては依然「禁区」と見なされ公に禁令こそ出ないが様々な制約を加えられている。しかし中国知識人の精神史において、この間の文学・思想状況を永久に等閑に付すわけにはいかない。朱光潜は京派を代表する文芸理論家として独自の審美的追求を行い、30 年代文芸を彩った美学者として夙に著名である。先行研究はきわめて少ないが最近の論稿としては葉朗（北京大学）による「朱光潜と李沢厚の美学論争」（『美学芸術学研究』16 号東京大学 1997 年）などがある。

　　50 年代以降の複雑な政治状況を背景として、彼がいかにして自由主義とマルクス主義の融合を企図していたかについて論じたのが本稿である。

朱光潜の理論的営為、個人的な心情から政治メカニズムのレベルまで言及した本稿は、歴史の空白に挑む中国の若手研究者の気鋭を伺わせ、また論争に関わる一次資料を十分に精査し思想上の論争を掘り下げることに成功している。建国後も大陸にとどまり、西洋美学の碩学として北京大学に奉職し、建国後も弛まず学術探求に専心していた朱光潜の生涯を顧み、その今日的な意義について認識を深めるべきだろう。日本の学会においても丸山昇『文化大革命に到る道』（岩波書店、2002 年）、木山英雄『人は歌い人は哭く大旗の前――漢詩の毛沢東時代』（岩波書店、2005 年）をはじめ、17 年時期への洞察は深まりつつある。

内なる視点のために

石 剛

I

　19世紀から20世紀にかけて、東アジアにおいて次から次へと巨大な変動が起こり、中国においても、激しい社会動乱および幾多の革命運動を経て、伝統的文化と西洋文明との鬩ぎあいの中で独自の形で近代思想と文化が形成されてきた。とくに新中国成立後は、政治勢力の再編と文化統合が行われ、それまでに見られないほどの規模で、強力な対外対内の政治施策、言語・文化政策、さらに知識人改造と利用対策および少数民族政策・宗教政策などがとり行われた。それに伴い、大小さまざまの政治運動が推し進められ、その「集大成」的ともいうべきものは、1966年に始まった文化大革命であった。こうした一連の施策と運動が及ぼした影響は、範囲の広さと深さもかつてになかったものばかりであり、そして今日に至るまで東アジアひいては世界にも大きな衝撃を与え続けていると言えよう。
　この近代中国を検証の対象に、今までおびただしい数の研究がなされてきた。その中で優れた成果もたまには見かけるが、しかし「群盲象を撫でる」という中国の成語のように、部分的様相を表面的に眺めるだけで終わってしまう例がほとんどであった。一方、冷戦のもとではもちろんのこと、現在になってもなお、特殊な思い入れを持ちながら、複雑な現実に対して表面的に

観察し、あるいは単なるイデオロギー的批判に終始し、その背後にある因果関係と歴史的文脈、その土地に住む人々の心情を理解しようとせず、思い込みで偏った部分だけを取捨選択してしまうケースが相変わらず多いのである。営利目的の出版物やマスメディアなどにだけ現れた風潮であれば仕方がないとして、研究の世界においてもそのような風土がまだ根強く存在しているという現実は、如何にも遺憾としか言いようがない。

その中で、主観的動機はともあれ、たとえば文化大革命に代表された解放後の一連の大きな社会的・政治的動乱の本当の原因と、その文化的・歴史的根源について、伝統思想と現代文化、特にそれらを背負う立場にある知識人の角度から探究すること自体がきわめて不十分であることも、客観的にその困難さを助長しているのである。

これに鑑み、なるべく中国の現実に基づき、少しでも偏見を減らし、その社会・歴史的伝統及び広く民間信仰などに根付いている文化と思想の素地を重んじて、内側の視点を生かしながらその重大変革の根源につながる要素を洗い出そうとして本研究プロジェクトをスタートさせたのである。比較文化学の立場を生かしながら、実証的研究を含めて、中国の社会変化の実態と指導理念の特質とを明らかにすることを目指す研究であった。さまざまな制約により、研究上の空白が数多く残されている現状では、それが簡単にできることではないとも自覚しているが、新たな試みとして、今後につながる成果を少しでも提供できればと考えている。

専門分野の異なる複数の学者による共同研究成果である本書は、度重なる会合や研究発表会などを通して意見の交換が行われ、その結果、以下のようにいくつかの側面から近代中国の指導的理念の生成、近代文化と伝統文化との葛藤の諸相、文革を通してみられた社会システムの特質、宗教意識の変容と民族問題の実態、知識人のおかれていた環境とそれへの対応の仕方などに光を当て、現代中国への理解を深めるということを目指してきた。

その中で、革命的イデオロギーの形で現れながらも、本質的には中国の伝統思想と極めて近接した毛沢東の哲学思想、歴史観およびその政治手法を分析することにより、その現代中国社会、文化に対する影響を明らかにするこ

とに重要な手がかりを提供できるものと考える。

　思想改造運動と思想統制下における知識人の生存方式と行動様式も本書の重要関心事である。現代中国の文化的特徴及び解放後の制度化空間に対する探求の中心は、いずれも知識人と密接に関連しているからである。

　「文化大革命」は新中国成立後もっとも激しい政治運動であり、さまざまな意味においてかつて見ない社会的動乱とも言えるが、それをめぐって社会文化史的、政治・思想史的に考察し、それに対して多面的に追究することは、近代中国にとって文革の持つ本質的な意味を理解するのにきわめて重要であることから、それをめぐりいくつか角度を変えて重点的に検討した。

　一方、チベット問題など少数民族問題なども研究対象に取り上げた。一次資料を駆使しながら、実証研究と現地調査などを通して、民族政策と民族関係を文化史的に解析し、近代中国の宗教・文化政策の真相を追及した。さらに、百年来の言語・文字改革、言語思想などをめぐりその歴史的意味を探究した。

　以上のようにいくつかの側面からのアプローチは、有機的にその関連性を保ちながら共通した目標を目指している。いままでこうした研究手法が非常に少ないという現状のもとでは、少しでも新しい視点を提供できればと考えている。計画された研究が充分に展開されたとは言えないが、今後の研究のステップの一つとして位置付けることができればと願うばかりである。

II

　1949年以降の中国において、指導的立場にある政治思想と権力運営の仕方を解読するために、中国の歴史に対する主流となってきた認識、すなわち毛沢東の歴史観について考察しなければならないだろう。それは、中国の独特の歴史的風土に基づいた近代文化の形成の過程における、外来イデオロギーとしてのマルクス主義との調和により、「毛沢東思想」という独自の思想体系が生まれるプロセスを理解するためにも役立つであろう。

　新中国成立後、毛沢東の読書生活は、ほとんど中国の伝統文化・歴史関係

の書物に集中していた。中国史の典籍などを中心に読んでいたことに注目するのは、その思惟の源泉を突き止めようとしたからである。そのなかで、毛沢東の打ち出した「古為今用」（古きことを今のために用いる）という歴史哲学思想は、新しい統治の系譜を創出したいという願望をあらわしているであろう。「古為今用」をもとに「斬新なる文化」を作り出そうとした努力（たとえば全国民を動員して歴史の学習をさせること、歴史上の農民蜂起と戦争を宣伝、賛美すること、『海瑞罷官』の討議、法家に対する批評と儒家批判運動、『水滸伝』批判運動など）であったと考えられる。歴史哲学が統治の合法性において重要な地位を占めなければならないという考えは、中国の伝統的歴史哲学と皇帝統治体系との密接な関連を示している。この点に関して、中華民国以来の憲政史を振り返りながら、文化史の視点から台湾に移った後の国民党政権の施政形態と手法との比較研究も行うべきであろう。

　しかし、新しい統治の系譜を創出したいという願望とは裏腹に、政治的帝王専制性および中国伝統文化における「道統」と「治統」との内なる同一関係により、新しい歴史哲学と歴史系譜を構築する努力が強ければ強いほど、伝統的歴史観への復帰もますます強いられてしまうという皮肉な結果につながる。そして、きわめて広範で、強力な社会動員力を頼りに、おびただしい陳腐な歴史観念を全国民に注入するという事態を招くこととなったのである。たとえば、文革後期になると、国家政治の理念に封建時代の伝統政治と歴史原則とがまかり通っていたこともその現れの一つであった。

　こうした状況のもとで、現実的にすべての歴史は政治的駆け引きにすぎないという観念を国民に持たせることとなりかねない（文革中に林彪の中国歴史上いわゆる宮廷政変について発した言論に驚いた毛沢東の講話は有名な話であった）。豊富な歴史文化遺産をはじめ、ものごとを多面的、多元的に観察・理解することを難しくさせたばかりでなく、現代社会に適合できる歴史観念の樹立および世界文化における自らの位置づけも難しくなり、あるいはできなくなるからである。ここから分かるように、こうした歴史哲学の近代中国社会に与えた影響は計り知れないほどであり、それに対してさらに考究必要があろう。今日でもさまざまの政治的場面によく見かける、かつて延安時代の毛沢東に

批判されていた「党八股」に似た決まり文句の流行や、硬直した思考様式などについては、多くの場合そこから何らかの理解のヒントを得ることが可能かもしれない。

　近代中国文化政策の担い手でもあり直接的な受容側でもある知識人の行動と意識を実証的に検証することが、もう一つの側面からこの期の歴史に関する認識を深めることに繋がるであろう。1949 年の新中国成立を境目に、時代の荒波に翻弄されながら、中国の知識人たちがどのようにその志を貫いたかあるいは挫折していくのかをクローズアップさせ、時代の縮図として、それがどのような意味を持つかということを吟味することにより、実に多くのことが教えてくれるのである。その中で 50 年代初頭に展開された胡適に対する批判運動が注目に値するであろう。

　周知のように、胡適[1]は近代中国の代表的な知識人で、中国における近代文化の成立に大きく寄与した人物として知られている。文学、歴史学、哲学、教育学、考証学、倫理学などの分野で、胡適はいずれも優れた業績を残しているばかりでなく、新文化運動のシンボルであり、五・四運動の旗手の一人でもあった。その有名な「文学改良雛議」に打ち出された'八事'もそうであるが[2]、その後、学術研究と思想論争においても、胡適は常に議論の先頭に立ちつづけていた。その思想自由、言論自由の主張は知識人を中心に当時の中国社会に大きな影響を残している。そして彼はまた時の権力中枢に近い関係を持ち続け、あるいは直接その中に身を置いてきたのである。戦時中の 1938 年から 1942 年まで、彼は北京大学文学院院長の任を離れ、中華民国のアメリカ駐在特命全権大使を任命された。その後しばらくアメリカに滞在したのちに、1945 年に再び北京大学学長として迎えられ、そして 1962 年死去するまで、台湾国民党政権下の中央研究院院長などを歴任し、同時に蒋介石と個人的関係を何とか維持していた。

　1917 年から 1949 年まで終始北京大学を活動の拠点とした胡適に対して、国民党の台湾敗走前からも、共産党側から再三にわたりその北京残留の要請がきたが、拒絶された。50 年代初頭から展開された「胡適批判運動」は、実はこれにも関連していた。胡適批判運動は、当時の文化界・教育界及び一

般知識人たちに大きな衝撃をもたらしたものであった。

　胡適の死後 50 年経った今日でも、不思議なまでに大陸ではその評価に関してある意味ではいまだに半分タブー視され、混沌した様相から完全に脱却していない[3]。というのは、その学術の貢献に関してはある程度認められるようになり、北京大学では 2010 年に民間の寄付金により、その北京大学学長の任から去った 60 年後に、初めて「胡適人文講座」が開かれた[4]。しかし、長いあいだに中国社会において、政治運動の風雨、利害関係の交差などにもよるか、何よりも胡適の思想とりわけその思想自由という主張が主流的言説との調和は根本的に困難であるということで、公式にはその名誉回復まではされていない。

　いわゆる「胡適批判運動」は、じつは中華人民共和国成立前の 1949 年 5 月 11 日『人民日報』に発表された陳垣の書いた胡適への公開書簡にその端を発したといえる。この書簡に対して胡適は、半年後の 1950 年 1 月 9 日にその返事となる文章をしたため、その中で、強硬な態度で共産党の支配に対する批判と抵抗を表明したのである。体制に取り込まれる余地がなくなったことにより、胡適批判運動の展開も避けられないものとなったのである。

　批判の序幕は、北京に残されていた胡適の末息子胡思杜が華北人民革命大学政治研究院を卒業するときに書いた「思想総括」の第二部が公表されるということから始まった。しかし、この文章がどのようなルートを通して香港の『大公報』に発表されたかについては、おそらく本人は知る由もなかったであろう。

　胡思杜はこの文章で、父親である胡適を「反動階級の忠実な家来で、人民の敵」であったと断言する。それは、「人民の利益を裏切り、四大家族（蒋介石・宋子文・孔祥熙・陳力夫・陳果夫）を飼い太らせるのに力を貸した」、「帝国主義の文化侵略に協力した」、「アメリカの利益のために働く」などの結果であるという。これを受けて、胡適批判は 1951 年 11 月に北京天津高等学校（大学）教師学習委員会の成立にともなって、北京天津高等学校（大学）教師学習改造運動という形で繰り広げられた。北京大学副学長の名義による動員の文章が『光明日報』に発表され、自由主義教育学説の批判と、教育者

としての自己改造がまず必要であることを強調した。胡適が北京大学学校長を担当した時代に提唱した思想の自由と学術の自由という「誤った思想」は、北京大学の教師に長いあいだに悪い影響を及ぼしたとされた。その後、知識人の思想改造の名目で、当時の第一級の知識人たちによる自己批判が相次いで『人民日報』に発表された。

そのなかで、北京大学において、胡適をめぐった「討論」がおこなわれた。それは討論というより、各個人が胡適に対する立場の表明を余儀なくさせられる場となったのである。立場の問題、態度の問題、誰のために奉仕するかの問題として、胡適との「精神的なつながり」が厳しく問われ、それに対する「自己批判」が余儀なくさせられた。胡適本人は旧学術界の代表的な、最も反動的人物であると目された。これをきっかけに、胡適を批判する運動は帝国主義、封建主義反動思想批判のシンボルに発展した。

1954年11月から展開された第二次胡適批判と比べて、51年の第一次はただ序の口にすぎないというべきであろう。今度は、あの有名な〈紅楼夢〉事件、つまり〈紅楼夢〉研究の権威である兪平伯に対する批判が阻まれたとして、毛沢東は「〈紅楼夢〉研究に関する書簡」をしたため、「古典文学の領域で三十年以上青年たちに害毒を与えてきた胡適派のブルジョアジー唯心論に対する闘争を展開しよう」と呼びかけたのであった。これにより、批判の矛先が真っ先に胡適に向けられた。

そのなかで、当時の共産党中央宣伝部副部長である周楊は「われわれは戦わなければならない」という長文の報告の中で、胡適問題の重大さについて、「胡適は中国において、もっとも早い時期からもマルクス主義と社会主義思想の敵であり、また、もっとも頑固で、調和のできない敵でもあった。胡適の思想を徹底的に粛清しない限り、中国学術界におけるマルクス主義・レーニン主義の指導的な地位の確立は不可能である」と指摘した。これはすなわち党中央指導部の胡適批判に対する直接的決意表明であり、胡適批判は単なる胡適個人の思想・信条や政治的立場に対するものにとどまらず、文化・思想界、学術界全体に対する思想統制とイデオロギー浄化運動の基調を定めるものとして位置づけられたのである。

しかし一方、胡適は五・四運動の旗手であり、また、「五・四精神」の象徴でもあっただけに、「五・四精神」を賛美する共産党にとっては、胡適に対する批判と五・四精神を肯定するとの間にいかに整合性を取るかという難問が残る。これに対して、一つの苦渋の策がとられた。それは、まず政治的、イデオロギー的に批判をおこない、「反動的」学者であるというレッテルを貼り付けたうえに、当人の学問も反動的な政治のためにあるのだからその学問も反動的だという推論を行うことにより、直接的ではなく、間接的に当人の学問を否定するというのである。この方法はのちにさまざまの場面で大いに活用されることになる。というのは、この論理はその後の知識人や民主党派人士などに対する思想的締め付けおよび粛清のときにもよく持ち出されたもので、政治的批判の重みは学問的な批判の重みを上回ったばかりでなく、しだいに学問的な批判を取って代わってしまうようになったきっかけを作ったからである。

　この批判運動から見られた中国大陸における胡適の処遇と、同じ新文化運動の旗手の魯迅と、さらに周作人のそれとは三者三様で、きわめて対照的であった。政治的な態度がその評価の分かれ道に直接つながったこの三人の存在は、象徴的なこととして受け止めるべきであろう。事実、解放後の歴史的現象として、一連の知識人を対象に行われた「運動」と、学者・知識人を中心に、思想・文化・芸術などの分野において行われた思想統合は、いずれもその延長線上にあり、しかも絶え間なく深まっていったのである。本書でも取り上げられたように、知識人の思想改造運動や、解放後の朱光潜、梁漱溟、馮友蘭などの学問と思想・政治的な軌跡について専門的に論じる諸篇からもこうした痕跡がさらに明らかになったのである。

III

　新中国の歴史において数多くの政治運動の中でも、とりわけ文化大革命のもたらした傷跡は深いものであった。その歴史的意味については今までさまざまの研究がなされており、本書では王毅論文が「牛鬼蛇神を一掃せよ」と

いうスローガンが文革の指導的綱領になる経緯に対して深く掘り下げ、文革の表面的な現象にとどまらずに、その深層にある文化史的、それに国民精神史的原因の在り処を追及した。具体的にいうと、それは、打倒しようとした相手をまず妖魔化させるというレトリックの文化的原因を徹底的に追求することによって、文明史的視点から社会の精神構造を解剖するという斬新な試みである。

　また、それに並行して印紅標論文が紅衛兵の文革初期で「破四旧」と呼ばれた一連の行いに対して、それも単なる上からの指令ではなく、また、文革の指導者の本意からでもなく、むしろその自発的な行動の深層に、中国の社会と文化の問題点があると読み取るのである。紅衛兵の行動自体は多くの面で逆に毛沢東の狙いと乖離していたが、当時の情勢などから、または何らかの思惑からそれらが矯正されることなく、しばらくの間、恐怖政治として各地で横行した。しかしこうしたことは社会の底辺にもたらした衝撃は絶大であり、民衆への心理的影響も大きいものであった。伝統文化と文化財にはもちろんのこと、広く深く人々を精神に傷つける結果をもたらしたのが、まさにこの紅衛兵の「破四旧」から始まった一連の暴挙であった。これに関する実証的研究とその文化史的な意味に関する考究は重要な作業として取り上げられた。

　チベット問題に関しては、例えば2008年の北京オリンピック前にパリなどで起こった聖火リレー中に、テレビの中継画面に出たチベット人により過激な抗議行動はおそらく多くの人の印象に残っているであろう。このように60年余りの間に、チベット問題は時には顕在化し、時には潜在化してきた。それは実に複雑な側面をいくつも持つものである。しかし、それに対する理解はいまでもきわめて不十分のままであった。場合によっては、外部からの主観的な決め付けだけでそれを政治的に利用しようとする傾向もみられるのである。本書では王力雄論文が、宗教政策と民族政策の角度からこの問題を探究するということにとどまらずに、より広い視野で、歴史的・文化精神史的な要素も十分に考慮に入れて、チベットでの長期間の現地調査とフィールドワークの成果をもとに、その現実をつぶさに考察し、なるべくその独自の

社会風土と歴史伝統の内部から、少しでもその問題の根源を理解しようと努力したのである。つまりは、その政治的と宗教的側面を検討すると同時に、歴史的、伝統文化的側面などからも、また宗教の社会的機能の側面からも、その根底にある文化的根源を深く掘り下げる試みとしたのである。

　ここで文革に関する具体的な研究にもう少し言及したい。楊麗君論文により、いわゆる「路線闘争」の側面以外に、その社会制度と社会理論の側面からも文革の実態に迫る事例研究として、文革期の集団的暴力行為に注目し、制度論的分析の枠組を構築して、派閥の分化と集団的暴力行為の発生要因を解明する試みが行われた。

　文革の社会動乱を国家中心論と社会中心論からのアプローチが一般的であり、国家政策、毛沢東の個人的なカリスマ性、毛沢東と他の中央指導者とのあいだに現れた権力闘争（当時「路線闘争」と表現されることが多い）をその分析の中心に置き、大衆参加者を操作された客体と見なすいわゆる「上から下へ」の研究がそれである。一方、集団・派閥を分析の中心に置き、参加者の動機と行為に関する分析を重視し、社会構造によって生じた社会矛盾と大衆組織間の対立構造との関連を強調したうえで、大衆が運動の主体と推進者であると主張するいわゆる「下から上へ」の研究もある。しかし、それまで潜在的に存在していた社会的矛盾は1966年の時点で爆発し、大きな規模で全国的な動乱へと発展したことを考えるときに、権力闘争の要素以外に、国家と社会との相互関係を検討する必要も生じるのである。その中で次の点が注目された。第一、文革が展開された制度的空間。第二、国家による公民権の配分と、社会における公民権の獲得をめぐる競争。第三、制度化の度合と派閥間集団的暴力行為との関係。最後に、毛沢東個人への忠誠心という精神構造は利益競争行為に量化することである。

　社会空間は私的領域と公的領域の二つに分けられることができる。欧米など西側の社会体制国家においては、社会運動は公的領域と私的領域の二つの領域の間で移動するのがつねである。運動の発展に伴い、参加者の希望に反して、その願望がみたされない場合、その当事者は公的領域から退出し、私的領域に戻ることがよくある。これによって、社会運動に出口を与え、運動

の急進化が緩和される。しかし文革は、退出する道のない公的領域のみで展開されていた。建国初期から文革期に至るまで、国家によって国有化、公営化は徹底的に行なわれた。その結果、民営企業、民間組織はゼロに近く萎縮し、公的領域は拡大し、すべての組織を網羅したのである。この過程は社会生活の政治化する過程でもあった。公的領域は集団間の利益競争の唯一の場所になってしまい、当然ながら退出するという選択もありえない。仮に「退出」ができても極めて高い代価を払わなければならなかった。

　文革期では、公民権は生存権を含む人々の政治・経済利益を中心とするすべての権利を意味する。中国でいう公民権は欧米などとは違い、法律的な概念ではなく政治的な概念であった。人民とその敵対者は「敵我矛盾」、人民内部では「人民内部矛盾」というように。さらに大衆内部における「積極分子」、「落後分子」などの区分もいずれも法律的なものではなく、政治的な区分である。享受できる公民権もこうした政治的な地位によって異なってくる。国家はあらゆる政治・経済・文化資源――公民権――およびその配分の権力を独占し、その結果、社会に安定な秩序を提供すべきである国家の基本的な機能が弱化された。

　一方、文革初期に形成されたさまざまの派閥も単なる受動的で、操り人形のような存在ではなかった。彼らは国家政策を自分の集団利益に有利な方向に変更させようとした。国家と社会集団との相互的作用のもとで、文革は自律性を持つようになり、社会運動はひとつの副次的運動期から次の副次的運動期へと進んでいく。また、派閥間のあいだに制度化された協同と連繋のメカニズムが存在しないため、急進化と暴力化に転化するのが容易であった。事実、1968年の中国では、ほぼ無政府状態となり、いわゆる「武闘」（武装闘争）が北京をはじめ、全国的に広がりかつ大規模化され、収拾がつかなくなるほどであった。その時やむを得ず解放軍を動員し、また各大学に「軍宣隊」「工宣隊」などを派遣してようやく局面を収拾した。これがその後紅衛兵などを農村に「下放」することにつながったのである。

　文革期に毛沢東に対する熱狂的な個人崇拝は社会的現象であった。表面的には非理性的な行為に見えるが、実際には理性的に選択をした結果である場

合すらある。国家は生活必要品から住宅、医療、教育、娯楽にいたるまで、社会生活のほとんどすべての需要を提供する一方、社会から国家に対する忠誠も最大限に調達された。建国後、数多くの政治運動が行なわれる度に、大衆のあいだで忠誠心ないし革命コンテストを展開することとなっていたが、文革期ではそれが異常な程度までに増殖したのである。

　文革が終了してからすでに30年以上過ぎた。文革前の17年と文革の10年、合計で27年という計算になるが、その合計年数よりも改革開放後はさらに長い期間を経過した。その間、中国の情勢は大きく変容し、「一身にして二世を経る」感すらあった。しかし、文革期の一連の動きは、今日まで、社会全体の文明風土への破壊と影響という角度から考えると、大衆の精神構造および社会的生存環境に計り知れないほど大きな影を落としていたことも明らかであり、そして今でも中国社会全体として、その後遺症との悪戦苦闘を強いられているのである。

　というのは、文革は単なる一個の政治運動としてだけではなく、すでに一つの精神構造、一つの文体と文脈としてあらゆる面で民族の精神状態に深く入り込んできた以上、それに対する研究と清算はおそらくその数倍の時間をかけて持続的に深めていかなければならないであろう。なお、「中国特色」という文言にも表されているように、多くの資源の独占により、それが簡単にできないということも、多くのマイナス要素の一つとして働くに違いないであろう。

IV

　文化大革命という中国史上空前的で、大規模的な激しい政治運動は、公式には10年で収束をした。それに対して、より持続的（文革の十倍以上もの期間）で、かつ政府と民間の双方のパワーを吸収しながら展開されてきたのは、言語・文字の改革運動であった。百年来の中国の言語・文字改革の問題を振り返り、異なる時代と政治体制の下での言語・文化政策およびその変遷に対する考察を行うということも、中国の近代社会の性格を解明することに

役立ち、近代文化の成立のプロセスと、特に共産党政権の特質を理解するのに役立つであろうと考えている。言語・文字改革に絡む一連の問題群を点検し、特に東アジアという環境と歴史伝統の中で現れた文字改革変遷の経緯について考察を行うこと自体も、制度化された現代の中国文化に対する解剖につながるのである。

　中国の近代史において、1840年のアヘン戦争は重要な分水嶺であった。列強の侵略に抵抗しきれずに分割され、半植民地の立場に転落してしまったのである。一方、日本もその以前から、たとえば1804年のロシア特使が長崎に、1837年にアメリカの商船が浦賀に、1844年オランダ船が長崎に、1845年にイギリス船が琉球・長崎などにきて、通商の要求をしていたが、いずれも拒絶された。1854年のペリー2回目の来航で国門が開かれた結果となるが、その後日本は不平等条約の廃止などに成功し、中国とは対照的に、まったく異なる歴史的歩みを遂げたばかりでなく、むしろ変法維新、富国強兵、統一言語、教育普及などの面で、清朝の手本となった。清末に大量の「日本教習」が中国に招請され、新しい教育の普及などに貢献したことも一つの例である[5]。

　近代的言語思想と言語観の東漸に限って言えば、例えば19世紀後半のヨーロッパ、特にドイツ国家主義的言語思潮の影響を強く受けた上田万年は、1894年6月日清戦争の最中に留学先のドイツから帰国し、10月にかの有名な「国語と国家」という講演を行い、「国家言語」という概念を日本に導入した。上田の名言は「国語は帝室の藩屏なり」であった。その熱狂的な国語理論は後に時枝誠記の言うように、「時代精神の最高潮」として、近代日本の言語思想に大きな影響を及ぼしたことがすでに広く知られている。

　当時の中国でもこの動きを感知した。清朝管学大臣（文部大臣に相当）張百熙の推薦で京師大学堂総教習（北京大学学長に相当）に就任した呉汝倫は1902年に日本の教育を視察し、帰国後に、「日本の学校は必ず国語読本があった。我らはもしそれに倣えば、略字も倣えるべきだ」[6]として、いち早く「国語」概念を導入した。その後、清末及び民国初期に日本の国語観は心酔の対象となった。たとえば、江謙は「国語の編集に最初は一番困難であり、

まずは詳しく調査すべきである。日本には文部省に所属する国語調査委員会があるように、それに見倣い、国語調査委員会を設立すべきであろう」と力説した。ここに言う「国語調査委員会」の中心的人物は、すなわち上田万年である。

「国語」概念をはじめ、国語の統一のためにとられた具体的な施策まで、日本が模倣の対象となった。西学東漸という波のもとで、西洋特にヨーロッパからの国語イデオロギーの日本への伝播過程を振り返ることにより、ともに東アジアに位置するこの二つの国は、異なる国情でありながら共通した境遇を持っていたという一面があったと理解すべきかもしれない[7]。当時、多くの分野において、それまでになかった新しい概念の数々は日本にとどまらずに清朝にも伝わってきた。言語と文学の面でもそうであった。例えば文学の領域において、日本の「言文一致」から中国の「白話文」運動へと、きわめて近似した形で表れていた。

胡適は五・四運動において「白話文学」の提唱をしたが、その後さらに「国語運動」に近づき、「国語の文学・文学の国語」という有名なスローガンを打ち出した。胡適は次のように書いている。

> 将来、中国新文学の用いる白話は、すなわち将来の標準的国語であり、将来中国の白話文学を創出した人は、すなわち標準国語を制定した人のことである。[8]

胡適のこの予言は、「国語運動」の特徴とそのずっと後、すなわち解放後の「語文建設」の性格をある意味で的中したという側面がある。しかし指摘すべきことは、国語運動と文学革命の精神そのものは、本来なら異なるはずであったことには、まだ誰も気づいていない。それが災いをしたか、今日の「語文建設」も「漢字改革」も、それを引きずる形で推し進められてきたのである。

実はその前からも漢字改革をめぐり、19世紀終わりに「切音文字」を作る運動が起こった。1891年に、宋恕が『六齋卑議』で「切音文字を作るべ

し」と初めて言い出して、それをうけて、1892年の盧戇章『一目瞭然初階』が世に問い、それ以来、1910年まで十数年のあいだに、30種類近い切音字案が出された。康有為、梁啓超、譚嗣同など維新運動の中心人物をはじめ、切音字運動はひろく知識人の関心事となっていた。王照、労乃宣、章炳麟、朱文熊、劉孟揚、蔡錫勇など、それぞれ特色のある表音文字方案を打ち出している。その中で王照の『官話和声字母』、労乃宣の『和声簡字譜』が最も有名であった。1901年に『官話和声字母』は世に出て、数年内に13省に広がり、6万部もの売り上げを計上した。ただし、清末において、当時の政府はそれを正面から取り上げて支持する余裕もなく、むしろ反対という姿勢を示していた。たとえば1910年に清政府は「官話字母」を禁止処分にし、「拼音官話書報社」を閉鎖にしたことで、切音字運動の主流を断ち切ったのである[9]。

民国期に入り、注音字母運動に続き、国語ローマ字運動、ラテン化新文字運動などが提唱されていた。それに平行した形で、漢字の簡略化、簡体字の採用という運動も起こった。1915年、陳独秀らが上海で『青年雑誌』を創刊、翌年『新青年』と改称した。これは新文化運動の象徴でもあった。新文化運動には文学革命と同時に、言文一致を求める動きが次第に高まり、1917年から白話文運動が全国範囲で広めていった。また、別のサイドから見れば、清末から官話の提唱、「普通話」の提唱、「国語」の提唱に象徴された国語運動も推し進められた。また、30年代に「手頭字推行会」が現れ、200名超える文化人による「推行手頭字縁起」を公にし、300字余りの簡略字を選定された。これとは別に、中央政府教育部の依頼で「国語統一準備会」の選定により「簡体字表」も作られ、1935年8月に教育部の名義で公布されたが、わずか半年後に禁止令が出された。

共産党と国民党双方では、時には拮抗関係、時には協力関係という流れの中で、それぞれ言語・文字改革に対して食い違った主張など提出していた。たとえば国民党政府の主導で国語ローマ字制定の動きがあったことに対し、瞿秋白などはソビエトとの協力で新ラテン文字の制定に成功し、1935年に魯迅、蔡元培など688名に上る著名文化人の連名支持を得たのである。

一方、瞿秋白は1931年前後に「漢字と中国の言語」、「新中国の文学革命」等一連の論文を発表し、文体に対する追及を強調した。彼によれば、当時のいわゆる「白話文」とは、「五四式の新文言」にすぎず、死んだ白話にすぎない。そのために、「俗話文学革命」を提唱し、最も身近な新興階級の話し言葉、「普通話」で文書を書き、「労働者たちに読み聞かせるときに、彼らは分かるように」しなければならない、と主張した[10]。瞿秋白の「普通話」とは、胡適の言っている「国語」と、陳独秀、銭玄同の言っている「白話」とも趣が異なっており、この概念には「国家語」いう要素と、書面語という要素を完全に排除したところにその特質があったのである。

このように、近代中国において、言語・文字改革とその政策は複数の分野や領域において推し進められていただけに複雑な様相を呈していたと言えよう。社会的、学問的、政治的要素が交互作用しつつ、さらに外部（日本や西欧以外にも、例えば当時のソビエトからも）言語学理論と言語思想の影響もあった。特に解放後の言語学思想は、スターリンからの影響が絶大だったことはよく知られるのである。いずれにせよ、新中国成立を機に、言語政策と文字改革に大きな転機を見たこととなり、それまでになかった大規模な政策展開が見られた。

1949年以後、台湾と大陸の分断という状況のもとで、それぞれ独自の言語計画と新しい言語政策の実施ということもあり、さらに特定の条件のもとで、文法の面もあるが、特に語彙と文体などの面ではそれぞれ新しい、異なる要素を生み出すこととなる。いわば、新しい「漢語」（国語）の変体が複数現れたことになる。

大陸では、49年10月10日に文字改革協会が設立され、53年に「中央文字問題委員会」が創立された。漢字の簡略化、普通話と漢語ピンイン方案の普及は国家言語政策の中心と位置つけられた[11]。その流れの中で、たとえば、文化大革命の中で、「大字報」、「大弁論」により現れた独特な批判用語とレトリック、特殊な言い回しなどもそうであったが、文字の使用法と規範法においても、きわめて無謀な施策（たとえば第二次簡略字方案がそのよい例である）が強硬に推し進められたことも事実であった。こうした文字言語政策

をめぐる一連の錯綜した動きは、それぞれ近代中国の国民国家形成期、外来侵略への抵抗期、ナショナリズムの高揚期、内戦期、さらに新中国の成立後の各時期と並行しており、それぞれ独自の環境と条件のもとで発生しただけに、その時代的特徴も顕著に表れていた。

　言語政策・言語計画という研究分野については、中国では多くの場合「語文建設」という言葉でそれと似たような意味内容を指している。1985 年に、「中国文字改革委員会」は「中国語言文字工作委員会」と名を改め、国務院の直属機関として言語政策の制定と具体的施策管理という大きな権限と機能を持つ部署として、言語政策の中枢となるのである。その正式な機能は、①国の言語文字政策の決定、②言語文字に関する長期的計画の策定、③漢語（標準語となっている「普通話」を指す）及び少数民族の言語・文字の規範と基準を決め、その履行実施状況を監督すること、④「普通話」の普及を指導することとされている。

　これは 50 年代初めから一連の強力な施策を推し進めてきた制度化したもので、その背後にある考え方、いいかえればその言語観と言語思想に関しては、しかし今の段階では系統的に検討されることがなかったようである。また、こうした施策は歴史の流れの中でどのように変容をしてきたか、新しい時代状況に応じていかなる変革が必要かなどについても、研究されないままである。なお、同じ「漢語」（台湾と香港では「国語」、シンガポールでは「華語」という）を使いながらも、台湾の場合と香港の場合、それにシンガポールの場合とでは、それぞれ異なる政治・社会体制、異なる言語意識と言語観、異なる民族的構成及び国民国家の政治的需要などに応じて、当然ながら異なる言語政策と言語計画を別々に行われてきたが、その間の関連性と異質性に関する研究も、ほとんど空白のままである。さらに言うならば、これらの地域と近代朝鮮半島における言語文字改革及び近代日本の言語観と言語思想についての比較文化学的検討も、手つかずのままである。今後の研究課題として追求していきたいと考えている。

　以上のように、近代的国民国家の文化統合を目指している国家の統治政策のパラメーターであり、政治姿勢の反映でもある言語・文化政策は、またよ

り深い意味において、その統治思想の文化的な根源を映し出している重要な鏡として、一過性の域を超える性格を持つものである。文革前と文革後の変化もそのよき例であった。近代、特に中華人民共和国成立後を中心に、政府のとってきた言語・文化政策と文字改革運動について解剖のメスを入れ、東アジアの歴史的環境という大きな視野で、比較文化学の視座を生かしながら検証するということが待たれている。このような作業を通して、中国近代文化の成立およびそれに関連する諸政策の特質を究明することができると信じている。今後は、こうした追求を思想史的文化史的研究とつながりを持たせながらさらに深く掘り下げていき、現代中国とその文化に対する理解を少しずつ深めていきたいものである。

(この研究の一部は、成蹊大学研究助成費「近代日本と中国の言語政策に関する比較研究」(2005-2006) による成果である)

注
1) 胡適 (1891.12.17-1962.2.24)、安徽省績渓出身。著名な学者、詩人、歴史家、文学者、哲学者。文学革命の提唱で新文化運動の旗手の一人となる。
2) 胡適が 1917 年に『文学改良雛議』において打ち出した文学作品と文章を書くときに心掛けたい 8 つの主張。具体的に、①内容のある文章を書く、②古人の模倣はしない、③文法に合うように書く、④わざと大げさにしない、⑤決まり文句は言わない、⑥古典を使わない、⑦対句を使わない、⑧俗語俗字を使うように、など。
3) 2010 年中国の文化部部長である蔡武氏が台湾訪問するときに、胡適のお墓参りと銅像を初めて見学したが、胡適の思想・言論自由という思想を大陸では今でも公式に認めていない。
4) 「胡適人文講座」は、北京大学中文系成立 100 周年記念のために民間から 200 万元寄付された講座である。2010 年 5 月 24 日に、ハーバート大教授を迎えて一回目の講演が行われた。
5) 日本教習に関する研究が多いが、新しい著作としては例えば、蔭山雅博 (2011)『清末日本教習与中国教育近代化』雄山社、などがある。
6) 呉汝倫 (1902)「上張管学書」、『清末文字改革文集』(1958)、北京文字改革出版

社、29 頁。
7) 石剛（2004）「近代東亜の言語政策と言語意識」、シンガポール国立大学東亜研究所『東亜論文』45 号に参照。
8) 胡適（1918）「建設的革命文学論」、『新青年』第 4 巻第 4 号
9) 石剛前掲論文に参照
10) 瞿秋白（1989）『瞿秋白文集文学編』第 3 巻、人民出版社、参照。
11) ここでいう「普通話」とは、瞿秋白の提唱した「普通話」とは自ずから概念が異なるものである。

あとがき

石 剛

　中国には、「十年磨一剣」（10年、一剣を磨く）という言葉がある。時間をかけて良い作品を仕上げる、という意味である。本書のプロジェクトは、2002年4月から始まって以来、今年でちょうど10年経過した。しかし、素直に上記の言葉で以ってこの本のことを言うには、少なからぬ忸怩たる思いがあった。というのは、私の怠惰により、本書の出版が大幅に遅れたという責任は大きいものであるからだ。その間、学科主任等を担当したりして、大学の校務などがきわめて多忙だったとかいうような口実があったにせよ、である。研究協力者・翻訳者各位にはもちろんのこと、三元社の石田社長に一番迷惑をかけたこととなり、申し訳ない気持ちの方が大きかった。しかしそれでもようやく一つの区切りがついたということで、多少の安堵感があるのも事実である。

　考えてみれば、ちょうど本書の出版を準備するため、本格的な作業を進めていた最中に、「3・11」という空前な災難（天災の上に人災）が降りかかってきたのである。そして今でもその後遺症を含めた対応に多くの人が大変な苦労をしているところだ。このような時期に本書の編集・執筆を終えて、その過程を振り返るときに、人間は自然・歴史・社会とのかかわり方においていかに愚かなことを繰り返してきたかを余計に痛感せずにはいられない。本書の研究対象もそうであるが、これから我々はもっと謙虚にそのすべてに直

面して、真摯に反省・検討していかなければならないだろうと思う次第である。
　本書は今後の研究の一里塚になるよう、また、江湖大方からご叱正いただけるよう願ってやまないものである。

　2012年1月23日（旧暦・壬辰年正月1日）

著者紹介

(編著/監訳)

石剛（Shi Gang）

1954年生まれ。一橋大学社会学研究科博士課程修了。成蹊大学文学部教授。博士（Ph. D）。著書に『日本の植民地言語政策研究』（明石書店、2005年）、『現代中国的制度与文化』編著（香港社会科学出版社、2005年）、『増補版　植民地支配と日本語』（三元社、2003年）など。論文に、「近代東アジアの言語政策と言語意識」（『東亜研究』45号・シンガポール国立大学東亜研究所、2004年）など。

(著者)

王毅（Wang Yi）

1954年生まれ。1982年中国人民大学卒業。中国社会科学院哲学研究所研究員。『文学遺産』雑誌編集審査員を兼任。著書に『中国園林文化史』（上海人民出版社、2004年）など、ほかに中国文学・歴史学・哲学・民間宗教及び文革に関する論文を多数。近年、中国の専制主義制度形態に関する研究を精力的に行われている。

印紅標（Yin HongBiao）

1951年生まれ。北京大学国際関係学院教授。法学博士。研究分野：文化大革命史・香港マカオ問題など。おもな著作には、『失踪者的足迹――文化大革命期間的青年思潮（失踪者の足跡――文革期の青年思潮）』（香港中文大学出版社、2009年）、「文化大革命中的社会性矛盾（文革中の社会矛盾）」『中共党史研究』1997年第2期、など。

楊麗君（Yang LiJun）

一橋大学社会学研究科博士課程卒。社会学博士。現在シンガポール国立大学東アジア研究所研究員兼中文系訪問学者。研究領域：現代中国政治・社会。主著：『文化大革命と中国の社会構造――公民権の配分と集団的暴力行為』（お茶の水書房、2003年）など。

王力雄 (Wang LiXiong)

1953 年生まれ。作家。研究分野：政治体制と民族問題。著作に『天堂之門（天国の門）』(1984 年)、『漂流』(1988 年)、『黄禍』(1991 年)、『天葬——西蔵的命運（天葬——チベットの命運）』(1998 年)、『溶解权力——逐层递选制（権力の溶解——ステップ式選挙制)』(1998 年)、『自由人心路（自由人の心路）』(1999 年)、『与达赖喇嘛的对话（ダライ・ラマとの対話)』(2002 年)、など。

張博樹 (Zhang BoShu)

1955 年生まれ。1991 年中国社会科学院大学院卒。哲学博士。主な研究領域：批評理論と制度現代化研究。著作に『经济行为与人（経済活動と人間）』(貴州人民出版社、1988 年)、『Marxism and Human Sociobiology:the Perspective of Economic Reforms in China』(ニューヨーク州立大学出版社、1994 年)、『现代性与制度现代化』(上海学林出版社、1998 年)、『中国宪政改革可能性研究报告（中国における憲政改革の可能性研究報告）』(香港晨鐘書局、2008 年)、『解构与建设：中国民主转型纵横谈（脱構築と建設——中国の民主化への転換あれこれ)』(香港晨鐘書局、2009 年) など。

謝泳 (Xie Yong)

1961 年生まれ。1983 年山西省晋中師範専門学校英文科卒。アモイ大学人文学院教授。著書に『逝去的年代——中国自由主义知识分子的命运（逝去の年代——中国自由主義知識人の命運）』(北京文化芸術出版社、1998 年)、『清华三才子（清華大学三人の才子）』(新華出版社、2004 年)、『靠不住的历史（頼りになれない歴史）』(広西師範大学出版社、2009 年)『书生的困境——中国现代知识分子问题简论（書生の困境——中国現代知識人論)』(広西師範大学出版社、2009 年)、『中国现代文学史研究法』(広西師範大学出版社、2010 年) など。

呉廸 (Wu Di)

1951 年生まれ。1987 年北京大学中国語言語文学修士号取得。中国映画芸術研究センター映画史研究室研究員。主な研究領域：文革・中国映画とテレビ。主著に『内蒙古的文化大革命："民族分裂"与"挖肃"运动（内蒙古における文革：民族分裂と粛清運動)』(ストクホルム大学出版社、1995 年)、『映画・テレビ論議』(中国工人出版社、2003 年)、『中国电影的改造（中国映画の改造)』(2006 年)、など。

干春松（Gan ChunSong）

1965 年生まれ。中国人民大学哲学院教授、副院長。哲学博士。中華孔子学会秘書長。主な研究領域：儒教思想と中国政治・社会制度との関係、近現代思想文化。主著に、『制度化儒家及其解体（制度化した儒家とその解体）』（中国人民大学出版社、2003 年）、『文化传承与中国未来（文化伝承と中国の未来）』（江西人民出版社、2004 年、）、『神仙伝（仙人伝）』（东方出版社、2005 年）、『儒学概論』（中国人民大学出版社、2009 年）、など。

単世聯（Shan ShiLian）

1962 年生まれ。1982 年揚州師範学院卒、1986 年中山大学院博士課程卒。上海交通大学教授。研究領域：思想史・美学・文化理論。主著に、『反抗現代性：从德国到中国（現代性への反逆：ドイツから中国へ）』（広東教育出版社、1998 年）『現代性与文化工業（現代性と文化産業）』（広東人民出版社、2000 年）、『革命人（革命人）』（时代国際出版有限公司、2010 年）、『中国現代性与徳意志文化（中国現代性とドイツ文化）』（上海人民出版社、2011 年）など。

訳者紹介

浜田ゆみ（はまだ・ゆみ）
東京都生まれ。東京外国語大学外国語学部中国語学科卒業。一橋大学大学院社会学研究科修士課程修了。1996年3月一橋大学大学院社会学研究科博士後期課程単位取得。成蹊大学、神田外語大学非常勤講師。専門は社会言語学。
主な論文に、「1930年代における中国エスペラント運動の成功―言語・文字改革運動との結びつき」（田中克彦、山脇直司、糟谷啓介編『ライブラリ 相関社会科学4 言語・国家、そして権力』新世社、1997年）、「一九三〇～一九五〇年代における広州・香港のラテン化新文字運動」（『一橋論叢』2001年2月号）がある。

光田剛（みつた・つよし）
1965年奈良県生まれ。東京大学法学部卒業。東京大学大学院法学政治学研究科修士課程修了、1996年、同研究科博士課程単位取得退学。2002年、博士（法学）。成蹊大学法学部教授。専門は近代中国政治史。
著書に『中国国民政府期の華北政治』（御茶の水書房、2007年）、主な論文に「訓政の開始と訓政の構想」（中央大学人文科学研究所編『中華民国の模索と苦境』中央大学出版部、2010年）などがある。

渡辺祐子（わたなべ・ゆうこ）
1964年生まれ。東京外国語大学大学院地域文化研究科博士後期課程修了。博士（学術）。明治学院大学教養教育センター准教授。
著書、論文に、『日本の植民地支配と「熱河宣教」』（共著、いのちのことば社、2011年）、「もうひとつの中国人留学生史―中国人日本留学史における中華留日基督教青年会の位置」（明治学院大学教養教育センター紀要『カルチュール』2011年3月）、「民国初期における信教の自由と中国キリスト教会（1913-1917）―「孔教国教化」への対抗運動を中心に」（『キリスト教史学』2009年7月）などがある。

藤井久美子（ふじい・くみこ）
1967年生まれ。大阪大学大学院言語文化研究科博士後期課程修了。博士（言語文化

学)。宮崎大学教育文化学部准教授。
著書、論文に、『近現代中国における言語政策―文字改革を中心に』(三元社、2003 年)、「21 世紀台湾社会における言語法制定の動き」(『宮崎大学教育文化学部紀要』17 号、2007 年)、「21 世紀の長崎華僑華人をめぐる新たな動き―時中小学校の変遷を中心とする一考察」(『宮崎大学教育文化学部紀要』22 号、2010 年) などがある。

桑島久美子(くわしま・くみこ)
東京生まれ。一橋大学大学院社会学研究科博士後期課程修了。現在、愛知大学経済学部教授。中国近現代文学・思想文化研究専攻。
主な著作に『茅盾研究―「新文学」の批評・メディア空間』(汲古書院、2006 年)。翻訳書に銭理群・呉暁東著『新世紀の中国文学―モダンからポストモダンへ』(白帝社、2003 年) がある。

「牛鬼蛇神を一掃せよ」と文化大革命

制度・文化・宗教・知識人

発行日
2012 年 3 月 31 日　初版第 1 刷発行

編著・監訳者
石剛 © Shi Gang

発行所
株式会社 三元社
〒 113-0033 東京都文京区本郷 1-28-36 鳳明ビル
電話／03-3814-1867　FAX／03-3814-0979

印刷
モリモト印刷 株式会社

製本
株式会社 越後堂製本

ISBN978-4-88303-306-5
http://www.sangensha.co.jp